秀威
文哲叢書

韓晗主編

英美分析美學史論

劉悅笛　著

秀威資訊・台北

序「秀威文哲叢書」

　　自秦漢以來，與世界接觸最緊密、聯繫最頻繁的中國學術非當下莫屬，這是全球化與現代性語境下的必然選擇，也是學術史界的共識。一批優秀的中國學人不斷在世界學界發出自己的聲音，促進了世界學術的發展與變革。就這些從理論話語、實證研究與歷史典籍出發的學術成果而言，一方面反映了當代中國學人對於先前中國學術思想與方法的繼承與發展，既是對「五四」以來學術傳統的精神賡續，也是對傳統中國學術的批判吸收；另一方面則反映了當代中國學人借鑒、參與世界學術建設的努力。因此，我們既要正視海外學術給當代中國學界的壓力，也必須認可其為當代中國學人所賦予的靈感。

　　這裡所說的「當代中國學人」，既包括居住於中國大陸的學者，也包括臺灣、香港的學人，更包括客居海外的華裔學者。他們的共同性在於：從未放棄對中國問題的關注，並致力於提升華人（或漢語）學術研究的層次。他們既有開闊的西學視野，亦有扎實的國學基礎。這種承前啟後的時代共性，為當代中國學術的發展提供了堅實的動力。

　　「秀威文哲叢書」反映了一批最優秀的當代中國學人在文化、哲學層面的重要思考與艱辛探索，反映了大變革時期當代中國學人的歷史責任感與文化選擇。其中既有前輩學者的皓首之作，也有學界新人的新銳之筆。作為主編，我熱情地向世界各地關心中國學術尤其是中國人文與社會科學發展的人士推薦這些著述。儘管這套書的出版只是一個初步的嘗試，但我相信，它必然會成為展示當代中國學術的一個不可或缺的視窗。

韓晗
2013年秋於中國科學院

序

柯提斯‧卡特

（國際美學學會前主席）

　　劉悅笛的《英美分析美學史論》這部及時性的著作，是對於分析哲學的令人欣喜的貢獻。這本書出現在中國與其他非西方哲學界的學者對於哲學美學的興趣逐漸增長的年代，這有助於形成對20世紀西方社會中的哲學美學的整體進程的基本理解。

　　劉悅笛的文本正確估價了分析哲學對於美學研究的貢獻，其所追蹤的歷史進程橫亙了整個20世紀。這項任務主要是通過從美學家的貢獻到美學主題的貢獻的諸章節來共同實現的，每章在介紹與總結的部分都提出了作者自己對於分析美學重要性的解釋和評價。這些重要的哲學家包括路德維希‧維特根斯坦（Ludwig Wittgenstein）、門羅‧比爾茲利（Monroe Beardsley）、納爾遜‧古德曼（Nelson Goodman）、理查‧沃爾海姆（Richard Wollheim）、亞瑟‧丹托（Arthur Danto）和喬治‧迪基（George Dickie），還有諾埃爾‧卡羅爾（Noël Carroll）和其他哲學家們。

　　我在此所給出的評論是要為在這個文本當中的所有問題提供一個序言。分析美學史必然性地始於並植根於分析哲學當中。最初，分析哲學在表面上呈現出兩個陣營，邏輯實證主義（logical positivism）或邏輯經驗主義（logical empiricism）與日常語言哲學（ordinary language philosophy）。這是方法論與目標上的分化。邏輯實證主義起源於魯道夫‧卡爾納普（Rudolf Carnap）、伯特蘭‧羅素（Bertrand Russell）、哥特羅布‧弗雷格（Gottlob Freg）和他們的追隨者們，他們尋求將哲學還原為建基在數學推理基礎上的邏輯命題系統。這種目標在分析哲學的變體當中引發出了與科學類似的哲學之經驗模式。這意味著，利用一種形式語言（formal language）去取替抽象的形而上學語言和日常語言的運用，能夠產生出經驗地可被證實（empirically verifiable）的各種宣稱。

　　在英國哲學家當中形成的日常語言哲學家包括吉伯特‧賴爾（Gilbert Ryle）、G. E. 摩爾（G. E. Moore）、J. L. 奧斯丁（J. L. Austin）和他們在牛津的同事們。儘管他們在日常語言哲學的方法上並不相同，但是，這些思想家們贊同哲學問題最好要通過訴諸於對（用以哲學問題言說的）術語、概念或者理論之語言分析（language analysis）來解決。在通常的情況下，

他們的優先選擇就是使日常英語術語的使用並強調日常人們所用話語都要達到明晰。維特根斯坦在維也納的工作，既對於分析哲學的轉化做出了貢獻，又堅持了哲學的主要任務就是使他或她所說的就像一位科學家那樣能夠更清晰地加以言說。

對於分析哲學而言，其學科性的目標既在於語言的精確又在於語言的明晰。這種目標，通過拒斥建基在語言和概念基礎上的形而上學理論而不將之輕易地還原為可量化的經驗主義的邏輯語言術語，或者輔之以通過檢驗日常語言當中諸如「美」和「藝術」之類術語的運用而對其加以明晰化的方式而得以實現。後者就是英美的分析哲學陣營的首選。早在20世紀之前的傳統西方哲學當中，這兩個關注分析的群體就已經反對那種文化綜合（cultural synthesis）了，與之平行的大陸做哲學的方法以與分析哲學近似的方式得以展開。其重點就在於，分析哲學面對哲學問題要去接受一種解析的方法。他們選擇了將哲學限定在分析的領域之內，類似的是，精細規劃的科學實踐也聚焦於研究性的實驗。哲學家們的方法只能由邏輯或者語言而非物質要素來構成。這種實踐也是笛卡爾（Rene Descartes）的《方法導論》（Discourse on Method）當中思想的某種迴響。

分析哲學的這些發展（邏輯實證主義或者日常語言）對於美學最初的發展而言具有很好的啟示作用。在早期的分析哲學階段，在美學領域內所由此形成的興趣並沒有在其中佔據顯著的位置。特別是對於實證主義者而言，藝術被認為是以情感或者感性而非理性為基礎的。至於藝術，與美學一樣似乎與他們的科學世界觀皆不相關。對於語言分析的技術性的關注，同藝術的歷史和實踐是相互分離的，而當時的情況是，美學與藝術自身脫離，美學與其他（與藝術和文化相關的）學科也是疏遠的。這種境況引發了在藝術實踐與美學相關場域當中的諸多興趣而滋生的重要問題。甚至在美學與批評的聯姻當中，正如比爾茲利與其他人所主張的那樣，也沒有能力去證明藝術界在哲學美學當中的重要性。結果便是，很少能發現美學能作為訓練藝術家和藝術史家的課程。類似的是，「關於藝術的語言話語」（language of discourse about art）替代了個人從事藝術的真實經驗，進而在藝術公眾與分析哲學家之間拉開了距離。由於缺乏對於更廣闊的文化角色和藝術適用性的考慮，這也削弱分析美學的地位。這些境況的確都使得分析美學的地位有所降低。

值得注意的是，蘇珊・朗格（Susanne Langer）所尋求的道路──可能還有來自恩斯特・凱西爾（Ernst Cassirer）與查理斯・莫里斯（Charles Morris）的支援──她通過對與語言和數學的推論符號相關的藝術符號結構的考察，來尋求在分析哲學的語境當中的美學位置。她的途徑展現出

藝術是人類符號的重要形式的呈現，它對於人類理解做出了與眾不同的貢獻。因而，在朗格1942年的《哲學新解》（*Philosophy in a New Key*）和1953年的《感受與形式》（*Feeling and Form*）這兩本專著當中，挑戰了邏輯實證主義者們如卡爾納普的觀點，後者假定藝術連同美學在知識大全當中都佔據不了重要的位置。她的貢獻被另一位重要的前驅納爾遜·古德曼的工作所發展，在20世紀60年代及其後形成了美學的一個方向。納爾遜·古德曼對於美學的貢獻，就在於將藝術當中發現的符號形式的地位提升到與科學同樣的水準，它們對於人類知識都做出了貢獻。

經歷了屢弱的開端，分析美學在世紀中葉的時候逐漸成型。包括比爾茲利、O. K. 鮑烏斯瑪（O. K. Bouwsma）、斯圖亞特·漢普希爾（Stuart Hampshire）、阿諾德·伊森伯格（Arnold Isenberg）、約翰·帕斯莫爾（John Passmore）、弗蘭克·西伯利（Frank Sibley）、J. O. 厄姆森（J. O. Urmson）、莫里斯·維茨（Morris Weitz）和其他主要的的哲學家們，為在美學研究當中運用分析哲學的方法取得豐碩的成果打下了基礎。這樣所形成的後果便是，分析美學在那段時期事實上形成了支配性的優勢，特別是在美國和大不列顛更是如此。這些前驅者的貢獻使得美學成為了一門擁有廣闊領域的科學學科，該領域逐漸與藝術化的生活相脫離，從而成為了在雜誌文章、學術會議和著作當中集中出現的、主要是少數學者群體感興趣的學科。

在分析美學的方法論的主導下，20世紀之前西方美學史的參考文獻的缺失是非常明顯的。顯而易見，分析美學家們熱衷於分析的方法，對於不能還原為經驗探究的反思概念和形而上學語言予以蔑視。甚至撰寫過美學史的比爾茲利在他的其他美學著述裡面也很少提及撰寫過相關主題的20世紀之前的哲學家們。納爾遜·古德曼在他的美學著述當中也忽略了對於古典和現代的作者們的援引。在分析哲學家當中，最重要的例外就是丹托，他將「藝術終結」（the end of art）理論建基在黑格爾（G.W. F. Hegel）19世紀美學著述的基礎之上。更全面地看，分析哲學的有限貢獻得到了前幾代美學家們的關注，他們的失敗之處就在於失去了對於知識綜合性的和與各種文化領域的連貫性的需求。

毫無疑問，在20世紀後期領銜的美學家們都逐漸意識到了單純的邏輯和語言方法給研究美學所帶來的限制。對於哲學家們來說非常有用的工具，就是在於要意識到美學問題並不足以提供對於藝術的全面理解，或者意識到藝術和美學需要與其他知識和經驗的領域相互關聯。

新一代分析美學家們在20世紀後半葉開始出現並跨入到了21世紀，他們更明確地理解到了分析方法與其他哲學發展相結合的必要，這些哲學發

展包括西方美學史的發展、當前大陸哲學的發展，還有在非西方傳統當中的美學發展。這些美學家們逐漸意識到了研究那些超出了分析方法領域的、更新的理論發展的價值。後現代主義，包括女性主義、多樣性、流行文化和社會美學的文化研究，還有藝術心理學和人類學，都為美學視野的拓展提供了挑戰和機遇。顯然，新一代的分析美學家們的美學著作將更好地致力於對於藝術的歷史和實踐的研究，同樣還有其他更新的理論發展。那種要把美學還原為邏輯遊戲抑或語言明晰性的、單純地將建基在原初規則上的分析，已經被發現不足以維持這個學科，至少對於那些頑固的多數分析哲學家們幾乎就是如此。其他的哲學家如丹托發現了重思美學史作為一種方法的意義，這也有助於對於當今美學道路的開拓。

劉悅笛所選擇的美學家們對於這部分析美學簡史而言是毫無疑義的，因為他們形成了在這場運動當中的最重要的形象。這種選擇代表了一種系統的結構，這對於非西方讀者們更深入地理解分析美學具有特別的重要價值。這些關鍵人物既包括早期分析美學的前驅如維特根斯坦、西伯利和比爾茲利，也包括在20世紀後半葉對於晚期分析美學做出了原創貢獻的人物，包括古德曼、沃爾海姆、丹托、迪基和約瑟夫·馬戈利斯（Joseph Margolis）。同樣還包括了在當代做出傑出貢獻的卡羅爾和傑羅爾德·列文森（Jerrold Levinson）。

許多第二代與第三代分析美學家們已經拓展了他們的研究領域，從歷史性的角度考慮到了來自黑格爾、康德（Immanuel Kant）和新近大陸哲學的重要資源。而今，非常普遍的方法是在一種或者更多的藝術媒介的深度知識當中去尋求分析哲學：比如古德曼、沃爾海姆與丹托之於視覺藝術，卡羅爾之於電影和媒體藝術，抑或列文森之於音樂。這些貢獻已經擴展了分析美學的豐富性和有效性從而超出了其原初目標，這使得藝術與美學對於學者與學生們而言都更容易接近。

甚至在分析美學的相對較小的領域當中，也存在著許多可選擇之處。這關係到作者對於某一文本所能選擇的而給出的判斷，這已註定了哪些對於此項任務才是最重要的。在這種情況下，作者的選擇顯然是可以自我辯護的，因為他選擇了那些具有世界範圍廣泛影響的美學家們。但是，在這本書的考慮當中，還有一個有價值的候選者名錄難以被確定下來。可以被提及的就有這樣一些：斯坦利·卡維爾（Stanley Cavell）從電影到莎士比亞所論述的主題，彼得·基維（Peter Kivy）對於音樂的富有洞見的話語，理查·舒斯特曼（Richard Shusterman）的實用主義美學著作及其對於身體美學的介紹。如果這卷書繼續增訂與擴充的話，建議將這些候選者考慮進去。同樣，使分析美學轉到新的方向上的還有葛列格里·卡利（Gregory

Currie）的作品，他從認知科學的角度為美學拓展疆域展示了新的前景。

在對歷史的精細的組織與敏銳的洞見當中，劉悅笛所提供的堅實的基礎，對於學者和學生們而言就像一個堅實的平臺，可以由此去探索那些在分析美學史上提出令人矚目的理念的人們的作品。

於美國馬凱特大學

目次 │ CONTENTS

導言　分析美學：界定，分期與特質

　　「分析美學」（Analytic aesthetics or Analytical aesthetics），或者更準確地說，「語言分析美學」，是20世紀後半葉以後在英美及歐洲諸國唯一佔據主流位置的重要美學流派，其核心地位迄今仍難以撼動，同時它也是20世紀歷時較長的美學思潮之一。「分析美學」秉承了20世紀新哲學的「分析」視角，與擁有一定歷史深度的（「哲學傳統」意義上的而非地理學意義上的）「大陸」視角是相對的，即在面對美學問題時採取「語言分析」的方法，力圖將美學理論問題當作語言問題來加以解決。當然，從血統論的角度來看，「分析美學」主要承繼的是「盎格魯－撒克遜」的思想傳統，取得主要美學成就的是英美美學家，但歐洲的諸國（如德國、義大利、西班牙、瑞典、法國等）的美學家們也接受了這一傳統，這對於「分析美學」在歐洲的普及與發展亦是功不可沒的。

一、「語言分析」之於分析美學

　　從「方法論」的角度觀之，當代美國著名分析哲學家丹托（Arthur C. Danto, 1924－2013）就明確地的認定：「嚴格地說，分析哲學（analytical philosophy）並不是一種哲學，而只是一套用於解決哲學問題的工具。可以推想，如果沒有哲學問題，這些工具根本就不存在」；「分析哲學史就是一段發現哲學分析的工具的歷史」。[1]在一定意義上，將「分析哲學」視為直面「語言」和「邏輯」問題的方法論，似乎並不為過，由此來看，將分析哲學的主流分為「邏輯分析哲學」（Logical Analytical Philosophy）與「語言分析哲學」（Language Analytical Philosophy）兩個主幹還是有道理的。

　　「分析美學」則主要屬於後者（但也受到了前者的橫向影響），它的核心貢獻就在於從「語言分析」的角度來解決美學問題，從而內在豐富了語言哲學分析的內涵，並以由此視角出發的「感性學」之建構，構成了與「邏輯分析哲學」相對峙的另一極。這也為脫胎於分析哲學的「分析美學」翻過身來對於分析哲學做出自己的貢獻，提供了最基礎意義上的「合法性」（當然，邏輯分析的方法在「分析美學」那裡還是在被適度地借用

---

[1]　亞瑟‧丹托、劉悅笛：《從分析哲學、歷史敘事到分析美學──關於哲學、美學前沿問題的對話》，《學術月刊》2008年第10期。

著，但是就總體而言，「分析美學」更多地以「語言分析」而非「邏輯分析」作為其本質性的規定）。

然而，「分析哲學」與「語言哲學」（philosophy of language）並不是同一的，只有少數分析哲學家如邁克爾‧達米特（Micheal Dummett, 1925－2011）傾向於認為分析哲學就誕生於「語言的轉向」（the linguistic turn）之時，[2]但更多的論者還是認定「語言哲學」是同「藝術哲學」（art philosophy）一樣的研究領域或哲學分支學科（而分析哲學則更被視為一種方法），因而二者不可混淆。[3]然而，分析哲學的「語言分析」方法卻被包括藝術哲學在內的諸多學科所繼承了下來，這種方法論原則可以表現在：「第一，通過對語言的一種哲學說明，可以獲得對思想的一種哲學說明；第二，只有這樣才獲得的一種綜合的說明」。[4]用當代英國分析哲學家彼得‧哈克（Peter Michael Stephan Hacker, 1939－）更具有邏輯力量的說法便是：

其一，哲學的目的就在於思想結構的分析（the analysis of the structure of thought）。

其二，思想的研究絕對不同於思維的研究（the study of thinking）。

其三，分析思想的唯一適宜的方法就在於分析語言（analysis of language）。[5]

但必須先說明的是，在「分析美學」佔據主導的歐美學界（主要是英美兩國，還包括一部分接受了分析傳統的歐洲國家），美學就曾基本等同於「藝術哲學」，這恰恰是因為，藝術成為了美學研究對象的絕對核心，所以，對於藝術的哲學研究就基本上佔據了美學這門學科的大部疆域。當然，對於「審美實在－非實在之辯」這類的審美形而上學的探討也仍然存在，但基本上居於邊緣地位。

2　Michael Dummett, *Origins of Analytical Philosophy*, London: Gerald Duckworth & co. ltd, 1993 p.5, 127.邁克爾‧達米特：《分析哲學的起源》，王路譯，上海：上海譯文出版社 2005年版，第4、134頁。

3　Steven David, *Philosophy and Language*, New York: The Boss-Merrill Company, Inc. 1976, p.2.

4　Michael Dummett, *Origins of Analytical Philosophy*, p.4. 邁克爾‧達米特：《分析哲學的起源》，第4頁。

5　P. M. S. Hacker,「Analytic philosophy：what, whence, and whither?」, in Anat Biletzki and Anat Matar ed., *The Story of Analytic philosophy: Plot and Heroes*, London and New York: Routledge, 1998, p.10.

　　如此看來，我們可以暫時給出這樣的界定：「分析美學」基本上就是一種以「語言分析」為方法論原則的「藝術哲學」，其所關注的主要問題包括許多方面：[6]

　　位於核心位置的問題包括：「藝術的定義」（Definition of Art）、「審美經驗」（Aesthetic Experience）、「藝術的本體論」（Ontology of Art）、「美學概念」（Aesthetic Concept）、「藝術的評價」（Evaluating Art）、「美學中的解釋」（Interpretation in Aesthetics）、「藝術的價值」（Art's Value）等等。

　　對藝術更為具體的研究包括：「藝術中的再現」（Representation in Art）、「藝術中的表現」（Expression in Art）、「藝術中的風格」（Style in Art）、「藝術中的創造」（Creativity in Art）、「藝術中的意圖」（Intention in Art）、「藝術中的解釋」（Interpretation in Art）、「藝術中的媒介」（Medium in Art）、「藝術中的本真性」（Authenticity in Art）及其與贗品的關係等等。

　　對藝術與其他學科的關係研究包括：藝術與「審美」的關係、藝術與「道德」的關係、藝術與「情感」的關係、藝術與「知識」的關係、藝術與「政治」的關係、藝術與「形而上學」的關係等等。

　　更為具體的審美範疇研究包括：「美」（Beauty）、「趣味」（Taste）、「崇高」（Sublime）、「悲劇」（Tragedy）、「幽默」（Humour）、「想像」（Imagination）、「敘事」（Narrative）、「虛構」（Fiction）、「隱喻」（Metaphor）、「批評」（Criticism）等等。

　　對於各個門類的藝術的研究包括：「音樂」、「繪畫」、「文學」、「建築」、「雕塑」、「舞蹈」、「戲劇」、「攝影」、「電影」等等部門，只不過這些研究處於相對邊緣地位。

---

[6] 這種歸納綜合了在「分析美學史」當中的形成的重要文獻（其中早期的許多文獻都是由美學家親自操刀編輯而成的）：(1) Morris Weitz ed., *Problems in Aesthetics*, New York: Macmillan, 1959 and 1970 (Second Edition); (2) Monroe C. Beardsley and Herbert M. Schueller eds., *Aesthetic Inquiry: Essays on Art Criticism & the Philosophy of Art*, Belmont, California: Dickenson Publishing Company, 1967; (3) George Dickie and Richard Sclafani eds., *Aesthetics: A Critical Anthology*, New York: St. Martin's Press, 1977; (4) Patricia H. Werhane ed., *Philosophical Issues in Art*, Englewood Cliffs, New Jersey: Prentice Hall, 1984; (5) John W. Bender & H. Gene Blocker eds., *Contemporary Philosophy of Art: Readings in Analytic Aesthetics*, Englewood Cliffs, New Jersey: Prentice Hall, 1993; (6) Peter Lamarque & Stein Haugom Olsen eds., *Aesthetics and Philosophy of Art: The Analytic Tradition (An Anthology)*, Oxford: Blackwell Publishing Ltd, 2004; (7) Peter Kivy ed., *The Blackwell Guide to Aesthetics*, Malden, Oxford, and Carlton: Blackwell Publishing Ltd, 2004; (8) James O. Young ed., *Aesthetics: Critical Concepts in Philosophy*, London: Routledge, 2005.

　　這便是「分析美學」所研究的對象，看似是涉獵是相當廣泛的，其實，按照「分析美學」的視角還是有所取捨的，許多可以納入美學研究內的基本內容並沒有被涉及到。

　　近些年來，隨著新議題的不斷出現，「分析美學」的疆界也逐步地被推展。諸如「自然美學」（Aesthetics of Nature）、「環境美學」（Environmental Aesthetics）、藝術與「自然界」（natural world）關係的問題得到了部分分析美學家的廣泛關注，還有「高級藝術」（High Art）與「低級藝術」（Low Art）、「大眾藝術本體論」（Ontology of Mass Art）、「女性主義美學」（Feminist Aesthetics）的當代問題亦得到了一定的重視。

　　根據比較權威的《牛津美學手冊》（2003）所提出的中肯意見，未來的美學得以推展的方向主要出現在如下的十一個方面：「女性主義美學」、「環境美學」、「比較美學」（Comparative Aesthetics）、美學與「進化心理學」（Evolutionary Psychology）、美學與「倫理學」、美學與「認知科學」（Cognitive Science）、「流行藝術的美學」（Aesthetics of Popular Art）、「前衛美學」（Aesthetics of the Avant-Garde）、「日常美學」（Aesthetics of the Everyday）、美學與「後現代主義」（Postmodernism）、美學與「文化研究」（Cultural Studies）。[7]這些新的方向，儘管與「分析美學」研究的領域略有重合，但是，大部分的方向卻基本上超出了「分析美學」的視野。除了在「科學主義」的視域之內繼續做出經驗主義的研究之外（如進化心理學和認知科學的研究仍然發達），一方面，後現代主義與文化研究這些本來在英文系和比較文學系比較繁榮的研究，對於本屬於哲學學科的美學也開始產生了橫向的影響，這種挑戰中的一部分得益於來自法蘭西「後學」思潮與英吉利「文化學派」的介入；另一方面，美學與當代文化的現實語境越來越結合得緊密起來，不僅諸如當代流行藝術、前衛藝術、女性主義的美學問題被凸顯了出來，而且「日常生活美學」（Aesthetics of the Everyday-life）與「環境美學」研究亦成為了當代美學前沿中的最新的「生長點」。

　　通過這種研究領域的新舊比照，可以透視到「分析美學」的研究領域還是受到了其基本哲學視域的限制的，其中「語言分析」的基本維度是至關重要的，只有能納入到該哲學視域內的內容才能成為「分析美學」研究的對象。這便將問題拉回到對「分析美學」的「分析」的基本內涵的厘定上面。

7　C. f. Jerrold Levinson ed., *Oxford Handbook of Aesthetics*, Oxford: Oxford University Press, 2003.

二、分析美學的「分析」工具

在確定「分析美學」的「語言分析」的方法論之後，可以繼續追問，「分析美學」究竟使用的是一種什麼樣的「分析」工具？換言之，這種理論工具從分析哲學那裡分享來的，還是形成了自身的獨特的思維武器？

事實證明，「分析美學」是從早期分析哲學當中分化出來的，它恰恰是借用了分析哲學的「分析工具」，並將之應用於美學問題的解析，從而使得「分析美學」最終得以獨立。這意味著，「分析美學」並不擁有歸屬於自身的方法論原則，而只能從分析哲學那裡援引某些基本的「分析」方法。事實也證明瞭這一點，分析哲學的「分析」方法，逐漸擴展到「整個規範哲學或價值哲學」，進而擴展到「任何作為規範科學的倫理學和美學」。[8]

這就要去回溯分析哲學內部的哲學「分析」的形成史。被戲稱為分析哲學「祖父」的德國數學家、現代數理邏輯奠基者弗雷格（Gottlob Freg, 1848－1925）其「所進行的語言分析包含一種對語言的運作（the working）的分析。弗雷格並不滿足於發現一種對符號語言句整體的特徵的描述」，[9]而是既要確立對句子解構的描述，也要確立對句子真值的說明。在弗雷格之後，英國兩位著名分析哲學家羅素（Bertrand Russell, 1872－1970）和G. E. 摩爾（George Edward Moore, 1873－1958）則被稱之為分析哲學的「叔父」。羅素在為其「邏輯原子主義」（Logic Atomism）做充分論證的《我們關於外部世界的知識》（Our Knowledge of the External World, 1914）一書中，明確提出了「邏輯是哲學的本質」的著名命題。這裡的「邏輯」當然就是指數理邏輯，因而，羅素的基本哲學思路就在於，將以數理邏輯為基礎的語言視為一種在邏輯上完善的語言，又由於這種語言完全是分析的，所以羅素的確是將「邏輯分析」確立為哲學基本方法的先行者。羅素早在1912年出版的《哲學問題》（The Problems of Philosophy, 1912）裡面，還特別強調說，如果某個命題是「分析的」，那麼，謂語只是由「分析主語」得出的。[10]這亦證明瞭羅素意義上的哲學分析同時就是一種語言的分析。

---

[8] 卡爾納普：《通過語言的邏輯分析清除形而上學》，洪謙主編：《邏輯經驗主義》，北京：商務印書館1982年版，第32頁。

[9] Michael Dummett, *Frege: Philosophy of Language*, London: Duckworth, 1981, p.81.轉引自王路：《走進分析哲學》，北京：三聯書店1999年版，第44頁。

[10] Bertrand Russell, *The Problems of Philosophy*, Oxford: Oxford University Press, 1998, p.46.

從弗雷格到羅素等早期分析哲學家，他們所確立的邏輯分析的方法的確取代傳統哲學的玄學式思辨。按照這種觀點，一切哲學問題（包括美學問題）經過分析都成為了語言問題，而語言問題歸根結蒂則就成為了邏輯問題（這對於美學問題而言卻難以完全適用）。但無論怎樣，正是這種邏輯分析為「分析美學」提供了最早的分析原則。

「分析美學」的哲學實驗的真正起點，應該是從著述並不太多的G. E. 摩爾算起。更具體地說，在他的最重要的代表作《倫理學原理》（*Principia Ethica*, 1903）裡面，從對「善」的邏輯分析和系統論述出發，G. E. 摩爾進而一視同仁地來看待「美」的問題：「關於美，正像關於善一樣，人們極其通常地犯了自然主義謬誤；而利用自然主義在美學上所引起的錯誤跟在倫理學上引起的錯誤是一樣多的。」[11]這也就是說，按照早期分析美學家的看法，「美」並不是一個自然客體，所以不能採用像自然科學下定義的方式來加以界定，而只能靠直覺去把握。G. E. 摩爾的論述充分說明，對美學問題的研究而言，邏輯分析的方法並不是完全適用的，還要兼顧到美的活動自身的特質，然而，這種以「分析」為武器來解析美學的方法卻無疑被確立了下來。

「分析」，顧名思義，既「分」又「析」，它本身就意味著拆解和分解。對於「哲學分析」而言，就是指「把一個思想拆分成為它的終極邏輯構成要素」。[12]但是，這種分析是否能有必要進行到底，是否能分析到不可再分的要素，這不可再分的要素究竟是什麼，似乎不同的分析哲學家們都有著不同層級的理解。或許，「分析」並不只是哲學思維的某種綱領性的原則，它本身在哲學家們的思維當中亦構成了一種「實踐」。

按照著名英國分析哲學家彼得・斯特勞森（Peter Strawson, 1919－2006）的更深入的看法：

> 分析的一般概念就是一種翻譯，或者更確切地說是一種釋義。因為它是在一種語言之內的翻譯，而不是從一種語言翻譯成另一種語言。它是從一種不太明白的形式翻譯成更加清楚明白的形式，從一種產生誤解的形式翻譯成不會產生誤解的形式。[13]

---

[11] 摩爾：《倫理學原理》，長河譯，北京：商務印書館1983年版，第206頁。

[12] 這是魏斯曼（Waismann）在《何為邏輯分析》（Was ist logische Analyse）一文中的說法，轉引自馮・賴特：《知識之樹》，陳波、胡澤洪、周禎祥譯，北京：三聯書店，2003年版，第117頁。

[13] P. 斯特勞森：《構造與分析》，見艾耶爾：《哲學中的革命》，李步樓譯，北京：商務印書館，1986年版，第77頁。G. 瓦諾克在繼續闡發斯特勞森思想的基礎上，在該書（本書原為英國廣播公司進行哲學系列講座的廣播稿）《分析與想像》提出了

　　將「分析」視為一種釋義，這種獨特的解說似乎具有了某種「解釋學」的意味，但其所強調的是分析哲學運用這類方法所達到的目的就是思想的明晰性。「早期分析美學」就是在追求這種在美學上用語的明晰性，通過將這些美學的語彙先解析為各個部分的要素，最好是能解析到所謂「最終的邏輯要素」為止，進而，再通過這些分解而力求去呈現這些美學的語彙的意義的複雜性。在這些美學用語的意義被弄清楚之後，這存在兩種可能：通過看到其沒有實質性的意義，那就應該被摒棄；如果有意義，則被保留但卻要求在明晰的意義上使用之。這便是早期「分析美學」所做的最主要的工作。

　　然而，「早期分析美學」運用的只是分析哲學的「分析」的一種工具形式，還存在另外一種內涵的「分析」，這被後來的「分析美學」所充分運用。這還要回到對「分析」的基本涵義的厘定方面。

　　當「分析」就意指這類將整體解析為相互孤立的部分的時候，就存在兩種基本思路：一種是「部分論」（meristic），另一種思路則是「整體論」（holistic）。按照「部分論」，整體的特性要依賴於部分的特性來解釋；按照「整體論」，如果解釋部分的特性和功能就要參照部分所在的整體。照此而論，羅素和早期維特根斯坦（Ludwig Wittgenstein, 1889－1951）的哲學是典型的「部分論哲學」，而晚期維特根斯坦的哲學在品性上則明顯是「整體論哲學」。[14]

　　依據這種基本理解，早期「分析美學」基本上所遵循的是「部分論哲學」的思路，而後來的「分析美學」則轉向了「整體論哲學」的思維。在「分析美學」的整個歷史當中，對其影響最大的哲學家莫過於維特根斯坦，這位哲學大師的「哲學轉向」亦深刻影響了「分析美學」的歷史性的轉變。

　　在這種歷史的轉向當中，英美分析哲學也在經歷著變化：「一種是撇開普通的語言形式，而保存原來的分析綱領中的許多工具」，這種方法主要被美國哲學家們所用，代表人物為「拒斥形而上學」的卡爾納普（Rudolf Carnap, 1891－1970）和提出「本體論的承諾」的奎因（Willard Van Orman Quine, 1908－2000）；「另一種是繼續密切注意普通語言的形式，同時對分析的本性和分析的技巧概念做了很大的改變和擴展」，[15]這種方法主要適用於英國，代表人物為關心語言的「語用轉向」的英國哲

四種活動哲學的基本方式：「治療性的」分析、「系統性的」分析、「解釋性的」想像和「發明性的」想像。
[14] 馮・賴特：《知識之樹》，第135頁。
[15] P.斯特勞森：《構造與分析》，見艾耶爾：《哲學中的革命》，第78－79頁。

學家奧斯丁（John Langshaw Austin, 1911－1960）和塞爾（John Rogers Searle 1932－）。這些都與第二次世界二戰之後對於分析哲學「系統化」的工作相關。在通過語言的邏輯分析來摧毀形而上學與卡爾納普意義上的「拒斥形而上學」被置疑之後，隨著奎因對於「經驗論的兩個教條」的成功批判（其中主要所打擊的當然是「分析陳述」與「綜合陳述」的決然兩分），[16] 還有「本體論的相對性」的提出，一種對概念和語言形式進行「系統重構」的工作被啟動了。「分析美學」也順應了這一歷史潮流，並在這種理論建構當中取得了相當突出的成績。

這也關係到對於兩種「分析」方法的基本理解。一種是「治療性」的分析，這在維特根斯坦被稱為「形而上學最後的挽歌」的《邏輯哲學論》（*Tractatus Logico-Philosophicus*, 1921）當中得到了最好的表述：「一切的哲學都是『語言的批判』（Critique of Language）」，[17] 「哲學的目的就是使思想得以邏輯澄清的活動（the logic clarification of thoughts）。哲學不是理論而是一種活動」。[18] 用更通俗的話來說，正如早期維特根斯坦要為哲學「對症下藥」從而破除語言的迷惑一樣，「早期分析美學」是要給美學這門學科「看病」從而給出一劑止痛藥，病症就是在於語言本身，所看的是對語言的濫用和誤解的問題。這種新哲學其所面對的敵手，按照學者們的歸納，基本上可以分屬於：

（1）「體系的構建者」。
（2）「哲學自主論者」。
（3）「歷史的敬重者」。
（4）「感傷主義者」。
（5）「道德說教者」。[19]

其中，上面所列舉的（1）（捍衛全景式的解釋的）「體系的構建」、（2）「哲學的自主」（從而獨立於科學）和（3）「敬重歷史」（而沒有看到新哲學與歷史決裂）都基本適用於「早期分析美學」的路數。更重要的是對（4）「感傷主義」的拒絕，這些感傷主義者「即那些

---

[16] 奎因：《經驗論的兩個教條》，參見奎因：《從邏輯的觀點看》，江天驥、宋文淦、張家龍、陳啟偉譯，上海：上海譯文出版社1987年版。

[17] Ludwig Wittgenstein, *Tractatus Logico-Philosophicus*, translated by G. K. Ogden, London：Routledge & Kegan Paul Ltd, 1955, 4.0031, p.63.

[18] Ludwig Wittgenstein, *Tractatus Logico-Philosophicus*, p.77.

[19] 尼古拉斯·雷謝爾：《分析哲學的興起與衰落》，張力鋒譯，見陳波主編：《分析哲學：回顧與反思》，成都：四川教育出版社，2001年版，第118－119頁。

傳統的人文主義者，他們把認知的效用和很高的權威性賦予情感、感覺、傳統——實際上是賦予在專屬概念和證據的領域之外的任何事物。他們根據其哲學意義和重要性的優先等級，給人類經驗的情感方面以驕人和顯著的地位，而將客觀的非個人觀察打入了從屬地位」，[20]這不啻為一種對於「唯心主義美學」傳統的尖銳批判。

　　另一種則是「系統性」的分析，也就是在哲學研究當中實施了一種「系統構造」的方法，這在後來「分析美學」的建構當中成為了一種非常成功的策略。這也是從「人工語言」轉向「日常語言」研究的「哲學轉向」是相關的（當然，這種從研究對象角度對「哲學轉向」所做出的概括未必全然準確）。維特根斯坦繼承了摩爾「保衛常識」的基本思路，開始將工作重心從詞語的「形而上學的用法」轉到「日常的用法」方面，使得詞語最終回復到了日常語境的實際使用當中。這種重要的「哲學轉向」，從邏輯原子主義到整體主義的「關聯的」語言分析的轉向，對於「分析美學」的建構而言，其重塑和再造的作用毫無疑問是更為巨大的。

　　總之，分析哲學與「分析美學」非常內在的重要關聯，前者為後者提供了「分析」的方法和途徑，後者則通過運用前者的邏輯發展了分析哲學的「審美之維」。走「邏輯分析」這條康莊大道的分析哲學，的確具有兩個最基本的特徵：其一，以現代的「邏輯—意義」（大部分與「一階邏輯」緊密相連）為重心，其二則是追求真理的明晰性。[21]然而，「在分析哲學內部，並不是所有被稱之為哲學分析的都是同邏輯相關的」，[22]「分析美學」恰恰在這非相關性的道路上走出了自己的新途。

　　可以看到，「分析美學」也在運用「邏輯分析」和「概念分析」的方法，追求「限定的術語」（define terms）並提供對於相關主題的「清晰的公式」（explicit formulation），[23]傾向於採取本體論上的「簡約」（parsimony）、科學上的「實在論」（realism）和心靈上的「物理主義」（physicalism），[24]從而追求客觀真實性，如此種種無疑都是「分析美學」在方法論的基本特性，它們顯然是來源於分析哲學的基本方法的。

---

[20] 尼古拉斯·雷謝爾：《分析哲學的興起與衰落》，見《分析哲學：回顧與反思》，第118－119頁。

[21] Peter Hylton, "Analysis in analytic philosophy", in Anat Biletzki and Anat Matar ed., *The Story of Analytic philosophy: Plot and Heroes*, p.37.

[22] Anat Biletzki and Anat Matar ed., *The Story of Analytic philosophy: Plot and Heroes*, p.37.

[23] Peter Lamarque and Stein H. Olsen eds., *Aesthetics and the Philosophy of Art*, p.2.

[24] Peter Lamarque and Stein H. Olsen eds., *Aesthetics and the Philosophy of Art*, p.2.

三、從「分析的」哲學史到美學史

就歷史的限度而言，對「分析美學史」（The History of Analytic Aesthetics）可以做出狹義和廣義兩種限定。

從狹義來看，「分析美學史」就是指發端於20世紀40年代末期、在50年代後期逐步達到高潮、並步入60年代繼續發展的歐美美學的這段歷史所累積的成就。在這種比較狹窄的「分析美學」的意義上，門羅・比爾茲利（Monroe C. Beardsley, 1915－1985）這樣的美國美學家可以被看作是「最規範的」分析美學家。這是因為，他既規範地使用了早期分析哲學的「分析」武器，又分析的是比較規範的藝術哲學的基本問題。

但是，如果將視野擴大到整個20世紀，那麼「分析美學」就會得到更寬泛的理解。從20世紀50年代「向前導」，可以將維特根斯坦等諸家的美學納入其中，因為維特根斯坦在哲學家裡面對「分析美學」的影響至深至遠（形成對照的是哲學家摩爾雖也專論過美學，但卻對後來「分析美學」的大發展卻影響寥寥）；從50年代「向後推」，原本並不屬於「狹義分析美學」序列的英國分析美學家理查・沃爾海姆（Richard Wollheim, 1923－2003）、美國分析哲學家古德曼（Nelson Goodman, 1906－1998）和丹托就會被納入其中，他們真正將「後分析美學」（Post-analytic Aesthetics）推向了高潮，70年代才真正是「分析美學」攀到高峰的時期，從80年代至今「分析美學」儘管面臨諸多挑戰而衰微，但是它的歷史仍在新的世紀被新的美學家們所「續寫」著。

如果從興衰的時間上看，分析哲學史與「分析美學史」的關係，呈現出一種後者對前者的從「尾隨」到「跟進」的有趣關聯。這也證明，相對於分析哲學的發展而言，「分析美學」具有一定的「歷史滯後性」。

先從發端的角度看，在20世紀初，當英美傳統哲學家們運用「邏輯－語言分析」的方法來對哲學問題加以證明的時候，也就是弗雷格、羅素將分析哲學最初從邏輯學中發展出來之時，在歐美美學界，還是英國的克萊夫・貝爾（Clive Bell, 1881－1964）開啟的「形式主義」（formalism）與義大利的克羅齊（Benedetto Croce, 1866－1952）主導的「直覺說」形成了雙峰鼎立之勢，從而成為了美學思潮的主宰，而這二者恰恰是互補的：一方面，「形式論」包孕了感情的基因；另一方面，「直覺說」也具有某種形式化取向。儘管克羅齊既將美學視為「表現的科學」也將之看作「一般語言學」，但是其人本主義哲學的基礎卻使其難以將美學問題加以「分析化」的解決。

　　時間行至20世紀20年代，當「語言學轉向」浸漬到整個分析哲學思潮當中的時候，儘管許多的分析哲學家開始通過「語言哲學」來探究哲學問題成為潮流，但是此時的美學界卻並沒有受到其任何影響。在以「維也納學派」為核心的「邏輯實證主義」（Logical positivism）叫囂塵上的時候，以「人本主義」為主線的歐洲大陸美學（當時仍是世界美學的主導）實際上恰恰是拒絕這種「唯科學主義」的哲學取向的。所以，當時的國際美學主潮顯得離英美哲學的主流甚遠。在30、40年代，形而上學遭到「邏輯實證主義」的拒斥的巨大陰霾之下，以歐陸人本哲學為地基的美學卻顯露出另一番局面，諸如影響頗大的形式主義美學還是要靠「終極實在的感情」（an emotion for ultimate reality）」作為理論預設，[25]仍是難逃形而上學的終極規定。

　　但是，一些分析哲學家卻沒有放棄對於美學問題的討論。如前所述，G. E. 摩爾無疑是這方面的拓荒者。然而，從摩爾直到英國哲學家艾耶爾（Alfred Jules Ayer, 1910－1989），一個主導的趨勢就是將美學問題作為倫理學問題的附庸而加以處理。所以，按照那本給「邏輯實證主義」做出通俗解說的《語言、真理與邏輯》（Language, Truth and Logic, 1936）小冊子的觀點：「我們對倫理學陳述所說的一切，以後將發現只要加以必要的變動，也可以適用於美學的陳述。」[26]但艾耶爾對於美學更大的貢獻，則在於將倫理和審美的判斷一道區分於認識的判斷，他認為就「價值陳述」有意義而言，它就是「科學的」陳述；就其不是科學陳述來說，則是「既不真又不假的情感的表達」。如此就將審美判斷歸之於情感的判斷，是用以表達和激發情感的，這種劃分也基本成為了當時分析哲學家們的「共識」，艾耶爾本人也承認這種接近實用主義的觀點已被廣為接受：[27]

　　　　美學的詞的確是與倫理學的詞以同樣的方式使用的。如像「美的」和「討厭的」的這樣的美學的詞的運用，是和倫理學的詞的運用一樣，不是用來構成事實命題，而只是表達某些情感和喚起某種反應。和倫理學一樣，接著也就必然會認為把客觀效准歸之於美學判斷是沒有意義的，並且，不可能討論到美學中的價值問題，而只能討論到事實問題……。因此，我們可以得出結論說，在美學之中並

[25] Clive Bell, *Art*, London: Chatto & Windus, 1949, p.107.
[26] A. J. 艾耶爾：《語言、真理與邏輯》，尹大貽譯，上海：上海譯文出版社1981年版，第116頁。
[27] A. J. 艾耶爾：《二十世紀哲學》，李步樓、俞宣孟、苑利均等譯，上海：上海譯文出版社1981年版，第158頁。

不具有比倫理學中所具有的更多的東西足以證明那種觀點，即認為
美學是體現知識的一種獨特類型。[28]

如此看來，正如分析哲學最初並不把美學納入科學體系當中那樣，在
哲學上的語言分析革命自20世紀30年代發生之後，「分析美學」才得以開
始嶄露頭角，時間可以追溯到40年代末與50年代初期。

究其深層原因，這乃是由於「大陸美學傳統」在當時影響過大的結
果。在此可以做出兩個抽樣調查：一個是1943年初版的綜述各哲學門類發
展的《二十世紀哲學》，另一個則是1955年出版的具有綜述當時美國哲
學前沿問題的《美國哲學》。有趣的是，由於當時美學的中心還沒有從
歐陸轉移出去，所以，在《美國哲學》的「美學」一章裡面，更多論述
的克羅齊與實用主義哲學家約翰・杜威（John Dewey, 1859－1952）思想及
其影響，[29]因為當時「實用主義美學」在美國尚占主導，後來這種主導之
勢才被「分析美學」所剝奪。而在《二十世紀哲學》當中則出現了關注
「語言」問題的萌芽，比如撰寫美學部分的美學家派克（Dewitt H. Parker,
1885-1949）就認為，作為主導美學史的普遍性概念的「摹仿」、「想
像」、「表現」和「語言」都與日常語言不同，並進而歸納出「審美語
言」（aesthetic language）具有悖論性質和意義的多樣性。[30]不過，這種論
述更過援引的還是邏輯學家和實用主義者C. S. 皮爾士（C. S. Pierce, 1839－
1914）的觀點，還沒有看出從羅素到維特根斯坦的任何影響。

但是，這種情況在1954年之後便大為改觀了。這個時期，正是英國
的「日常語言哲學」（Ordinary Language Philosophy）開始位居巔峰的時期
（在20世紀60年代末才開始正式衰落），而且，維特根斯坦的晚期哲學的
扛鼎之作《哲學研究》（*Philosophical Investigations*, 1953）1953年得以正式出
版，這本書對於後來的所有分析美學家而言都是聖經般的經典。但必須指
出，此時的美學更多還是按照早期維特根斯坦的「治療性」的分析的路數
運作的，接受晚期維特根斯坦的哲學思路還要經歷一個歷史過程。

---

[28] A. J. 艾耶爾：《語言、真理與邏輯》，第129－130頁。

[29] C. f. Ralph B. Winn, *American Philosophy*, New York: Philosophical Library, 1955, pp.34-47. 在
《美學：藝術與美的問題》的結尾的地方，作者才提到了後來與分析哲學相契合
的實用主義哲學家路易斯（C. I. Lewis）和莫里斯（Charles Morris）的「審美符號」
研究，但卻只引用了路易斯的一句話「真正的審美價值就是批評的價值」（C I.
Lewis，*An Analysis of Knowledge and Valuation*, p.456）。

[30] Dagobert D. Runes, *Twentieth Century Philosophy: Living Schools of Thought*, New York:
Philosophical Library, Inc., 1943, pp.42, 46.

在《哲學研究》正式出版一年之後，也就是1954年，威廉・愛爾頓（William Elton）主編的文集《美學和語言》（*Aesthetics and Language, 1954*）在「分析美學史」上成為了一部具有奠基性的著作，甚至被視為「分析美學」的最早的「綱領性的檔」，它確立了要將「美學的方法」（aesthetic approach）當作一種「科學的方法」（scientific approach）的準則。用愛爾頓在《導言》裡面的精妙概括，美學用語當中的混亂來自於：

> 首先，與美學領域自身相關，評論家們被警告不要掉進「概括陷阱」（pitfall of generality）……。維特根斯坦所說的「對普遍性的追求」（craving for generality）已經在賴爾教授那裡（得到解說）……。藝術品不再能去分享共同的「審美的屬性」（aesthetic properties），它們只能去分享一種特定的考慮和方法。
> 　　這種概括性（generality）的趨勢是同本質主義的誘因（predisposition of essentialism）相關的，或者相信一種本質或者終極性是存在於對象當中的，要理解對象就必需要首先把握其本質。
> 　　混亂類比（misleading analogies）是導致在這個領域當中的混亂的另一個原因。例如相應地把某些藝術看作為「詩化的音樂」，同樣的混淆的使用，是將「平衡」這種術語用於不止一種藝術。……另外一類混亂的類比與倫理學相關，基本上是對美學角色的誤解。
> 　　概括性、本質主義和混亂類比都有助於去思考主體條件的問題……。美學的另一個特徵就在於同義反覆。[31]

由此可見，這部開拓性的文集致力於診斷並根治在美學上長期存在的混亂，認定傳統美學已經陷入「概括陷阱」，往往導致「混亂類比」，並且將這種混亂直接歸之於語言，揭露出其「本質主義的誘因」，從而要求哲學為美學提供某種範本，以作為美學分析的基本參照。

所以，該文集第一篇《哲學美學的功能》（The Function of Philosophical Aesthetics）就要重新定位作為哲學的美學的新的功用，其所面對的標靶就是傳統的「唯心主義美學」，關於這種美學的六種基本陳述被列舉了出來，並被一一批駁，這些陳述包括：

---

[31] William Elton ed., *Aesthetics and Language*, New York: Basil Blackwell, 1954, pp.3-4.在列出第四點之後，威廉・愛爾頓立即舉出兩個批判的靶子，那就是克羅齊的「藝術即表現」（Art is expression）與貝爾的「藝術即有意味的形式」（Art is significant form）理論，並認為這兩種理論都是不可爭辯和非經驗性的，就像「英國只有牛津和劍橋大學」這個陳述一樣，而拒絕了將其他大學視為大學的可能性。

（A）存在著一種閱讀一首特定詩歌的方式，這種方式將這首詩的
　　　獨特的意義和價值給予了我們（對於詩歌而言，這種方式不
　　　能被繪畫、樂曲或者其他不是詩歌的東西所取代）。

（B）存在著（或曾經存在著）一種想像活動，它也塑造了（或曾
　　　經塑造了）這首詩的獨特的意義和價值。

（C）這種「閱讀」訴諸於（A）並訴諸於（B）的「活動」，不論
　　　歷史的和心理的差異（事件）是怎樣的，（A）與（B）都具
　　　有「理論的統一性」：它們同樣是詩歌的存在、意義和價值
　　　的同等條件。

（D）任何詩歌的的物質外化，與繪畫和其他不是詩歌的東西的外
　　　化，都不是審美地相關聯的：詩歌作為一首詩而存在於想像
　　　性的「活動」或「閱讀」當中。

（E）存在著一種通過訴諸於（A）並訴諸於（B）的「活動」而去
　　　解釋「閱讀」的方式，該「同一性」是同（C）相關的：這
　　　種理解將詩歌的普遍本質──或者就此而言的藝術的普遍本
　　　質──給予了我們。

（F）這種解釋或者藝術本質的概念，必然引導我們去尋求對於其
　　　他同樣普遍的概念的（如歷史，科學，道德，宗教等等）本
　　　質的需求。換言之，理解藝術就意味著去尋求一種「精神」
　　　的「模式」、「範疇」或者「等級」。[32]

　　　顯而易見，在這六條「唯心主義美學」的教條的批判，實際上也就是
對於一種傳統的形而上美學的「基本理論預設」的批判。通過層層將這
些教條的內在邏輯呈現出來的方法，最終將對大寫的「藝術本質」（the
essence of Art）的尋求問題歸之於某種「精神」的信條，從而力求揭示出
荒謬性。從方法論上看，這也就是試圖為美學中「分析療法」提供基本範
式，在隨後的幾篇論「感受」、「情感」與「表現」的論文都遵循了這種
思路。早期分析美學的基本理論特徵在此都被展露了出來。

　　　在該文集裡面，而今看來，最引人注目的文章，就是對於「早期分
析美學」貢獻最大的、屬於英國「日常語言學派」的哲學家吉伯特‧賴
爾（Gilbert Ryle, 1900－1976）的《感受》（Feeling）一文。在這篇文章
裡，賴爾通過對於日常用語當中「感受」一詞的七種不同用法的描述和解

---

[32] W. B. Gallie, "The Function of Philosophical Aesthetics", in William Elton ed., *Aesthetics and Language*, pp.14-15.

析，[33]試圖將語言當中這與審美息息相關的用語的含混和雜亂呈現出來，並認定這些混亂產生的原由在這七種分析裡面必居其一。實際上，早在五年前，賴爾著名的《心的概念》（The Concept of Mind, 1949）一書就開始以邏輯分析為手段來解析了「情感」（Emotion）、「感覺」（Sensation）、「想像」（Imagination）等一系列與美學直接相關的概念，形成了一種以「物理主義」為基礎的新的哲學觀念。[34]當然，作者本人的目的並不在於美學，而是在於從「知其然（know that）」到「知其所以然（know how）」地對人類知識性質的探索，但是，這種日常語言分析的方式卻被「分析美學」所基本承繼了下來，難怪許多論者都將賴爾的著作作為「分析美學」的奠基的作品。

　　大致在同一時期，也就是20世紀中葉過後，大陸傳統的所謂「唯心主義」美學遭到前所未有的衝擊而有所衰落，無論是從形式主義路線的「有意味的形式」論，還是走表現主義線路的「藝術即直覺」論，都遭到了「語言分析」的拷打，並逐漸被多數的研究者所放棄。這是恰恰是由於，更多的人們開始籠統地採用了由維特根斯坦的研究而來的普遍的語言分析方法，這種新的美學由此盛極一時。「分析美學」就此開始興盛了起來。

　　前面說過，「分析美學史」對於分析哲學史的關係是——從「尾隨」到「跟進」——這種比較形象化的說法是為了證明這樣的歷史事實：早期的「分析美學」基本上是走在分析哲學的陰影下而亦步亦趨的（這是被動的延伸），但是，從20世紀中葉之後，「分析美學」面對分析哲學逐漸出現了「跟進」之勢（此乃主動的推展），但總的來看，前者總還是面對後者具有一定的「延時性」。從學術地理學的角度來看，這也是世界美學中心逐漸從歐陸轉向英美兩國的結果。但也必須看來，「分析美學」對分析哲學的貢獻也是很大，它在某些方面可以對分析哲學的傾向（如非歷史主義的傾向）產生了某種「糾偏」的作用，並由此而成了分析哲學的一個分叉很遠的支流。總之，從歷史的互動關係上看，「分析美學」是來自於分析哲學又推動了分析哲學。

四、「分析美學史」的歷史考量

　　從廣義的界定來看，所謂「分析美學」就是：

---

[33] Gilbert Ryle, "Feeling", in William Elton ed., *Aesthetics and Language*, pp.56-61.
[34] 參見吉伯特·賴爾：《心的概念》，劉建榮譯，上海：上海譯文出版社1988年版，第四章《情感》、第七章《感覺與觀察》、第八章《想像》。

20世紀對哲學的分析方法……引入美學的結果，這種方法是由摩爾和羅素最早引入的，後來被維特根斯坦和其他人所繼承了下來，經過了邏輯原子主義、邏輯實證主義和日常語言分析的各個階段。[35]

正如分析哲學的早期締造者羅素所認定的、哲學的目標是「分析」而非構建體系一樣，[36]「分析美學」的目標也是「分析」，但卻也可能會構建新的美學體系，諸如古德曼的「建構主義」的思想路線就是這樣。顯然，這種路線突破了「早期分析美學」的模式而積極探索的結果，這也是伴隨著從「拒斥形而上學」走向「本體論的承諾」的分析哲學的基本嬗變而變化的。

應該說，從整個歷史趨勢上看，「分析美學」從早期的祛除語言迷霧、釐清基本概念的「解構」逐漸走向了晚期富有創造力的、各式各樣的「建構」。我們將前者稱之為「解構的分析美學」，後者則可以被稱作「建構的分析美學」，後者是在比爾茲利所謂的「重建主義」（reconstructionist）和「日常語言」形式的基礎上生長出來的。[37]

當然，其分析方法還是萬變不離其宗的，既包括「還原性定義」（reductive definition）分析，也包括旨在澄清模糊和有爭議的觀念的分析。[38]實際上，「講求精確的定義還原」與「綜合澄清」這兩種分析方法，就像日常語言分析與卡爾納普派的合理建構之間的張力一樣，在美學理論建設那裡也始終保持著某種「內在的張力」。

按照「分析美學」的基本原則，其最一般特徵和最顯著特點，是所謂「關於藝術的反本質主義」（anti-essentialism about art）和（特別通過對語言的密切關注）「追求明晰性」（quest for clarity）。[39]這意味著，「分析美學」暗合了20世紀美學的兩種新的取向：一種是將美學視角澈底轉向「藝術」，乃至20世紀主流的「分析美學」基本可以同「藝術哲學」劃等號，這前面已經說過；另一種則植根於新實證主義的科學理論和符號邏輯理論，將美學學科視為一種富有精確性的哲學門類，「分析美學」的科學主義的視角顯然與「大陸美學」（Continental Aesthetics）的人本主義視角形成了對峙之勢，儘管它們的哲學源頭是同一的。

---

[35] Richard Shusterman ed., *Analytic Aesthetics*, New York: Basil Blackwell Ltd, 1989, p.4.

[36] Bertrand Russell, "Logic Atomism", in D. Pears ed., *Russell's Philosophy of Logic Atomism*, London: Fontana Press, 1972, p.162.

[37] Monroe Beardsley, "Twentieth Century Aesthetics", in Matthew Lipman ed., *Contemporary Aesthetics*, p.49.

[38] Richard Shusterman ed., *Analytic Aesthetics*, pp.4-5.

[39] Richard Shusterman ed., *Analytic Aesthetics*, p.6.

　　從歷史的角度來考量，迄今為止的整個「分析美學史」大致可以被分為五個歷史階段：

　　第一階段：20世紀40、50年代，這是利用語言分析來解析和厘清「美學概念」的階段。該階段主要屬於「解構的分析美學」時期，維特根斯坦早期的哲學分析為此奠定了基石。最早一批分析美學家開始草創這個學派的工作，而此後的三個階段均屬於「建構的分析美學」時段。

　　第二階段：20世紀50、60年代，這是是分析描述藝術作品所用的語言的階段，形成了所謂的「藝術批評」（art criticism）的「元理論」，比爾茲利可以被視為這個時期的重要代表人物。「分析美學」從「解構」到「建構」，是直到人們發現「藝術批判的本質」問題最容易給出系統分析的時候才開始轉變的，晚期維特根斯坦的哲學啟示開始發揮作用並在分「分析美學」當中扮演了愈來愈重要的角色。

　　第三階段：20世紀60、70年代，這是用分析語言的方式直接分析「藝術作品」（art work）的階段，公認取得成就最高的是沃爾海姆和古德曼這兩位哲學家。沃爾海姆試圖通過考察藝術功能的社會條件來補充藝術分析的語言方法，在視覺藝術哲學領域也獲得舉世矚目的成果。古德曼通過分析方法直接建構了一整套「藝術語言」（languages of art）理論，為「分析美學」樹立起一座難以逾越的高峰。該時期的「分析美學」代表了其所能達到的最高的成就，這也是「分析美學」對分析哲學貢獻最大的時期。

　　第四階段：20世紀70、80年代，則直面「藝術概念」（art concept），試圖給藝術以一個相對周延的「界定」，這也是「後分析美學」的焦點問題。從美國分析哲學家丹托的「藝術界」（art world）理論到美國美學家喬治‧迪基（George Dickie, 1936－）的「藝術慣例論」（the institutional theory of art）都得到了廣泛關注，關於「分析美學」的研究在全方位地展開。風靡全球的「藝術終結」（the end of art）理論也提出在這一時期內，至今仍被熱烈探討。[40]

　　第五階段：20世紀90年代至今是「分析美學」的「反思期」。早在20世紀80年代末期，「分析美學」就開始了對自身的反思和解構，各種「走出分析美學」的思路被提出來，在美國形成了「分析美學」與「新實用主義」合流的新趨勢，走向「日常生活」與回歸「自然界」成為了分析美學衰退之後的兩個最引人注目的美學「生長點」。

　　總而言之，從20世紀至今的整個「分析美學史」的發展歷程就呈現在

---

[40] Donald Kuspit, *The End of Art*, Cambridge: Cambridge University Press, 2004. 劉悅笛：《藝術終結之後──藝術綿延的美學之思》，南京：南京出版社2006年版。

我們的面前，這五個階段可以更抽象地概括為：

（1）「分析美學概念」階段。
（2）「藝術批評元論」階段。
（3）「藝術作品分析」階段。
（4）「藝術概念建構」階段。
（5）「反思藝術分析」階段。

　　當然，這種區分只是將每個歷史階段列舉出來，其實，每個階段都有交叉（不同的美學家在不同的歷史階段都在做出「道一以貫之」的貢獻），而且，還有更多美學家在不同方向上做出貢獻但卻難以歸類，但從總的歷史走勢來看，我們這樣劃分「分析美學史」，還是基本上把握注了每個歷史階段最凸顯的特徵。

五、分析「分析美學」的價值

　　在導論的最後，我們面臨的最後一個問題便是：「分析分析美學」（analyzing analytic aesthetics）有什麼用？

　　有趣的是，與《分析哲學史》不斷被「重寫」和「續寫」不同，迄今為止，在歐美學界還沒有出現一部《分析美學史》的專著。但是，歐美美學界對於「分析美學」的自我反思，卻從20世紀末期就已經開始了，具有標誌性的是在國際美學界最重要的美學刊物《美學與藝術批評》（*The Journal of Aesthetics and Art Criticism*）上做的兩個專題：一個是1987年出版的《分析美學》專題（後來以此為基礎出版了同名為《分析美學》的論文集），另一個則是1993年出版的《美學的過去與現在》（Aesthetics Past and Present）的專題。[41]這都說明，歐美美學界業已開始「返取諸身」地回顧自身的這段歷史，而這種反思恰恰是在「危機四伏」的語境中開啟的，因為在「分析美學史」達到高潮的時候，似乎還沒有閒暇時間來做這項工作，只等到隨著分析哲學衰落、「分析美學」也隨之衰落之時，「分析分析美學」的問題才被提到了議事日程。

　　從時間上著眼，隨著與20世紀拉開了歷史的距離，使得無論歐美還是中國本土學界對於「分析美學史」的整體「歷史圖景」與基本「思想譜

---

[41] "Analytic Aesthetics", edited by Richard Shusterman, in *The Journal of Aesthetics and Art Criticism*, 1987:46 X（Extra）; Aesthetics Past and Present: 50th Anniversary Issue, edited by Lydia Goehr, in *The Journal of Aesthetics and Art Criticism*, 1993: 51.2（Spring）.

系」能更清晰地呈現了出來，而且，「分析美學史」在作為其背景的分析哲學史當中的地位也完整地被凸顯了出來。一般而言，20世紀70年代的分析哲學就已經呈現出衰落的症候，但是，這種分析傳統卻由於解決了其他的許多哲學問題而有所復興，先有心靈哲學（philosophy of mind）後有形而上學，「美學的復興」也是其中的重要一環。「在20世紀的下半葉，圍繞純藝術進行哲學思考的興趣出現了顯著復興。自德國浪漫主義的勃興之後，還沒有如此多的第一流哲學家們把美學和藝術哲學作為一個專門的興趣領域來研究」，[42]復興的起點被算在從丹托1981年出版的《平凡物的變形》（*The Transfiguration of the Commonplace*, 1981）這部專著開始。

由此可見，無論是從宏觀上的歷史衰落還是微觀上的具體復興而言，「分析美學」都要比分析哲學晚上十年左右。但無論如何，正如分析哲學史被反覆梳理一樣，「分析美學史」也需要學者們對之對出宏觀的觀照和微觀的考究。這對於研究美學和藝術的基本問題而言，都具有非常重要的理論價值和實踐意義。

從本土學界的譯介和研究來看，分析哲學儘管沒有大陸哲學那麼得「天時地利人和」，但是，不僅20世紀末葉以來越來越有得以積極發展的態勢，[43]而且在當代中國哲學史的整個歷史上，金岳霖、洪謙、沈有鼎和王浩這樣的著名哲學家和哲學史家都在這個領域耕耘了許久。當筆者第一次看到王浩英文著作《超越分析哲學》之時，[44]就為看到一位能與奎因對話並推動了後者發展的華裔哲學家感到驚訝；同時，也更從內心深處喜歡我所在的中國社科院哲學所的老哲學家金岳霖能撰寫出《論道》這樣的「中西合璧」式的、極其特色的哲學專著。[45]然而，美學界的情況卻剛好相反，我們既沒有這樣的美學家在20世紀上半葉就關注「分析」的問題，也沒有在當前更為關注「分析美學」的研究。

這是有深層的歷史原因的。從歷史上看，王國維那一代中國最早的美學家所處的時代，更多受到康德、叔本華的思想的深刻影響；由朱光潛和宗白華領銜的第二代的美學家，在20世紀20、30年代的學術建樹，儘

---

[42]　Peter Kivy, "Foreword", in Noël Carroll, *Beyond Aesthetics: Philosophical Essays*, Cambridge: Cambridge University Press 2001, p.I.

[43]　這從分析哲學家的譯介就可見一般，參見塗紀亮主編：《維特根斯坦全集》共12卷，石家莊：河北教育出版社2003年版；塗紀亮、陳波主編：《奎因著作集》共6卷，北京：中國人民大學出版社2007年版。而且，無論是從對分析哲學的整體觀照，還是從弗雷格、維特根斯坦、奎因到普特南哲學的具體研究，都有研究深入的專著得以出版。

[44]　C. f. Wang Hao, *Beyond Analytic Philosophy:Doing Justiceto Whatwe Know*, Mass: MIT Press, 1986.

[45]　參見金岳霖：《論道》，長沙：商務印書館，1940年版。

管與國際美學前沿是幾乎同步的，但是前者更多接受了「心理學美學」的主要影響，德國美學家立普斯（Theodor Lipps, 1851－1914）的「移情（Einfühlung）說」在學者當中被廣為接受；後者更多受到了德國美學主流的影響，諸如德國心理學梅伊曼（Ernt Meumann, 1862－1915）和德國美學家德索阿爾（Max Dessoir, 1867－1947）的內在影響不可小窺。這種心理主義取向的哲學和美學，恰恰為分析哲學和「分析美學」所拒斥的，維特根斯坦在關於美學的授課中明確說明瞭這一點。德索阿爾作為20世紀初國際美學界的領袖人物，不僅創建了延續至今的「國際美學協會」，而且創辦了德文雜誌《美學與一般藝術科學評論》，這恰恰說明瞭當時美學的中心在歐陸，該雜誌1943年的停刊也許預示了國際美學「樞紐」已經開始轉變。

　　更深層的原因，還在於中國美學家們更容易接受「藝術生命化」的古典傳統，更注重生命體驗與審美關懷的合一，無論是「人生的藝術化」（朱光潛）還是「藝術的人生觀」（宗白華），都追尋一種審美形而上學的境界。這皆使得典型的中國美學家們立足於傳統思想，而難以接受「分析」的明晰化的思路。在20世紀中葉以後，隨著閉關鎖國而與國際學術界斬斷關聯（除了前蘇聯和東歐之外），「分析美學」的影響更難以進入本土，只有少數美學家在「文化大革命」之前寫下了關注當時國際美學的文章。[46]

　　隨著「改革開放」的時代在大陸的來臨，1979年到1985年出現的「美學熱」，成為了一種以理性形式所表達的「感性解放」。由於要同當代中國大陸思想啟蒙運動的同步與匹配，被譯介過來的美學思潮絕大多數都屬於歐陸傳統的。在我看來，到現在為止，真正對當代中國大陸美學界形成了最深層影響的是三大哲學思想線索：

（1）「康德──黑格爾──（康德化或黑格爾化的）馬克思」的由德國古典哲學一脈相承的思想線索。

（2）「席勒──馬克思──法蘭克福學派（直至哈貝馬斯）」的具有烏托邦色彩的社會批判的思想線索。

（3）「胡塞爾的現象學──（海德格爾式的）存在主義──解釋學」層層推進的現代德國思辨哲學的思想線索。

　　在這幾條主流思想線索裡面，毫無「分析美學」的位置可言，這可能是由於分析美學這種「書齋美學」難以參與到社會實踐當中的原因，更深

---

[46] 例如李澤厚：《派克美學思想批判》，載於《學術研究》1965年第3期。

層的原因還在於本土美學界難以接受（舶來自歐美的）科學傳統意義上的美學傳統，因為這同「自本生根」的古典傳統和歷史形成的現代傳統都是絕緣的。在某種意義上，歷史上的「分析美學」恰恰就是與這幾條思想線索相互絕緣而發展而來的，它們往往成為了「分析美學」的對立面。在中國20世紀80年代，只有李澤厚的《美學四講》（1989年）的開篇裡面運用了少許的分析方法來解析了現代漢語中「美」的用法，還使得美學界的人們記憶深刻的，那就是李澤厚還宣導多讀一點分析哲學以使得思維清晰的勸誡。[47]用現代漢語撰寫的「西方美學史」的絕大部分的專著，或者常常只列維特根斯坦一人（實際上維特根斯坦並不是純粹意義上的美學家），或者只關注對早期分析美學形成了影響的幾位哲學家，或者將某些並沒有被定論的普通學者列入了美學史，更重要的是，真正具有建樹的分析美學家和他們的重要思想都沒有被吸納進去，這無疑是歷史遺留下來的遺憾。

　　然而，中西美學的兩種歷史境遇竟然具有如此巨大的「裂縫」。在本土的「西方美學史」的視野裡面，儘管越來越關注到「分析美學」並開始給予分析美學以地位，但是，「分析美學」僅僅佔據著20世紀多則十幾個美學流派當中的不占主流的一個。然而，對於歐美美學界來說，事實恰恰相反，不僅從上世紀50年代開始「分析美學」成為了唯一的國際美學主流，而且從這五十多年來的歷史的貢獻來看，的確「分析美學」的學術累積豐厚，追隨者甚重。

　　有趣的是，上世紀的許多美學流派，儘管都建樹很高，但是成果卻往往集中在幾位起到引領作用的哲學家身上，追隨者的成果卻寥寥，而且，「分析美學」之外的美學思潮一般風光一二十年就逐漸落潮了，而難以像「分析美學」那樣在歷史不同的時期都能找到新的美學生長點。[48]更宏觀地看，在20世紀整個西方美學之中，產生了最重要、最持久影響的美學流派無非就是三個：「現象學傳統」的大陸美學流派、「語言學轉向」之後的「分析美學」流派，還有就是繼承了馬克思主義傳統的美學流派。而歐美學界傾向於只承認「分析美學」與「大陸美學」這兩種傳統，但無論怎樣，對「分析美學」的研究都需要迎頭趕上。

---

[47] 參見李澤厚：《美學四講》，北京：三聯書店1989年版。筆者也傾向於在撰寫美學原論的時候，從語言的問題開始談起，參見劉悅笛：《生活美學與藝術經驗——審美即生活，藝術即經驗》，南京：南京出版社2007年版，第一章《「美」的「日常用語」辨析》。

[48] 在近幾十年的國際美學大會上，基本上都是「分析美學」佔據主導，以2007年筆者參加的在土耳其安卡拉召開的「第十七屆國際美學大會」為例，不僅整個會議安排是傾向於「分析美學」主流的，而且從論題上看，四百多位與會者幾乎都沒有談到諸如海德格爾美學思想這樣的論題。

　　從當下的「美學史」走勢來看，歐美的「分析美學」面臨著如何「反思分析」和「走出語言」的困境，而本土的美學界卻始終沒有受到過「分析美學」的洗禮，「走進語言」和「使用分析」恰恰是要及時補上的一課，而後方能更好地上路。

　　下面，就開始「走進語言」和「使用分析」的美學史進程吧！

上編　分析美學思想史

第一章　維特根斯坦：作為「語言分析」的美學

　　從整個20世紀來看，「分析美學」的最重要的開拓者，毋庸置疑就是該世紀最重要的哲學家之一、數理邏輯學家、分析哲學的創始者路德維希・維特根斯坦（1889－1951）。無論從對於分析哲學還是「分析美學」的巨大影響來看，如果只選一位思想先驅者的話，絕大多數的論者都會將選票投給他。所以，談論「分析美學」還是得從維特根斯坦開始。因為，他的思想就像一個容量巨大的水庫，前輩的思想流到他那裡彙集起來，得以沉澱和轉化，後來的許多思想又要走這個水庫裡面汩汩流出。這種歷史地位，竟然有點接近於康德（Immanuel Kant, 1724－1804），你可以不同意他的觀點，但是你卻絕對繞不過他的思想。

　　如果再擴大到整個20世紀的哲學史和美學史，選兩位思想先驅的話，另一位入選者可能非馬丁・海德格爾（Martin Heidegger, 1889－1976）莫屬，但是千萬不要忘記，維特根斯坦的前面還站著弗雷格，而海德格爾的前面則站著胡塞爾（Edmund Husserl, 1859－1938），這兩位的貢獻則更具有「原創性」。不過，維特根斯坦與海德格爾的確分別攀上了「分析傳統」與「大陸傳統」這兩座哲學巔峰。但是，如果從學術思想被延續的「生命力」角度來看，似乎維特根斯坦對當代歐美學界多數學者而言的啟示可能更大些，他激勵著更多的學者們在「向前走」，而對於海德格爾來說似乎「海德格爾專家」愈來愈多（他們更多是「往回看」的），而難以像維特根斯坦那樣後來者從其身上獲得如此豐富的啟迪，這是因為：

> 維特根斯坦的著作涉及從美學到數學這樣一些範圍廣闊的論題，而對這些論題的研究又是非常深刻，非常有洞察力的，因此，在分析哲學家看來，他的著作仍然是一個獲得思想和啟示的源泉，而且在未來的許多年裡可能仍然是這樣。[1]

　　事實的確如此，美學與數學，可以被看作是「審美」與「科學」的兩

---

[1]　約翰・塞爾：《當代美國分析哲學》，塗紀亮譯，見《分析哲學：回顧與反思》，第79頁。此文原為著名美國哲學家約翰・塞爾1983年提交給中國社會科學院和美國文理科學院北京學術討論會的論文。

極，在這個廣泛的領域之內，維特根斯坦目光所及總能提出嶄新的洞見。所以，在對於維特根斯坦的美學思想進行研究的過程當中，我們不僅涉及到了他本人專論作爲傳統學科的美學這個部分，而且，更關注到了他對於「分析美學」的持續的重要影響，這種啓示作用可謂無窮。

一、從劃定「語言界限」到描述「語言使用」

從生活的角度看，維特根斯坦並不是一位枯燥的哲學家，他的生活與審美具有一種「親和力」，這也從心理深度的層面推動了他的哲學思考，難怪維特根斯坦在美學上幾段簡短的「言說」，幾乎就成爲了傳世的經典美學文本。

維特根斯坦於1889年4月26日生於奧地利維也納一個猶太人家庭。1908年在柏林一所高等技術學校畢業後，他便轉到曼徹斯特大學就讀，專業是空氣動力學，但此時對數學的研習使得他開始反思數學的基礎問題。1911年的暑假期間，維特根斯坦到耶拿拜訪了另一位分析哲學的前導性的人物弗雷格。弗雷格建議維特根斯坦到劍橋追隨羅素學習，於是，該年秋天他來到劍橋拜羅素爲師學習邏輯。正如羅素所預言的那樣，哲學的重大進展，的確實現在這位具有天才的青年哲學家那裡。在1913年秋到1914年春，他就寫下了一些重要的哲學筆記。在劍橋的歲月裡面，維特根斯坦還做過一項關於「音樂節奏」研究的心理學的實驗，並希望通過實驗來闡明其所感興趣的美學問題。在維特根斯坦在劍橋大學的教授職位繼任者、芬蘭哲學家馮・賴特（Gerog Henrik von Wright, 1916－2003）的生動記憶裡面，他被稱之爲「極富音樂才能」的人，[2]因爲他會吹單簧管，有著很高超的口笛的吹奏技巧，並曾希望成爲一名樂隊指揮。

在第一次世界大戰爆發後，維特根斯坦自願參加奧地利的軍隊擔任了炮兵中尉，並在戰爭的後期階段被俘。在戰俘營裡，維特根斯坦居然完成了20世紀哲學史上的經典之作《邏輯哲學論》。這本名著於1921年在德國出版於《自然哲學年鑒》（*Annalen der Naturphilosophie*），1922年出了德英對照本，旋即在哲學界引起了巨大轟動。從此以後，維特根斯坦自認爲一切哲學問題均已被他所解決，便去奧地利農村當小學教師去了，以開啟另一種生活來放棄哲學。在這一時期，特別是從1926年秋天開始，維特根斯坦花了兩年時間爲去姐姐在維也納建造了一座住宅（1933－1938年之間維

2　馮・賴特：《傳略》，見諾爾曼・瑪律康姆等：《回憶維特根斯坦》，李步樓、賀紹甲譯，北京：商務印書館1984年版，第5頁。

也納的地方誌上將他描述為一位建築學家），以「精確的測量」和「嚴格的比例」為特色，這座建築的美和《邏輯哲學論》的文句所具有的那種「樸素文靜的美」被讚譽為是異曲同工的。

1929年初，據說是由於在上一年的3月聽了《數學、科學和語言》的一個講座之後，維特根斯坦決定重拾舊業，所以他又重返劍橋。該年6月他又以八年前出版的《邏輯哲學論》獲得了博士學位，羅素對此評價說：「在維特根斯坦這部新作中所包含的理論是新穎的、很有創見而且無疑是很重要的。……一旦完成之後，這些理論將清楚地表明，它們已構成了一種全新的哲學」。[3]1930年成為三一學院研究員，1939年接替G. E. 摩爾在劍橋的教授職位，直至1947年辭去職務，之後來到愛爾蘭鄉村閉門從事研究。

在整個20世紀，有兩位哲學家實現了自我的思想轉折：一個就是秉承了德意志思辨哲學傳統的海德格爾，另一個就是造就了英美分析哲學傳統的維特根斯坦，他從《邏輯哲學論》的「語言界限」分析轉向了晚期的《哲學研究》的「語言使用」分析，換言之，他從對理想語言的關注轉向了對日常語言的描述，從執著於邏輯規則轉向了對日常語義規則的服膺，從以「圖像說」為中心轉到了以「語言遊戲說」為中心。《哲學研究》這部巨著的第一部分寫成於1945年，第二部分寫成於1947到1949年，1953年以英德對照本的形式出版，其影響可謂至深至遠。[4]後來的「分析美學」所獲得的啟示，主要思想就來自於《哲學研究》的第一部分，關於「視覺美學」（visual aesthetics）則主要來自於該書的第二部分。1951年4月29日，這位哲學大師與世長辭。

維特根斯坦在「分析美學」方面，給予了後代以無窮的啟示，除了《邏輯哲學論》、《哲學研究》之外，他的主要美學思想被輯錄在《美學、心理學和宗教信仰的演講與對話集》（*Lectures and Conversations on Aesthetics, Psychology and Religious Belief, 1938-1946*）裡面。[5]此外，諸如《1914－1916年筆記》（*Notebooks, 1914－1916*）、《文化與價值》（*Culture and Value,*

---

[3] 轉引自馮・賴特：《傳略》，見諾爾曼・瑪律康姆等：《回憶維特根斯坦》，第11頁註腳。

[4] P. M. S. Hacker, *Wittgenstein's Place in Twentieth-Century Analytic Philosophy*, Oxford: Blackwell Publishers, 1996. 這恐怕是分析維特根斯坦影響最為全面的一本專著，從其早期哲學對維也納學派、劍橋和牛津的影響，晚期哲學對戰後分析哲學和美國後實證主義（post-positivism）的影響，直到分析哲學的衰落的分析，都一一做出了深入的描述和評析。

[5] Ludwig Wittgenstein, *Lectures and Conversations on Aesthetics, Psychology and Religious Belief*, C. Barrett （ed.）, Oxford: Blackwell, 1996. 維特根斯坦：《美學、心理學和宗教信仰的演講與對話集》，劉悅笛譯，北京：中國社會科學出版社2014年版。

1914－1951）、[6]《色彩論》（*Remarks on Colour, 1950－1951*）等當中也包含著一些美學，但這些都是為他的哲學服務的，比如他專論色彩問題時就認定「色彩促使人進行哲學思考」（這樣就可以解釋為何歌德是那麼地熱衷於色彩理論了）。[7]可見，維特根斯坦的美學主要是「作為哲學」抑或「為了哲學」的美學，而且美學的思考和藝術的實踐也是基本貫穿於他的一生，如下的評價還是公允的：

> 對於維特根斯坦來說，知與行是緊密相連的。他最早的一些研究是在技術科學方面，這很有意義。他獲得數學和物理學的知識不是來自廣泛的閱讀，而是由於對數學和實驗技術在工作上的密切關係。他的多方面的藝術興趣也有同樣的積極生動的特點。他可以設計一座房屋，做一項雕刻或者指揮一個管弦樂隊。在這些領域裡面也許他從未達到最高的水準，但他不是「半瓶醋」。他的多才多藝的每一種表現，都是出自同一個熱衷於進行創造的動力。[8]

　　這裡，還要重點談一談維特根斯坦著名的「哲學轉向」及其對「分析美學」的推動作用，這也就是著名的「兩個維特根斯坦」的問題：「早期維特根斯坦」和「晚期維特根斯坦」。

　　當然，從《邏輯哲學論》到《哲學研究》的這種轉折，並不是突然發生的，其間還是有一個漫長的過渡期的。在人們只熟知這兩本巨著的時候，似乎都會對維特根斯坦的思想變化感到驚訝，但隨著更多的資料被發現，可以看到這種轉變還是「漸進」的，諸如《藍皮書與褐皮書》（*The Blue and Brown Books, 1933－1935*）就是「中期維特根斯坦」的思想的「印跡」。

　　而今看來，維特根斯坦的哲學和美學，其重要啟示來自兩個方面。一方面是嚴格套路的「語言分析」的哲學方法論，對於美學要澄清語言迷霧來說，無疑具有「正統」的影響作用，早期的「分析美學」基本上還是在這一軌跡上規規矩矩地運作著。這顯然是《邏輯哲學論》的基本理念深入人心而廣為接受的結果：

---

[6]　《文化與價值》實際上是由麥金尼斯（B. F. McGuinness）編輯的維特根斯坦的《雜論集》（Vermischte Bemerkungen）的英文版的書名。

[7]　C. f. Ludwig Wittgenstein, *Remarks on Colour*, G.E.M. Anscombe (ed.), L. McAlister and M. Schaettle (trans.), Oxford: Blackwell, 1977.

[8]　馮・賴特：《傳略》，見諾爾曼・瑪律康姆等：《回憶維特根斯坦》，第17頁。

> 哲學的目的是對思想進行邏輯澄清（the logical clarification of thoughts）。
>
> 哲學不是一種理論，乃是一種活動（activity）。
>
> 一部哲學作品本質上是由諸多闡明（elucidations）所構成的。
>
> 哲學的結果，並不是得到一些「哲學命題」，而是使這些命題明晰。
>
> 哲學應使那些不加澄清就變得暗昧而模糊不清的思想得以清晰，並為其劃定明確的界限。[9]

這便將哲學視為一種「純方法」（pure method）[10]，其實，早在《1914－1916年筆記》當中，維特根斯坦就將「解釋命題的本質」作為他所追尋的目標，這種取向在《邏輯哲學論》當中被定型化了。

這一時期的維特根斯坦關注的仍是「語言的結構」（structure of language）和語言「分析」的功能的問題，[11]而這在晚期的他看來完全是走錯了路。但是，「早期分析美學」正沿著這條「語言分析」的正軌而運作的，諸如維特根斯坦所批駁的「同義反覆」的問題就直接被拿到了對於美學問題的分析當中。[12]此時，「概念的分析」就成為非常重要的手段，也就是將一個概念置於其所出現的一個命題或者判斷之中來考察，成為了「早期分析美學」駕輕就熟所用的方法。

但另一方面，晚期維特根斯坦在《哲學研究》裡面所提出來的一系列的具有「開放性」的新的概念，卻在後來的「分析美學」那裡得以「誤讀式」（misundersatnding）地繼續闡發，從而豐富了分析美學的系統，並且偏離了分析哲學的傳統路數。顯然是由更為龐雜的《哲學研究》給後來人帶來的諸多啟迪而滋生出來的。

如果說，早期的維特根斯坦更關注的是劃定「語言界限」，並在這個界限之內來從事分析的工作的話，那麼，晚期維特根斯坦所面對的則是「語言使用」的基本問題。從所面對的對象來看，他拋棄了《邏輯哲學論》當中所聚焦的經過邏輯轉化的純化的語言，或者更具體來說，拋棄的是根據「真值函項邏輯」而作了邏輯分析從而得到的語言，而轉向了日常

9　Ludwig Wittgenstein, *Tractatus Logico-Philosophicus*, p.77.

10　Maxwell John Charlesworth, *Philosophy and Linguistic Analysis*, Pittsburgh: Duquesne University Press, 1959, p.89.

11　Maxwell John Charlesworth, *Philosophy and Linguistic Analysis*, Pittsburgh: Duquesne University Press, 1959, p.104.

12　參見本書導論部分對威廉‧愛爾頓《美學和語言》的導論所做出的分析。

語境特別是科學用法當中的日常用語的使用的解析。當然，這種語言也不是「符號和規則的那種任意的、慣例的系統意義上的那種語言，而是我們所說的『科學的語言』、『倫理學的語言』和『詩的語言』那個意義上的語言」。[13]正是在這個意義上，「分析美學」從維特根斯坦的啟發那裡，獲得了更廣闊的運行空間，從而得到了更豐碩的理論成果。

二、「美是使人幸福的東西」

談論維特根斯坦的美學起點，還是得從生活中來的智慧說起，這些智慧最早便被凝結在《1914－1916年筆記》當中，其中的核心觀點就是認為：美與人的幸福是息息相關的，所以，維特根斯坦發出這樣的宣稱：

> 藝術的目的是美（the end of art is beautiful），這個觀念確實是些道理的。而且，美是使人幸福的東西（And the beautiful is what makes happy）。[14]

早期維特根斯坦的美學思想，有一個很鮮明的特色，那就是其所考察的是作為廣義的「善」的「美」，其所探究的是一門作為「倫理學」的「大美學」。這種觀點是很容易被中國人所接受的，這是由於，一方面，作為對遙遠的「禮樂相濟」傳統的積極回應，「盡善」與「盡美」（《論語‧八佾》）的合一強調了一種內在的和諧關係；另一方面，儘管這種古典文化的基本訴求是「寓美於善」，但在最終強調善要在「美之境界」中得以完善，所謂「成於樂」（《論語‧泰伯》）和「遊於藝」（《論語‧述而》）都表露這同一意蘊。但對於維特根斯坦來說，這種智慧顯然主要是一種來自生活的啟迪和感悟，當然也有來自前輩學者的啟發。

將倫理與美學在幾乎同一意義上來論述，從歐洲的思想淵源上講，這是對古希臘「美善」（καλοκάγαθός）觀念的重提，這來自於在古希臘人的現實生活當中佔據主導的「審美與倫理合而為一的倫理觀」。[15]然而，事實並非如此，維特根斯坦在倫理學上卻更多受到了他的師長G. E. 摩爾的很

---

[13] Maxwell John Charlesworth, *Philosophy and Linguistic Analysis*, Pittsburgh: Duquesne University Press, 1959, p.105.

[14] Ludwig Wittgenstein, *Notebooks 1914-1916*, (2nd edition) edited by G. H. von Wright and G. E. M. Anscombe, Chicago: University of Chicago Press, 1984, p.162.

[15] 狄更生（G. Lowes Dickinson）：《希臘的生活觀》，彭基相譯，臺灣商務印書館1966年版，第155頁。

大啟示。G. E. 摩爾不僅認為「善」無法定義，而且美的享受和倫理的善同樣皆為生命的最有價值的事。維特根斯坦正是將美的問題置於「生活意義」上來理解的，倫理問題也是一樣。當然，從原本的思路上來說，維特根斯坦先論述的是「善」，然後再推及「美」的問題的。

儘管維特根斯坦也曾疑惑過：「用幸福之眼（happy eye）去看世界，這是否就是以藝術的方式觀察事物的實質呢？」[16]但從他提出這個疑問的前後兩句來看，他還是確定地以這種「美善同一」的視角來看待世界的，前一句他認定「藝術中的奇蹟就是世界存在，就是存在者存在」，後一句又補充說到「生活是嚴酷的，藝術是快慰的（Life is grave, life is gay）」。[17]前一句不僅令人想起「現象學」意義上的「使物成其為物」，但是維特根斯坦卻還是在語言的界限之內來描述藝術「呈現世界」的本性的，後一句則更多來自生活的「悟性」，藝術是同生活不同的，因為它能通過「快慰」來給予幸福。

因而，正是在「幸福」的意義上，倫理與美學才是一回事。如果說，對康德而言，「美是道德善的象徵」[18]那裡善與美的關聯的根基在於「超感性」的話，那麼，在維特根斯坦那裡這種關聯的母體則轉換為「在世界中的」生活。「美」與「善」，「倫理」與「美學」，它們相互聯通的仲介乃是「幸福」。

那麼，何為「幸福」呢？在生活當中深受文學浸漬的維特根斯坦繼續寫到：

> 杜斯妥也夫斯基（Dostoievsky）說，幸福的人正實現著存在的目的（fulfilling the purpose of existence），就此而論，他是對的。[19]

用另外一種說法，那就是：

> 為了生活得幸福，我必須同世界相一致（agreement with the world）。這就是『幸福』（being happy）的涵義。[20]

這裡面就出現了兩個關鍵字——「人生」與「世界」。關於「人生」

---

[16] Ludwig Wittgenstein, *Notebooks 1914-1916*, p.162.
[17] Ludwig Wittgenstein, *Notebooks 1914-1916*, p.162.
[18] Immanuel Kant, *Critique of Judgment*, Indianapolis: Hackett Publishing Company,1987, p.228.
[19] Ludwig Wittgenstein, *Notebooks 1914-1916*, p.136.
[20] Ludwig Wittgenstein, *Notebooks 1914-1916*, p.140.

與「世界」的關係，維特根斯坦又有著更為簡明的論述：「人生與世界是為一的（The world and life are one）」。[21] 根據《文化與價值》所記，在1947年，晚年的他還打過一個精妙的比喻，說生活就像「山脊的一條路，路的左右兩邊很滑。你若不能使自己停下來，就會朝一個方向或別的方向滑下去。」[22] 當然，這裡要說明的是「自由意志」的選擇的問題，但是，面對生活的變換和滄桑，維特根斯坦還是一方面追求人生的目的之自我實現，另一方面則將「同世界保持一致」作為幸福生活的「客觀標誌」。但更重要的是，回到生活本身來言說幸福問題，幸福生活本身就已經證明瞭其自身的正當性，無需再去追問何為幸福生活，關鍵是人生問題的解決恰恰就在於這個問題的消失。

由於早期維特根斯坦將「美」與「善」的關聯置於生活的根基上來考察，所以，在他看來，在人們追尋幸福的時候，這種終極訴求就要求人們「不能使世界順從我的意」，而必須「與世界相互一致」。以文學作品為例，假如一件文學作品X，它既增加了我們對於這個世界的存在的如實的認識，在同樣的程度上，也增加我們對於這個世界的接受；因而，還是在同樣的程度上，它增加我們生活中「幸福的總和」。正是在這個意義上，我們就可以說──「X是美的」，並相應地對之做出了評價。這恰恰是由於，「美是使人幸福的東西」。

質言之，維特根斯坦的美學思考的起點，就是認為──「美是幸福」，對生活而言就是要「幸福地生活」，這也為他的美學思想和實踐鋪上了一層深厚的「底色」。正是基於這樣的觀念，美與倫理的目的也被視為是一致的，它們都是使人幸福的東西，一種最樸素的「生活美學」的取向，由此已經顯露了出來。

三、「不可言說的」與「超驗的」美學

真正將維特根斯坦的早期美學思想為世人所知的，還是《邏輯哲學論》這本薄薄的小冊子。然而，儘管維特根斯坦的最早的哲學思考中的許多基本命題，諸如1915年5月22日最早講出的「我的語言界限就意味著我的世界的界限」（The limits of my language mean the limits of my world）[23] 都在

---

[21] Ludwig Wittgenstein, *Notebooks 1914-1916*, p.143.

[22] 維特根斯坦：《文化與價值》，黃正東、唐少傑譯，北京：清華大學出版社1987年版，第92頁。

[23] Ludwig Wittgenstein, *Notebooks 1914-1916*, p.88; Ludwig Wittgenstein, *Tractatus Logico-Philosophicus*, p.149.

《邏輯哲學論》裡面被保留了下來，但是，關於「美的幸福觀」卻完全沒有被納入其中。比較重要的一個原因，就在於《邏輯哲學論》是一本學術專著，許多來自生活的智慧只能被保留在早期的筆記當中了。

在《邏輯哲學論》中，第一段涉及美學的話更關乎到該書的主旨，它是這樣的：

> 關於哲學問題已寫下的大多數命題都不是錯誤的，而是無意思的。因而，我們根本就不能回答這類問題，而只能將其無意義陳述出來。哲學家們的大多數問題或命題，都是由於我們不理解我們的語言的邏輯（the logic of our language）而生的。
> （它們與善是否多多少少與美同一是同類的問題。）[24]

在《邏輯哲學論》的即將結束的地方，關於美學問題，維特根斯坦又明確做出了如下的著名論斷：

> 倫理顯然是不可言傳的。
> 倫理是超驗的（transcendental）。
> （倫理與美學是一回事）[25]

依此推論，從「語言邏輯」的澄清來看，既然美學與倫理是同一的，倫理又是超驗的，那麼，美學也自然就是超驗的了。倫理學是超驗的真正說法，最早出現在1916年7月30日維特根斯坦的筆記當中，上面記載了用德文所說的「倫理學是超驗的」（Die Ethik ist transcendent）這段話。[26]不過當時的維特根斯坦論述的是幸福生活，他認為幸福生活的標誌不可能是物理的標誌，而只能有「形而上學的」（metaphisisches）標誌和「超驗的」（transcendentes）標誌，[27]這二者幾乎是在同一意義上被使用的。

「倫理與美學是一回事」（Ethics and aesthetics are one）的最早說法，[28]則出現在維特根斯坦1916年7月24日的筆記上，當時所列出的前提是「倫

---

[24] Ludwig Wittgenstein, *Tractatus Logico-Philosophicus*, p.63.

[25] Ludwig Wittgenstein, *Tractatus Logico-Philosophicus*, p.183.

[26] Ludwig Wittgenstein, *Notebooks 1914-1916*, pp.147-148. 值得注意的是，從德文的transcendent到英文的transcendental，我們都翻譯成「超驗」，但值得注意的是，維特根斯坦並沒有完整研讀過康德（他對柏拉圖和叔本華更感興趣），他只是從康德思想那裡得到「一些偶然的、片段的感悟」而已。

[27] Ludwig Wittgenstein, *Notebooks 1914-1916*, p.145.

[28] Ludwig Wittgenstein, *Notebooks 1914-1916*, p.144.

理學並不討論世界。倫理學像邏輯一樣，必然是世界之條件。」[29]然而，
在《邏輯哲學論》當中，維特根斯坦斯坦對於「人生乃是世界」這類思想
避而不談，而是轉向了「價值」和「意義」的論述。關鍵還在於「視倫理
與美學為一」前面的推導過程，在規定了「一切命題都具有同等價值」
（此為如下的分論點的總論點）之後，維特根斯坦又指出：

> 世界的意義必定在世界之外。在世界中的一切都如其所是，都
> 如其所是地發生：其中沒有任何價值──如果有，這種價值也是沒
> 價值的。
>
> 如有一種有價值的價值，它一定處於所有發生的和如此存在的
> 東西之外。因為所有發生的和如此存在的東西皆為偶然的。
>
> 使得它們成為非偶然的東西，不能在世界之中，否則這東西本
> 身就是又是偶然的。
>
> 它必在世界之外。[30]
>
> 因而，倫理命題也並不存在。
>
> 命題不能表達那高妙的東西。[31]

要理解這段話語，當然決不能從海德格爾的「在世界中的存在」的存
在意義上來理解，而是要回到早期維特根斯坦的基本哲學理念上面。

按照《邏輯哲學論》的基本構想，「世界」是由（德文意義上的）
「事態」（Sachverhalt）抑或（英文意義上的）「原子事實」（atomic
facts）構成的（後來state of affairs這個譯法基本取代了atomic facts），而
非「事物」的總和。每個基本的命題都是「原子事實」的一幅對應「圖
像」，哲學的功能就在於對命題進行邏輯分析，超出這個「語言的界限」
的都是無意義的，這是由於命題只與事實世界相互對應。

如此一來，維特根斯坦將世界「一分為二」：（1）「可言說的」世
界，哲學家們就對之加以分析，這是「事實世界」，它與語言、命題和邏
輯相關；（2）「不可言說的」世界，人們只能對之保持沉默，這是「神
祕世界」，美學顯然歸屬於此列。「一方面，言說是關於世界的言說，是
以語言再現世界，因此，有意義的言說是嚴格依照世界的。而另一方面世
界就是能被言說的世界，是要拿來同語言相比較的，因此，世界又是依賴
於有意義的言說。語言可以言說世界，也必須言說世界；世界可被語言言

---

[29] Ludwig Wittgenstein, *Notebooks 1914-1916*, p.144.

[30] Ludwig Wittgenstein, *Tractatus Logico-Philosophicus*, p.183.

[31] Ludwig Wittgenstein, *Tractatus Logico-Philosophicus*, p.183.

說，也必須被語言言說。語言與世界是完全同型同構的」。[32]

正是在語言與世界的「同型同構」的意義上，語言與世界所共用的分界才得以形成。按照《邏輯哲學論》的基本思路，命題僅僅能以語言來陳述什麼「在世界之中」，而倫理與美學都因其「超驗」的本性而超出了世界之外。

在世界之中的，也就是「語言界限」之內，固然是非「善」亦非「惡」，同時，也是非「美」亦非「醜」的。這是因為，「語言，邏輯和世界的理論揭示，『表明』、『闡明』、『澄清』能說的、可知的和存在的東西的最基本的、本質的和必然的方面。表明這些基本的、本質的和必然的東西，也就表明了語言中能夠說的即有意義的、真的東西的界限，表明了具有邏輯必然性的可知的東西的界限，表明了存在的東西的界限。」[33]

在這種基本劃分之後，維特根斯坦認為他的哲學使命終於完成了。屬於這一「不可言說」的世界的有：世界本質、生命意義、宗教價值等等。倫理與美學，也都屬於這一領域。當然，還要看到問題的另一個方面，「維特根斯坦在早期《邏輯哲學論》中承認人類活動有『不可言說』的『神祕性』所在，並不意味著那時他承認美學、倫理學和形而上學的意義，因為這些學科正是把那『神祕的東西』變得不神祕了，用一個貌似科學的概念體系把它們『說出來』，甚至還認為這種體系才是『真正的科學體系』。一句話，這些學科要把『非知識性的東西』變成『知識性的東西』，恰恰否認了有『神祕性』在」。[34]

在這個意義上，維特根斯坦恰恰對美學的現狀進行了深入的批判，其實，他並沒有否認美學的本真的存在價值，他自己也承認「不可言說的確實存在」，[35]但是如何去言說就成了問題（或許，美學這門學科就要去言說那「不可言說」的）。實際上，「不可言傳」與禪宗思想有著異曲同工之妙，特別是關於「語言的神祕基礎」的描述更顯露出維特根斯坦的某種東方神祕主義色彩。[36]

但總的說來，早期的維特根斯坦認定，思想不用超出語言之外，可以

---

[32] 李國山：《言說與沉默——維特根斯坦〈邏輯哲學論〉中的命題學說》，天津：南開大學出版社2004年版，第1頁。

[33] M. K. 穆尼茨：《當代分析哲，學》，吳牟人、張汝倫、黃勇譯，上海：復旦大學出版社1986年版，第217頁。

[34] 葉秀山：《葉秀山文集‧美學》，重慶：重慶出版社2000年版，第326頁。

[35] Ludwig Wittgenstein, *Tractatus Logico-Philosophicus*, p.187.

[36] 康菲爾德：《維特根斯坦與禪宗》，見威瑟斯布恩主編：《多維視野中的維特根斯坦》，赫憶春、李雲飛等譯，上海：華東師範大學2005年版，第329頁。

思想與不可思想的界限，這就是可言說與不可言說的界限。所以，語言的界限就成爲了思想的界限，可說的就是可思的，不可說的就是不可思的。

　　儘管維特根斯坦從《1914－1916年筆記》到《邏輯哲學論》都在尋求世界那個所謂「固定的結構」（fixed structure），[37]但是，他並沒有完全放棄對於倫理與美學關聯的動態論述，他認爲：

> 藝術乃是一種表達（Art is a kind of expression）。
> 好的藝術乃是完美的表達（Good art is complete expression）。[38]
> 藝術品是在永恆的觀點下看到的對象；善的生活（good life）是在永恆的觀點下看到的世界。這才是藝術和倫理學的聯繫。[39]

　　這種「審美化的倫理追求」一直在維特根斯坦的思想深處起著作用，就好似洶湧的暗流一般在湧動著，一有機會就會噴湧出來。按照這種說法，藝術與倫理、美與善的本性，恰恰在於不在時空之內的「永恆性」，這既是二者的關聯也是它們獲得「同一性」規定的本源。

　　「藝術」絕對是永恆的，而「審美」則是同時空一道來「觀照」藝術的。一般而言，這種傾向就被看作是「神祕主義」的。「維特根斯坦的問題表現在神祕主義，他的神祕主義構成了他的問題。美學和倫理在他的神祕主義中是同一的，美和審美意味著善的生活，這點指示了理解他的脈絡。」[40]但這種取向也恰恰是羅素所拒絕的，這也是爲什麼維特根斯坦在參加「維也納小組」的談論的時候，與小組的成員們發生了尖銳的思想衝突。按照卡爾納普的回憶，維特根斯坦似乎是在用一種接近「藝術創作」的方式來搞哲學，而他的追隨者們卻嚴格按照「科學的規範」來行事。[41]這正是衝突的根源所在。

　　維特根斯坦卻一直將這種「神祕主義」保持到生命的終點，這也印證了這樣的真理：包括數理邏輯在內的科學並不能來解說神祕領域的問題，無論是美學還是幸福的生活，恰恰都在這不可言說的範圍之內。這是由於這些「神祕之物」乃是自行顯現的，無需語言的描述和邏輯的規約，所以，維特根斯坦恰恰是在爲美學做著一種特別的辯護。這種辯護的理由，

---

[37] Ludwig Wittgenstein, *Notebooks 1914-1916*, p.114.
[38] Ludwig Wittgenstein, *Notebooks 1914-1916*, p.156.
[39] Ludwig Wittgenstein, *Notebooks 1914-1916*, p.156.
[40] 薛華：《黑格爾與藝術難題》，北京：中國社會科學出版社1986年版，第145頁。
[41] M. 麥金：《維特根斯坦與〈哲學研究〉》，李國山譯，桂林：廣西師範大學出版社2007年版，第4頁。

可以更簡約地視為科學（主要指自然科學）與美學的區分，美學並不能按照自然科學的方法來構造，這種科學與美學的界分，甚至就是科學界與神祕界的分界，美學被歸入後者。

但是，這種對美學「難以言說、又不得不說」的態度，到了晚期維特根斯坦那裡卻得到了某種改變，他試圖從另一個角度來「言說」美學，而這種角度是同「語言的日常使用」是息息相關的。在這個意義上，維特根斯坦似乎又將美學視為可以進行科學研究的，但是，對於「美學學科」本身，他卻始終以一種「置疑」的眼光來加以看待。

四、從學科消解到「美學」的概念使用

從《邏輯哲學論》到《哲學研究》的過渡時期，特別是從1929到1935年，常常被國外哲學史家單列出來，被認定為維特根斯坦思想發展的「中期」。這的確是一個早期思想與晚期思想相互「交雜」的時期，但卻是一個美學思想相對暗淡的時期。這也很容易得以說明：一方面是由於維特根斯坦的生活的動盪，他更多參與了一些審美實踐（比如設計建築和創作雕塑）而沉溺於非美學沉思；另一方面，他並沒有與學術脫鉤，而仍在探討「元哲學」的專門領域在耕耘，從而相對忽視了對於美學的關注。這種情況在1938年開始有所改觀，因為他對於他的六個學生做了專論美學的演講和談話。

1938年的夏天，在劍橋的住所裡面，維特根斯坦向他的六個學生口授的美學思想，這六個學生分別是魯什·里斯（Rush Rhees）、約里克·斯邁西斯（Yorick Smythies）、詹姆斯·泰勒（James Taylor）、卡斯邁爾·利維（Casmir Lewy）、希歐多爾·雷德帕斯（Theodore Redpath）和莫里斯·德魯里（Maurice Drury）。後來成書的《美學、心理學和宗教信仰的演講與對話集》就是由出版人西利爾·巴雷（Cyril Barrett）根據這六位學生的筆記編纂而成的，它被俗稱為「劍橋演講錄」（Cambridge Lectures），其主要依據的是魯什·里斯的筆記（可能他是幾位當中記述得最完整和準確的），其他學生的筆記作為補充。所以，大家在讀這部演講和對話集的時候，在正文和註腳當中經常會看到S、R、T的字樣，其實是用來標識該段是由斯邁西斯（S）、里斯（R）抑或泰勒（T）所記的。與《邏輯哲學論》等書由德文翻譯成英文不同，這本集子在1966年則先出版了英文版，1971年又出了德文版，但是這些演講的內容卻早就流傳開來，並對美學研究開始產生了積極的影響。

早在1955年，在曾經積極推動了分析哲學和語言哲學的發展的著名雜

誌《心》（*Mind*）上面，G・E.摩爾就對維特根斯坦的「劍橋演講錄」當中美學部分做出了中肯的評價：

> 他（指維特根斯坦）認爲，在美學中的理由，是要給出「深入描述的本質」（nature of further descriptions）：例如，你可以通過展現出勃拉姆斯作品的許多不同的片段，或者通過他與某位當代作曲家的比較，來使某個人理解勃拉姆斯的意旨何在：美學確是「使你注意到一個事物，」還有「一個接一個的安排」。他說，如果你通過給出這種「理由」，使他人能夠「看到你所見的東西」但這仍「未對他起作用」，這便是討論的「一個終點。」維特根斯坦背後的想法是，美學的討論就類似於「法庭上的辯論」。在法庭辯論當中，你儘量去「弄清那種意欲去做的行爲的情境」，希望最後將你所說的「訴諸於法官的判決」。他還認爲，同樣「不僅在倫理學而且在哲學當中，也都是要給出這種理由的」。[42]

這種同代的哲學家對於哲學家的理解，給理解「劍橋演講錄」提供了鑰匙。爲什麼在G・E.摩爾看來，維特根斯坦對於美學的探究就像法庭辯論呢？

與所周知，法庭辯論的重要的特點在於：首先它是一種「語言」上的辯駁，對美學的研究也要轉向對美學上的用語的研究；其實，法庭辯論還要窮究緣由而訴諸於判決，這就一方面將案情回復到原初的案發現場的情境當中，美學的用語也要被置疑被使用的「語境」（context）當中被加以看待（這種「語境論」在後來幾乎成爲了「分析美學」的某種共識）。另一方面，還要探究案發的基本緣由（確定當事人並設想其犯罪動機以使得真正的罪犯招供），美學的「妙處」也是需要最終在語言上給出相應的規定，就像你要告訴別人勃拉姆斯的音樂到底「好在哪」，你最終在欣賞其某一段樂曲的同時指出「這個和弦用得不錯」、「這個過渡很好」、「這個高潮部分很強烈」等等，最終要找到「好在哪」的理由，並明確地示範出來。按照而論，維特根斯坦欣賞音樂的例證，似乎並不圍於美學本身，而是指向了哲學上「語用描述」的諸多基本原則。

正是從這種晚期的哲學方法論出發，面對「作爲學科」的美學，維特根斯坦就曾直言：

---

[42] *Mind*, 1955, p.19. and 「Wittgenstein's Lectures in 1930-33」, in G. E. Moore, Philosophical Papers, London: George Allen & Unwin, 1959, p.315.

> 這個題目（美學）太大了，據我所知它完全被誤解了。諸如「美的」這個詞，如果你看看它所出現的那些句子的語言形式（the linguistic form），那麼，它的用法較之其他的詞更容易引起誤解。「美的」〔和「好的」──R〕是個形容詞（adjective），所以你要說：「這有某一種特性（a certain quality），也就是美的。」[43]

　　這樣，維特根斯坦就輕易地把美學的問題轉化為語言的問題，特別是「語言使用」的問題。在他表述於1938年《劍橋演講錄》裡面的這種基本思想取向，與晚期維特根斯坦「意義即用法」的語用轉向是保持絕對一致的。

　　從表面上看，維特根斯坦對於美學學科採取了一種「取消主義」的態度。他自己就明確地認定，當人們談論一種「美學科學」（science of aesthetics）的時候，他就立即想到美學究竟是意指什麼？如果美學告訴是我們「什麼是美的」（what's beautiful）科學，那麼「美學」就語詞而論它就顯得荒謬可笑，這種學科的可笑之處在於，維特根斯坦認為還應該將「哪種咖啡的味道更好些」諸如此類的問題包含在內。[44]而後，維特根斯坦率先提出了一個大體的看法，當你品嘗到可口的食物或聞到好聞的味道的時候，便會有「一種能愉悅說話的領域」（a realm of utterance of delight），於是就有一個很不相同的「藝術領域」（the realm of Art），儘管當你聽到某一支曲子時就像品嘗美味時一樣，會做出相同的表情。[45]這並不意味著，維特根斯坦就將美食和美味的問題納入到了美學的疆域當中，而是說，當時將美學視為一種嚴格意義上的科學的建構方式是走錯了路，因為「美在哪裡」就像「好吃在哪裡」一樣只能描述，而難以給出某種科學化的規則。

　　針對於此，維特根斯坦還曾舉出兩個例證。一個是道明美學用語其實與日常用語基本無異的，另一個則是指明了一般使用美學用語的基本情況。前者說的是，在我們經常用如下的方式來區分藝術品，對有的作品我們「向上看」（look up），而對另外的作品我們「向下看」（look down）。這種用語方式在維特根斯坦看來是毫無意義的，因為吃某種食物也會產生相同的「向上看」的體驗，所以這種「仰觀俯察」在某種範圍內可以推導出某些東西，但在另外的範圍之內則推不出任何東西（就像某些著裝在某種社會中有超出衣著本身的含義但在別的社會卻沒有一樣）。

---

[43] Ludwig Wittgenstein, *Lectures and Conversations on Aesthetics, Psychology and Religious Belief*, p.1.

[44] Ludwig Wittgenstein, *Lectures and Conversations on Aesthetics, Psychology and Religious Belief*, p.11.

[45] Ludwig Wittgenstein, *Lectures and Conversations on Aesthetics, Psychology and Religious Belief*, p.11.

後者所舉的例子是，假如你設計了一扇門，那麼，在最後安裝它的時候，看著門我們經常會說：「再高點兒，再高點兒，再高點兒……嗯，好的」。如果安得不滿意，我們就會說：「再讓它高點兒……太低了！……像這樣做吧。」這種語言上的描述立刻給讀者們勾勒出一幅場景，維特根斯坦就此追問，我們在安門的時候所打的「手勢」是什麼意味？它是滿意的一種表達嗎？

　　如此一來，維特根斯坦認為「或許與美學相關的最重要的東西，就是所謂的審美反應（aesthetic reaction），也就是不滿意、厭惡、不舒服。不滿意的表達並不同於不舒服的表達」。[46]按照他的理解，的確「存在一種對審美上的不舒服的『為何』，但是這卻並不是針對它的『原因』。不舒服的表述採取的是批評的形式……它可能採取這樣的觀看繪畫的方式並且說：『它有何問題？』」。[47]這意味著，「審美反應」才是高於美學玄思而真正值得關注的東西，在許多語境之下，那些在文本裡面才現身的「美學語詞」難以在日常生活當中出現，我們面對對象做出審美反應的時候，常常使用各種各樣、彼此不同的表達形式（各種審美反應之間的也是千差萬別的）。比如，我看這幅畫、聽這段音樂「覺得不舒服」，這種否定性的表達就經常出現，這才是美學所應該關注的表達形式。然而，不能就此認定維特根斯坦就拒絕美學了，他反對的是傳統美學理解美學的方式。

　　維特根斯坦指出，曾認定美學從屬於「心理學」分支的傳統觀念就是錯誤的（這是19世紀後半葉以來德國心理學美學所造成的歷史結果），特別是「一切的藝術的神祕」（all the mysteries of Art）這種美學的重要問題根本無法由心理學研究來解決。[48]這是由於，美學問題（特別是藝術的一切的神祕）完全不能通過心理學的實驗來得到解決：「審美問題與心理學實驗毫不相干，它們以完全不同的方式被解答」。[49]在別的地方，維特根斯坦還繼續強調，就像「美學解釋」（aesthetic explanation）不是「因果解釋」那樣，[50]美學也不能由狹義上的實驗心理學的來論證。他得出這樣結論：

[46] Ludwig Wittgenstein, *Lectures and Conversations on Aesthetics, Psychology and Religious Belief*, p.13.

[47] Ludwig Wittgenstein, *Lectures and Conversations on Aesthetics, Psychology and Religious Belief*, pp.14-15.

[48] Ludwig Wittgenstein, *Lectures and Conversations on Aesthetics, Psychology and Religious Belief*, p.17. 需要說明的是，在維特根斯坦進行「劍橋美學演講」的時代，「心理學美學」在美學界仍佔據了主導的地位，參見劉悅笛：《視覺美學史──從前現代、現代到後現代》，濟南：山東文藝出版社2008年版，第二章《視覺心理學》，特別是關於英國的「心理實驗美學」的描述。

[49] Ludwig Wittgenstein, *Lectures and Conversations on Aesthetics, Psychology and Religious Belief*, p.17.

[50] Ludwig Wittgenstein, *Lectures and Conversations on Aesthetics, Psychology and Religious Belief*, p.18.

人們仍然具有這樣的觀念，心理學總會有一天能解釋我們所有的審美判斷（aesthetic judgements），他們所指的是實驗心理學。這非常可笑——確實非常可笑。在心理學家們所從事的工作與關於一件藝術品的任何判斷之間，似乎沒有任何關聯。我們可以去考察我們所謂的對某一個審美判斷的一種解析究竟為何物。[51]

當某個人對一個審美印象（aesthetic impression）感到迷惑時，他所尋求的那類解釋就不是一種因果解釋，亦不是經過實驗抑或人們如何做出反應的統計而得以確證的解釋。……例如，你可以在心理學實驗室裡面以音樂做實驗，但結果是，音樂是如此這般的、在藥物作用之下如此這樣的得以展現。這並不是某個人所說的或者通過美學的研究而得到的東西。[52]

在實踐上來看，這可能維特根斯坦做過審美心理實驗失敗後得出的一種結論（不僅實驗心理學在維特根斯坦看來是走向窮途末路了，而且就連受到19世紀動力學影響的弗洛依德的「深度心理學」理論也被他看作是完全搞錯了方向），但在思想層面上來說，維特根斯坦對心理學的拒斥卻暗伏著「美學界革命」的火種。

這恰恰是由於，在維特根斯坦心靈深處，美學並不像有的論者所說在他心目中是「一文不值的」，而是被置於一個相當高遠的地位之上的。在他內心中，一直存在著所謂的「美學之謎」（Aesthetics puzzles）。[53]這個「迷題」的關鍵，就在於藝術對於我們「所產生的影響（effects）」的問題，問題並不在於這種效果是如何產生的，而是藝術何以具有了這種對於人的影響力。在提出了這個「迷題」之後，維特根斯坦有一段很重要的涉及美學的「學科定位」的說法：「科學的模式就是力學。如果人們想像出一種心理學，那麼，他們的理想就是靈魂的力學（mechanics of the soul）。如果我們去觀察實際上與之相伴而生的東西的話，那麼我們就會發現，存在著物理實驗和心理實驗。存在著物理學諸多定律——如果你願禮貌地說——也存在著心理學的諸多定律。但物理學的確有相當多的定律；但是心理學卻根本沒有任何定律。所以，談論心靈的力學就有點可笑了。」[54]看

[51] Ludwig Wittgenstein, *Lectures and Conversations on Aesthetics, Psychology and Religious Belief*, pp.19-20.
[52] Ludwig Wittgenstein, *Lectures and Conversations on Aesthetics, Psychology and Religious Belief*, p.21.
[53] Ludwig Wittgenstein, *Lectures and Conversations on Aesthetics, Psychology and Religious Belief*, p.28.
[54] Ludwig Wittgenstein, *Lectures and Conversations on Aesthetics, Psychology and Religious Belief*, pp.28-29.

似維特根斯坦在這裡「跑題」了，其實他句句說的都是美學問題，他實質上是看穿了美學的學科本性，它是難以用科學的定律來最終解決問題的。所以，美學就像心理學一樣，是沒有定律可言的，如果一定要給美學套上「科學的枷鎖」，那麼就會自然地造出「靈魂的力學」這類的「怪物」。

維特根斯坦儘管有消解美學學科的傾向（這恰恰是由於他對於當時美學現狀的不滿），但是絕對沒有取消美學問題。顯而易見，他內心的真正的美學問題，就是首先要直面——諸如「美的」這些語彙——在日常生活中究竟是如何被使用的：

> 顯而易見，在真實生活（real life）中，當審美判斷被作出，諸如「美的」、「好的」等等這些審美形容詞（aesthetic adjectives）幾乎起不了什麼作用。這些形容詞在音樂評論中被使用嗎？你會說；「看這個過渡。」或〔R〕「這小節不協調」。抑或你在詩歌評論中會說：〔T〕「他對想像的運用很準確。」這裡你所用的語詞更接近於「對的」和「正確」（正如這些詞在日常說話中所用的那樣），而不是「美的」和「可愛的」。[55]

由此而得的重要啟示便是：美學的研究，不能再如德國唯心主義哲學（從康德到黑格爾直至叔本華）那般玄思，也不能再如早期實驗心理學派那樣訴諸於科學實驗，而是要切實地深究美學的諸種概念在日常語用裡面究竟是如何運用的。

如此說來，維特根斯坦的美學居然具有了一種實用操作化的取向，重要的就是「審美語詞」是如何被用的，在具體的「語境」裡面是如何被現實化的。這才是美學真正要實施的工作，亦即美學也要實現一種至關重要的「語言學轉向」。這才是維特根斯坦美學最重要的價值所在，誰曾想，這種回到語言來言說美學的取向，竟然主導了20世紀後半葉英美乃至整個西方的美學基本走向。

由此而來，維特根斯坦的巨大影響便充分顯現了出來，回到語言的使用來解析美學，才是真正的解決美學問題之路。如前所述，早期分析的美學在維特根斯坦的《邏輯哲學論》的影響之下，認定美學研究首要的就是對美學的概念進行澄清。這種傾向一直在維特根斯坦的美學思想當中是存在的，比如在為他未形成《哲學研究》基本思想之前的1930年所寫的《一篇序言的草稿》，他記下這樣的話：「我一直在讀萊辛的著作（對《聖

[55] Ludwig Wittgenstein, *Lectures and Conversations on Aesthetics, Psychology and Religious Belief*, p.3.

經》的評論），『給它添上言詞的外衣和風格……，它完全是同義反覆。
不過，玩弄伎倆時有時顯得要說不同的、實際上雷同的話，有時顯得要說
雷同的、實際上或可能是不同的話」。[56]這其實就是一種對於美學用語的
直接批判，裡面包含了維特根斯坦對於傳統美學「書寫方式」的不滿。到
了維特根斯坦哪裡，美學的存在方式都到了轉換：

> 美學所要做的事情……就是給出理由，例如，在一首詩歌的一處特
> 別的地方為何用這個詞而不是那個，或者在一段音樂當中為何用這
> 個音樂素材而不用那個。[57]

　　這樣，美學問題就從傳統的哲學思辨和心理學實驗，轉化成為了一種
「手法性」的東西，它是直接可以（而且應該如此）訴諸於審美實踐的，
是要回到實際的生活當中（特別是日常語用當中）來加以言說的。或者
說，美學的基本的手段就是「描述」，所描述的對象就是在日常生活當中
感受到的各式各樣的所謂的「審美反應」，當然，這些都屬於「對語言使
用的描述」這個更廣闊的哲學問題。
　　所以，「語言分析」就成為了「早期分析美學」的中心任務，更值得
注意的是，在這種以批判為基本視角的美學取向當中，「反本質主義」
（anti-essentialism）逐漸在20世紀中期佔據了上風。
　　由此可見，「早期分析美學」在主要接受了早期維特根斯坦「邏輯澄
清」的語言分析的方法論基礎上，也幾乎「共時性」地受到了「反本質
主義」這種晚期維特根斯坦思路的影響。按照這一基本路數行進研究的
美學家，包括莫里斯・維茨（Morris Weitz, 1916－1981）、威廉・肯尼克
（William E. Kennick）和弗蘭克・西伯利（Frank N. Sibley, 1923－1996）等
等，下面分而述之：
　　（1）維茨曾在1956年的美國《美學與藝術批評雜誌》發表了著名的
　　　　《美學中的理論角色》（The Role of Theory in Aesthetics）的文章，[58]
　　　　論述了分析的理論對於美學建構的重要價值：由於藝術沒有「必
　　　　要」和「充分」的屬性，也沒有一種藝術理論能舉出這樣的屬
　　　　性，所以「藝術是什麼」在邏輯上是不可能的。這就是在「分析

---

[56] 維特根斯坦：《文化與價值》，第11－12頁。
[57] "Wittgenstein's Lectures in 1930-33", in G. E. Moore, *Philosophical Papers*, London: George Allen & Unwin, 1959, p.314.
[58] Morris Weitz, "The Role of Theory in Aesthetics", in *The Journal of Aesthetics and Art Criticism*, vol.15, no. 1, 1956, pp.27-35.

美學史」上著名的「藝術不可定義」論，這種理論曾在「早期分析美學」那裡佔據了絕對的主流地位，由於它對「反本質主義」的堅持，所以也常常被視為一種「無理論的理論」。

（2）肯尼克在1958年發表的著名論文《傳統美學是否基於一個錯誤？》（Does Traditional Aesthetics Rest on a Mistake?）中，就曾層層解析而指出，傳統美學所探究的就是「傳統邏輯語言所說的藝術和美的定義」，[59]而這種既定的「假設」只是一個錯誤，美學理應做的是澄清語言運用的混亂，要追問界定藝術的語言這一根本問題。「分析美學」之前的一切藝術哲學都擁有一個「共同的假設」，那就是無論各種各樣的藝術之內容和形式是多麼的相異，其中都存在著一種「共性」。繪畫和雕塑、詩歌和戲劇、音樂和建築都存在著這種「保持不變」的東西。所以，藝術的定義只要適合一件藝術品，它也就適合於其他一切藝術品，同時，不適用於「藝術之外的任何其他物」。然而，當時的「分析美學」所做的主要工作就是先認定「藝術」這個語詞或名稱「指稱」了那麼多、那麼不同的事物，但卻僅僅只用一個語詞來概括，這恰恰是傳統美學的基本錯誤。尋求藝術品的必要和充分條件的方式，共同的藝術本質必然存在的假定，也都是犯了同樣的錯誤。

（3）西伯利在1959年發表的著名的《審美概念》（Aesthetic Concepts）長文裡面，[60]並不直接面對藝術問題，而是轉向對「審美概念」的語言分析。在他的「分析美學」的視野當中，一切「審美概念」都是一種由「消極的」而非積極的條件支配的概念，在批評中需要將審美與非審美的特質勾連起來（參見本書第九章第一節）。

　　實際上，從「早期分析美學」所面對的攻擊對象來看，就是肯尼克所說的「傳統美學」（traditional aesthetics），儘管維茨並沒有論及於此，但這是他們心目中的共同打擊的目標。從當時英國的美學史的情況來看，從羅賓・喬治・柯林伍德（Robin George Collingwood, 1889－1943）的《藝術原理》（*Principles of Art*, 1938）直到肯尼克對「傳統美學」的批判，期間經歷了20多年的時間（當然戰爭的因素亦是重要的），此時相對停滯的美學

---

[59] William E. Kennick, 「Does Traditional Aesthetics Rest on a Mistake?」, in Matthew Lipman ed., *Contemporary Aesthetics*, pp.219-234.

[60] Frank N. Sibley, 「Aesthetic Concepts」, in *The Philosophical Review*, 68, 4 （Oct, 1959）, pp.421-450.

思想已經脫離了哲學的主流，直到「早期分析美學」接受維特根斯坦所創造的新思想，美學界的整個狀況開始大為改觀。「分析美學」就是從這時開始位居世界美學潮流的主導地位的。

五、「生活形式」的廣闊「文化語境」

在《美學、心理學和宗教信仰的演講與對話集》之後，最重要的涉及到維特根斯坦美學的文獻就是《哲學研究》了。這本書就好似一座貯藏豐富的「思想寶藏」，以其思想所折射的多角度性和多色彩性成為了後代學者不斷闡釋的思想源頭。當然，此時的維特根斯坦的美學已經轉入了其晚期的階段，其所提出的幾個非常重要的範疇，對於後來的分析美學產生了至關重要的影響。

所謂「生活形式」（德文為Leben Form，英文為form of life），就是後期維特根斯坦在《哲學研究》中使用的著名術語。按照通常的理解，這是他從前期《邏輯哲學論》的「人工語言」解析回到「日常語言」描述之後提出的著名範疇，這個範疇甚至是將晚期維特根斯坦與早期維特根斯坦的思想區分開來的標誌之一。

但毫無疑問，「生活形式」仍是根據語言分析和意義的功能理論的基本邏輯而提出的，維特根斯坦論述「生活形式」的那幾節話曾經被反覆引用和解釋：[61]

（1）很容易去想像一種只是由戰爭中的命令和報告所組成的語言……想像一種語言就意味著想像一種生活形式（image a form of life）。」[62]

（2）在此，「語言遊戲」這個術語的意思，在於使得如下的事實得以凸顯，亦即語言的述說（the speaking of language）是一種行動（activity）的一個部分，或者是生活形式的一個部分。[63]

（3）「因而你就是在說，人們一致同意何為真，何為假？」——真與假乃是人們所說的東西；而他們在所使用的語言上是互

---

[61] 「生活形式」的思想主要是《哲學研究》第一階段的想法，如下所引的關於「生活形式」的直接論述，其中，（1）、（2）、（3）屬於《哲學研究》的第一部分，（4）則在第二部分開頭出現，它只是作為第二部分思想的導引而出現。

[62] Ludwig Wittgenstein, *Philosophical Investigations*, translated by G.E.M. Anscombe, The Macmillan Company, 1964, p.8.

[63] Ludwig Wittgenstein, *Philosophical Investigations*, p.11.

相一致的。這不是觀點上的一致而是生活形式的一致（not agreement in opinions but in form of life）。[64]

（4）只有會說話的人才擁有希望嗎？只有掌握一種語言的用法（the use of language）的那些人才有希望。這也就是說，屬於希望的種種現象，乃是這種複雜的生活形式的一些變體（modes of this complicated form of life）。[65]

　　究竟什麼是「生活形式」？這個範疇是維特根斯坦獨創的，還是繼承而來的？它具有哪些維特根斯坦使用意義上的獨特的內涵？

　　追本溯源，「Leben Form」這個德文範疇，在維特根斯坦使用之前，德國哲學家斯勃朗格（F. E. Spranger, 1882－1963）在1914年的《生活形式》一書和德國邏輯符號學家舒爾茨（H. Scholz, 1884－1956）的《宗教哲學》那裡已經出現，但是維特根斯坦似乎並沒有受到他們的影響。這個獨特的範疇，維特根斯坦基本上是在自己的意義上來使用的，當然，他運用這個範疇還是來說明語言的問題。因而，在歐美學界，有論者認為「語言本身就是生活形式」，有論者認為「語言是共有的生活形式」，還有的論者認為語言是「社會性的制度和『生活形式』」，如此等等。[66] 儘管理解不同，但在「生活形式」的範疇被使用之前，維特根斯坦還曾使用過幾個類似的概念：「世界」（Welt）、「世界圖景」（Weltbild）、「世界觀」（Weltanschauung）和「環境」（Umgebung），[67] 這也明確說明瞭「生活形式」被提出的最初用意。

　　在這個意義上，「生活形式」通常被認定為是語言的「一般的語境」，也就是說，語言在這種語境的範圍內才能存在，它常常被看作是「風格與習慣、經驗與技能的綜合體」；而另一方面，日常語言與現實生活是契合得如此緊密，以至於會得出「想像一種語言就意味著想像一種生活形式」這類結論。

　　然而，人們賦予了這些論述以太多的文化內容的闡釋，其實在很多方面維特根斯坦是語焉不詳的，他僅僅指出：「命題是什麼，在一種意義上是被語句的形成規則（the rules of sentence formation）所決定的……在另一

---

[64] Ludwig Wittgenstein, *Philosophical Investigations*, p.88.

[65] Ludwig Wittgenstein, *Philosophical Investigations*, p.174.

[66] 參見舒光：《維根斯坦哲學》，臺北：水牛出版社1986年版，第303頁。

[67] 關於這些概念流變的解析，參見塗紀亮：《維特根斯坦後期思想研究》，南京：江蘇人民出版社2005年版，第31－33頁。

個意義上則由語言遊戲中的記號的使用所決定。」[68]在這種「語用哲學」的視角裡，人們所說的是由他們所使用的語言約定的，而更進一步來說，這種規定是在「生活形式」上的協定。

所謂「生活形式上的一致」，這就是維特根斯坦所能退到的最後的底限。這是由於，「私人用語」被無可置疑地證明是不可能的，只有使用語言具有一致性，我們才能進入到「語言遊戲」之中，才能在遵守共同的規則之中相互交流和彼此溝通。既然語言活動只是「生活形式」的一部分，那麼，「語言的一致性」最終還是取決於「生活形式的一致性」，語言的運用終將決定於與之相匹配的「生活形式」，它才是人類存在的牢不可破的根基。但維特根斯坦的基本意旨，還是在於「把語言本身看作語言活動……在這個意義上說語言本身是生活形式也好，說語言的使用是生活形式也好，實質上是一個意思。……語言、活動和生活形式三者是統一的；統一的基礎在於活動。語言作為生活形式而成為活動。理解、期望、懷疑等等通過語言的使用而成為生活形式。」[69]如此說來，「生活形式」就指向了人類的最基本的活動，一切的語言遊戲都無疑首先包含在內，而「語言之外」人們的某些身體狀態和行為（按照維特根斯坦的例證如疼痛，情緒、習慣等等）也屬於其中，審美的活動也應該包含在內，儘管維特根斯坦並沒有明確指出這一點。

但在《哲學研究》中，維特根斯坦明確強調了一種他稱之為「普普通通（ordinary）的東西」或「最最具體的東西（most concrete）」，並且認定除了這些東西之外「別無他物」。維特根斯坦反對「在命題記號（propositional signs）與事實之間有一種純粹的仲介物。甚或試圖將命題記號本身純化、崇高化」，「由於我們表達的形式以各種方式阻礙我們，使我們不能看到除了普普通通的東西之外這裡並無它物，從而使我們去追求虛構的東西」。[70]他還說，思想就像最純淨的晶體，「但是，該晶體並不顯現為一種抽象；而是真正地呈現為具體的東西（something concrete），而且是作為最最具體的東西，甚至是作為最堅硬的東西（the hardest thing）而存在的。」[71]可以說，只有「生活形式」才是真正「堅不可破」的，語言正是由於同「生活形式」的契合，才沒有喪失其基本的功能。無疑，人們是在以某種「共同的」方式生活著的，在語言交往中必然「共同地」遵守遊戲規則。

---

[68] Ludwig Wittgenstein, *Philosophical Investigations*, p.53.
[69] 舒光：《維根斯坦哲學》，第303－304頁。
[70] Ludwig Wittgenstein, *Philosophical Investigations*, p.44.
[71] Ludwig Wittgenstein, *Philosophical Investigations*, p.44.

　　由此可見，這種「生活形式」是人們所無從選擇的，是最爲原始、最爲確定的，因而也是「不證自明」的。「所以，維特根斯坦反覆強調，生活形式就是我們必須接受的東西，就是所給予的一切；而生活形式上的一致性，就是我們存在方式上的一致性。這種生活形式和存在方式，最終決定著我們的生活世界和文化氛圍。」[72]難怪在與《哲學研究》第二部分寫於同一時期的《心理學哲學評論》（Remarks On the philosophy of psychology, 1946－1947）中，維特根斯坦把「生活形式」歸之於「生活事實」：「與那些不可分析的、特殊的和不確定的東西相同，我們以這種或那種方式進行的活動，例如，懲罰某些行動，以某種方式確定事態，發出命令，作報告，描繪顏色，對別人的情感發生興趣，都是事實。可以說，那些被接受下來的、被給予的東西，都是生活事實。」[73]

　　同理可證，人們的任何一種「審美判斷」也是爲文化語境所規定著的，這種明確的表述還要回到「劍橋演講錄」當中來尋找。按照維特根斯坦的「生活形式」這種具有某種「自然主義」傾向的理論，作爲語言問題的審美問題，必然要回歸到「文化語境」當中來得以解答，並在這種語境當中才能得到解答：[74]

　　　　我們所謂的審美判斷的表現（expressions of aesthetic judgement）的語詞扮演了非常複雜的角色，而且是一種非常明確的角色，我們稱之爲一個時期的文化（a culture of a period）。描述它們的用法，就要去描述你所謂的文化趣味（cultured taste），你必須得描述文化。[75]爲了說清審美語詞（aesthetic words），就必須得描述生活方式（ways of living）。我們認爲，我們不得不去談論諸如「這是美的」這樣的審美判斷，但是我們會發現，如若我們不得不談論這些審美判斷，我們就根本不能發現這些語詞了，而這個語詞被用在就像一個手勢，或者與之相伴的複雜的活動（complicated activity）當中了。[76]

---

[72] 江怡：《維特根斯坦——一種後哲學文化》，北京：社會科學文獻出版社1996年版，第116頁。

[73] 維特根斯坦：《心理學哲學評論》，塗紀亮譯，見塗紀亮主編：《維特根斯坦全集》，第9卷，第164－165頁。

[74] 按照維特根斯坦的想法，應該從慣例的角度來看待文化，所以「文化是一種習慣，或至少是一種先前規定的習慣。」見維特根斯坦：《文化與價值》，第121頁。

[75] Ludwig Wittgenstein, Lectures and Conversations on Aesthetics, Psychology and Religious Belief, p.8.

[76] Ludwig Wittgenstein, Lectures and Conversations on Aesthetics, Psychology and Religious Belief, p.11.

這樣，在維特根斯坦那裡，「審美判斷」的用語與「文化趣味」、「審美語詞」與「生活方式」都被緊密地勾連了起來。在談論「生活方式」的時候，維特根斯坦的一位學生記下了他當時的用以說明的例子——「這是一件很好的衣服」。可以想像，當我們如此談論的時候，可能用手指著這件衣服微微點頭，並發出相關的感歎（哪怕只是低吟著「嗯」的聲音）。按照維特根斯坦的意思，這種談論與其他的手勢、行為、整個的情境（whole situation）和某種文化都是息息相關的。

從欣賞的角度，維特根斯坦以另一個類似的例證來說明之。他要追問的是「鑒賞」（appreciated）這個語詞，及其這個語詞究竟是由什麼構成的。他描述了這樣的場景，當某人走進裁縫店看到各式各樣的衣服樣式的時候，就會自然而然地給出各種評說，這個顏色不太「暗」，那個花色太「鬧」，諸如此類，此時的評判者就成為了「材料的鑒賞家」（appreciator of material）。而之所以稱之為「鑒賞家」，並不是因為他所用的這些感歎詞（interjection），而只是由於他做出選擇和選取的方式。如此而來，「描述鑒賞的構成，不僅是困難的，亦是不可能的。要去描述它的構成，就不得不去描述整個環境（whole environment）。」[77]由此可見，維特根斯坦主要關注還是審美與「文化語境」之間的關係，後者對於前者無疑具有重要的規定作用，但獨特之處卻在於，其所聚焦的是審美語詞在具體的文化語境裡面的運用問題。

這裡面，還有非常重要的問題，就是關於「規則」的問題，如何在特定的「文化語境」當中遵循規則的問題。[78]他的核心的想法就是，在某種「文化語境」內，如果不學會「規則」（這些規則當然具有特定的文化的規定性），那麼，就根本不可能做出審美判斷，然而，更深層的意蘊卻在於：學會了一定的規則，就會反過來對判斷加以改變。

維特根斯坦還是以裁縫為例，一位裁縫學會裁衣服其實就是學會了「規則」。我們也經常說他「受過了訓練」，這就像在學習音樂當中學會了「和聲」和「對位法」一樣，維特根斯坦將學會裁衣服與學會音樂技術視為同樣的過程。在這裡，維特根斯坦繼續假設他自己學會了作為裁縫應該學會的「所有規則」，那麼，可以繼續推想兩種極端的情況：（1）一種是找他裁衣服的人覺得這件衣服裁得「太短了」，維特根斯坦回答說「說得對，這符合規則」；（2）另一種情況之下，則回答說「不對，這不符合規則」！這看似是用了同樣的「規則」一詞，但是實際上涵義是相

[77] Ludwig Wittgenstein, *Lectures and Conversations on Aesthetics, Psychology and Religious Belief*, p.7.
[78] Oswald Hanfling, *Wittgenstein's Later Philosophy*, London: The Macmillan Press, 1989, pp.146-151.

當不同的。第一種情況，當維特根斯坦讚同要裁衣服的人的意見的時候，他們都在遵循的共同的遊戲規則，這種規則也是具有「公共可傳達性」的。然而，第二種情況則根本不同，當維特根斯坦拒絕裁衣服的人的意見的時候，他們所用遵循的根本不是一個共同的規則。這是由於，他發展了一種「關於規則的情感（feeling）」，用更準確的表述就是「我解釋規則（I interpret the rule）」，所以，就像「私人用語」不可能一樣，這種規則也是不可通約的。因而，得出的結論是：

> （維特根斯坦）在這裡是在（1）的意義上來做出審美判斷的。另一方面，如果我沒有習得這些規則，我就不能做出審美判斷。在規則的學習當中，你就獲得了越來越精細的判斷。實際上，學習規則改變了你的判斷。（儘管如此，如果你沒有學會和聲，你就不能有一副好耳朵，你因而就可能不會從一系列的和弦當中發展不和諧音。）[79]

從總的傾向來看，維特根斯坦真正強調的是審美語詞的「文化語境」，而這種「文化語境」而決不是某種玄虛的東西（就像新康德主義所推崇的那種「文化科學」意義上的文化），而就是最為具體的「生活形式」。

由此而來，正如語言是世界的一部分、語言亦歸屬於「生活形式」，那麼，藝術問題在「分析美學」看來也是同樣的。簡而言之，按照維特根斯坦的意思來推論，藝術是也就是一種「生活形式」。維特根斯坦本人只強調了欣賞音樂是這樣的，「欣賞音樂是人類生活的一種表現形式。對於某些人我們將如何描述這一形式呢？現在，我想我們首先必須描述音樂，然後我們才能描述人對它是如何反應的。但這就是我們需要或者說必須教育他使自己理解音樂的全部所在嗎？這使他理解並向他作出說明，但不是用『教育他理解』這句話的不同意義達到的。再則，教他去理解詩或者繪畫，也許有助於教他理解樂曲所包含的內容。」[80]。

如果更推廣來看，「藝術同語言類似，也是生活形式。把藝術規定為生活形式就要求以下述觀點為前提：藝術意向應當在藝術慣例的範圍內去考察，選擇表現手法的隨意性程度可以在藝術創作的社會環境的範圍內來確定。」[81]這樣，「分析美學」要求把藝術概念理解為開放的而非封閉的

---

[79] Ludwig Wittgenstein, *Lectures and Conversations on Aesthetics, Psychology and Religious Belief*, p.S.

[80] 維特根斯坦：《文化與價值》，第102頁。

[81] 瓦·阿·古辛娜：《分析美學評析》，李昭時譯，北京：東方出版社1995年版，第143頁。

概念，關鍵在於，其所要求的正是藝術向「生活形式」的開放。

這種獨特的思路，在歐美分析美學當中「大行其道」，儘管在維特根斯坦那裡並未得到充分的展開。按照這一思路運思的美學家有沃爾海姆、丹托和迪基等等。特別是沃爾海姆繼續推演了維特根斯坦的想法，他認定維特根斯坦的內在意思即是──「藝術就是維特根斯坦意義上的一種生活形式」，[82]並由此確立了藝術與語言類似的涵義。迪基提出將藝術定位為「慣例」（institution）的理論當中，其所謂的「慣例」與特定的「生活形式」也是如出一轍的。

這些分析美學家正是從維特根斯坦那裡拿來了方法論的鑰匙，在最廣泛的社會語境中把藝術看作「生活形式」之特殊形式。這樣，「分析美學」所提出的解決藝術定義的諸種方案，也就排除了用審美經驗、審美態度以及相關的概念來界定藝術的傳統理念，而是提出了諸如丹托的「藝術界」（Artworld）這樣的概念作為闡明藝術的基本範疇。與之近似，也就是以維特根斯坦「生活形式」為範本，歐美分析美學將藝術歸結於生活形式的類似概念有：「藝術界」、「社會慣例」、「文化實踐」、「文化語境」等等。但無疑，這種藝術理論的確「無窮後退」得太遠了，它根本否定了藝術的審美特質，而僅僅將藝術本質歸之為一種社會性的「約定俗成」。

六、「語言遊戲」‧「家族相似」‧「開放的概念」

回到「生活形式」來描述審美語詞的用法，這是晚期維特根斯坦給我們的重要啟示。在這個基本範疇的基礎上，晚期維特根斯坦所提出的其他幾個概念對於「分析美學」的啟示作用更不可忽視。

「語言遊戲」（德文為Sprach*spiel*，英文為language-*game*），不僅是歸屬於「生活形式」的，而且還具有自身的特質。[83]當維特根斯坦從探討詞語的意義來開始美學沉思的時候，「遊戲」便作為一個特別彰顯的概念而被提將出來，對於後來的分析美學影響深遠。那麼，究竟何謂「遊戲」呢？

---

[82] Richard Wollheim, *Art and Its Objects*, London: Cambridge University Press, 1980, p.104.

[83] 「語言遊戲」與「生活形式」的基本區分，已被明確地歸納為：（1）語言遊戲是可以描述的，而生活形式則是通過這些描述得到顯示的東西。（2）從概念分析上看，語言遊戲近似於生物學概念，而生活形式類似於人類學概念；（3）語言遊戲只是人們具體的語言活動，而生活形式則體現了人們對生活和世界的一種看法。參見江怡：《維特根斯坦──一種後哲學文化》，北京：社會科學文獻出版社1996年版，第119-120頁。

　　按照維特根斯坦的意見，必須去考慮一下日常生活裡面我們慣常稱之為「遊戲」的東西，他所指的就是諸如棋類遊戲，牌類遊戲，球類遊戲和奧林匹克遊戲（其實中文翻譯總將Olympic game翻譯成「奧林匹克運動會」）等等。進而，必須追問，對於這一切被稱之為遊戲的東西，什麼是「共同」的呢？

　　維特根斯坦首先就否定了一種「對普遍性的追求」，亦即認定它們之所以稱之為「遊戲」便是由於具有共同的東西。所以，在仔細地去觀和看究竟有無共同的東西之後，結論只能是：「如果你觀看它們，不能看到對於所有一切而言的共同的東西，但是卻可以看到一些類似關係（similarities）、親緣關係（relationships）以及一系列諸如此類的關係」。[84]比如看看牌類遊戲的「多樣性的親緣關係」（multifarious relationships），就會發現，在任何某兩個牌類遊戲之間，一定有某些對應之處，但是，許多共同的遊戲特徵卻在它們那裡消失了，然而，也有一些其他的特徵被保留了下來。這樣，在一個又一個遊戲之間俯瞰和瀏覽，我們看到的真實現象就是——許多「相似之處」是如何出現而又消失的情況。

　　維特根斯坦給這種「遊戲」現象一個比喻，那就是「網路」（network），更準確地說，是「相似關係的網路」。這種「錯綜複雜的相互重疊、彼此交叉之相似關係網絡：有時是總體上的相似，有時則是細節上的相似」。[85]

　　維特根斯坦的本意是說，「語言運用的技術」（the technique of using the language）[86]就好比這諸種遊戲一般，不同的語詞的作用不同，即使相近，如果被置於不同語境裡面便又會發生變異，語言的使用就是這般的複雜多樣而難以捉摸。這便是「語言遊戲」的真實內涵。然而，這種表面上的遊移、變動、重合、膠合的特徵，又不能抹煞「遊戲」之為「遊戲」的「確定的規則」（definite rule）的存在，維特根斯坦還是強調了在「遊戲的實踐」（the practice of the game）當中所見的規則，就猶如「自然律」一般在統治著遊戲，使得遊戲成其為自身。[87]與此同時，這種規則又是不穩定的，因為經常會出現一邊玩一變「改變規則」的情況。[88]所以，「遊戲規則」也被置於流動性當中被加以觀照。

---

[84] Ludwig Wittgenstein, *Philosophical Investigations*, p.31.

[85] Ludwig Wittgenstein, *Philosophical Investigations*, p.32.

[86] Ludwig Wittgenstein, *Philosophical Investigations*, p.23.

[87] Ludwig Wittgenstein, *Philosophical Investigations*, p.27.

[88] Ludwig Wittgenstein, *Philosophical Investigations*, p.39.

在將「語言遊戲」比作「網路」之後，維特根斯坦又提出了一個更為精妙的比喻——「家族相似」（德文是Familienähnlichkeiten，英文是family resemblances）。在此，如果不僅僅用「家族相似」來描述「語言遊戲」的特徵的話，而是將之移植到藝術問題的考察，那麼分析美學便獲得了廣闊的運思空間，難怪「家族相似」被分析美學家們所反覆引述。維特根斯坦自己也對這個範疇的提出很是自鳴得意：

> 我不能想出較之「家族相似」這種相似性特徵的更好的表現；對於同一家族成員之間的各式各樣的相似性（the various resemblances）：體態、容貌、眼睛的顏色、步態、氣質等等，以同樣的方式相互重疊和相互交叉（overlap and criss-cross）——我要說：「遊戲」形成了一個家族。[89]

用出現在「劍橋演講錄」當中另一個與之近似的「工具箱」的比喻來說（這個比喻是在論述美學問題時被特別提到的）：

> 我已常常把語言同一個工具箱做比較，這個工具箱裡面裝著錘子、鑿子、火柴、釘子、螺絲釘和膠。所有這些東西都不是偶然地被裝在一起的——但是在不同的工具之間卻有著重要的區分——它們被用於一個方法的家族當中（a family of ways）——儘管沒有什麼會比在膠與鑿子之間的差異更大。[90]

實際上，「家族相似」集中論述的是遊戲與遊戲之間的關係。兩個不同的遊戲之間具有某種類似性，就好似同一家族的兩個成員之間的鼻子相似那樣，然而，並不能由此推導出這兩個遊戲與第三個遊戲之間一定是相似的，就像第三位家族成員與前兩位並不是鼻子像，而可能眼睛只與其中一位相似，而與另一位毫無相似之處。

在《文化與價值》裡面，維特根斯坦通過更具體的形式來描述「家族相似」的情況：「如果我說甲的眼睛很美麗，有人會問：你看出他的眼睛美在何處？我可能回答：杏仁形、長睫毛，柔嫩的眼瞼。這雙眼睛與我所發現的美麗的哥特式建築有何共同之處呢？它們使我產生了相同的印象嗎？可以說在兩種情況下我的手都企圖拽住它們嗎？無論如何，這是對美

---

[89] Ludwig Wittgenstein, *Philosophical Investigations*, p.32.
[90] Ludwig Wittgenstein, *Lectures and Conversations on Aesthetics, Psychology and Religious Belief*, p.1.

麗一詞的狹窄定義。」[91]這是一個很重要的置疑，哥特式建築的美到底與一個人的美，二者之間的美到底有何相通之處？如果說眼睛的「表情美」還可以同鼻子的「形美」做近似的比照的話，那麼，建築與人的臉究竟如何找到共同之處呢？但這卻不能否定「美的家族」的實際存在，從古至今，關於「美」的語彙，在我們看來，都共同組成了一個「家族相似」的語言族群。

然而，當人們拉伸開視野，看到作為整體的遊戲的時候，就像整個地看到一個「大家族」一樣，不同家族成員之間的相似就將整個家族維繫起來，遊戲之被稱之為「遊戲」也是大致趨於穩定的。由此推導，「美」的各種各樣的語用關聯，就好似一個具有血親聯繫的「相似的家族」。在同一家族中，每個成員之間總是有著彼此不同（同性雙胞胎之間也有差異）與相像之處的。共同的親緣關係，決定了他們都歸屬於同一家族，都具有彼此銜接的類似性。儘管他們之間任何兩位特殊的人，其近似的地方可能很少甚至彼此相去甚遠，但是，從整個家族的角度來俯瞰，這兩人之間卻可能通過整個家族的血親關聯而維繫起來。

關鍵還是在審美過程當中，找到在這種遊戲關聯當中的「差異」與「共同」之處，這兩方面都要看到而不可偏頗，而且，「共同」是建立在「差異」基礎上的，要力圖找到「差異中的共同」與「共同中的差異」。我們常常「注意到差異並且說：『看看這些差異有多麼不同！』『看看在不同情況下的共同之處』，『看看什麼是審美判斷當中的共同之處。』如此一來，一個大量複雜的家族（an immensely complicate family）就存留了下來」。[92]照此而論，從審美語詞的角度來看，「家族相似」的現象的確是存在的。

這些獨特的觀念，不僅被應用到審美語詞的分析，它還直接激發了「分析美學」對藝術的分析，後來的分析美學家們將維特根斯坦的「家族相似」概念應用到藝術定義中，認為藝術是個「開放的概念」（open concept）。

「早期分析美學」在質疑傳統美學概念含混不清的同時，亦杜絕了給任何藝術下定義的可能性。但後來，隨著分析美學對分析哲學方法的逐漸偏離，給藝術下定義的事業又被分析美學繼承了下來。這樣，分析美學家們就提出了「開放的概念」來界定「難以界定」的藝術，認定藝術的定義就是一個「家族相似」的概念。有趣的是，這種理論的先行者竟然還是維

[91]　維特根斯坦：《文化與價值》，第33－34頁。
[92]　Ludwig Wittgenstein, *Lectures and Conversations on Aesthetics, Psychology and Religious Belief*, p.10.

茨,通過對「家族相似」概念的闡發,既可能走向藝術不可定義的否定論,也可以走向藝術可以界定的肯定論。

照此而論,考慮到維特根斯坦經常引用的「遊戲」例子,如果我們考慮到整個遊戲的範圍,從足球到單人跳棋,從跳房子到捉迷藏,我們不能發現任何對每一個遊戲都共通或適用的特徵。如此這般,對遊戲這一概念而言,可能就沒有一個普遍性的特質。但這些活動,卻無疑都屬於遊戲的範圍,這真是個悖論。這又好似維特根斯坦所說的那個「工具箱」,在工具箱裡面可謂應有盡有,有錘子、斧子、扳子、鉗子、螺絲刀、起子、釘子、膠等等。然而,這些恰恰都「統稱」或「通稱」為工具。藝術概念就好似這個工具箱的概念,更好似「遊戲」這個寬泛的概念一樣,是一個「開放的體系」,從而去直面未來的無限可能性。

維茨正是首先在藝術的「類概念」與藝術的「亞概念」之間做出了重要的界分。他的基本觀點是,(1)目的是展現藝術的亞概念——小說是開放概念的觀點;(2)就此認為,所有其他的藝術「亞概念」和藝術的「類概念」也都是開放的。按照他的的的觀點,所有那些藝術亞概念——如悲劇、喜劇、正劇等等——或許都不具有共通的特徵。[93]從藝術史上看,比較常見的現象是,一件新的藝術品被創造出來,從而被歸屬於某個「亞藝術」的門類之下,儘管這種藝術並不具有該「亞藝術」的特質,這種現象的確是不可避免的。

為這種「開放概念」所提供的諸多論據,還被西伯利歸納為三點:(1)「新的作品不斷湧現,沒有任何固定的格式。由於不同的藝術形式還將出現,我們無法為藝術下一定義」;(2)「藝術的不斷創新使動態雕塑和拼貼一類的新形式脫穎而出」;(3)「藝術的分類概念,如小說,是開放的。……人們由此得出結論:藝術的一般概念與此類似,也必須是開放的。」[94]西伯利實際上並不贊同這三個看似並無疑義的論據,但是,用這三點來考察藝術「開放性」的理由確實充分的:一方面是新的藝術形式的不斷湧現,讓藝術的外延不斷被擴大,使得藝術界定成為棘手難題;另一方面,藝術內部的許多亞門類的藝術逐漸走向開放,反過來使得訴諸於整體性的藝術概念本身變得十分可疑。

儘管分析美學提升了概念的「開放性」,但畢竟還是意指「概念」的開放性,這裡面仍然具有忽視了「歷史主義」的傾向。對「開放的概念」

---

[93] George Dickie, *Aesthetics: An Introduction*, Indianapolis: The Bobbs-Merrill Company, Inc, 1971, pp.96-97.

[94] Frank Sibley, "Is Art an Open Concept? : an Unsettled Question", in Matthew Lipman ed., *Contemporary Aesthetics*, p.

的界定，它所強調的歷時性並非是現實的歷史性，而只是一種概念意義上的「抽象的歷史性」。擴而言之，整個分析美學對問題，其實都採取了一種「普遍的非歷史方法」（general ahistorical approach）。具體而言，儘管深諳藝術史的沃爾海姆和丹托都強調欣賞的歷史性，但是他們仍然都將藝術史看作是遠離或獨立於歷史的社會經濟的要素和衝突的，這可以被稱為是「絕緣主義」（isolationist）傾向。相形之下，分析美學卻「力圖將這種『絕緣主義』的歷史視野得以合理化，並使得其自身的非歷史化傾向也得以合理化」。[95]

無論怎樣將藝術作為「開放的序列」，都具有一種悖論性質。一方面，只有向無限開放藝術才能將愈來愈多的新藝術納入其中，否則所謂開放就是一種虛假的開放，不能解釋當代藝術的風雲變幻。但另一方面，作為藝術的界定，又要使得藝術概念本身取得相對的穩定性，然而這與前者卻是矛盾的。同樣，藝術作為「開放的概念」，當它的開放性指向「無限」的時候，這一概念本身也由於這種特質而把自身消解掉了。所以，「開放的概念」其實就是一種「自我解構」的概念。

七、視覺的分殊：「看見」與「看似」

「視覺美學」（visual aesthetics）也構成了維特根斯坦美學的重要維度，他的這些視覺文化理論主要集中在《哲學研究》的第二部分，在該部分的前半部主要聚焦的是（主要是視覺的）感覺與概念的內在關聯。[96]

維特根斯坦「視覺美學」的邏輯起點，就在於區分了「看見」與「看似」的問題。由於關注的是語言分析，維特根斯坦首先就聚焦在「看」（德文為sehen，英文為see）這個詞在「語言」中的兩種不同的用法。

在維特根斯坦看來，起碼有兩種最為基本的用法。一種用法出現在這樣的句子裡面——「你在那裡看見了什麼？」回答常常是：「我看見了這個」，然後可能做出具體的解釋，後面跟隨的，或者是一個對某物的描述、或者是一張圖面、或者是一個複本之類的。[97]這種用法用以指出「我究竟看見了什麼」，一般是指向某一特定的對象。這就是所謂的——「看見」。

[95] Richard Shusterman ed. *Analytic Aesthetics*, p.11.
[96] 趙敦華：《維特根斯坦》，臺北：遠流出版社公司1988年版，第151－153。Malcolm Budd, *Wittgenstein's Philosophy of Psychology*, London and New York: Routledge, 1989, pp77-99; Joachim Schulte, *Experience and Expression: Wittgenstein's Philiosophy of Psychology*, Oxford: Clarendon Press, 1993, pp.65-85.
[97] Ludwig Wittgenstein, *Philosophical Investigations*, p.193.

　　另一種用法則現身在這樣的句子那裡——「我看到了這兩張臉之間的相似性」，然後，就讓聽到這句話的人也能像我那樣注意到這些臉，主要是注意到這種相似性。[98]該用法用以指明「我發現了相似性究竟在哪裡」，一般是指向特定對象（起碼有可以比較的兩個對象）之間的關係，當然是相似性的關係。這就是所謂的——「看似」。

　　在《哲學研究》裡面，維特根斯坦試圖引入「圖像－對象」（picture-object）的觀念，他具體所舉的是如下的例子：

　　就是一張「圖像－臉」。

　　在某些方面，我直面它的關係就像我同一張臉的關係。我可以研究它的表情，可以像面對人臉的表情一樣對它做出反應。一個孩子可以同圖像－人或圖像－動物談話，就像對待玩具那樣對待它們。[99]

　　維特根斯坦在我們習以為常的語言叢林裡面，居然犀利地將這兩種基本用法「抽離」出來，可謂是一種洞見。

　　「看見」與「看似」的差異，就在於這兩種「看」的對象（德文為'Objekte' des Sehens，英文為'objects' of sight）之間的範疇差異。[100]由此可見，這種差異在分析哲學看來，並不在於現實區分本身，反而在於語言應用裡面的範疇使用的不同。所以，在《哲學研究》的第一部分的前面，維特根斯坦早就指出「一個名稱的意義有時是通過指向其承擔的載體而得以解釋的」，[101]此言非虛！

　　如果按照「看見」的邏輯，一個人給可以將任何兩張臉孔都畫下來；但是如果「看似」的邏輯，另外的一個人卻可能發現前一位並沒有看到的東西：這兩張臉孔之間具有某種相似性，甚至會具有某種「家族相似」性。由此，維特根斯坦得出初步的結論：

98　Ludwig Wittgenstein, *Philosophical Investigations*, p.193.
99　Ludwig Wittgenstein, *Philosophical Investigations*, p.194.
100　Ludwig Wittgenstein, *Philosophical Investigations*, p.193.
101　Ludwig Wittgenstein, *Philosophical Investigations*, p.21.

我所看到的並沒有變化；但是我卻在有差異性地看它（see it differently）。[102]

這樣，既然「所見」為同，那麼，根本的差異，就在於「如何地看」了。或者說，是不同地看的方式，決定了所見的不同，而不是所見的變化了。這種現象，被稱之為「注意」到了一個「面相」（德文為Aspekts，英文為aspect）。[103]

可見，「如何（how）去看」決定了「看到了什麼（what）」，或者可以闡釋說，是「how」決定了「what」，而非相反。因而，當我們變換「視角」的時候，看到的就是不同的「面相」。就是面對這同一個不變的長方體，我們可能一會將它看作「這個」東西，一會又將之視為「那個」東西。這種「如何」去看裡面，當然蘊涵的就是一種「闡釋」。所以，維特根斯坦就此認定：實際上，「我們在闡釋它，而且，如我們所闡釋的那樣在看它」。[104]

維特根斯坦所謂的「看似」，如果更深入地看，實際上就是「視（seeing）為（as）……」，或者就是「看作」（see-as或者regard-as）。這意味著，比較作為思想導引的「看見」與「看似」之分，「看見」與「看作」的區分，才是更為基本性的。[105]

照此而論，「看作」並沒有被作為「知覺」的一部分，[106]這就像初看時像而再看時又不像一樣。由此，維特根斯坦繼續追問了——視覺經驗的標準究竟是什麼？他給出了一個這樣的回答，是對「所見」的表現（德文為Die Darstellung dessen，英文為 The presentation of 'what is seen'）。但這還遠遠不夠，因為維特根斯坦更為關注的乃是對「所見」的概念，並且，最終認定，對「所見」的表現與對「所見」的概念，是緊密地結合在一起的，是難以分離的。維特根斯坦就是想就此獲得一種所謂的「真正的視覺經驗」（德文為*echtes* Seherlebnis，英文為*genuine* visual experience）[107]之真實涵義。

---

[102] Ludwig Wittgenstein, *Philosophical Investigations*, p.193.

[103] Ludwig Wittgenstein, *Philosophical Investigations*, p.194.

[104] Ludwig Wittgenstein, *Philosophical Investigations*, p.193.

[105] 當然，維特根斯坦更為關注「看見」與「看作」的橫向的語法關係，二者的區分在於：（1）人們使用「看見」這個詞時可以有語法錯誤，而使用「看作」時則不會；（2）「看見」在語法上僅僅與所見的物相關，而「看作」還是旁及他物；（3）它們分別對應著的概念使用者的不同反應形式。參見王曉升、郭世平：《後期維特根斯坦心理哲學研究》，北京：中國社會科學出版社2004年版，第332－334頁。

[106] Ludwig Wittgenstein, *Philosophical Investigations*, p.197.

[107] Ludwig Wittgenstein, *Philosophical Investigations*, p.204.

在《哲學研究》第二部分的啟示下，後來的分析美學家們在各個方向發展了維特根斯坦的視覺美學理論：

（1）間接啟發：諸如V. C. 奧爾德里奇（Virgil C. Aldrich, 1903－1998）這樣的美學家從「審美模式」出發來理解維特根斯坦的視覺理論。他認為：「雖然你所看到的東西要以你心中所具有的東西為條件，但外觀不只是一種思想甚至不只是一種主觀意象；它是某種知覺的客體」[108]。如果將被審視的圖案本身看作是「物理客體」的話，那麼自然把由此而生的這些外觀視為思想和主觀意象，實際上，客觀物體在客觀上不能包含外觀。如果按照「意象投射」（the projection of images）的觀點來理解的話，那才是相對穩妥的。

（2）直接啟發：在維特根斯坦的啟發下，諸如沃爾海姆明確區分出兩種現象：一個是「看似」，另一個則是「看進」（seeing-in）。無論這種區分是多麼複雜，都可以明確的是，「看進」的最基礎的視覺現象，它使得「再現性的觀看」不同於當下的感覺經驗，也就是迥異於那種直截了當的感知。「看似」與「看進」的二分，視覺上的「雙重性」特質，都被用以解釋與「再現性經驗」（representational experience）相關的特殊現象。[109]由此可見，在「視覺美學」方面，維特根斯坦的影響力亦是巨大的，追隨者甚眾。

八、生活的取向：「自然而然的日常美學」

如果從「當代美學」視角更深入地理解維特根斯坦，就會發現其美學並不囿於致力於純學術研究的「小美學」，而是一種與生活存在直接相關的「大美學」，亦即一種沉溺於生活的審美化創造的「生活美學」。這種內在取向就被直接被定位為一種「自然而然的日常美學」（Everyday aesthetics of itself）。[110]

在維特根斯坦1916年7月8日和7月29日的兩處筆記當中，他兩次強調了──「幸福地生活吧！（Live happily！）」[111]實際上，這是理解維特根斯坦美學思想的「另一把鑰匙」。這種感悟顯然來自生活的智慧，當然關於

---

[108] V. C. 奧爾德里奇：《藝術哲學》，程孟輝譯，北京：中國社會科學出版社1986年版，第28－29頁。

[109] 參見本書的第三章的第五節相關論述的部分。

[110] John Gibson and Wolfgang Huemer (eds.), *The Literary Wittgenstein*, London and New York: Routledge, 2004, pp.21-33.

[111] Ludwig Wittgenstein, *Notebooks 1914-1916*, pp.140, 146.

文學家和哲學家們的啟迪：「必須提到下列人物，他們激勵維特根斯坦的思想上起著各自的作用，叔本華的著作，以及通過他的仲介，還有康德哲學和佛教的重要『啟示』；杜斯妥也夫斯基的小說，托爾斯泰的作品和關於福音書的說教；丹麥神學家和存在主義的創始人克爾凱郭爾的一些著作，以及W.詹姆士的《宗教經驗種種》」。[112]

這不止一次地發出「幸福地生活」這種呼聲，在維特根斯坦看來恰恰已說到了終極之處，除了說「幸福地生活」這句話之外，似乎人們沒有更多的話說了，因為「幸福的人的世界」與「不幸福的人的世界」不是一個世界，「幸福的人的世界」就是一個「幸福的世界」。[113]

從語言的角度來看，維特根斯坦儘管畢生關注不同形式的語言問題，但是，作為維特根斯坦整個哲學的樞紐，如下的陳述可謂一語中的──「一種表述只有在生活之流中才有意義」（Ein Ausdruck hat nur im Strome des Lebens Bedeutung）。[114]或者說，任何表述都是在實際的「語言交往」中起作用的，亦即只能是在實際的語言交往中、在「生活之流」中起作用的。這就凸顯出維特根斯坦哲學的兩個維度：「語言」與「生活」。

語言是外在的呈現，而生活則是內在的沉澱。從這個角度出發，「宗教─科學─藝術（religion-science-and-art）都只是從對我生活的唯一性的意識內闡發而來的。該意識就是生活本身（life itself）」。[115]從「生活美學」的視角看，維特根斯坦最主要的貢獻就在於回到生活本身來言說幸福問題，雖然早期的他把將美與倫理都理解為是「超驗的」，但他還是將美與善的關聯置於生活理想的根基上來考察。

從「新實用主義」（Neo-pragmatism）的角度看，維特根斯坦的整個思想具有一種「深度的審美化」的取向，他在以自己的生活和著作追求一種「審美的生活」。這與將古希臘倫理直接打造成為「生存美學」的米歇爾·福柯（Michel Foucault, 1926－1984），追尋「審美化的私人完善倫理」的理查·羅蒂（Richard Rorty, 1931-2007），都是是相近的。維特根斯坦特別要求將自己的生活「過成」美學的。於是，他可以被稱之為是一位「生活美學的大師」，[116]他不僅在學理上實踐著一種回到生活界域的突破，更重要的是，他們自己在自己的現實生活中亦也在努力實現著這種原則。

---

[112] M.K.穆尼茨：《當代分析哲學》，第202頁。

[113] Ludwig Wittgenstein, *Notebooks 1914-1916*, p.146.

[114] 諾爾曼·瑪律康姆等：《回憶維特根斯坦》，第83頁。

[115] Ludwig Wittgenstein, *Notebooks 1914-1916*, p.148.

[116] Richard Schusterman, *Pragmatist Aesthetics: Living Beauty, Rethinking Art*, New York: Rowman & Littlefield Publishers, 2000.

在最新的研究裡面，隨著「日常生活美學」成為當下美學的一個新的生長點，[117]維特根斯坦的《哲學研究》著作裡面的「一種日常美學的觀念」（idea of an ordinary aesthetics）被重新挖掘出來。當維特根斯坦說「人的身體」（human body）就是「人的靈魂」（human soul）的「最好圖景」（the best picture）的時候，[118]恰恰也是在高揚這種「日常生活美學」的最佳理念。

九、其他幾朵散落的「美學火花」

如上諸節，大致按照時間的順序，我們深描了維特根斯坦美學的歷史嬗變和思想成就。在這些在每個階段占主流的美學思想之外，維特根斯坦在他的日常生活所記述下來的筆記當中，還撒播了許許多多的「美學火花」。這些散落的美學思想，主要在《文化與價值》裡面出現，這個後來所輯錄的「雜評」，開始在維特根斯坦開始哲學之思的1914年，結束於他死前的1951年，可以說是橫亙了他整個一生。其中，比較重要的美學思想可以簡述如下：

（1）關於「審美力」

維特根斯坦用科學的術語來闡釋「審美力」：「『審美力』的能力不可能創造一種新的組織結構，它只能形成對已存在的組織結構的調節。審美力能放鬆或加緊發條，但它並不能製成一種新的機械裝置。」[119]這樣，他就將令人興奮但卻不能把握的審美力規定為「感覺力的精煉」，它的功用就是「作出調節」。所以，一方面審美力不去參與創造，甚至最為精確的審美力也同創造力無關；另一方面，審美力形成了可接受的事物，也就是說，「感受性並不能產生任何東西，它純粹是接受」。[120]

（2）關於「藝術與自然」

關於藝術與自然的關係，維特根斯坦傾向於將藝術視為「自然界的奇跡」。他認為：「有人會說，藝術給我們顯示了自然界的奇跡。這是基於關於自然界奇跡的概念。（花恰好開放，它有什麼奇跡般的東西嗎？）

---

[117] Jerrold Levinson ed., *The Oxford Handbook of Aesthetics*, pp.761-770.
[118] Ludwig Wittgenstein, *Philosophical Investigations*, p.178.
[119] 維特根斯坦：《文化與價值》，第86頁。
[120] 維特根斯坦：《文化與價值》，第86－87頁。

我們說：『正要看看它的開放！』」[121]進而，他拒絕了關於藝術的前景的「幻想」能夠得以實現的可能性，並認定假如實現那也只是偶然的，因為在幻想中所見的只是還想著「自己的世界的延伸」，或許只是他的希望的某種延伸，因此，並不是「實在的」。

（3）關於「交流情感」

維特根斯坦對於藝術表現情感的問題表現出了矛盾的態度，一方面，他引述了自己讚同的話語：「音樂的目的：交流感情」，「音樂的實體包羅一切其他藝術的外部形式的、音樂隱含其間的無限複雜內容。從某種意義上說，音樂是最深奧微妙的藝術」。[122]但另一方面他又拒絕了托爾斯泰的「情感傳達」理論，並認定一位藝術家想要他的讀者體驗他在創作時的情感，那是非常荒謬的。

（4）關於「天才與風格」

維特根斯坦是推崇天才的，並通過引述界定「天才」為「依靠勇敢去實踐的才能」，而「天才的尺度是性格，——即使性格本身不能產生天才。天才不是『才能加性格』，而性格則是以特殊才能的形式表現出自己。」[123]這又關係到到風格的問題，維特根斯坦引述了兩段話：Le style c'est l'homme（風格即其人），Le style c'，est l'homme meme（風格即其人本身），並認為「第一個表述具有廉價的簡潔明快，第二個表述準確地展現出非常不同的景象。這就是說，人的風格是他的畫像。」[124]

十、述評：兩種維特根斯坦與兩類美學

在本章的終結篇，最後還要提出這樣一個「統觀性」的問題：究竟該如何看待維特根斯坦如此豐富的美學思想？究竟如何去把握維特根斯坦美學之內與美學之外的「基本構架」？這是非常值得進一步深思的問題。

如所周知，由於維特根斯坦的思想轉折，使得以時間來劃分的（早期與晚期的）「兩種維特根斯坦」（Two Wittgenstein）的說法被廣為接受。這一看法的確表明了思想轉向的基本事實，但其實，還可以沿用這種說法來更宏觀地考量維特根斯坦的思想。

[121] 維特根斯坦：《文化與價值》，第82頁。
[122] 維特根斯坦：《文化與價值》，第54、12頁。
[123] 維特根斯坦：《文化與價值》，第55、50頁。
[124] 維特根斯坦：《文化與價值》，第113頁。

在這個意義上，「兩種維特根斯坦」具有四重基本內涵，它們分別對應著具有不同取向的「兩類美學」：

（1）「早期的」維特根斯坦與「晚期的」維特根斯坦

從哲學著作的角度來看，從早期的維特根斯坦轉向晚期的維特根斯坦的思想，也就是從《邏輯哲學論》的思想轉向了《哲學研究》的思想，這在前面已經著墨頗多。[125]一般而言，從哲學轉向的角度來看，《邏輯哲學論》裡面被放棄的思想主要是：語言的「圖像說」，一切有意義的命題是基本命題的「真值函項」的學說和關於「不言說的」的學說。這也都對美學產生了相應的影響。當然，早期維特根斯坦對「早期分析美學」最顯著的影響還在於其「反本質主義」，在早期維特根斯坦之後，「反本質主義者利用維特根斯坦的去警告了藝術按照特定方式而得出的荒謬理論，可是他們給人以這種關於藝術的理論化是澈底荒謬的印象。這是一種作為反理論的（anti-theoretical）美學。」[126]

但是，到了《哲學研究》的思想在後來的「分析美學」當中佔據主導的年代，一種美學上的「建構主義」終於出現，「分析美學」更多的貢獻恰恰出現在晚期維特根斯坦的歷史影響當中。通過從《邏輯哲學論》到《哲學研究》的重要哲學轉向在美學領域所帶來的深刻影響，可以洞見到維特根斯坦對20世紀「分析美學史」的塑造作用是多麼的巨大，「早期分析美學」與後來的「分析美學」在這個意義來源上被區分開來是大致不錯的。

（2）「生活的」維特根斯坦與「學術的」維特根斯坦

從維特根斯坦最早將美與幸福直接相系，直到晚年仍醉心於對於生活問題的探討，可以發現一種不同於通常學術視野內的維特根斯坦思想的另一面。前面談到生活與語言，作為維特根斯坦哲學的兩個維度，就是與此相關的。這是因為，在學術當中維特根斯坦主要關注的是語言及其與世界的關係問題，這從他最早期的言說中就已經被奠定：「既然語言與世界有內在的關係（internal relations），因此它與這些關係便規定了事實的邏輯可能性（logic possibility of facts）。」[127]

---

[125] 當然「一個還是兩個維特根斯坦」一直有爭論，論爭的焦點如早期維特根斯坦是否放棄了「圖像論」等等，參見《麥吉與皮爾士談維根斯坦的兩個哲學》、《麥吉與昆頓談維根斯坦的兩個哲學》，見劉福增：《維根斯坦哲學——他的前期哲學的詮釋、批判和深究》，臺北：三民書局1987年版，第237－274。

[126] Terry Diffy, "Wittgenstein, Anti-essentialism and the Definition of Art", in Peter B. Lewis ed., *Wittgenstein, Aesthetics and Philosophy*, Aldershot: Ashgate, 2004, p.43.

[127] Ludwig Wittgenstein, *Notebooks 1914-1916*, p.74.

　　然而，另一方面，維特根斯坦還強調將語言的陳述置於「生活之流」當中來考察，這恰恰顯露了他注重生活實踐的一面。用維特根斯坦本人的話來說：「『智慧是灰色的』，然而，生活和宗教充滿了色彩。」[128]我們今天來解讀維特根斯坦，特別是他的栩栩如生的美學，並不能僅僅研讀他的成型的著作，還要借鑒許多他的許多鮮活的課堂筆記和演講，還有他的友人對於他的生平的回顧，而一併地來「通觀」這位具有「立體感」的維特根斯坦。對於美學而言，尤其重要的是，維特根斯坦關於審美方面的智慧源泉，主要是來自「生活的」維特根斯坦或維特根斯坦的「生活」。正如他自己所感歎的那樣：「對我來說，這一樂句是一種姿態。它潛入我的生活之中。我把它當作我自己的樂句。」[129]當這種「生活化」的美學的思想，被納入到維特根斯坦的學術視野中的時候，特別是被納入到從早期的為語言劃界到晚期的描述語言使用的視野中的時候，就「結晶」為一種潛在的美學思想。

（3）「感性的」維特根斯坦與「理性的」維特根斯坦

　　必須指明，這裡的「感性」主要是「感性學」（Aesthetica）意義上的「感性」，理性的往往是與之相對而出的。這也正是許多論者的迷惑：「維特根斯坦身上彙集著許多矛盾。有人說他同時是一個邏輯學家和一個神祕論者。這兩個名稱無論哪一個都不恰當，但是每個名稱都暗示了某些真相。那些探討維特根斯坦著作的人，有時會從理性的、實際事物方面，有時也會更多地從超驗的、形而上學的方面去尋求它的本質。」[130]這就構成了一種「內在的張力」，從早期將美學視為超驗的開始，維特根斯坦始終是兩條腿走路的，或者說是力圖打通（作為感性內蘊的）審美與（作為理性骨架的）邏輯的。

　　早在《1914－1916年筆記》當中，維特根斯坦就「在某種意義上音樂的主旋律就是命題。因而，對邏輯的本質的認識會引向對音樂的本質（the nature of music）的認識」，[131]在1936年，他又說：「哲學研究（大概特別在數學上）和美學研究之間存在奇怪的相似之處」，[132]到了1949年的1月，他最終承認：「只有觀念的與審美的問題（concept & aesthetic

---

[128] 維特根斯坦：《文化與價值》，第91頁。這與老黑格爾所鍾愛的歌德在他的《浮士德》裡面寫下兩句詩——理論是灰色的，生活之樹是常青的——是何等的近似！

[129] 維特根斯坦：《文化與價值》，第106頁。

[130] 馮·賴特：《傳略》，見諾爾曼·瑪律康姆等：《回憶維特根斯坦》，第18頁。

[131] Ludwig Wittgenstein, *Notebooks 1914-1916*, p.70.

[132] 維特根斯坦：《文化與價值》，第35頁。

questions）」才可以「真正捕獲或者迷住我」。[133]終其一生，維特根斯坦都在以邏輯的眼光來研究審美，又以審美的眼光來看待邏輯，而這恰恰構成了他的哲學和美學思想的與眾不同的特色。

（4）「原本的」維特根斯坦與「闡發」的維特根斯坦

最後，還有一個問題是非常重要的，那就是在「分析美學」的視野當中，還要區分出哪些美學思想是屬於維特根斯坦本人的，哪些美學思想則是後來者從維特根斯坦的思想出發繼續做出的探索。從以上我們所考察的諸多方面來看，維特根斯坦美學可以又分為兩類。一類是諸如「美是使人幸福的東西」、美學是「不可言說的」的因而具有超驗性、對於美學的概念使用的描述，這些美學思想基本上都是維特根斯坦所獨具的，後來者更多地嚴格遵循了維特根斯坦的思想路數。然而，諸如「生活形式」、「語言遊戲」和「家族相似」的這些概念，關於視覺美學和生活美學的思想，在應用者那裡得到了更多的闡發和推展，由此在超出了維特根斯坦原本語境之外發展出了「分析美學」的新的道路。

如此看來，早期的維特根斯坦美學更多是屬於「原本的」維特根斯坦的思想，而晚期的美學則更多屬於易於「闡發的」維特根斯坦的思想。在相應的引發下，「早期分析美學」主導了一種以解析和實證為基本作風的研究趨勢，不做總體的概括和綜合，更注重各門類藝術（如音樂、繪畫、詩歌）的獨特性質，更注重對藝術批評所使用概念的邏輯澄清工作。但是後來的分析美學則走向了另一個方向上去，這在本書後面的論述當中將被充分加以揭示。由此可見，維特根斯坦的思想也同樣具有某種開放性，對他思想的理解、闡釋和發展更是「多元共生」的。[134]

總之，無論維特根斯坦被如何看待，甚至出現了所謂「第三個維特根斯坦」的說法，[135]他對於「分析美學」的最具有本質性的影響，就在於將「語言分析」及其基本方法納入到了美學的視野當中。這不僅由於維特根斯坦的「語言哲學」為美學在「宏觀」上指明了方向，而且，他對於美學依據於語言的觀念所形成的各種陳述的理解，也在「微觀」上為「早期分析美學」與後來的分析美學做出了「示範」。「因為我們已經看到，語

---

[133] 維特根斯坦：《文化與價值》，第115頁。譯文根據Ludwig Wittgenstein, *Culture and Value*, edited by G. H. von Wright, Oxford: Blackwell, 1980有所改動。

[134] 維特根斯坦的理論甚至成為了現代主義與當代藝術家們的靈感源泉，參見Jorn K. Bramann, *Wittgenstein's Tractatus and the Modern Arts*, New York: Adler Publishing Company, 1985.

[135] C. f. Danièle Moyal-Sharrock, *The Third Wittgenstein: The Post-Investigation Works*, Aldershot: Ashgate, 2004.

言對於美學而言以各種方式已經成爲了其基本性的東西，公平地來說，只要我們對於藝術－語言類似性（art-language analogies）的各式各樣的複雜性、差異性及其危險有所意識，一種對於語言的探索，就內在於——我們對藝術意義的理解、對於我們稱之爲藝術經驗的視覺的、聽覺的和概念介入的廣泛範圍內的明晰觀點的——問題解決所能採取的最佳策略當中。」[136]這便是維特根斯坦對於分析美學的最核心性的啟示，歐美美學史在「分析美學」那裡的語言轉向，最直接地來源於維特根斯坦的哲學和美學思想。

　　無論怎樣，目前可以確證的是，當代英美美學界仍置身於一種「後維特根斯坦」的時代，因爲他們所探索的美學主題，仍然還是「後維特根斯坦式」的命題。

　　維特根斯坦本人亦曾感歎——「假如某人僅僅超越了他的時代，時代總有一天會追上他。」[137]這是他的一生與其後影響的真實寫照，那麼，「追上他」的那一天究竟又從一天才開始呢？這是歷史留給後來人的難題⋯⋯

---

[136] G. L. Hagberg, *Art as Language: Wittgenstein, Meaning, and Aesthetic Theory*, Ithaca and London: Cornell University Press, 1995, p.190.

[137] 維特根斯坦：《文化與價值》，第8頁。

第二章　比爾茲利：作為「元批評」的美學

　　在真正意義上的「分析美學」出現之後，第一位重要的「純美學家」恐怕反闡羅・比爾茲利（1915－1985）莫屬。他與同時代的許多美學家們一道，對於「分析美學」在20世紀中葉取得統領地位做出了歷史性的貢獻。無論是從當時與後來的學術影響來說，還是就個體學術思想的體系建構而言，比爾茲利在第一代分析美學家群體當中無疑是可以拔得頭籌的。

　　所以，在深描過維特根斯坦的美學及其影響之後，我們就從比爾茲利這位具有歷史奠基性意義的「純美學家」開始講起。他的美學思想之所以重要的原因之一，就在於他第一次將「分析美學體系」加以系統化的論述，而其他美學家則沒有達到他所能達到的那種理論的高度。在這個意義上來看，與同時代的那些更多帶有「問題意識」並關注於具體問題的美學家們不同，比爾茲利更多是一位「體系性」的美學思想家，當然，具體美學問題也在他獨特的思想體系內部被給出了獨特的解答。

一、從《美學》到《審美的觀點》

　　比爾茲利1915年生於美國的康涅狄格，在著名的耶魯大學接受教育，1936年獲得碩士學位，1939年獲得博士學位。這種在美國本土的大學教育歷程，在「本根」上決定了他的思想的美國特色（比如在審美觀上更多浸漬了實用主義的色彩）。

　　比爾茲利畢生都在大學從事教學和科研工作，這些大學包括蒙荷利約克學院和耶魯大學，但是他的大部分的學術生涯都是在斯沃特莫爾學院和後來成為了美國美學的中心的天普大學度過的，在前一所大學他共待了22年，後一所則待了共16年。現在看來，這38年也恰恰是比爾茲利學術研究的「黃金歲月」。眾所周知，天普大學以其「分析美學」研究而世界聞名（甚至可以被看作是世界「分析美學」研究的中心），比爾茲利對該中心的地位的確立和穩固，的確是功不可沒的，他可以說是這個美學中心的最初的一位重要的美學家。

　　在一定意義上說，「學術生涯」會在某種程度上決定了學者的研究方向和研究方法。有趣的是，比爾茲利大部分歲月都是在英文系（而非哲學系）度過的，這就決定了他對於「文學批評」問題關注尤甚，他的美學研究也得益於他的英文教學實踐。他曾撰寫的關於英文寫作的教材至今看來

仍然具有參考價值，但是，與眾不同的是，他更加注重寫作（還有閱讀）當中對於「邏輯」方法的應用。[1]這也相應決定了，他的美學研究其實是以文學為基本藝術類型的，或者說，對於文學的美學解讀成為了他看待其他藝術類型的「範形性」的東西，其他藝術的邏輯基本上是從「文學的邏輯」當中推演而來的（這似乎與絕大部分更關注視覺藝術還有音樂的分析美學家們有所不同）。

但另一方面，他所使用的方法卻基本上是來自於分析哲學的，而且是嚴格意義上的分析哲學，這是無庸置疑的。透過比爾茲利的文本，可以看到分析哲學那種「邏輯分析」的規範化之影響，他的論述常常是「環環相扣」的、步步推進的。然而，在這種對邏輯思維的關注之外（他曾撰寫過關於「實踐邏輯」方面的小書[2]），比爾茲利的學術素養則是多方面的，他也曾致力於哲學史的研究（曾編輯過從笛卡爾到尼采的哲學文選，2002年還在再版），[3]還對於歷史哲學和行動理論（action theory）的研究均有所涉獵，這些都為他的美學研究奠定了堅實而全面的基礎。

當然，至今為人們津津樂道的，還是那本而今仍作為歐美哲學教育及美學教育的必讀書目——《從古希臘到現在的美學史——一段簡史》（Aesthetics from Classical Greece to the Present: a Short History, 1966）。[4]從教育的角度來看，這本美學史的價值與影響，在歐美的美學界無論給出多高的讚譽似乎都不為過。比爾茲利以分析美學家獨特的明晰性言簡意賅地梳理了整個西方美學史，這部「簡史」在當時也是「全史」（從美學的起源一直寫到出書的20世紀60年代），其撰寫所達到的簡潔和到位的程度，至今無人能望其項背而出其左右。更重要的是，這本教材性的美學史，對於美學這門科學的普及和入門工作來說，起到了非常重要的歷史作用，特別是當英語成為了國際美學界的「第一語言」的時候，這本美學史的價值似乎更被抬高了許多。[5]非常可惜的是，在《從古希臘到現在的美學史：一段簡

1　Monroe Beardsley, *Thinking Straight: Principles of Reasoning for Readers and Writers*, Englewood Cliffs, New Jersey: Prentice-Hall, 1976; Monroe Beardsley, *Writing with Reason: Logic for Composition*, Englewood Cliffs, New Jersey: Prentice-Hall, 1976.

2　Monroe Beardsley, *Practical Logic*, Englewood Cliffs, New Jersey: Prentice-Hall, 1950.與比爾茲利類似的是，中國美學家朱光潛也曾編過「形式邏輯」方面的小冊子，不過後來遺失了而未得以出版。

3　Monroe Beardsley ed., *The European Philosophers from Descartes to Nietzsche*, New York: Modern Library, 1960. Rpt. Random House, 2002.

4　Monroe Beardsley, *Aesthetics from Classical Greece to the Present: a Short History*, New York: Macmillan, 1966.

5　在歐美的分析美學界，學者們更為關注問題的研究，關於美學基本問題的文集比比皆是，但是關於美學史的整體研究卻相對較少（這與中國美學界的現狀似乎有

史》之後，還沒有一部可以取而代之甚至能與之媲美的美學史方面的專著在英語學界出現。

談到比爾茲利的更重要的著作，至今在美學界還深有影響的三本專著必須被提及，它們分別是：

（1）第一本就是《美學：批評哲學中的問題》（*Aesthetics: Problems in the Philosophy of Criticism*, 1958），這是一本在20世紀整個「分析美學史」當中頗有份量的、開山式的美學著作，就這一本書就足以使得比爾茲利立足於「分析美學家」之林。1958年版的《美學：批評哲學中的問題》作為比爾茲利的代表作，集中展現了他早期的美學思想。在首版之後，就被不斷地再版，並不斷地被提及，竟具有了一種「常談常新」的價值。[6]到了20世紀80年代再版的時候，根據當時的美學的發展現狀，比爾茲利又增訂了一部分，增加的都是後來成為「分析美學」「基本問題」的問題（其中的許多在50年代還沒有完全被彰顯出來），這些問題包括：1.「藝術的定義」，2.「藝術本體論」，3.「審美特性」，4.「意義與隱喻」，5.「再現」，6.「表現」，7.「虛構」，8.「文學的解釋」，9.「理由與判斷」，10.「審美價值」。[7]

（2）第二本書就是《批評的可能性》（*The Possibility of Criticism*, 1970），[8]這本極薄的小冊子關注的是文學批評的問題，特別是文學文本的「自足性」（self-sufficiency），文學解釋的本質，如何判定文學文本這些問題，等等。對於比爾茲利而言，這本書具有某種過渡的性質。眾所周知，比爾茲利與著名文學理論家威廉・維姆薩特（William K. Wimsatt, 1907－1975）共同提出諸多理論，早使得他們在「新批評」（The New Criticism）的文學理

點相反），至今也沒有一部專門的「分析美學史」這樣的專著出現。但是，如果就論述的深入與周詳來看，波蘭著名美學家塔塔科維茲（W. Tatarkiewcz）1962年在波蘭首版的三卷本的美學史（包括古代美學、中世紀美學和現代美學）更具有學術價值，儘管他只寫到了17世紀（這是塔塔科維茲用語上的現代時期）沒有涉及到現當代。W. Tatarkiewicz, *History of Aesthetics*. vol. 1, *Ancient Aesthetics*, edited by J. Harrell, The Hague: Polish Scientific Publishers, 1970；*History of Aesthetics*. vol. 2, *Medieval Aesthetics*, edited by J. Harrell, The Hague: Polish Scientific Publishers, 1970；*History of Aesthetics*. vol. 3, *Modern Aesthetics*, edited by C. Barrett，The Hague: Polish Scientific Publishers, 1974.

6　Monroe Beardsley, *Aesthetics: Problems in the Philosophy of Criticism*, New York: Harcourt, Brace and World, 1958. *Aesthetics: Problems in the Philosophy of Criticism*, 2nd ed. Indianapolis: Hackett Publishing Company, Inc., 1981.

7　C. f. Monroe Beardsley, *Aesthetics: Problems in the Philosophy of Criticism*, 2nd ed. Indianapolis: Hackett Publishing Company, Inc., 1981, postscript 1980.

8　Monroe Beardsley, *The Possibility of Criticism*, Detroit: Wayne State University Press, 1970.

論思潮當中獨樹一幟。這本書對於以「細讀」（close reading）爲基本理路的在當時還是嶄新的文學理論思想，也產生了重要的影響。

（3）最後一本書，就是《審美的觀點》（*The Aesthetic Point of View*, 1982），[9]這本文集集中了比爾茲利從學術生涯的早期到晚期所寫的共14篇文章，主要仍關注的是審美與藝術批評的本質，在再版的時候又增加了6篇。這些新增的文章都是比爾茲利晚年所關注的主題，主要包括「審美經驗」、「藝術定義」、「價值判斷」、「藝術批評中的理性」、「藝術家的意圖和解釋」、「藝術與文化關係」等等，從而展現出這位老美學家對於自身思想的繼續反思和對於美學原理的不斷的探索。儘管是一本包含了早期和晚期思想的文集，但是，晚期的比爾茲利美學思想是如何轉變的，卻在這本文集裡面非常凸顯。

從《美學》到《審美的觀點》的觀點嬗變裡面，可以透視到「分析美學」在整個20世紀後半期的發展歷程。比爾茲利可謂是經歷了「分析美學」從興盛到衰落的全過程的親歷者，他在美學與藝術的發展變化的過程當中，不斷做出自我調整，但是其核心的觀點卻基本上在50年代就已經被奠定了，儘管晚期還有所變化，但是畢竟「萬變不離其宗」！

二、「分析美學」的首度「體系化」

如果論述比爾茲利美學的最重要建樹，當然還要回到的他的代表作，也就是1958年的《美學》這部巨著上面，這種著述已經成爲了「分析美學史」上重要的里程碑。如前所述，這本專著將「分析美學」體系化工作首度加以完成，所以，羅列出這本專著的目錄是必要的，它使我們一目了然地看到比爾茲利的美學理論譜系的建構方式：

導言

一.藝術對象
　　1 藝術家意圖
　　2 知覺的與物理的
　　3 現象的客觀性

9　Monroe Beardsley, *The Aesthetic Point of View*, Ithaca, New York: Cornell University Press, 1982.

　　《美學》1958年原版的全書共分為12章，它儘量顧及到了「分析美學」的方方面面，可以說，在上世紀中葉「分析美學」所能接觸到的問題都幾乎全都涉及了。那麼，該究竟如何把握這個完整的「分析美學體系」呢？

　　從全書的一開始，繞過導言，就可以看到，比爾茲利美學的真正的「邏輯起點」就是一個「本體論」的問題──「什麼是藝術品？」在作者那裡，這就必然與另一個問題，也就是對「審美對象」的追問直接相關。必須說明的是，20世紀中葉的美學的主流仍持傳統的觀念：藝術是同審美息息相關的，由審美才能界定藝術。不過，比爾茲利卻對此給出了獨特的理解。他認為，審美對象就是「知覺對象」（perceptual objects）的「子集」，但這並不意味著「審美對象」就不是「物理對象」。在他內心的「本體論」問題，既有「現象主義」（phenomenalistic）的意義也包孕了「物理主義」（physicalistic）的內涵，對於「審美對象」的勘定恰恰介於這二者之間。

　　第二章與第三章是可以被歸為一類的，因為比爾茲利在此論述的是所謂的「批評分析」（critical analysis）的基本方法與其適用對象的問題。當然，在作者看來，「批評的首要任務，就是面對一個審美對象，也就是看這個對象是什麼。」[10]這樣，第二、三章就成為了第一章的邏輯推演。其中，第二章論述的主要是對「視覺設計」與「藝術作品」的分析，第三

---

[10]　Monroe Beardsley, *Aesthetics*, p.75.

章則把文學單列出來，繼續追問「什麼是文學作品」的問題，[11]並提出了「析解」（explication）與其內在邏輯的特殊性的問題。[12]

第四章與第五章可以歸為一類，比爾茲利在這裡集中論述的是藝術與文學的「形式」的問題。關注於此的原因在於，「引起批評者極大興趣的審美對象的一個特徵，就在於它們的形式。」[13]第四章主要論述的是「視覺設計」與「藝術作品」的形式問題，最後提出了形式的「統一」（unity）性及其相關的問題。第五章又將文學單列出來，將文學語言的風格非常準確地區分為「語義的」（semantic）與「語音的」（phonetic）的兩種，並最終關注到了文學作品的「結構」的問題。

第六章和第七章是可以被歸為一類的，這是由於，比爾茲利在此論述了後來的「分析美學」更重視的兩個基本問題——「再現」與「表現」的問題。第六章通過「視覺藝術」論述「再現」，並關注到了「再現」與「抽象」之間的關係，在對於設計與對象關係的考量當中，提出了「形式三維度」的命題。[14]第七章則實際上是通過音樂來描述「表現」的問題，並區分出表現與「指涉」（signification）的不同，前者是音樂作品要自我呈現的，後者則是音樂作品指向自身之外的那種「所指」的東西。

第八章與第九章亦可以歸為一類，因為比爾茲利在這裡論述的是類似的主題。在第八章當中，他聚焦在「藝術真理」（artistic truth）的問題，特別是繪畫與音樂的那種區分於「語言陳述」（verbal statements）的語言問題，還有與「直覺」相關的那種「顯現」（revelation）的問題，皆被關注。第九章所論的其實與「文學真理」（literary truth）直接相關，但是，作者卻是通過文學的「解釋」來展開這個該問題的，這必然牽涉到了「信仰」之類的問題。

第十章、第十一章和第十二章是可以被歸為一類的，這是由於，比爾茲利在此關注的問題是相互關聯的。第十章又回到批評的問題，具體論述的是「批評性的評價」（critical evaluation）的問題，作者通過對於多種「批評觀點」的主張的評析，從而試圖找到「批評觀點」的本質。[15]當哲學家們論述「批評性的評價的基礎」的時候，都會或多或少地使用更為

---

[11] Monroe Beardsley, *Aesthetics*, p.114.
[12] 「析解」是比爾茲利提出的一個特殊的概念，它是針對特殊語境而言的，是要指明作品中我們不然則不知的意義，它不同於賦予作品或術語以標準意義的「界定」，區分在於，後者是跨語境的。
[13] Monroe Beardsley, *Aesthetics*, p.165.
[14] Monroe Beardsley, *Aesthetics*, pp.302-305.
[15] 比爾茲利在這裡區分出三種價值判斷：客觀性的（objective）、感受性的（affective）和源生性的（generic），並認定每種判斷都有其自身的理由。

簡潔的詞語（如「好」），這便又關係到了第十一章所集中論述的「審美價值」（aesthetic value）問題，這即是在言說「更高的審美價值」或者「審美更具有價值」此類的問題。[16]最後一章繼續展開對審美價值與道德價值諸問題的考察，當然是通過「判斷」的問題來論述的。最後，比爾茲利將全書結束於對「藝術的內在價值」（the inherent values of art）的考量上面。

縱觀《美學》的整個體系，可謂是從「本體論」的問題開始，又以終極性的問題結束，其中的邏輯是自恰的和圓融的，其基本線索可以歸納如下：

（1）「本體論」（第一章）
（2）「方法論」（第二章和第三章）
（3）「形式論」（第四章和第五章）
（4）「再現與表現」論（第六章和第七章）
（5）「真理論」（第八章和第九章）
（6）「價值論」及「評價」問題（第十章、第十一章和第十二章）

總而言之，就在1958年，第一次將「分析美學」體系化的任務終於在比爾茲利那裡得以完成了，他也是上世紀50年代為數不多的將「分析美學」打造成完整體系的美學家。與愛爾頓1954年主編的那本具有開拓性的《美學和語言》文集比較而言，後者所使用的「語言分析」的方法被承繼了下來，但是那種解析「美學用語」的謹慎態度卻被揚棄了，我們看到更多是一種建構「美學基本架構」從而對於藝術進行全面的概括的勃勃雄心。

總而言之，《美學》已經成為了「分析美學史」中的絕對經典之作，儘管其中的許許多多的觀點的確業已「過時」了，但是這本書的啟示，仍使得後來的分析美學家和研究者們常讀而常新。這也許就是「經典」的基本價值所在。

從「分析美學史」上看，在第一代美學家們的共同努力下，特別是維茨、約翰·霍斯珀斯（John Hospers, 1918－2011）、阿諾德·伊森伯格（Arnold Isenberg, 1911－1965）、瑪格麗特·麥克唐納（Margaret Macdonald, 1907－1956）、斯圖爾特·漢普希爾（Stuart Hampshire, 1914－2004）還有保羅·齊夫（Paul Ziff, 1920－2003）這些美學家的努力下，終於使得「分析美學」確立了自身的穩固的地位。但是，其中的佼佼者就是

---

[16]　Monroe Beardsley, *Aesthetics*, p.500.

比爾茲利，因為他的「美學體系」才是完整的和貫通的，儘管其他的美學家們所提出的具體的問題及其解答，並不比比爾茲利少多少，而且可能給出的答案更加適合美學本身，但無論是從建樹還是影響恐怕都不及比爾茲利。

三、「藝術——批評——美學」

在深描過《美學》的完整架構之後，我們又要回到該書1958年版的「導論」部分所要面對的問題，那就是：「美學」這門學科究竟如何「定位」？

這個「定位」的問題非常重要，它關係到了對於美學這門學科的基本理解的難題。這也直接關係到「分析美學」將傳統美學的「基點」如何加以轉換的問題。還要從比爾茲利形成的美學獨見和創建美學體系的歷史語境談起。

在20世紀40年代末與50年代初，整個歷史和文化的變化，為比爾茲利思想的出場提供了歷史背景：不僅僅是因為當時新形式的音樂、繪畫和文學得以紛紛湧現，要求美學給予更高層面的抽象和總結，而且諸如「形式主義」、「心理分析」、「語義學」的批評流派亦得以形成，從另一側面刺激了美學的發展。當然，更重要的是分析哲學在美國哲學界攻城掠地，以其關注語言的「經驗主義」傳統在不到20年的時間裡面，便在美國哲學界獲得主導性的地位。不過，需要注意的是，儘管比爾茲利吸納了分析哲學的某些普遍形式，但是當時風頭正勁的「邏輯實證主義」與「日常語言哲學」對他卻影響甚微。對於比爾茲利而言，哲學分析的方法應用於藝術，無非就是要批判性地考察「藝術批評」當中的基本術語和信念。哲學分析的任務就是使這種批評更加明晰、更加準確。美學，作為一種系統的研究，在此便有了新的用武之地。

總之，隨著20世紀中葉「批評學科」的成熟與分析哲學的方法介入美學界，比爾茲利這一代美學家最早意識到了對於「藝術批評」的語言進行分析的重大價值，然而，還有許多早期分析美學家們更多是從懷疑論的角度出發來看待批評用語的問題，更多將澄清批評所使用的美學語言視為己任。比爾茲利之所以成為當時的代表性的人物，就因為他還要更勝一籌，他將自己的理論目標，定在了對於藝術批評的「一般性原則」的解析上面。如前所述，在我們對於「分析美學史」的歷史階段的劃分當中曾認為，第一階段的「分析美學」主要就聚焦於「藝術批評」的問題，其代表人物就是這位比爾茲利。

在這種意義上，可以說，1958年的《美學：批評哲學中的問題》就是哲學、美學和藝術批評的「交集」，因為它既然繼承了分析哲學家所創立的「語言分析」方法，又拓展了美學基本問題的大部分的疆域，當然，對藝術批評家的話語問題研究成為了關注中心，當這三者綜合為一體的時候，比爾茲利的學術便成為了一種「獨創」。

按照比爾茲利的核心觀念，就本質而言，美學理應該成為一種「元批評」（meta-criticism），或者說，美學是作為一種「元批評」而存在的。

這種對於美學的基本「定位」，首先就要求美學要單單聚焦於藝術（在比爾茲利那裡最重要的三種藝術就是文學、繪畫和音樂），因為如果不去談論藝術作品，就不會有與「批評的陳述」（critical statements）直接相關的美學問題。因而，比爾茲利要求美學一定要回到「藝術批評」的語言學原則領域，亦即要在「批評的語言」（the language of criticism）領域內加以言說，或者說，只有去運作一些批評的陳述的時候才能去研究美學。

《美學》這本書的內在構想即為：先是要給出關於「特殊藝術品的宣稱（assertions）」，這就給出了美學研究的對象，而探究這個對象的目的則是為了提出其「意義標準」和「真理檢驗」這樣的美學問題。[17]由此看來，美學這門學科所要做的，並不在於給我們提供出某種「多種藝術的知識」（knowledge of the arts），而更重要的在於提出關於藝術我們究竟是怎樣「想」（thinking）的。[18]

如此一來，美學研究的對象和範圍就被限定了下來，在比爾茲利的基本定位當中，「藝術」──「批評」──「美學」基本上是三位一體的，用更準確的話來說：

> 我們將美學視為一種明確的哲學探究：它是與批評的本質與基礎（the nature and basis of criticism）息息相關的──這個術語是就廣義而言的──就像批評本身是關於藝術作品那樣⋯⋯。我現在並沒有將藝術和藝術家提出的所有問題都作為美學問題；我把某個人面對一件完成的作品（finished work）的情境當作樞紐，努力去理解它並決定它如何是好的作品。[19]

實際上，這種觀念正是當時的分析哲學的基本觀念在美學上的某種折射，恰恰是由於哲學被視為一種語言學的「元水準」（meta-level）的行

---

[17] Monroe Beardsley, *Aesthetics*, p.4.
[18] Monroe Beardsley, *Aesthetics*, p.5.
[19] Monroe Beardsley, *Aesthetics*, p.6.

為，或者被視為一種不直接面對現實學科的「第二級的學科」（關鍵還在於語言本身的作用，就像從語言研究出發的歷史哲學面對歷史學科一樣），所以，與哲學面對各種學科一樣，美學面對各種藝術批評當然應位居「元批評」的位置。

這種基本定位，為「分析美學」的學科性質的奠定了基石。幾乎從此以後，「分析美學」才不被看作是只重使用新方法而解決小問題的「輕騎兵」，而被當作了一門真正擁有獨立意識的、具有規範性的、分析哲學的分支學科之一。

在確立了「美學的本質」之後，比爾茲利更為關注的是美學形態的問題，這種形態就是通過對「批評的陳述」的深描而取得的。在此，比爾茲利認為，一定要給出兩種基本的劃分。

(1) 第一種就是關於藝術品的「規範的陳述」（normative statement）與「非規範的陳述」（non-normative statement）的劃分，其中，「規範的陳述才是批評性的評價（critical evaluations）」。[20]這種藝術批評當中的「評價」，就要訴諸於藝術品究竟是好或壞、是美是醜的此類的問題，另一方面，被包含在內的還有如何好或如何壞、如何美或如何醜的問題。但無論怎樣，這都要對某一藝術品給出或肯定性的或否定性的「謂詞」。按照這種邏輯，康德在「第三判斷」當中所論述的「這是美的」的這種判斷，由於其訴諸於「趣味判斷」的某種範式，所以也應該是作為「批評性的評價」而存在的。當然，在比爾茲利晚期的著述裡面，這又被看作是「描述性判斷」（descriptive judgment），但它至少部分地是以「批評性的評價」為基礎。[21]的確，我們經常使用諸如「這挺美的」、「他真醜」這樣的評價性的用語，但對於同一作品，不同的觀者的評價卻可能完全相反，所有的好的藝術品也並不都是「美的」，這種困惑在比爾茲利看來，只有回到對「批評性的評價」的語言解析才能看得更加清楚。當然，這種「孰是孰非」的評價，總是關涉到意義和邏輯之「合理性」的問題，這在《美學》最後的「價值論」部分亦得到了相應的解答。

(2) 第二種區分，則是在對藝術品的兩種「非規範的陳述」之間做出的，也就是要在「解釋」（interpret）藝術品和對藝術品進行

---

[20] Monroe Beardsley, *Aesthetics*, p.9.
[21] Monroe Beardsley, *The Aesthetic Point of View*, pp.316-331.

簡介的「描述」（describe）之間做出區分。[22]如此看來，「批評性的解釋」（critical interpretation）的主要目的，就是表明「一件藝術品的『意義』」（the 'meaning' of a work of art）究竟何在，這裡的「意義」特指藝術品自身與外在於藝術品的東西之外的「語義關聯」。[23]比如說某個畫面上「畫了一個人」，說某段敘事化的音樂的「主題是什麼」，某段小說當中「講了這樣一個故事」等等，這些都屬於「解釋性的」批評陳述。而「批評性的描述」（critical description）所面對的對象，當然就是藝術品的諸多特徵了，諸如繪畫的色彩與形狀，音樂的韻律與節奏，小說的情節與人物等等，「形式」（form）問題只是其中的重要的層面。[24]比如說，某個畫面上「有一條曲線」，說某段樂曲當中「用了一個泛音」，某段詩歌當中「用了何種韻腳」等等，這都屬於「批評性的描述」。關鍵還是在於這些批評的術語究竟是如何被使用的？哪些值得被保留下來，又有哪些由於其誤導而必須被拋棄？重要的是，在何種意義上的藝術品的「形式」是可以被採納的？在比爾茲利看來，這種「描述性的陳述」的哲學問題，就要激發出某種「形式」的觀念（the concept of form）。

總之，所謂「批評的陳述」的具體類型，這樣就被比爾茲利分為三種，也就是「評價的」（evaluative）、「解釋的」（interpretative）和「描述的」（descriptive）。這種區分對於「分析美學」而言非常重要。因為這確立了藝術批評當中的幾種基本範式，在「分析美學史」上這種劃分也是非常具有價值的，至今在一定範圍內仍然適用，儘管晚期的比爾茲利對此做出了適度的修正。

但無論怎樣，比爾茲利的基本看法可以歸納為兩句話：其一，美學就是「元批評」；其二，批評的基本任務就是「描述」、「解釋」和「評價」藝術品。那麼，這兩者的關係又是什麼呢？簡單地說，後者是提供的是「第一級」的語言材料，這是那些「描述性」、「解釋性」和「評價性」的批評所為之的工作；前者則是建基在後者基礎上的元理論的活動。這便是比爾茲利對於美學的基本理解。

[22] Monroe Beardsley, *Aesthetics*, p.9.
[23] Monroe Beardsley, *Aesthetics*, p.9.
[24] Monroe Beardsley, *Aesthetics*, p.10.

四、「審美──經驗──藝術」

與許多同時代的美學家一樣，比爾茲利的美學思想的基礎，在於給「藝術是什麼」問題給出一個相對周延的解答。在這其中，從「藝術本體論」到「藝術的定義」問題，又是居於核心位置的，不過「藝術本體論」思想出現在這位美學家思想的早期，而關於「藝術的定義」問題則主要出現在晚期。必須說明的是，在比爾茲利看來，「本體論」問題就直面審美對象的問題，而由審美出發才能規定藝術，所以才稱之為「藝術本體論」，這種理解與後來的美學家們顯然不太一樣，晚期的比爾茲利也放棄了這種觀點，轉而認定「藝術本體論」就是對於藝術品的本體存在地位的探討。[25]

在20世紀中葉那段時期，「藝術」與「審美」的關聯仍然非常緊密，這意味著，如果要去解答藝術問題，就要首先面對「審美」的問題，因為在很大意義上，藝術都是通過「審美」來界定的（儘管後來這種定義方式曾被「分析美學」所一度拋棄）。事實也的確如此，在這一時期，19世紀以來的、源自歐陸的「審美原則」仍然被比爾茲利、斯圖爾特‧漢普希爾、哈樂德‧奧斯本（Harold Osborne, 1905－1987）、西伯利和J. O. 阿姆森（J. O. Urmson）這樣的美學家們所堅守著，他們也同時塑造了上世紀中葉的這段「早期分析美學」的基本特色。其中，比爾茲利的較為凸顯的貢獻，就在於他提出了自己的整套的──如何規定「審美」──的方案。

先來看比爾茲利「藝術本體論」的構想當中，對於「審美」給出的七條基本假定：

（1）審美對象是知覺的對象；亦即它是可以呈現的。
（2）對同一審美對象的呈現，可能發生在不同時間和不同的人們身上。
（3）對同一審美對象的呈現可能彼此不同。
（4）審美對象的特徵不能在對其特殊的呈現裡面被完全地揭示出來。
（5）某一呈現可能是真誠的（veridical），亦即呈現的特徵與審美對象的特徵是相互匹配的。
（6）某一呈現可能是不可靠的，亦即某些呈現的特徵是與審美對象的特徵不相匹配的。

---

[25] Monroe Beardsley, *Aesthetics*, p.xxiv.

（7）如果同一對象的兩個呈現具有性質相反的特徵，那麼，它們中至少有一個是不可靠的。[26]

　　如前所述，《美學》的第一章是「本體論」的追問，這是比爾茲利美學思想的「邏輯起點」。必須說明，這種本體論並不是一般意義上所理解的「藝術的本質」問題，而是直接關係到「審美對象」（aesthetic objects）在根本上是什麼的基礎性問題，關注的是審美能夠成其爲自身的本體問題。

　　當然，這種本體論的考量，始於在「物理對象」（physical objects）與「知覺對象」（perceptual objects）之間所做出的區分，而「審美對象」與這二者又都是相關的。這都源自比爾茲利的「主客二分」的哲學思想，他認爲「現象場域」（phenomenal field）的兩方面兼有「現象的」主觀性和客觀性，前者則是來自人們的內心的感受，後者則是獨立於人們的意願而存在的，諸如對象的色彩、形狀等就是如此。

　　由此出發，「知覺對象」就是我們所感知的對象，該對象的「某些特質」至少是向「直接的感覺意識」（direct sensory awareness）開放的。[27]進而，可以認定，「審美對象」（aesthetic objects）即爲知覺對象的「子集」。然而，這並不是說審美對象就不是「物理對象」了，可能同一事物具有兩面性（two aspects of the same），「審美對象」也恰恰介於「心」與「物」之間。

　　當然，比爾茲利的根本意圖並不在於術語上的區分，而是要超出這些面相而提出一種本體論。「我們的困境在於：我們擁有了各式各樣的對於審美對象的命名，但是卻都不能以這些對象的特殊呈現的命名形式來加以建構……。因而，無論何時我們要說起關於審美對象的任何東西，我們都要談論它的呈現」。[28]按照比爾茲利的理解，這並不是將審美對象「退縮」到呈現的上面，這僅僅是由於，分析關於「審美對象」的陳述已經被變成「關於呈現」的陳述。實際上，比爾茲利最終關注的就是一種語言學現象的形式，在這個意義上，「審美對象」的問題也就被轉化爲一種「語言分析」的問題。

　　在這種本體論（及其對於「審美對象」的闡釋）的思路上，後來的比爾茲利提出了自己的藝術定義，這個定義的更公允的表達，則是晚近的事情了，但無疑，早期的那種試圖避開給藝術下定義的方式被拋棄了。其中，比較重要的文本就是《再定義藝術》（Redefining Art），它後來被收

---

[26]　Monroe Beardsley, *Aesthetics*, p.46.

[27]　Monroe Beardsley, *Aesthetics*, p.31.

[28]　Monroe Beardsley, *Aesthetics*, p.54.

入文集《審美的觀點》當中。[29]

在這篇文章裡面，比爾茲利既然反對給藝術下定義只會走向「哲學死胡同」的看法，又面對業已出現的紛繁複雜的各種藝術定義，提出了還是要從「元審美的思考」（meta-aesthetic considerations）出發，來看待這個已被反覆沉思的問題：

> 我認為，一件藝術品就是：一方面要符合的一個條件的安排，亦即擁有給出以審美為特徵的一種經驗（an experience with marked aesthetic character）的能力，另一方面（附帶地）要符合屬於一類或一組條件安排中的一個，它可以典型性地具有擁有這種能力的意圖。[30]

可以說，這個「藝術的定義」是不斷自我妥協的結果，說得並不是那麼絕對，處處給自己留下了迴旋的餘地。這是由於，到了20世紀80年代，再以一種「完美的」審美經驗作為藝術的絕對本質抑或第一本質，似乎難以得到大多數論者的認同。

所以，比爾茲利傾向於給這個藝術定義兩個層級的規定，其中，第一個層級的規定是更具有「本質性」的，因為他認為一件藝術品就是這樣的一件人工製品，起碼創造者能夠對其提供出一種經驗，在這種經驗當中「審美特徵」是不可忽略的。特別要注意的是，這個定義並沒有將「審美」作為藝術的「必然如此」的規定，而只是強調了「以審美為特徵的一種經驗」在此是被需要的而已。這就在一定意義上擴大了藝術的外延，這個半個定義主要針對的是藝術家們「親手」創造的藝術而言。

第二層級的定義則繼續在「擴大外延」的定義道路上前行，它將藝術的外延擴大到那些諸如通過機械製造出來的（甚至經過了流水線製造而成的）人造物身上。比爾茲利的意思是，有些人工製品並沒有直接被「灌注」審美的經驗，但是只要其意在指向了擁有這種經驗的能力，也可以被視為藝術品。

那麼，這種定義「合法性」究竟在哪裡呢？比爾茲利繼續對此做出了辯護，他給出了四個所謂的「元審美的思考」。首先，該定義選擇了使得美學具有顯著特徵而能做出區分工作的一種理論角色，從而闡明瞭「美學理論的意義」（significant for aesthetic theory）所在。[31] 其次，在美學理論

---

[29] Monroe Beardsley, *The Aesthetic Point of View*, pp.298-315.
[30] Monroe Beardsley, *The Aesthetic Point of View*, p.299.
[31] Monroe Beardsley, *The Aesthetic Point of View*, p.299.

中對這種關鍵術語的選擇，可以非常方便地利於「日常應用」（ordinary use），[32]這也就使得該定義因其與日常用語的習慣接近而具有更大的適用性。再次，這個關於「藝術品」的定義可以「最大可能性地應非美學的其他領域之需——在這些領域當中，美學自身（有時）是作為支撐和基礎而存在的」，[33]藝術史和人類學領域在他的眼光中是最恰當的兩個應用的學科領域。最後，比爾茲利給出如下的經典性的辯護：

> 我的第四個元審美的思考在於分割了「藝術品」的定義，我認為藝術與審美會是概念性地相聯的（conceptually linked）。並非所有的藝術都取得了審美上的勝利，或者每一個具有審美興趣的東西都是藝術；但是我們的審美概念，基本上是來自於對藝術品經驗的首要性的使用，藝術品的主要的與核心的（儘管當然決不僅僅是顯著的）功能，就是始終具有或者保留了審美功能（aesthetic function）。[34]

在此，又一個問題擺在了我們面前，在比爾茲利的眼裡，「審美經驗」又具有哪些本質規定的呢？作為一位美國本土的美學家，杜威的實用主義美學傳統所論述的「經驗」（experience）的諸多特徵，對於他的美學思想就具有了至關重要的影響。

按照早期比爾茲利的看法，「審美經驗具有五個特徵：第一，注意力緊密地集中於對象的表象（如顏色、聲音）、形式、或意義。……第二，它是具有某種強度（intensity）的經驗。『強度』在此指的是經驗集中於一狹小的領域，而不一定代表經驗帶有很強的情感性質。……第三，它是個融合（coherent）的經驗，也就是說它各部分的關係都整合得很好（well integrated）。……第四，它是個完整的（complete）經驗。……融合與完整可歸屬於更高概念——統一（unity）之下。因此，我們可以說審美經驗是統一的，而一般經驗則是缺乏組織或散漫的。……第五，它有不同程度的複雜性……審美對象本身的複雜性決定了審美經驗的複雜性。」[35]

這種對於「審美經驗」的特徵的考量，顯然是「分析美學」接受了早期實用主義美學的影響才得以形成的。到了後來，比爾茲利在《審美經驗的恢復》（Aesthetic Experience Regained）一文裡，對於其中的

---

[32] Monroe Beardsley, *The Aesthetic Point of View*, p.300.

[33] Monroe Beardsley, *The Aesthetic Point of View*, p.304.

[34] Monroe Beardsley, *The Aesthetic Point of View*, p.312.

[35] 劉昌元：《西方美學導論》，臺北：聯經出版社事業公司1986年版，第126－127頁。

一些特徵繼續加以說明，比如他認為「經驗的完滿」（completeness of experience）具有兩種形式，一種是衝動或傾向的「平衡」（balance or equilibrium），另一種則是「預期與滿足的模式」（the pattern of expectation and fulfillment）。[36]這都表明了比爾茲利思想的某種轉變，當然這種轉變是在受到迪基的批評之下而逐步做出的（參見本書第八章第二節）。

從另一個角度，晚期的比爾茲利在《審美經驗》（Aesthetic Experience）一文當中還曾列舉了經驗的審美特徵的五重標準，它們分別是：

（1）「對象的引導性」（object directedness）
（2）「感受自由」（felt freedom）
（3）「距離效應」（detached affect）
（4）「積極發現」（active discovery）
（5）「完整性」（wholeness）。[37]

這種提法早在1979年的《為審美價值辯護》（In Defense of Aesthetic Value）一文中就已經出現，具體來解析，（1）所謂「對象的引導性」，就是人們的意識由對象所引導的性質，或者說是被引導向對象的性質，知覺或意向範圍中的現象性客觀屬性（性質和關係）使得人們的注意力關注於此並欣然接受這種導引。（2）所謂「感受自由」，就是在對象的呈現之中人們所感到的輕鬆與和諧感，從而營造出一種自由選擇的氛圍。（3）所謂「距離效應」，就是指人們的將關投注興趣或多或少被置於一種情感的距離中，或者說這也是某一種情感的分離中。（4）所謂「積極發現」就是人們我們感覺到心靈那種激蕩和振奮的建設性力量，它是由多種潛在的衝突刺激因素融會而成的，往往表現為激昂的振奮感或智力的成就感（儘管這可能完全是幻覺）。（5）所謂「完整性」，先前曾被稱之為「完整感」（sense of wholeness），就是人們感覺到作為人的那種完整感，即從分散和斷裂的衝動中回復到完整，從而產生出持續的並包含自我肯定及自我提升的滿足感。[38]

比照看來，這種對於特徵標準的規定，其實是同其早期分析美學的基

---

[36] Monroe Beardsley, *The Aesthetic Point of View*, p.85.

[37] Monroe Beardsley, "Aesthetic Experience", in Monroe Beardsley, *The Aesthetic Point of View*, pp.288-289.

[38] Monroe Beardsley, "In Defense of Aesthetic Value", in *Proceeding and Addresses of the American Philosophical Association*, Vol.52 (1979), reprinted in John W. Bender & H. Gene Blocker eds., *Contemporary Philosophy of Ars*, pp.402-406.

本看法是如出一轍的。以奧斯本曾贏得廣泛贊同的看法為例，這位在影響甚大的美學家認為審美態度的諸特徵包括：「注意的集中」（將感知對象與環境隔離開來），「推理性與分析性行為的終止」（不考慮社會的與歷史的語境）、「無私性與分離性」（將過去和未來的成見區分開來）和「不關心對象的存在」。[39]由此可見，這種看待「審美經驗」和「審美態度」的方式，在第一代分析美學家那裡成為了主流。

但無論怎樣，比爾茲利最為關注的，還是「審美經驗」的三個主要特徵，那就是「統一」、「複雜」和「強度」。按照這種理解，一件藝術品如果它所具有的「統一」、「複雜」和「強度」的性質愈越強，那麼其所具有的「審美價值」也就愈大，反之亦然。如果再將藝術考慮進去，可以說，只有擁有了諸如「統一」、「複雜」和「強度」諸多性質的審美經驗的人造物，才能否成為藝術品，反之則不然。

五、「審美意圖——藝術行為——藝術品」

關於如何界定藝術這個重要的問題，晚期的比爾茲利在《藝術的審美定義》（An Aesthetic Definition of Art）一文，更明確了他的基本主張從而得以繼續發展了其藝術哲學觀念，同時，對於多種與之不同的意見進行了積極的回應。這篇文章最初被收在1983年出版的《何為藝術》（What is Art?, 1983）文集當中，[40]在一定意義上，這篇文章可以看作是他對於藝術定義的總結之作。在此，比爾茲利又給了藝術一個更為簡明的定義：

> 一件藝術品就是其生產的意圖（intention）是給予它以滿足審美興趣（aesthetic interset）的能力（capacity）的被生產之物（something produced）。[41]

比爾茲利之所以下此定義，首先希望破除別人對他的早先的藝術定義的誤解（其他美學家們總是抨擊比爾茲利是一位「純審美主義」者），他明確稱這個定義就是「藝術的審美定義」，這個定義雖然是一種具有適用性的側重於審美的界定，但是卻又不僅僅是「審美的界定」。

---

[39]　C.f. Harold Osborne, *The Art of Appreciation*, Oxford: Oxford University Press, 1970.

[40]　Monroe Beardsley, "An Aesthetic Dfinition of Art", in Hugh Curtlered., *What is Art?*, New York: Haven Publishing, 1983, pp.15- 29.

[41]　Monroe Beardsley, "An Aesthetic Definition of Art", in Peter Lamarque & Stein Haugom Olsen eds., *Aesthetics and Philosophy of Art*, p.58.

關鍵在於這個看似簡明的定義背後的「理論結構」，或者說，比爾茲利是如何依據一定的程序而推演出這個定義的。

首先，在《藝術的審美定義》的開頭，比爾茲利連提了三個問題，以開啟對於「什麼是藝術」這個問題的哲學解答。其一，「藝術」這個詞究竟使得人們關注到了哪些「現象的特徵」（features of the phenomena）？其二，「藝術」及其同源詞「藝術品」、「藝術的」（artistic）和「藝術性」（artistry），它們適當的而具有區分性的特徵究竟在那裡？其三，藝術如何以相對明晰地方式同其他緊密相關的事物區分開來？[42]

實際上，比爾茲利是做出三方面的哲學追問：第一個問題是從語言到現象，問的是「藝術」的用語指向了哪些外物的特徵？第二個問題是從語言到語言，通過多種關於「藝術」用語的之間的辨析，如何將這個用語與其他的語言辨析開來？第三個問題則是從現象到現象，問的是「藝術」這個詞所實際意指的那個東西與他物究竟如果得以區分？在追問之後，比爾茲利明確了給藝術下定義的必要性，藝術哲學家、藝術批評家、藝術史家和人類學家都無疑地需要這個定義作為「邏輯前提」。在這裡，比爾茲利又勇敢地回到了傳統的藝術定義的基本理路上面，他明確要去捍衛傳統定義的尊嚴，以適應於當時代的藝術哲學之需。[43]

那麼，「藝術品」究竟是怎麼來的呢？從活動論的角度看，比爾茲利率先提出了「藝術行為」（art activity）的問題，因為「藝術品」必定是某種「藝術行為」的產物。但是，這新提出的「藝術行為」的概念所指又過於籠統，所以，比爾茲利繼續做出區分：「第一種核心的行為就是藝術製作（art-making）或藝術創造（art-creating）——我將更廣義地稱之為藝術生產（art-production）。」[44]那麼，究竟如何將藝術生產區分於諸如宗教的、科學的和政治之類的其他生產呢？是從「生產的意圖」、「生產的模式」（mode of production）還是「生產的結果」來做出區分呢？哪一種最後被比爾茲利所接受了呢？從後往前說，其一，首先來看「生產的結果」，這就等於說生產的過程是為了產生「藝術品」，實質上就是借「藝術品」來規定藝術生產，顯然並不足取。其二，「生產的模式」也不足以區分出藝術品與他物的差異，因為藝術品與宗教物都可能產生於同一生產的過程，這亦不足取。

最可取的，就是「藝術的意圖」，比爾茲利使用「意圖」這個詞，就意味著「欲求與確信的組合：生產一個作品以滿足審美興趣的意圖，既包

---

[42] Peter Lamarque & Stein Haugom Olsen eds., *Aesthetics and Philosophy of Art*, p.55.

[43] Peter Lamarque & Stein Haugom Olsen eds., *Aesthetics and Philosophy of Art*, p.55.

[44] Peter Lamarque & Stein Haugom Olsen eds., *Aesthetics and Philosophy of Art*, p.55.

括（a）生產這個作品的欲求，也包括（b）確信某人能夠生產作品，或者生產的過程能夠產生出這樣的一件作品。」[45]顯然，如果單單從「意圖」出發來規定作品，那就將藝術的規定性從原本的「必然如此」轉化為了「可能這樣」，也就是從「必然性」轉化為了「可能性」。在某種意義上，比爾茲利似乎與克羅齊的無需外化的「直覺」論走到了同一條路上，所不同的是，他更側重於「能力」的關注，儘管這種「能力」可能也是「潛在」的。但是，這一點在比爾茲利看來確實是至為關鍵的，他在為「意圖」所做出的辯護上也是不遺餘力的。

對於「藝術生產」加以規定，就必須接受「意圖」的概念，然而，談到「意圖」又需要轉向「藝術行為」的第二種核心的行為，也就是藝術「接受」（reception）。這個過程則是同「審美」息息相關的，為什麼呢？因為，從接受的角度來看，藝術品總是能給人們包括直覺、情感、感受、衝動、欲求、信念和思想等等的經驗，還有超出物外的「自由感」（sense of freedom）和與實踐目的脫離的強烈感受等等，這些都被視為「審美特徵」（aesthetic character），[46]實際上也就是「審美經驗」，而獲得審美經驗的目的則是為了滿足所謂的「審美興趣」。[47]

如此一來，比爾茲利這個新定義的邏輯線索就呈現了出來。一方面是從「審美興趣」到藝術「接受」，另一方面則是從「生產的意圖」到「藝術生產」，而藝術「接受」與「藝術產生」又都歸屬於「藝術行為」，「藝術行為」產生了「藝術品」。反過來說，「藝術品」是如何產生的呢？如果我們省略掉其中的邏輯環節，可以看到，「藝術品」——「藝術行為」——「意圖與審美」，這才是比爾茲利晚期藝術定義的精髓。「一件藝術品就是其生產的意圖是給予它以滿足審美興趣的能力的被生產之物」——自然也就是由此推演出來的「邏輯結論」。

六、「意圖謬見——感受謬見」

在比爾茲的美學尚未完全成熟之前，使得其名聲鵲起的，就是他的第一篇美學論文《意圖謬見》（The Intentional Fallacy）。這篇文章是與著名的「新批評派」文學理論家威廉・維姆薩特共同撰寫的，出版於1946年的《斯旺尼評論》（Sewanee Review）第54號上，再度發表於維姆薩特的文集《語像》（The Verbal Icon, 1964）當中。正是這篇文章，不僅讓比爾茲利在

---

[45] Peter Lamarque & Stein Haugom Olsen eds., *Aesthetics and Philosophy of Art*, p.59.

[46] Peter Lamarque & Stein Haugom Olsen eds., *Aesthetics and Philosophy of Art*, p.58.

[47] Peter Lamarque & Stein Haugom Olsen eds., *Aesthetics and Philosophy of Art*, p.58.

美學界和文學界穩住了腳跟，而且，後來被美學和文學理論的文選類著作反覆再版（從當時到現在的哪怕最簡明的文學辭書，一般也都收有「意圖謬見」的詞條），似乎使它成為了維姆薩特和比爾茲利理論的代名詞。[48]

以往對於「意圖謬見」的理解，更多是從文學理論的角度做出的，其實，這種新的觀念具有非常深厚的美學意蘊，值得深入發掘。簡單地說，所謂「意圖謬見」就是指那種單純根據作家的創作意圖、主觀動機去解釋或評價其作品的錯誤做法，這是比爾茲利他們所極力反對的，用他們的話來說：

> 我們認為：就衡量一部文學作品成功與否來說，作者的構思或意圖（the design or intention）既不是一個適用的（available）標準，也不是一個合意的（desirable）標準。而且，在我們看來，這是一條深刻觸及到歷來各不同的批評觀念之間某些分歧中的要害問題的原則。這一原則曾接受或排斥過古典主義的「模仿」和浪漫主義的表現這兩種截然對立的觀點。它要求對靈感、真實性、生平傳記、文學史、作者學識以及當時的詩壇傾向等都有許多具體而精確的瞭解。文學批評中，凡棘手的問題，鮮有不是因批評家的探究在其中受到作者「意圖」的限制而產生的。[49]

這就要回到新理論被提出的歷史語境。從那種具有考證和訓詁性質的古典文學批評，直到近代才出現的「傳記式批評」、「歷史式批評」和「社會式批評」，都最終訴諸於作者的意圖，從而形成了一種潛在的批評原則。

但是，在「意圖謬見」提出之前，並非所有的人都服膺這種原則，著名現代詩人湯瑪斯·特恩斯·艾略特，（Thomas Stearns Eliot, 1888—1965）就以「非個性化」的原則提法而被廣為關注，他在1917年的著名論文《傳統與個人才能》（Tradition and Individual Talent）中就認為，詩歌不是「表現個性」，而是「逃避個性」，不是「放縱感性」，而是「逃避感性」，要尋求那種「具有共通性的」與「泯滅個性的東西」；詩歌的作用不是尋

---

[48] William Wimsatt and Monroe Beardsley, "The Intentional Fallacy", in *Sewanee Review* 54 (1946); Rpt. in *The Verbal Icon: Studies in the Meaning of Poetry*, Lexington: University of Kentucky Press, 1954, pp.3-18.

[49] William Wimsatt and Monroe Beardsley, "The Intentional Fallacy", in Joseph Margolis ed., *Philosophy Looks at the Arts*, New York：Charles Scribener's Sons, 1962, p.92. 譯文參見威廉·維姆薩特、比爾茲利：《意圖謬見》，見趙毅衡編選：《「新批評」文集》，北京：中國社會科學出版社1988年版，第209頁，譯文略有改動。

求「新的情感」，而是「運用普遍情感」，因而，「藝術的感情是非個性化的」。[50]這在克羅齊的「直覺」理論佔據主流的歐美學界，的確折射出一種「異類」的色彩，但這已成為了「意圖謬見」的先聲。

　　既然文學所尋求的是「共通」之物，那麼，顯而易見，每個作者的個性就似乎喪失其重要價值，於是，作者的意圖對於他的作品而言，也就失去了「控制力」。按照當時的批評家安那達‧K.庫瑪斯沃梅（Ananda K. Coomaraswamy）的意見，對文學作品的基本訴求有兩個：「（1）作者是否實現了他的意圖。（2）這部作品『當初是否卻有創作它的必要』，因而『它究竟有沒有保留價值』。」[51]按照這種看法，只有訴求（1）是「藝術的批評」（artistic criticism），而訴求（2）則由於不是「將任何藝術品當作藝術品的批評」（criticism of any work of art qua work of art），從而成為了一種「道德的批評」（moral criticism）。[52]

　　維姆薩特和比爾茲利則堅決反對這類的說法，他們認為，實際上，訴求（2）不僅僅不是道德上的批評，而且，是「藝術的批評」當中最核心的方面（甚至只能將「藝術批評」的名稱歸之於訴求（2）），較之訴求（1）具有更大的價值。也就是說，藝術批評的主要任務，就在於衡量藝術品到底是否具有被存留下來的價值，這一點才將文學作品與其他事物根本區分開來。而那些單憑意圖來理解藝術品的批評家們，卻認為訴求（1）方為區分文學與其他事物的標準，只有符合了或者訴諸於作者意圖及其對之闡釋的，才是文學作品。

　　如此看來，有關創作的意圖，無論是作者自己闡明的（這些更多是通過原始資源而存留下來的），還是批評家們單憑對作家生活的瞭解和見解推測出來的（這更多是批評家們依據原始材料的一種演繹和闡發），都是同對作品的評價毫不相干的。如果我們再加上比爾茲利《美學》裡面所提出的基本見解，就可以說，「評價的」、「解釋的」和「描述的」的批評都是同藝術家的意圖是無關的。比爾茲利是按照一種「客觀主義」的準則來要求批評家的，他認為如果接受作者的創作意圖，並以假想的創作心理去評論作品，那就會給作品本身帶來莫大的傷害，因為這些與「意圖」相關的東西其實是獨立存在於作品之外的，而非一定是內在於作品的。

---

[50]　T. S. Eliot, 「Tradition and Individual Talent,」 in *The Sacred Wood: Essays on Poetry and Criticism*, London: Metheun & Co. LTD, 1934, p. 59.

[51]　William Wimsatt and Monroe Beardsley, "The Intentional Fallacy", in Joseph Margolis ed., *Philosophy Looks at the Arts*, pp.93-94. 譯文參見威廉‧維爾薩特、比爾茲利：《意圖謬見》，見趙毅衡編選：《「新批評」文集》，第211－212頁。

[52]　Joseph Margolis ed., *Philosophy Looks at the Arts*, pp.93-94.

　　「意圖謬見」的確針砭了當時批評界的偏頗，其具有如此廣泛的影響也正在於此，它斷然拒絕了再從作者的生平的生活、心理的狀態和創作的過程等等「外因」來看待作品，而轉向了對於作品的「內在結構」做出其如其分的批評。這也正是新批評家們所追求的那種「本體論批評」標準，其實這就是回到文本自身來進行研究。當然，在《批評的可能性》一書當中，比爾茲利還在對「意圖謬見」做出自我辯護，[53]主要給出了三種理由，亦即（1）文本並不是通過作者的機制而形成的，因此沒有作者的意義，文本也具有意義並可以得到闡釋；[54]（2）在作者死後，文本的意義會改變；[55]（3）文本有意義但作者有時沒有意識到它。[56]

　　從「分析美學」的語言分析的角度看，維姆薩特和比爾茲利亦反對了對所謂「意圖派」（intentional school）適用的那些被用濫了的術語，這些術語包括「真摯性」（sincerity）、「忠實性」（fidelity）、「自發性」（spontaneity）、「本真性」（authenticity）、「真誠性」（genuineness）、「原創性」（originality），而呼籲將這些訴諸於意圖的概念，與新的美學範疇如「完整」（integrity）、「貼切」（relevance）、「統一」（unity）、「功能」（function）、「成熟」（maturity）、「微妙」（subtlety）、「充分」（adequacy）等等其他的適合的評價術語相互等同起來而加以使用。[57]直到晚期，比爾茲利還在《意圖與闡釋：對謬見的一種修正》（Intentions and Interpretations）當中，對於自己的觀點進行著更加精細的修正。[58]

　　與「意圖謬見」相對而出，維姆薩特和比爾茲利在稍後一些時候，提出了另一個新的概念──「感受謬見」（The Affective Fallacy），[59]同名的文章出版於1949年的《斯旺尼評論》第57號上，後來也收入維姆薩特的文集《語像》當中。這種說法儘管沒有「意圖謬見」那麼影響深遠，但是，要理解比爾茲利的思想，就要將這二者綜合起來加以理解。

　　如果說，《意圖謬見》這篇文章更多是理論上的建構的話，那麼，《感受謬見》則更多關注對於「感受批評」的歷史的陳述，並從這種陳述

[53] Monroe Beardsley, *The Possibility of Criticism*, pp.16-37.

[54] Monroe Beardsley, *The Possibility of Criticism*, p.18

[55] Monroe Beardsley, *The Possibility of Criticism*, p.19

[56] Monroe Beardsley, *The Possibility of Criticism*, p.20.

[57] William Wimsatt and Monroe Beardsley, "The Intentional Fallacy", in Joseph Margolis ed., *Philosophy Looks at the Arts*, pp. 96-97.

[58] Monroe Beardsley, *Aesthetics*, pp.188-207.

[59] William Wimsatt and Monroe Beardsley, "The Affective Fallacy", in *Sewanee Review* 57 (1949); Rpt. in *The Verbal Icon: Studies in the Meaning of Poetry*, Lexington: University of Kentucky Press, 1954, pp.21-39.

當中一絲一縷地洞察到那種以感受爲旨歸的批評的謬誤所在。按照維姆薩特和比爾茲利的全面歸納：

> 意圖謬見在於將詩和詩的產生過程相混淆，這是哲學家們稱爲「起源謬見」（The Genetic Fallacy）的一種特例，其始是從寫詩的心理原因中推衍批評標準，其終則是傳記式批評和相對主義。感受謬見則在於將詩和詩的結果相混淆，也就是詩是什麼和它所產生的效果。這是認識論上的懷疑主義的一種特例，雖然在提法上彷彿比各種形式的全面懷疑論有更充分的論據。其始是從詩的心理效果推現出批評標準，其終則是印象主義與相對主義。不論是意圖謬見還是感受謬見，這種似是而非的理論，結果都會使詩本身作爲批評判斷的具體對象趨於消失。[60]

由此可見，所謂的「感受謬見」意指一種根據讀者的感受（特別是感受上的效果）來評價文學作品的錯誤做法，當然，批評家也是一種特殊的讀者。不過，維姆薩特和比爾茲利所要說的是，一個人對於藝術品的感受反應也是與「評價的」、「解釋的」和「描述的」的批評是不相關的，這同「意圖謬見」是基本如出一轍的。然而，這種觀點在比爾茲利那裡後來卻有所修正，因爲他後來承認「看來並非只有憑藉美的事物賦予欣賞者的種種感受才能對它進行評價」，這種修正後的藝術批評注重一種所謂的「客觀批評」（objective criticism），亦即批評家不是繪聲繪色於作品給自己的感受，而是要著重分析作品的特色及其取得藝術感染力的種種創作技巧。[61]

但無論怎樣，「意圖謬見」斬斷的是藝術家與藝術品的關聯（如果我們並不侷限於比爾茲利所專論的文學領域的話），而「感受謬見」斬斷的則是接受者與藝術品的關聯。當然，比爾茲利研究的語境仍是藝術批評，一方面，他是要指出批評家不能再依據藝術家的意圖來闡釋作品了（「作者之死」的後現代觀念也與之內在地相聯[62]），藝術品有其自身的獨特的文本價值，這種價值並不依賴於藝術家的自我獨斷的意圖及其對其意圖的闡釋；另一方面，他是要指明，批評家作爲特殊的接受者群體，亦不能在

---

[60] 威廉・維姆薩特、比爾茲利：《感受謬見》，見趙毅衡編選：《「新批評」文集》，第228頁。

[61] Monroe Beardsley, *Aesthetics*, pp.75-113.

[62] 參見劉悅笛：《藝術終結之後——藝術綿延的美學》，第四章第三節《1968年：從福柯的「何爲作者」到巴特的「作者之死」》，第107－111頁。

從單純的感受出來批評藝術品了，而要回到藝術品本身出來加以解讀。

從哲學根源上看，「意圖謬見」來自於「起源謬見」，而「感受謬見」則來源於懷疑論；前者從「心理原因」出發闡釋藝術，後者從「心理效果」出發解釋藝術；前者最終導致了從藝術家出發的傳記式批評和相對主義，前者最終導致了從接受者出發的印象主義與相對主義。所以，二者皆走向了「相對主義」，而且更重要的是，都忽視了藝術品本身，而藝術批評與美學的樞紐就在於藝術品而非他物，正如美學只能聚焦與藝術及其批評一樣。

七、述評：從反駁者的「反駁」來看

從《美學：批評哲學中的問題》（1958）、《批評的可能性》（1970）直到《審美的觀點》（1982），比爾茲利對於「分析美學」的貢獻可謂大矣！

眾所周知，到了比爾茲利的1958年初版的《美學》那裡，「分析美學」才真正得到系統而全面的闡釋，它可謂是「分析美學史」上較早的一部系統專著，儘管，在隨後的歲月裡面，比爾茲利仍在不斷修正著自己的美學理論。當然，從深層的原因來看，在1958年創建美學體系，比爾茲利更穩健地走向了「非還原主義」的唯物主義（non-reductive materialism），他更多地關注到了藝術品是如何可能與物質對象相關的問題，[63]但是其美學思想從早期到晚期的變化並不是實質性的。

必須看到，儘管比爾茲利帶來了「分析美學」的系統化，但是也給「分析美學」帶來了內在的「困境」。

首先就是語言的問題，「語言分析」究竟給美學帶來了什麼？根據比爾茲利的貢獻，我們可以清楚地看到，這種「困境」非常明顯的體現在從《美學》到《審美的觀點》之中。的確，通過語言分析的基本方法，比爾茲利為我們建構了一座「分析美學」的理論大廈，但是，其理論的弱點恰恰也是語言帶來的。他的美學建構既然是在「語言之內」得以完成和完善的，那也就相對忽視了「語言之外」的東西，特別是藝術究竟是由何而來的問題，基本上被比爾茲利回避了，他所面對的只是「現成的」的藝術和審美對象，而無關於藝術與審美的（無論是社會的、文化的還是人類學的）語境的問題。或許我們可以這樣來評價，比爾茲利的美學是20世紀「經驗主義」的勝利，卻是該世紀「歷史主義」的失敗，這個結論用以評

---

[63] Monroe Beardsley, *Aesthetics*, pp.xxiv.

估整個的「分析美學史」也不為過。

　　再者，就是思想體系化與具體問題研究之間的衝突。無疑，由於比爾茲利有點過於迷戀這種體系化的東西，他試圖將美學的基本思想都一一擺了出來，但是，卻沒有能力對每個美學問題都做出「面面俱到」的深入研究，也就是說許多美學問題當中的「重要環節」被他一筆帶過式的忽略了。同時，由於囿於文學及其批評的視角，他對於視覺藝術和音樂的相關美學解答，並沒有得到多數論者的贊同，這裡面就有從文學出發來推演其他藝術類型的理論危險。還有，儘管比爾茲利總是試圖與時俱進地修改自覺的觀點（但其思想就本質而言並沒有多大的變化）以適應時代的變化，但是由於他對於前衛藝術的總體上的拒絕，所以，使得他的理論在上世紀中晚期逐漸喪失了理論闡釋力。

　　那麼，我們該如何看待比爾茲利美學的缺陷和不足呢？與大多數的分析美學家一樣，「什麼是藝術」與「審美」及其特性這兩個問題，也是比爾茲利的美學關注的中心問題。而這二者，都與他的「意圖」思想有關，而關注「意圖」問題恰恰也是他的美學的原創性的特色，所以，我們就從批判「意圖說」談起。

　　我們知道，比爾茲利曾將「審美」與「意圖」歸併為一個詞──「審美意圖」（aesthetic intention），並明確表示，在他為傳統藝術定義的辯護當中，這個概念儘管並不是唯一的，但絕對是佔據主導性的。在藝術品所呈現的諸多特徵當中，「審美意圖」毫無疑問地扮演了「一種原因性的或者解釋性的角色」。[64]由此可見，「審美意圖」在他的思想體系當中所佔據的重要地位。

　　但是，這種回歸到「意圖論」的藝術定義方式，還有許多值得反思的地方。顯然，如果往回上溯的話，「審美意圖」恐怕是比爾茲利「藝術新定義」的起點，同時也是他區別於其他美學家的獨創之處。但是，這裡面卻隱含了兩個題外之義：

　　其一，只要藝術家在生產過程中要到達目的，就相信他一定會成功。然而，現實中藝術家創作失敗的例子還少嗎？還有許多藝術品，藝術家本人的目的即使達到了，仍沒有被接受者所接受，這又該如何解釋？這些問題似乎在歐陸傳統之內的「接受美學」那裡，才得到了一定程度的解答。關於「意圖」的這個問題也可以反過來看，正如維特根斯坦所指出的那樣：「如果一位藝術家想要他的讀者體驗他在寫作時的感情，那麼這自始

---

[64]　Peter Lamarque & Stein Haugom Olsen eds., *Aesthetics and Philosophy of Art*, p.59.

就是非常荒謬的。」[65]更重要的是，我們還可以發現，在比爾茲利最早的「意圖謬見」與他晚期的藝術定義之間，其實是存在著「思想裂痕」的，一方面是切斷意圖與藝術品的本然關聯，另一方面又從意圖出發來界定藝術，這不能不說是比爾茲利思想的「內在悖謬」之一種：在強調對於藝術品進行語言解析之時拋棄了意圖，但是在對於藝術品進行界定的時候，卻又找回了意圖，真可謂成也蕭何，敗也蕭何！

其二，比爾茲利儘管意識到了意圖具有「私人」性質，但是它總能表現為「藝術品」的某種特徵，然而，通過藝術對象的這些特徵，就一定能夠瞭解到生產者的「意圖」嗎？並由此斷定出生產者是否具有「審美意圖」，這是可能的嗎？藝術接受的例證恰恰為此提供了諸多「反例」，而且，那些「無名」的藝術創作該如何解釋？那些原本不是藝術後來被當作藝術的藝術品（如原始藝術和非洲部族藝術）該如何解釋？那些「被安錯了藝術家名字」的作品該如何解釋？那些具有「多義性」的藝術該如何解釋？起碼，而今許多古典藝術品由於其背景的軼失和內容所知的模糊，從而使得後來的藝術史家們只能做出各式各樣的猜測而已。

對於比爾茲利的「藝術定義」，從早期的定義萌芽直到晚期的明確規定，美學界內外的論者們都提出了不同的意見，面對這些置疑的聲音，比爾茲利都一一做出了回應，但是這種回應是否完全有道理呢？我們就以對——比爾茲利與其批駁者們的辯論——的評析來開放性地結束文章：

（1）如果比爾茲利的藝術定義是正確的話，那麼，許多論者就會首先提出置疑，在他們看來，藝術是通過藝術界、慣例、傳統或者審美理論來確定的。他們的置疑在於：是不是兒童（甚至非常小的孩子）也能創造出藝術作品呢？[66]

比爾茲利的解釋說，關鍵如何看待規定藝術的「基本的社會行為」（basic social activity）。如果按照上面那些論者的觀點，似乎藝術只能被「藝術圈」內的少數具有資格的人們來確定，而這些人們很難將兒童的「藝術塗鴉」（artful scribbles）看作藝術。而比爾茲利則傾向於認為，關鍵在於被製造出來的某物可以使得人們獲得「審美愉悅」，並能夠與他人分享（其能夠欣賞之的喜悅），如此看待藝術也就足矣。

然而，正如霍華德‧加登納（Howard Gardner, 1943－）等許多關於心理學家和教育學家對此的探究所展示的那樣，孩子的藝術才能其實是具有「無限潛能」的，但是還要從兒童生長的各個階段來「歷時性」的看待這

---

[65] 特根斯坦：《文化與價值》，第85頁。

[66] Peter Lamarque & Stein Haugom Olsen eds., *Aesthetics and Philosophy of Art*, p.60.

種藝術。[67]但無疑，只有那些被視為「兒童畫」的作品（這恐怕還需要各種藝術圈或教育圈的肯定），才能被視為是藝術，而兒童在家裡面的信手塗鴉則難以被納入到藝術品的範圍之內。當然，這個問題不同於另外的問題，那就是馬戲團裡面的大象與猴子所繪製的圖像，算不算藝術呢？這些「動物畫」實際上是動物們出於生理本能而做到（每次畫上幾筆之後馴獸員總是給它們吃的以資鼓勵），而並不具有兒童塗鴉的那種「屬人」的性質。

（2）**如果比爾茲利的藝術定義是正確的話**，那麼，如何看待藝術品的「偽造」或「造偽」的現象呢？[68]進一步，可以追問，如果一位沒有學過藝術的人，他通過臨摹一件藝術品而得到的（摹得並不成功的）人工製造算不算藝術品呢？還有，一位古典藝術的專業仿造者，他按照極其細膩的技巧而臨摹的大師的作品，算不算藝術品呢？

對於這個問題，比爾茲利首先就承認，藝術品的「機械複製」（mechanical reproduction）這種現象就得首先被排除在外，比如在美術館買到的那種明信片，就不能被納入到藝術的層級當中。[69]這是無可非議的，就像馬戲雜耍（由於其更注重技巧的呈現）不是舞蹈藝術一樣，流水線上的產品與手工製作的東西就是有所不同（機械複製與人工複製亦是不同的）。但是，比爾茲利卻認為，假如一個製作者（無論是專業人士還是業餘愛好者），他在精心臨摹或複製原作時，只要他的意圖是他的摹本與原作一樣能夠滿足審美興趣，那麼這件摹本就成為了藝術品。

這個複雜的問題在古德曼那裡也有所推進，這也是他畢生與藝術市場有千絲萬縷的關聯而思考的現實問題——「藝術贗品」與「藝術真品」之間究竟是什麼關係？超越歐美的文化語境，如果不承認摹本是藝術品的話，那麼，中國古典繪畫當中的「摹」、「仿」、「擬」又如何解釋呢？由於材料保存的（如絹、帛、紙）原因，許多中國古典繪畫作品沒有「原本」，那麼，那些被當作了藝術品的摹本又該如何加以看待？而且，那種絕對遵照原本的摹仿，與另一種「創造性」的摹仿（這也可以被視為一種「再創造」）又該如何區別呢？

（3）**如果比爾茲利的藝術定義是正確的話**，那麼，就會很輕易地得出這樣的結論：一旦成為藝術品，就永遠是藝術品（once an artwork, always

---

[67] 參見劉悅笛：《視覺美學史——從前現代、現代到後現代》，第四章第四節《霍華德‧加登納的「成長」》。

[68] Peter Lamarque & Stein Haugom Olsen eds., *Aesthetics and Philosophy of Art*, p.61.

[69] Peter Lamarque & Stein Haugom Olsen eds., *Aesthetics and Philosophy of Art*, p.61.

an artwork）！[70]但是，這種將時間加以凝固化的理解，究竟符合藝術史的現實和藝術理論的實際嗎？

從藝術史的角度來看，儘管藝術的陣容是越來越大了，藝術也成為了開放的了，但是，總是有一些曾被視為藝術的後來被剔除出藝術的陣營，特別是那些由於技術手段的消失而消失的藝術常常就是如此。另一方面，按照贊同丹托的「藝術界」理論的批評家們的意見，是不是藝術，關鍵在於某個人造物究竟是否在「藝術界」之內，在其內則能成為藝術，脫離了「藝術界」就不再是藝術品。比爾茲利則堅持從製作意圖的來看待藝術，既然藝術是被製成的，那麼他就是依照意圖而生產的。他對此的著名的回答就是——「沒有什麼一開始不曾是藝術的東西而成為藝術，沒有什麼是藝術的東西而結束不是藝術（...nothing can be art that was not art from the start, and nothing that is art can cease to be art）。」[71]這顯然就將藝術的規定置於「非時間性」的維度當中，按照這種僵化的理解，整個迄今為止的藝術領域就像一個「只進不出」的口袋，只能越裝越大、越聚越多，那麼，這個裝藝術的袋子是否有被漲破的那一天呢？

（4）**如果比爾茲利的藝術定義是正確的話**，那麼，似乎在表面上比爾茲利拒絕了對於「創作失敗」後果的承擔，也就是說，如果在藝術生產當中「意圖」至關重要，那麼，隨之而來可以追問：「某個人就不能失敗地去生產藝術品了嗎？」[72]換言之，只要遵循意圖去做，就不會失敗了嗎？

針對於此，比爾茲利卻承認，依據他的定義的邏輯，失敗是可能的也是不可避免的：一開始時想要生產出能滿足他人審美興趣之物，但是卻沒有做成其所想做的對象（例如雕塑上的粘土壞了），所以，藝術生產也會終告失敗。但是，如前所述，只有某物伴著「審美意圖」而被製作出來，才創造了一件藝術品，那麼，這就排除了那些「非審美」意圖的、甚至是無意識創造的藝術品。而且，這也將拒絕了那些「反審美」的現代主義與後現代藝術置身藝術領域其間，特別是「觀念藝術」的那種以理論目的為基本取向，恰恰站到了比爾茲利定義的反面。

（5）**如果比爾茲利的藝術定義是正確的話**，那麼，還有一個致命的抨擊：那些庸俗的、淺薄的東西似乎也都可以成為藝術品了。

但是，比爾茲利對此的反駁卻非常有力，他認為這種指責是混淆了「藝術品」和「好的藝術品（good artwork）」，他所維護的其實是一種

---

[70] Peter Lamarque & Stein Haugom Olsen eds., *Aesthetics and Philosophy of Art*, p.61.

[71] Peter Lamarque & Stein Haugom Olsen eds., *Aesthetics and Philosophy of Art*, p.61.

[72] Peter Lamarque & Stein Haugom Olsen eds., *Aesthetics and Philosophy of Art*, p.61.

藝術品的「價值中立」（value-neutral）的主張。[73]按照這種觀點，給藝術以定義，並不是給出「評價性」的定義，亦即「什麼是好的藝術」，而只要給出單純的描述，亦即「什麼藝術」，這就可以了。在這個意義上，他並不反對後來的那些分析美學家所作的工作，也就是將流行藝術（popular art）之類納入到藝術的圈子之內，他認為這些藝術與所謂「高深」（esoteric）藝術品都應該被置於更廣闊的視角內來加以勘查。最後，他顯然又回到了老路上去──「是藝術還是不是藝術」，關鍵還要看所觀照的對象是否與「審美意圖」相聯，相聯則成為藝術品之一，不相聯則在藝術之外。如此看來，比爾茲利最終仍沒有擺脫「意圖」這個本根性的難題。

　　總而言之，儘管比爾茲利的美學理論充滿了內在矛盾，但是從「分析美學史」來看，在他一度出任美學界「第一小提琴手」之後，那些講求實證、聚焦於分析、風格審慎的「分析美學」研究方法的確被廣為接受了，這種「新的美學」並不像此前的美學傳統那樣樂於做出總體性的概括，而是關注到了詩歌、小說、戲劇、音樂、繪畫等各門藝術的個性化的特質，並試圖找到每個門類的不同的評價標準。

　　從此以後，美學也就被當作了一門嚴格意義上的科學，特別被視為一種與（作為「第一級學科」的）「藝術批評」保持距離的（作為「第二級學科」的）「元批評」，從而成為了分析哲學去解決感性問題的一個基本派別。

---

[73] Peter Lamarque & Stein Haugom Olsen eds., *Aesthetics and Philosophy of Art*, p.61.

第三章　沃爾海姆：作為「視覺再現」的美學

　　理查・沃爾海姆（1923－2003）是20世紀後半葉英國最重要的美學家，做出這樣的論斷，在英美學界恐怕都不會出現任何反對的意見。他的學術成就的確超越了《英國美學雜誌》的創辦人哈樂德・奧斯本（1905－1987），即使與上個世紀上半葉的英國美學家們相比，比如從新黑格爾主義者伯納德・鮑桑葵（Bernard Bosanquet, 1848－1923）、形式主義美學家克萊夫・貝爾直到表現主義美學的重要代表柯林伍德，他也毫不遜色。作為一位當代重要的哲學家，沃爾海姆在英美分析美學傳統當中可謂是獨樹一幟的，他思想屬於現代英國分析哲學中的重要維度。[1]沃爾海姆的學術成就也充分證明，英國同美國一樣也是「分析美學」研究的重要國度，上世紀的後50年間，「英美分析美學」的貢獻在世界範圍內的確亦是最巨大的。

一、心靈哲學、觀看繪畫與精神分析

　　沃爾海姆1923年5月5日生於倫敦，在2003年11月4日去世，享年整整八十歲。這位哲學家的去世還是非常有影響的，《紐約時代》都為此在2003年11月8日就做出了專題的哀悼，足見他的思想對於英美世界的重要價值。

　　在哲學的所有領域當中，沃爾海姆的興趣首先就是心靈哲學（philosophy of mind），但並不是狹義上的屬於分析哲學支流的心靈哲學，而是在一種更廣泛的意義上言說的心靈哲學，這也構成了其美學思想的基礎。所以，沃爾海姆自己在接受訪談時承認：任何「審美哲學」（aesthetic philosophy）最終都是要訴諸於「心靈哲學」的，訴諸於對各式各樣的心靈狀態、才能、表現和能力該如何理解的問題。[2]這裡面的關鍵，還在於如何理解「心靈」，從什麼樣的哲學方法和角度來理解「心靈」。沃爾海姆儘管使用了分析哲學的基本方法來進行探究，但是對於「心靈」的理解卻另有他途。在這個意義上，道德哲學與審美哲學（實際上所指的就是美學）對於心靈哲學的「匹配」關係也就是不同的。按照他

---

[1]　Bryan Magee, "Conversation with Richard Wollheim: Philisophy and the Arts", in Bryan Magee, *Modern British Philosophy*, Oxford: Oxford University Press, 1986, pp.220-235.

[2]　Bryan Magee, *Modern British Philosophy*, p.227.

的哲學觀念，除非以某種特定方式理解人們作為行動者是如何形成、發展和獲取自我概念的，並以加以憂慮的方法來處理整個進化問題，否則的話，我們是不能理解道德本身的。然而，美學卻不能以這種「道德化」的方式來同心靈哲學相關，沃爾海姆所思考的問題往往是既超出傳統的心靈哲學的領域，也是根本不同於道德哲學的路數的。

　　按照一般的理解，似乎對藝術的理解，就應包括對於心靈狀態的理解在其中。但是問題決不那麼簡單，按照沃爾海姆的基本構想，美學是按照兩種途徑與心靈哲學相關的。第一種途徑，就是將興趣集中在對——某人製造的藝術品究竟是什麼與這種作品如何與心靈狀態相匹配——的理解上面，這必定使得美學去聚焦於某些「心靈過程」（mental processes）。[3]第二種途徑，則是使得藝術品的製作成為能夠「內在」去確定的東西，也就是並不簡單地去追求「經驗真理」（empirical truth），而是將概念的諸特徵包孕在其中。[4]如此看來，前一種途徑強調的顯然是美學要主動面對心靈哲學所提出的問題，這所講的是「研究對象」的問題，心靈哲學與美學在這些對象上形成了「交集」；後一途徑則聚焦於美學研究使用的方法上面，沃爾海姆的潛臺詞是在說：僅僅訴諸於心靈的問題還是不夠的，同樣重要的是，還要使用諸如分析哲學的「分析」這樣的哲學武器去進行工作。總之，將這以上兩個途徑合二為一，才能看到沃爾海姆的哲學與美學之間關聯的「內在結構」。

　　沃爾海姆終其一生，都酷愛藝術，他也是一部佛洛德式標題《日常家事》（A Family Affair, 1969）小說的作者。特別是繪畫，不僅在他的美學研究中成為了絕對的中心，而且在他的生活中也成為了核心的東西。這種興趣的獲得，可能也有家族遺傳的原因，他的母親是演員而父親曾從事與芭蕾有關的舞臺工作。繪畫的確使他一生癡迷，在沃爾海姆的講座當中，他曾描述了自己如何在一幅繪畫面前沉思了三個小時之久並努力揭示繪畫的真義所在的。相應地，沃爾海姆的美學所面對的並不是泛泛而論的整個藝術，而主要是繪畫，或者說，他是以繪畫為中心來理解整個藝術的。但是，他並不是研究作為已經「對象化」的繪畫本身，而是全神關注於「觀看繪畫」過程的研究。這種動態的研究，顯然也是屬於心靈哲學的有機構成部分。

　　在如何「觀畫」的美學研究裡面，核心的問題，就是「視覺再現」（visual representation）的問題，因而，將沃爾海姆的整個美學定位為一種以「視覺再現」為考察中心的美學，也是比較恰當的。當然，隨著下面的

---

[3]　Bryan Magee, *Modern British Philosophy*, pp.227-228.

[4]　Bryan Magee, *Modern British Philosophy*, p.228.

展示就可以看到,沃爾海姆的美學思想是非常豐富的,「視覺再現」無疑是其中最閃亮的部分。

實際上,在沃爾海姆那裡,理解心靈的另一條進路,又是通過「深度心理學」得以實現的。佛洛德的思想,在他那裡,亦被視為介於哲學與心理學之間的一種理論,他藉此來發展一種心靈的「精神分析模式」。這種追求,在他的一生當中幾乎都被貫穿了下來,沃爾海姆被視為是當前時代最重要的一位「精神分析哲學家」,他也是佛洛德在英國的信徒與傳播者。他很長一段時間都擔任英國心理分析協會(British Psycho-Analytical Society)的榮譽會員。當然,他一生當中最長的時段,是在倫敦歷史最悠久的倫敦大學學院(University College London)任教,長達34年,超過20年的時間擔任教授。當時,他成為了以英國著名歷史學家格羅特(George Grote, 1794－1871)命名的心靈與邏輯教授。他還同諸如梅蘭妮・克萊因(Melanie Klein, 1882—1960)這樣的世界級的精神分析家有較多的交往。

所以,在所有的分析美學家當中,沃爾海姆被視為是獨特的一位,正是由於他對於精神分析的獨特理解,不僅推動了精神分析在現時代的新近發展,而且將這種心理學解析嫁接到了分析美學上面。因為他的傑出貢獻,在1991年,國際精神分析協會(International Society for Psychoanalysis)還曾授予他特殊的獎勵。這在沃爾海姆的一系列專著那裡都得以凸顯了出來。他的早期的那書《名門幻想》(A Family Romance, 1969)就頗具佛洛德的色彩,隨後又出版了《佛洛德》(Sigmund Freud, 1971),[5]這本最初被編入「現代大師書系」的研究佛洛德的專著不斷得以再版。他還曾並編輯多部研究佛洛德的論文集,其主要的取向是把佛洛德當作一位真正的哲學家來加以研究,難怪有本文集還被編入「現代哲學研究」系列當中。[6]如此看來,沃爾海姆的分析美學就與維特根斯坦的思路保持了某種距離,因為眾所周知,後者拒絕心理學(特別是精神分析)對於哲學研究的啟示,而前者卻對於人的心理機制給予了系統化的關注,這既拓展了心靈哲學的領域也發展了藝術哲學的思想。

總而言之,心靈哲學、觀看繪畫與精神分析,成為了理解沃爾海姆基本思想的「三條線索」,它們往往是糾結在一起的,在理解沃爾海姆的美學的時候,還要理解他的心靈哲學與精神分析的相關思想。

---

5 Wollheim, Richard. *Freud*, London: Fontana, 1971.

6 Richard Wollheim ed. *Philosophers on Freud: New Evaluations*, New York & London: Aronson, 1977. Originally published as *Freud: A Collection of Critical Essays*, Garden City, NY: Anchor Books, 1974. Richard Wollheim and James Hopkins, eds. *Philosophical Essays on Freud*, Cambridge & New York: Cambridge University Press, 1982.

二、從《藝術及其對象》到《作為一種藝術的繪畫》

由於本書研究的是「分析美學」，所以，我們還是主要聚焦於沃爾海姆相關的思想上面。就美學的研究而言，沃爾海姆有三本最重要的美學專著：《藝術及其對象》（*Art and its Objects*）、《藝術與心靈》（*On Art and the Mind*）和《作為一種繪畫的藝術》（*Painting As an Art*）。這三本書都曾反覆再版過，有的還經過了重要的修訂。

當然，從「分析美學」的角度來看，《藝術及其對象》無疑是最重要的也因此居於核心地位，《藝術與心靈》更偏重精神分析的方面，而《作為一種繪畫的藝術》則更注重對於藝術史的研究，它更像是《藝術及其對象》所陳述的美學原論在藝術史上的具體應用。這三本書出版情況分別是：

（1）《藝術及其對象》是20世紀分析美學的絕對經典之作，最早於1968年出版，當時此書的副標題還是《美學導論》（*An Introduction to Aesthetics*），在1970年和1971年分別再版。[7]後來，這本書被做出了重要的修訂，增加了六篇附錄論文，在1980年又重新得以出版，足見該書的生命力。[8]

（2）《藝術與心靈》最早出版於1973年，1974年和1983年得以再版，[9]主要收錄的是論文和講座稿，其中，既包括對貢布里希和納爾遜・古德曼等同時代學者的研究，也包括對於「心靈圖像」、「圖繪對象」、「想像」和「表現」的相關研究。

（3）《作為一種藝術的繪畫》來自於是1984年著名的「梅隆講座」（Mellon Lectures），在華盛頓美國國家美術館舉辦，在1987年被兩家出版社出版，這本書也擁有眾多的讀者。[10]需要補充說明的是，梅隆講座系列通常只邀請世界上取得頂級成就的藝術史家參與，沃爾海姆獲此殊榮使得他的事業被推上了顛峰。

7　Richard Wollheim, *Art and its Objects: An Introduction to Aesthetics*, New York: Harper & Row, 1968. Harmondsworth: Penguin Books, 1970. Harper Torch book, 1971.

8　Richard Wollheim, *Art and its Objects: With Six Supplementary Essays*, 2d edition. Cambridge; New York: Cambridge University Press, 1980. 我所翻譯的就是這個最新版本，理查・沃爾海姆：《藝術及其對象》，劉悅笛譯，北京大學出版社2012年版。

9　Richard Wollheim, *On Art and the Mind: Essays and Lectures*, London: Allen Lane, 1973. Cambridge, MA: Harvard University Press, 1974. Paperback, 1983.

10　Richard Wollheim, *Painting as an Art*, The A.W. Mellon Lectures in the Fine Arts, 1984, delivered at the National Gallery of Art, Washington, DC. London: Thames and Hudson, 1987 . Bollingen Series. Princeton, NJ: Princeton University Press, 1987.

（4）此外，沃爾海姆其他的美學專著有《藝術教程》（*The Art Lesson, 1971*）[11]，還有多達數十篇的美學論文及書評。

沃爾海姆是一位典型的英國分析哲學家，但他還屬於英國哲學家當中非常多產的那種類型，他的影響更是非常廣泛而深遠的。他早年就畢業於牛津大學的貝列爾學院（Balliol College），也曾在1942到1945年在第二次世界大戰中當過兵，曾遭被捕後但又順利逃脫，並參加過在某德國集中營的解放運動。此後，他絕大多數的生活都是輾轉於各個大學之間。包括他退休之後離開英國，來到美國的大學執教，從1982年到1985年他被聘為哥倫比亞大學教授，在加州大學伯克利分校從1985年執教到2003年，並從1998年到2002年擔任了成為了哲學系的主任。此時，美國已經成為了世界分析哲學的中心（哥倫比亞大學也居於核心地帶），這對於他在美國進一步產生學術影響產生了積極的推動作用。可以說，沃爾海姆在美國迎來了他的學術的「第二春」。

這個「第二春」有兩個重要標誌：1992年沃爾海姆在哈佛大學進行威廉・詹姆斯講座（William James lectures），以個人的「同一性」為研究主題，這個講座發表於1984的《生命之線》（*The Thread of Life, 1984*）當中；[12]1999年他又在耶魯大學做恩斯特・凱西爾講座（Ernst Cassirer lectures），1999年以《情感》（*On the Emotions, 1999*）為題出版。[13]此外，從1968到1969年他曾任英國著名的亞裡斯多德協會主席，並從1993年開始被推舉為英國的美學協會的主席，可見其在美學界所獲得的極高的聲望，無論是美國還是英國都是如此。

再回到沃爾海姆的早年，自從他在牛津接受分析哲學教育和訓練，從而能熟練運用概念分析方法之後，這種方法就已在當時開始風靡一時。當然，對沃爾海姆的分析思想產生了最重要影響的無疑就是維特根斯坦，特別是《哲學研究》的影響尤甚，在這本分析哲學的經典剛剛出版之後，沃爾海姆就曾做出過積極的評價。[14]然而，在沃爾海姆出道之前，在分析哲學漸居主宰的英倫哲學界，分析方法首先被應用於數學、自然科學和日常語言的領域，而美學、心理學研究卻處於弱勢。而沃爾海姆的獨特貢獻就在於，將分析哲學的基本方法用於精神分析和藝術哲學的領域，並由此發展出一套系統而完整的心靈哲學。

---

[11] Richard Wollheim, *The Art Lesson*, London: Byam Shaw School of Drawing and Painting, 1971.

[12] Richard Wollheim, *The Thread of Life*, Cambridge: Harvard University Press, 1984.

[13] Richard Wollheim, *On the Emotions*, New Haven: Yale University Press, 1999.

[14] Richard Wollheim, "Review of Ludwig Wittgenstein's *Philosophical Investigations*", in *New Statesman and Nation* (July 4, 1953), 46(1165): 20-21.

在沃爾海姆所建構的美學體系當中，他對於藝術的核心主張，基本上就是來自於分析哲學的（儘管他的其他方面的貢獻超出了分析美學的界限），具體而言，晚期維特根斯坦的《哲學研究》所表露的「生活形式」思想，對於沃爾海姆的藝術本體思想產生了最直接的影響。

三、作為一種「生活形式」的藝術

實際上，沃爾海姆與古德曼所追問的問題，究其實質，是同一個問題，那就是：一件藝術品是如何作為對象而被呈現出來的？分析美學史上的兩本巨著——沃爾海姆的《藝術及其對象》與古德曼的《藝術的語言》——都是從不同的角度來回答這個問題，這是英美哲學家們對於分析美學做出的最傑出的貢獻。

那麼，沃爾海姆究竟是如何在總體上看待藝術的呢？在對於這點的解答上面，沃爾海姆切入的角度就是——「藝術與語言的相似」（the analogy of art and language），這是典型的分析美學的思路。由此出發，沃爾海姆在《藝術及其對象》的第45節開始，明確提出了如下的建議：

> 在維特根斯坦的成熟表達當中，「生活形式」（*Lenbensform*）成為了一個頻繁出現的用語。藝術就是維特根斯坦意義上的一種生活形式。[15]

按照這種獨創的觀點，沃爾海姆天才性地將藝術與「生活形式」勾連起來，認定藝術就是生活形式之一種（維特根斯坦只是暗示性的而非明確地表達出這種關聯），並由此確立了藝術與語言類似的基本涵義。這種被沃爾海姆所確立的基本觀念，在英美的美學界當中獲得了極大的贊同。這裡的差異在於，維特根斯坦更為關注的是語言行為與生活形式之間的關係，而沃爾海姆則將語言替換為藝術，他關注的是藝術與生活之間的基本關聯。

依據沃爾海姆的理解，維特根斯坦所論的「生活形式」，主要是將語言與習慣（habits）、經驗（experiences）與技術（skills）的複合體的聯通起來，[16]所以，想像一種語言就成為了想像一種生活形式，語言的述說就是生活形式的一個部分，這都是維特根斯坦的著名結論。一方面，如果沒

[15]　Richard Wollheim, *Art and Its Objects*, London: Cambridge University Press, 1980, p.104.
[16]　Richard Wollheim, *Art and Its Objects*, p.104.

有「生活形式」這種多種要素的複合體，語言本身就無法得以運作，語言也無有所指（傳統語言學理論也承認這一點）；但另一個方面，如若沒有語言的指稱（reference），那些「生活形式」所包含的諸要素也無法得到確定（這是維特根斯坦的語言哲學的創建之一）。實際上，如沃爾海姆所見，維特根斯坦反對的是兩種錯誤的語言觀：第一種認為語言本質上是由「名稱」（names）組成的，按照這種觀點，語言作為整體是經驗並依賴於特定經驗的；第二種認為語言是由一系列的非能動的「記號」（marks）構成的，按照這種觀點，在經驗之前語言就已經完滿了。這兩種語言觀，雖然都預設了經驗的存在，並認為經驗是可以確定的，但是卻將經驗與語言相互分離了開來。

從維特根斯坦到沃爾海姆，都認為語言與經驗是相互聯通的，只不過當後者將藝術也如同語言一樣視為「生活形式」的時候，他所要確定的是「作為一種生活形式的藝術的特徵，也同樣具有特定的相似的含義」。[17]從另一種角度看，當沃爾海姆將語言與藝術都歸之於「生活形式」的時候，其實仍是在尋求藝術與語言的「相似性」。

由此看來，藝術如何成為生活形式，或者對藝術與語言的相似性的尋求，這兩個問題是內在一致的。沃爾海姆從三個角度來加以論證：第一個是從藝術家的角度來看，第二個是從接受者的角度來看，第三個是從「習得」的角度來看。[18]

從藝術家的角度看，藝術家被比作是語言的「言說者」；從接受者的角度看，觀眾與聽眾往往被比作是語言的「閱讀者」或者「聆聽者」；從「習得」的角度看，對語言的學習同對藝術的學習也具有某種類似性，這亦是類似的「認知過程」。但是，藝術家的角度與接受者的角度也是緊密相聯的，因為「儘管並非所有的觀眾就是藝術家，但所有的藝術家卻都是觀眾」。[19]這是兩方面的「趨同」的部分。但進一步而言，「觀眾的理解總是較之藝術家的意圖要多，而藝術家的意圖也一直比單一的觀眾理解要多。」[20]這是兩方面相互「比照」的地方。

當沃爾海姆將藝術視為生活形式的時候，從創作來看，藝術的創作就是一種「生活形式」的創造，他並不認為所謂「藝術衝動或意圖」（artistic impulse or intention）是先於藝術慣例而存在的；[21]從接受觀之，

---

[17] Richard Wollheim, *Art and Its Objects*, p.105.

[18] Richard Wollheim, *Art and Its Objects*, p.131.

[19] Richard Wollheim, *Art and Its Objects*, p.108.

[20] Richard Wollheim, *Art and Its Objects*, p.119.

[21] Richard Wollheim, *Art and Its Objects*, p.105.

對藝術的接受也是對一種「生活形式」的接受，藝術品是不能用「審美意圖或衝動」（aesthetic intention or impulse）來說明的。[22]當然，同理可證，對於藝術的學習，也就是對於一種「生活形式」的習得。沃爾海姆就是這樣從「生活形式」與藝術的內在聯通來規定藝術本身的，藝術由此才被描述為一種「生活形式」。

這就關係到藝術與生活的關係。沃爾海姆考察了西方思想史上幾種藝術與生活的關係的不同觀念。「藝術以生活為基礎」是傳統最為悠久的觀念。從康德到布洛將「審美態度」納入美學體系都屬於此類。然而，不僅與藝術直接相關的情感，而且我們所具有的相關藝術的情感，都是「藝術慣例」（the institution of art）之外或者之前才產生出來的。所以，將實用態度與審美態度直接做出那種比對是荒謬的，藝術與生活並不是割裂的。還有一種觀念，反其道而行之認為「藝術高於生活」，其理論失誤與「藝術以生活為基礎」是如出一轍的。「藝術依賴於生活」則是相對公允的觀念，但是依據這種觀念，藝術慣例對於人類經驗本身將沒有貢獻。最終，沃爾海姆還是服膺杜威的基本觀念，藝術與對藝術鑒賞都是依賴於我們所經驗的生活的。[23]這表面上是走向了實用主義，但是，沃爾海姆還是更與晚期維特根斯坦的意見趨於一致，而只將杜威視為理論的同路人。

必須看到，沃爾海姆並沒有一味地尋求藝術與語言的類似的一面，而且也注意到了這種「類比」的弱點所在。或者說，他指出了這種「類比」所面臨的困難，這也是語言與藝術相似性的限度，但沃爾海姆更注重提出問題卻沒有給出最直接的解答。

第一個限度在於許多藝術品就是用語言來創作的，如詩歌、戲劇、小說等等，問題卻在於：能否說這些藝術既像「語言結構」（linguistic structures），又由「語言結構」的要素構成的？[24]換言之，許多藝術品就存在於「自然語言」（natural language）當中，那些非語言構成的藝術比擬於語言尚且可以，但是本身就由語言來構成的藝術究竟該如何解讀呢？

第二個限度是更具有普遍性的，那就是關於藝術本身的包容性和涵納力的，它難以同語言相匹配。與語言本身的解析包含語法分析與語義分析的那種規範性不同，藝術當中那種「不合語法規定性」（ungrammaticality）或者「不連貫性」（incoherence）也是難以同語言類比的。針對於此，沃爾海姆借用了分析哲學的另一個概念「非確定性」（indeterminacy），[25]用來

[22]　Richard Wollheim, *Art and Its Objects*, p.110.

[23]　Richard Wollheim, *Art and Its Objects*, p.100.

[24]　Richard Wollheim, *Art and Its Objects*, p.138.

[25]　Richard Wollheim, *Art and Its Objects*, p.139.

凸顯藝術當中那種「非確定性」的積極方面，以此來抵禦第二種疑慮。這已經為事實所佐證，就像接受者可以對於藝術進行多種途徑的解釋一樣，藝術家也可以對於藝術提出多種要求，無論是創作還是接受，這種要求都不是單一的而是多元的。

既然沃爾海姆回到「生活形式」來言說藝術，而「生活形式」本身即是綿延流動的或者歷史變動的，所以，這便很容易走向一種「歷史主義」的藝術定義。事實證明，沃爾海姆在《藝術及其對象》的結尾之處，的確走向了「藝術的歷史本質」──「藝術在本質上歷史的」（art is essentially historical）。[26]

這一點被後來的分析美學家們所繼承了下來，從而試圖從歷史的角度給予藝術以新的定義，這的確是一種新的界定方向，因為「早期分析美學」拒絕從歷史的角度來看待藝術問題，沃爾海姆的呼聲在分析美學的語境當中的確是最早的。這還得益於他意識到藝術與語言更深層的差異。按照沃爾海姆的理解，語法的發展與藝術理論的發展是不同的，後者更加依賴於歷史時代的變遷，所以，「可確定的藝術品」構成的是「歷史的」而非「理念的」背景。[27]這樣一來，按照沃爾海姆的構想，藝術理論不僅僅是所有的藝術品的綜合體（comprehensive），而且，更應使人洞見到藝術品究竟是如何形成的（formation）。[28]而這裡所謂的「形成」，究其實質，就是一種「歷史的形成」。這樣，沃爾海姆的思路就轉向了對於藝術的歷史勘定：

> 藝術的本質是變化的或者具有一種歷史，從這種事實出發，我們儘量去得出結論：藝術的特定的歷史，或者其所經歷的特定變化，都是以藝術的本質為基礎的。
>
> 當代藝術的一個特徵，似乎就是它所呈現的轉變更為廣闊而非僅僅是風格的變化，哲學化的藝術史家更為關心後者。[29]

如此看來，沃爾海姆就將藝術的本質「歷史化」了。他從「本質主義」的角度來確定藝術的歷史，同時也是從「歷史主義」的角度確定藝術的本質。在他那裡，藝術的「歷史本質」與藝術史的「藝術本質」，其實是一而二、二而一的。與此同時，他亦試圖將這種理解推展到當代藝術領

---

26 Richard Wollheim, *Art and Its Objects*, p.151.

27 Richard Wollheim, *Art and Its Objects*, p.144.

28 Richard Wollheim, *Art and Its Objects*, p.144.

29 Richard Wollheim, *Art and Its Objects*, p.145.

域，按照他的闡釋，正是當代藝術的變化更加呈現出藝術的「歷史規定性」。

進一步而言，既然沃爾海姆確定了「藝術史是可以陳述的」，[30]那麼，他就可以從語言與歷史的雙重角度來看待藝術問題。這裡面，就存在一個在多大程度上將藝術置於「歷史背景」（historical setting）當中的問題，那就要取決於藝術的「形成的歷史」（formative history）對於內容的決定。[31]比如，對於藝術風格的嬗變，就可以由此勘測其中有多少是「習俗性」的，又有多少是屬於表現性的。這也關係到藝術形式與社會生活（forms of social life）形式的相互關係問題，當然，對於這一問題的解答是社會學美學的主要方向。在此，沃爾海姆的看法還是辯證的，他一方面看到了藝術品是社會決定的，但另一方面又在某種程度上具有「自發性」（spontaneity）、「原創性」（originality）和「表現性」（expressiveness）等等。[32]關鍵是要在藝術的各種形式與社會生活的各種形式之間，進行一種鑑別的工作，這才是藝術理論的任務。

總之，從「藝術是一種生活形式」走向「藝術的本質是歷史的」，可以把我們帶到沃爾海姆美學思想的核心地帶。在《藝術及其對象》那裡，之所以出現了這種內在的邏輯轉換，恰恰是因為，「生活形式」本身就是歷史性的，而歷史又是以「生活形式」為基礎的。

四、反對「錯覺說」與置疑「相似論」

作為沃爾海姆藝術基本美學觀念的前導，在《藝術及其對象》當中，沃爾海姆既批判了藝術的「再現」或者「再現性屬性」（representational properties）的缺憾，又批駁了藝術的「表現」或者「表現性屬性」（expressive properties）的缺失。我們知道，在分析美學的「講壇版本」的教材當中，再現與表現恰恰是最頻繁出現的主題。然而，這兩種在歷史上形成的傳統理論，在沃爾海姆那裡卻得到「雙面出擊」的反對，但無論是「再現性」還是「表現性」的思想在他那裡又獲得了創新性的重要發展。

關於對「再現」的反思，沃爾海姆的火力集中在「錯覺論」（the Illusion theory）與「相似論」（the Resemblance theory）上面。

沃爾海姆最具影響力的批駁，就是對於英國著名的藝術史家E. H. 恩斯特‧貢布里希（Ernst Hans Josef Gombrich, 1909－2001）的「錯覺說」的批

---

[30] Richard Wollheim, *Art and Its Objects*, p.146.

[31] Richard Wollheim, *Art and Its Objects*, p.147.

[32] Richard Wollheim, *Art and Its Objects*, p.150.

駁。在貢布里希的藝術史模式裡面,「進步觀念」成為絕對的主導,甚至19世紀的繪畫作為不斷進步的行為還被當作人類真能進步的證據,這竟然是著名科學哲學家湯瑪斯・庫恩(Thomas Samuel Kuhn, 1922—1996)的看法。這種「藝術史的進步模式」源自於瓦薩里,按照貢布里希的看法就是「把風格史當作對自然外觀的逐步征服」的模式,這顯然是一種「歐洲中心主義」的藝術觀念。

這也正符合一種進步的邏輯,「正是對概念性藝術的圖示進行的連續的、系統的矯正,直至運用新的模擬技巧匹配現實取代製作為止」。[33]其實,以模仿為主的視覺藝術史,正是在逐步地尋找一種「匹配」,亦即畫家通過掌握技巧而得的視覺經驗與真實對象提供的那種視覺體驗之間的「匹配」。於是,「真實的視覺經驗」與「繪畫的視覺經驗」之間的距離縮小,就標誌著繪畫的進步,而且,通過肉眼區別兩者的不同程度,就能度量到這種進步究竟達到了何種程度。這便是《藝術與錯覺》(Art and Illusion)所論證的核心思想之一,這種觀點曾在世界美學界和藝術界獲得了普遍贊同,但是自從沃爾海姆提出他著名的批判之後,一部分學者開始對貢布里希的權威思想提出了置疑,從而形成了「保貢布里希」與「反貢布里希」的兩派對峙,其衝突延續至今。

沃爾海姆在《藝術與心靈》文集當中,收錄他對於貢布里希《藝術與錯覺》專門批判的文章。[34]《藝術與錯覺》的副標題就是《繪畫再現的心理學研究》(A Study in the Psychology of Pictorical Representation),它既是藝術史專著,又是關注視知覺的理論專著。在沃爾海姆看來,貢布里希所提出的是一種更為極端的「知覺理論」,更準確地說,他所論證的是「知覺的圖示—矯正理論」(the schema-correction theory of perception)。[35]然而,按照沃爾海姆的闡釋,這裡面可以區分出兩種「節奏」:一種就是「再現過程」本有的節奏,一種則是「圖示與矯正」的節奏。但是問題在於,這兩種節奏究竟是如何「合拍」的呢?

由這個疑問出發,沃爾海姆對於「錯覺說」提出了兩點異議:其一,貢布里希的理論並不能支持「藝術的變化」(artistic change)的理論,其二,貢布里希的理論對於知覺的闡發也是不合實際的。[36]前者是關於藝術

---

[33] E. H. 貢布里希:《藝術與錯覺》,林夕、李本正、范景中譯,杭州:浙江攝影出版社1987年版,第171頁。

[34] Richard Wollheim,"Reflections on Art and Illusion", in Richard Wollheim, On Art and the Mind: Essays and Lectures , Cambridge, MA: Harvard University Press, 1974.

[35] Richard Wollheim, On Art and the Mind, p.283.

[36] Richard Wollheim, On Art and the Mind, p.283.

史方面的，後者是關於知覺方面的，這二者在《藝術與錯覺》那裡是相聯的，相應地，沃爾海姆對二者的批判也是相聯的。

　　從藝術史的角度看，沃爾海姆認為，在圖示化圖像的進步矯正過程當中，藝術中的「自然主義」（naturalism）是適合於「圖示－矯正」模式的。貢布里希所提出的重要原則，就是「先製作後匹配」（making comes before matching）。按照這種原則，「每個藝術家首先都必須有所知道並且構成一個圖式，然後才能加以調整，使它順應描繪的需要」。[37]這就好像先在內心形成了既定的圖式一樣，後來才有意為可見事物的圖像找到「匹配之物」，這就形成了一種「圖式與矯正」不斷運作的動態過程：形成圖式──矯正圖式──形成更新的圖式──再矯正這更新的圖式……。按照日常的經驗，「不熟悉之物」永遠是以「熟悉之物」為起點的。依據貢布里希的解釋，藝術的發展正是如此，它並不能成為對於世界的精確的「視覺記錄」（visual inventory），而只是「匹配圖式」的運作過程。在這裡面，一種科學意義上的「試錯法」便被大量運用，如果錯誤就放棄這條途徑，再度嘗試，如果成功就繼續應用之，從而試圖在畫面之類的上面檢驗藝術能達到的前所未有的效果如何。

　　然而，沃爾海姆認定，圖示必定要去呈現某種客體，然後再去通過矯正圖示去與再與客體匹配，但是這種「逼近客體」是否可能？這種「逼近」的可能性是否存在？再現藝術所達到的逼真是否只是一種「偶然」？沃爾海姆的答案是明確的，這種對於客體的逼近恐怕是不現實的，因為對於「再現過程」而言並不存在「確定的參照物」去作為參照。[38]換言之，沃爾海姆否定了再現的客觀忠實性，否定了貢布里希「錯覺說」背後的科學進步預設，在他看來，再現絕非是與某種客體相匹配這種簡單的模式。

　　即使「圖示－矯正」模式是適合於視覺再現的，沃爾海姆也認定，在知覺理論方面貢布里希也犯了大錯。他是從兩個方面來加以探討的。一方面他將依據「圖示－矯正」模式的知覺分析與相應的知覺分析進行比對。這種分析是適合於再現的，那麼就必須賦予「矯正」以明晰的意義，然而這就要訴諸於在「圖示圈外」的某種外物，而這在「再現過程」當中又是不可能的，這便構成了矛盾。[39]另一方面，在「圖示圈子」之內，具有的可能性就是從一種「知覺分析」轉向另一種「知覺分析」，這便構成了一種內部循環。按照沃爾海姆的意見，這也是一種不可能的結果。這是由於，再現過程的那種「矯正」需要外在的矯正，而知覺本身缺失「自我矯

---

[37] E. H. 貢布里希：《藝術與錯覺──圖畫再現的心理學研究》，第138頁。
[38] Richard Wollheim, *On Art and the Mind*, p.283.
[39] Richard Wollheim, *On Art and the Mind*, p.284.

正的」。[40]照此而論，再現就成為了一種依附現象，而知覺則能使再現依附於其上，二者是異質的因而難以相融。

在對「錯覺論」的批判之外，沃爾海姆對於將「再現」歸結為「相似」的理論也提出了令人信服的批駁。在人們的通常的觀念裡面，對於某物是另一物再現的最基本的解釋，最簡單的事實就是：二者是「相似的」。沃爾海姆舉出的例子就是拿破崙的圖片或者繪畫，如果說，一幅圖片或者繪畫是對拿破崙的再現的話，那麼，唯一的理由就是它與拿破崙本人是相似的，所以，我們才將圖像當中的人「視為」是拿破崙。[41]沃爾海姆就是從大家的普遍意見當中發現問題的，他從各個方面進行了論證。

首先，在沃爾海姆看來，「相似」本身就意味著某物與被再現的物的不同。當用「相似」來闡釋再現的時候，往往眾所周知是具有約略性的，因為「相似」在某種程度上是要具有「語境依賴性」（context-dependent），對於那些無視於再現的「慣例或者實踐」的人們來說，恐怕難以看到某一圖片或繪畫與所再現對象之間的相似之處。[42]這已經為事實所證明，受到過相應訓練的人總是比未經訓練的人更容易把握繪畫當中的再現，而在後者那裡往往出現「視而不見」的現象。

其次，沃爾海姆還發現了這樣的現象，我們常常說：某幅畫裡面所作再現的某個人——「這個人像某某」，但卻很少說「這外型像某某」。由此得見，當人們如此運用語言的時候，是認定「相似性」是屬於內部的，因而不能以之去解釋「再現的語言」（the language of representation）。[43]這也可以從另外的事實來證明，因為談論相似的時候背後意指的是一種「對稱」關係，但在真正使用的時候，我們只能說「這像拿破崙」，但不能反過來說，「拿破崙像這幅畫」或者「拿破崙與這畫很像」。

最後，沃爾海姆又關注到了容易被忽視的一個要素——「意圖」。這種「意圖」當然是歸屬於要完成再現的人的。這意味著，去畫拿破崙的人必定具有要把拿破崙「畫得像」的意圖。既然他的意圖就是要這畫像拿破崙，只要它能「像」就足夠了。[44]由此出發，沃爾海姆就此區分出來兩個東西：一個我們如何看待繪畫再現了什麼，另一個則是我們要從繪畫中再現什麼。這是兩種不同的活動，沃爾海姆暫時得出的結論是：「將某物當

---

[40] Richard Wollheim, *On Art and the Mind*, p.284.

[41] Richard Wollheim, *Art and Its Objects*, pp.17-18.

[42] Richard Wollheim, *Art and Its Objects*, p.18.

[43] Richard Wollheim, *Art and Its Objects*, p.18.

[44] Richard Wollheim, *Art and Its Objects*, p.19.

作某物所再現的，或者我們如何再現某物，都是文化決定的問題」。[45]

　　這種「意圖分析」直接導向了沃爾海姆的另一個創建——「再現性的觀看」（representational seeing），因為，「意圖所尋求的就是再現性的觀看」。[46]如此看來，在批判錯覺與相似理論的基礎上，以「意圖」解析為環節，沃爾海姆最終走向了對於「視覺再現理論」的全面建構。

五、作為思想內核的「看進」理論

　　「再現性的觀看」是沃爾海姆美學最精彩的內核部分，它在《藝術及其對象》的初版時就被關注，在該書後來收錄的論文當中從理論的角度又詳盡加以闡釋，在《作為一種藝術的繪畫》當中結合藝術史的實踐得以詳盡闡發。

　　其中，「看進」（seeing-in）理論則是「再現性的觀看」的內核，而「看進」理論可以被看作是沃爾海姆美學思想的核心。這是由於，「看進」理論解決的問題，就是某一幅畫究竟如何成為「再現對象」？這個問題的解決，對於一件藝術品是如何成為對象的根本問題的最終解決，更是具有核心意義的。

　　「看進」是沃爾海姆發展維特根斯坦的視覺理論所提出的新概念，後者從「看見」當中區分出「看似」，而前者則從「看似」當中發展出「看進」（維特根斯坦的視覺理論參見本書第一章第七節）。那麼，「看進」究竟是什麼意思呢？舉個具體的例子，在達·芬奇在論繪畫的著名筆記當中，他就曾勸告畫家們要從受潮的牆壁、斑斕的石頭上面去「發現」奇妙的景致、戰鬥的場景和劇烈運用的人體形象。[47]這就是「再現性的觀看」的一個例子。這也是很普遍的日常經驗，我們常常從自然奇峰、觀賞石頭當中「看出」一些具有形象性的東西。這種「從中看出」就是沃爾海姆所謂的「看進」現象。

　　如此說來，「看進」就表面的涵義而言就是指「從中見物」或者「圖中見物」（seeing an object in a picture），它顯然不同於「視圖為物」（seeing a picture as an object）。這還是從維特根斯坦那裡來的，因為「視圖為物」就是「看似何物」，而「看進」所要面對的是這樣的現象——我們為何在某一幅畫當中既看到了畫出痕跡的表面又看到了畫中再現的東西？這實際上就是沃爾海姆所提出的視覺「雙重性」（Twofoldness）的問題。

---

[45]　Richard Wollheim, *Art and Its Objects*, p.21.

[46]　Richard Wollheim, *Art and Its Objects*, p.20.

[47]　Richard Wollheim, *Art and Its Objects*, p.16.

更具體的說，以「觀畫」為例，在拿破崙的肖像畫當中，我們為何既看到了繪畫在畫面上的色彩、筆觸、形狀這些東西，又同時看出了畫中的拿破崙？以「看圖」為例，我們為何在觀賞石（如雨花石）當中既看到了斑斕的形色組合，又看到了其中的人物形象（如日月星辰）？用中國的俗話來解釋，「三分像七分想」，尤其是觀山賞水的時候更是如此。在此最容易給出的是如下的解釋：再現性視覺就與同「想像」相關的，在沃爾海姆之後，英國著名哲學家羅傑・斯克魯頓（Roger Scruton, 1944－）在《藝術與想像》（*Art and Imagination, 1974*）此類的著作當中就持這種觀點。[48] 但是，在沃爾海姆那裡，恰恰認為想像不能解釋「看進」的現象，因為「看進」這種現象相對而言是自發出現的，很少能憑藉想像力來確定自身。

我們還是按照歷史線索來深描沃爾海姆的理論。在《藝術及其對象》的主體部分裡，具體來說也就是從第11節到第14節那裡，沃爾海姆在集中探討了「再現」問題的時候，試圖首先發展出「再現性的觀看」這個概念。我們說過，這一表現上看是新的概念，其實就是從維特根斯坦曾論述過的「看似」那裡發展出來的。但沃爾海姆的策略，是先將「再現」這個概念同「看似」聯繫起來，也就是同「再現性的觀看」的概念緊密聯繫了起來，並認定前者要通過後者才能得到闡明。[49]換言之，沃爾海姆對待再現問題的基本理解是：「再現」應該通過一定種類的「看似」才能得到理解，但並不是完全要通過「看似」能加以理解的。這是第一個結論。但是，究竟如何在畫中見物，沃爾海姆只是在這裡打下了伏筆。

在後來收錄的附錄第五篇論文《看似、看進及繪畫性再現》（Seeing-as, seeing-in, and pictorial representation）那裡，沃爾海姆才繼續發展了他的再現理論。他提出了第二個結論，那就是：適於「再現」的觀看是「一種更廣泛的感覺類別（perceptual genus），[50]進而又再度提及了「再現性的觀看」的問題，這便直接引出了所謂視覺的「雙重性」的問題。它所聚焦的問題是——觀者在觀看圖畫的時候，如何看到畫面「以外」的訊息。針對於此，沃爾海姆認定了如下的事實：人們可以「同時」做兩件事，一面是看到繪畫表面被描繪的對象，一面是看到繪畫表面上的被標記的表層（marked surface）。這一似乎不證自明的事實，足以呈現出沃爾海姆所謂的「看進」的視覺經驗的確是事實存在的，但沃爾海姆還是要從分析哲學的角度來加以證明。

---

[48] C. f. Roger Scruton, *Art and Imagination*, London: Methuen, 1974.

[49] Richard Wollheim, *Art and Its Objects*, pp.15-16

[50] Richard Wollheim, *Art and Its Objects*, p.205.

在維特根斯坦的啟發下，沃爾海姆修正了以往的相應觀念，進而直接提出了「看進」的問題：「現在我認為，再現性的觀看不應被理解為是包括了看似的，不能由此通過看似而得到最好的理解，而要將之看作另一種與看似相類似的現象，我稱之為『看進』。從前我曾說過，再現性的觀看就是把X（等同於媒介或者再現）當作Y（等同於對象或被再現的東西），現在我則要說，再現性的觀看，就是在X之中見到Y，由於可變物的同等價值。」[51]這樣，沃爾海姆就明確區分出兩種現象：一個是「看似」，另一個則是「看進」。

那麼，二者的區別何在呢？「從根本上說，看似就其本身而言是從一種呈現給各種感覺的對象的視覺興趣抑或好奇形式中出現的」，[52]相應地，沃爾海姆又是如此來界定「看進」的：

> 與之相反，「看進」並未對眼前對象使用視覺好奇。它是一種特殊類型的視覺經驗的修養，在生長的環境中，這種經驗把握到了特定的對象。這來自於看進所具有的各種各樣的特徵，特別是那些使其與看似相區分的特徵由此而生。這些修養性經驗（cultivated experience），正如普遍的經驗一樣，可能擁有兩種類型：它既能是某一特殊事物的經驗，又能是關於事物狀態的經驗。甚至通過觀看某一特殊事物而使得經驗獲得修養的時候，這也是正確的，換而言之，某一事物狀態可以被視為某一特殊事物。這就是我曾給予「看進」的第一個特徵，它要證明的就是修養性經驗與支援它的視覺意識相分離的狀態。反過來說，由此又引發出給予「看進」的另外兩個特徵，亦即圈定的偶然性（the contingency of localization）和雙重注意的可能性（the possibility of twofold attention）。要求圈定就無異於否認任何分離，因此，它肯定就不存在了，而雙重注意則是利用這些分離的方法。[53]

無論沃爾海姆的這種區分是多麼複雜，我們都可以明確，「看進」的最基礎的現象特徵，就在於它使得「再現性的觀看」不同於當下的感覺經驗，也就是迥異於那種「直截了當的感知」（straightforward perception）。[54]這意味著，「看似何物」的那種經驗是人類與動物所共同

---

[51] Richard Wollheim, *Art and Its Objects*, p.209.

[52] Richard Wollheim, *Art and Its Objects*, p.222.

[53] Richard Wollheim, *Art and Its Objects*, p.223.

[54] Richard Wollheim, *Art and Its Objects*, p.217.

具有的，只是感知眼前事物的基本能力，而「從中見物」則由於看到了並不真實地存在於眼前的東西，進而是超越了「直截了當的感知」階段的、具有「屬人」性質的視覺經驗。

更微觀地看，沃爾海姆實際上是一步步地劃分開了「看似」與「看進」，正因為「看進」突破了視覺「好奇階段」，而在視覺經驗的文化培育當中獲得了更高的「修養性經驗」，所以它便能使人感知到特殊事物的及其相關的事態。這是最根本的，沃爾海姆在人與動物的視覺區分的意義上，也是從自然與文化的區隔的角度看到這種基本的差異。由此出發，「看似何物」的經驗往往是按照圈定（localization）來定位的，[55]也就是從某一物指向類似的另一物（亦即將繪畫中的某一部分圈定為某物），而「看進」則由於看出了畫外的意味而不受圈定要求的限制，或者說是一種「非限制並同時發生的注意」（unlimited simultaneous attention）。[56]在此，「非限制」是指空間性的規定，而「同時發生」則是指時間性的規定，二者是結合在一起的。

六、論「再現性觀看」的「雙重性」

但更重要的，還是所謂「雙重性的主題」（the twofold thesis）。[57]在沃爾海姆看來，藝術家們進行「再現」的快慰，就在於把握眼前的事物特徵與從中看出的特徵之間的日趨複雜的對應和類似的關係。[58]這是同藝術史的發展是緊密相關的，隨著「圖像再現性」歷史的展開，對於繪畫的「雙重性」的要求也越來越高。然而，貢布里希這樣的致力於再現研究的藝術史家，仍然執著於「看見畫布」（seeing canvas）與「看見自然」（seeing nature）的兩分。[59]這種傳統的並被廣為接受的看法，就是將對於繪畫的「再現性的觀看」等同於對於「鴨—兔圖」（著名心理圖示）的觀看，或者看到鴨子，或者看到兔子，而沒有第三種選擇。然而，依據沃爾海姆所見，事實正好相反。

「看似」與「看進」的二分，還有視覺的「雙重性」特質，都會被用以解釋與「再現性經驗」（representational experience）相關的特殊現象，而不僅僅囿於觀看繪畫的現象：人們在觀看的是表面上被標記了的繪畫

---

[55] Richard Wollheim, *Art and Its Objects*, p.211.

[56] Richard Wollheim, *Art and Its Objects*, p.212.

[57] Richard Wollheim, *Art and Its Objects*, p.213.

[58] Richard Wollheim, *Art and Its Objects*, p.219.

[59] Richard Wollheim, *Art and Its Objects*, p.214.

裡面的對象，同時亦看到那些標記。這被沃爾海姆當作原初性的人類活動，當人們觀看雲朵的表面的時候，在那些雲朵裡面看到了諸如城堡或者動物之類的時候，他們就是在練習這種能力。再如，當人們在布滿汙點的牆上，看出一幅風景畫或者一幅面孔的時候，其實也是在踐行這種人類的基本能力。同理可證，人們在畫面裡面可以看到畫面之外的形象。視覺的「雙重性」正是要道明這個看似簡單的事實。

所以，沃爾海姆在他的《觀者所見》（What the Spectator Sees）裡面說：「為了看到圖畫中超出圖畫的東西，我們必須事先知道些什麼（know something）。」[60]這意味著，當人們獲得「看進」的經驗的時候，必須憑藉「再現」過程當中形成的某些約定俗成的「東西」。只有將這些「東西」（諸如以往的經驗之類）帶了進來，才能實現「看進」。

總之，這種視覺的「雙重性」，首先說明瞭依據「看進」而來的「再現性的觀看」這種特定的現象。這也正是《藝術及其對象》及其附錄所要證明的。其次，這種「雙重性」還可以解釋某些特殊的再現現象，比如在觀者的位置變化的情況下，被描繪的主體之所以具有感覺的穩定性的問題。最終可以肯定，視覺的「雙重性」說明瞭人們對繪畫的「藝術性質」（artistry）的欣賞和判斷方式的問題。觀者只能通過「同時」地注意被描繪對象和被標記的表層的途徑，來解釋對於藝術的欣賞。

然而，必須看到，對一幅繪畫的感覺是一種更為複雜的行為。在一幅繪畫那裡，人們所見的，正是畫家有意為之的。也就是說，畫家布置經營繪畫的表面，是為了觀者們能夠把握他置於畫中的東西。這也是《藝術及其對象》為何將「意圖」與「再現性的觀看」初步連接起來的原因，但是卻尚未得到充分闡明。這就涉及到沃爾海姆另一部代表作《作為一種藝術的繪畫》的主要論題。在這部更新的著作裡面，沃爾海姆又為「再現性的觀看」理論增添了新的內涵。

首先需要肯定的是，繪畫中的經驗「必須與藝術家的意圖（intention）相協調，正如我所強調的，那裡包括藝術家的欲望、思想、信仰、經驗和情感，這都依託於藝術家所要描繪的動機……第二，所需要的經驗必須是通過觀看畫面來實現的：也就是通過藝術家所做的方式來實現的。」[61]顯然，沃爾海姆這本書的觀點，代表了一種「觀畫」的立場，近似於一種「創作者中心主義」的立場，或者說，儘管沃爾海姆也關注接受者的

---

[60] Richard Wollheim, "What the Spectator Sees", in *Visual Theory: Painting and Interpretation*, Norman Bryson, Michael Ann Holly, and Keith Moxey (eds.), New York: HarperCollins, 1991, p.140.

[61] Richard Wollheim, *Painting As An Art*, New Jersey: Princeton University Press, 1987, p.44.

解析，但是他卻更側重於創作者的方面。換言之，依據藝術家的意圖來「讀」作品是沃爾海姆的觀點，這是第一種立場，常常通過人們在作品中看到的而將之展現出來：發現「意圖」就是藝術史解釋的鑰匙，這是《藝術及其對象》的伏筆在新著當中的延伸。

實際上，在《作為一種藝術的繪畫》這部巨著裡面，沃爾海姆關注的仍是最重要的美學問題：繪畫是如何被描繪出來的？繪畫如何表現出情感？或者說，該著作存在兩個相互關聯的內核：一方面是物質材料是如何轉化為「藝術媒介」的，另一方面則是關於「意義」的生產的。沃爾海姆正是從心理分析的角度來看待圖像意義的，這兩方面恰恰又是相互闡釋的。從哲學的角度看，沃爾海姆是要從「藝術家和觀眾的分享當中預設一種普遍的人類本質」（a universal human nature），這便同他的「心靈哲學」是內在相通的。

由此，沃爾海姆拓展了他的美學空間，他提出了理解繪畫的三元素：其一是「看進」，其二是「表現的感覺」（expressive prception），其三則是感受「視覺愉悅」（visual delight）的能力。[62]這不僅僅是藝術家的三種感覺能力，觀者也要依賴於這些基本能力。

沃爾海姆一面在藝術史當中繼續闡發以「看進」為主的理論（對於其進行了更為深入和系統的考量），一面利用這些理論來對藝術史進行了獨特的闡發，在當代藝術史研究裡面也獨樹一幟。其實，從視覺「雙重性」的角度來闡發藝術史，這種獨特觀念在而今仍在不斷獲得廣泛的讚譽，比如，當代學者約翰・迪爾華斯（John Dilworth）在《為三種描繪觀點辯護》裡面就認為，沃爾海姆的視覺「雙重性」理論無疑是正確的，這會被新近發展出來的繪畫呈現的「解釋性」理論所證明。這種理論認為，一幅畫是通過其物理承載物所呈現（presented）出來的，因而一幅畫本身就是其承載物的一部分的呈現內容（presentational contents），反過來，這種解釋的方式可以呈現該畫的主題（subject matter）。[63]如此等等，諸如此類的意見和觀點，已經在大量的美學和藝術史的著述當中得以出現。

在《作為一種藝術的繪畫》的第二章《觀者所見》的B部分，作者又開始集中論述了「看進」的問題。在這裡，沃爾海姆進一步地確定，「看進」是「先在於再現的（precedes representation）：這是既是邏輯性地再先，也是歷史性地在先。」[64]如果說，在《藝術及其對象》那裡，沃爾海

---

[62] Richard Wollheim, *Painting As An Art*, p.45.

[63] John Dilworth, "Three Depictive Views Defend", in *The British Journal of Aesthetics*, Vol.42, No.3, 2002, pp259-278.

[64] Richard Wollheim, *Painting As An Art*, p.47.

姆對這種「在先性」還並不十分肯定的話，那麼，到了晚年，沃爾海姆顯然對自己結論更加自信了，並從歷史與邏輯相統一的原則肯定了這一根本觀點。當然，沃爾海姆更多是藉助於從文藝復興到現代主義藝術品來為他的理論做支撐的，然而，卻由於這種獨特的「觀看」藝術史的方法，而看到了傳統藝術史「所未見」的東西。甚至他認為，「再現」與「看進」的關聯早在古希臘和文藝復興的再現理論那裡，就已經存在了。[65]由此可見，沃爾海姆在拓展其視覺理論的適用性，無論是在理論疆域中還是在藝術史的範圍上，都有積極的拓展。

實際上，客觀地看，「看進」更多地是同「再現的內容」（Representational content）相聯的。依照沃爾海姆的建議，他其實提出的是「歷史知識」對於「觀看圖像」所獲得的理解的必要性，這就可以解釋了，為何不同的觀看會因為「歷史知識」的差異而會如此不同。這種歷史性的知識，對於繪畫的觀看而言無疑是「必要的訊息」。而且，這種訊息來自兩個方面，一方面在創作者那裡，是來自於繪畫創作的時代背景和畫家本人的個人脈絡；另一方面則來自觀畫者的時代背景和觀畫者本人的個人脈絡。當然，沃爾海姆自己還強調的是對藝術的心理分析的「意圖」，他對藝術品的理解也預設了心理分析的觀念，這與他關注「意圖」的價值也是相關聯的。

總而言之，沃爾海姆是從「看似」與「看進」的區分出發，「來觀看作為他物的某物的」（to see something as something else），亦即視覺「雙重性」的。的確，這些觀點，贏得了大量從事藝術史和哲學美學研究的學者們的共鳴。他們繼續依據沃爾海姆的「看進」來闡發對圖像再現的解釋問題，來解釋藝術家表現的問題，來闡釋觀者觀看的問題。然而，這種「看進」的理論又遭到了一些論者的質疑，瑪律科姆・巴德（Malcolm Budd）則直接聲稱「雙重性」觀點並不能說明圖像觀看裡面的特殊現象，[66]當代分析美學家傑羅爾德・列文森（Jerrold Levinson）也在置疑「雙重性」是否是「再現性觀看」的必要條件。[67]但無疑，這種獨特的視覺理論，已積澱在了美學史和藝術史研究的長河裡面，並不斷地熠熠發光。

[65] Richard Wollheim, *Painting as an Art*, p.54.
[66] Malcolm Budd, Psychoanalysis, Mind and Art: Perspectives on Richard Wollheim, Edited by Jim Hopkins & Anthony Savile, Blackwell, Oxford, 1992.
[67] Jerrold Levinson, "Wollheim on Pictorial Representation", in *The Journal of Aesthetics and art Criticism*, Vol.56, No.3, (Summer, 1998). pp.227-233.

七、作為另一基石的「表現性」

在繪畫藝術的美學分析方面，「看進」或「畫中見物」的確是沃爾海姆從「再現性」的角度做出的獨特貢獻，但是，沃爾海姆其實也同時從「表現性」的角度試圖去理解繪畫，這就是作為他繪畫思想另一基石的「表現性」理論。

沃爾海姆更多是從「心靈生活」的角度來闡釋「表現性」的，這就同傳統意義上的表現理論劃開了界限。按照《藝術及其對象》的邏輯，這裡面還有一個重要前提，那就是藝術是否是「物理對象」（physical objects）？歷史上按照表現的思路所出現的兩種理論，都不是以「物理對象」這一假設為基礎的，[68]這兩種理論分別是「唯心論」（the Ideal theory）和「表象論」（the Presentational theory）。

所謂「唯心論」在美學當中，與中國本土的理解似乎有所偏差，它在現代時期主要指的是「克羅齊－柯林伍德理論」（Croce-Collingwood theory），[69]也就是我們所說的「表現主義美學理論」。按照沃爾海姆的明確闡釋，這種理論可以用三個命題來概括：首先，藝術品存在於藝術家的「內在狀態或者條件」（inner state or condition）當中，具體而言，對於克羅齊來說就是「直覺」（intuition）而對於柯林伍德而言就是「表現」；其次，這種內在狀態是「過程的產物」，它為藝術家所獨有並包括連接（articulation）、組構（organization）與統合（unification）；再次，如此發展的直覺如被外化為「共同形式」那是不必要的，就像人造物往往被誤解為是藝術品一樣。[70]應該說，這種哲學化的歸納是非常精當的，的確把握住了所謂「唯心論」的實質。

沃爾海姆在這種分析的基礎上，對於「唯心論」進行了兩方面的批評。第一個方面就是指出這種理論割裂了藝術家與觀眾之間的本然關聯，將直覺完全歸屬於藝術家，藝術品也被視為是內在或者精神性的東西。[71]在克羅齊那裡，藝術家的直覺就是藝術品，在柯林伍德那裡，藝術家的「想像性經驗」就是藝術品。如此一來，藝術完全就成為「私人」的了，但是正如「私人語言」是不可能的那樣，藝術實際上絕非僅僅是私人的而無法傳達。第二個方面，沃爾海姆指出了「唯心論」完完全全忽略了「媒

---

[68] Richard Wollheim, *Art and Its Objects*, p.43.

[69] Richard Wollheim, *Art and Its Objects*, p.36.

[70] Richard Wollheim, *Art and Its Objects*, pp.36-37.

[71] Richard Wollheim, *Art and Its Objects*, p.40.

介」的意義，[72]這也是與前一方面是直接相關的，正因爲藝術是私人的，所以才無需媒介。這種「非媒介」（unmediated）的取向，顯然也是同藝術要寓於某一媒介的事實相悖的。

「表象論」則是在「唯心論」之後更被廣爲接受的理論。在沃爾海姆撰寫《藝術及其對象》初版的時代，「新批評」（the New Criticism）是居於主導的文學理論（20世紀前二十年源於英國並於三十到五十年代風靡美國），在他心目中「新批評」就是最典型的「表象論」。這種理論恰恰站到了克羅齊－柯林伍德理論的反面。如果說，在「唯心論」那裡，藝術的內容同被感知的物質性是分離的從而凸顯了藝術家的「直覺」或「表現」過程的話，那麼，「表象論」則占到了另一端上強調審美相關性只能歸屬於（對感知直接開放的）藝術品的屬性。新批評派反對傳統批評僅從史論與傳記角度出發，強調藝術品（主要文學作品特別是詩歌）的內在價值，宣導一種「細讀式」的文本分析和解讀，「細讀」的對象當然就是以藝術作品具有獨立意義的單元爲對象的。

沃爾海姆是從兩個方面對此進行批駁的。「表象論」通常認定，接受者們對於藝術品的「直接感知」，就是藝術品即刻給予的屬性。但在沃爾海姆看來，一方面，「表象論」所依賴的是一種區分：那就是「直接感知」與「間接感知」。然而，這種區分在沃爾海姆看來是很難確定的。沃爾海姆是通過對「意義或者語義屬性」（meaning or semantic properties）與「表現性屬性」這兩方面的研究，來試圖推翻「表象論」的。[73]另一方面，即使這種區分是可以做出的（在某些領域只能大致給出這種區分），也不能由此否認：除了直接感知之外的一切東西都可以成爲藝術品。沃爾海姆在此引入了「風格」（style）這一範疇來加以說明。[74]這樣做的目的，就是爲了證明，諸如「風格」之類對於適合地理解和欣賞藝術是不可或缺的，但是它不能單純以藝術品所呈現的東西爲基礎再適用於藝術。進而言之，許多對於藝術而言是固有的屬性，卻不能被人所直接感知。

由此，從語言分析的角度看，沃爾海姆給出了如此的精妙比喻：

> 如果我們將爲表現的類似物加上語義的屬性，我們自己就會發現，藝術與所表現東西之間的關聯，就像是一幅標有各種顏色名稱的黑白圖表與對應的一幅彩色圖畫之間的關係，而這種關係更像是一幅

---

[72] Richard Wollheim, *Art and Its Objects*, p.40.

[73] Richard Wollheim, *Art and Its Objects*, pp.48-49, 51-52.

[74] Richard Wollheim, *Art and Its Objects*, pp.63-65.

彩色複製品與其對應的一幅彩色圖畫之間的關係。[75]

　　這顯然是從分析美學的角度做出的結論。但是，如果考慮到後來沃爾海姆視心靈具有一種複雜的投射機制，那麼就可以看到他對於「表現性」的進一步拓展。

　　沃爾海姆曾由此提出了一個嶄新的範疇——「綜合的映射」（complex projections），並將之作為人們心靈狀態對於環境的那種簡單映射的對立物。[76]每個人的早期映射過程，都深刻地影響了其後來的諸種能力，這些能力既包括與其他人所構成的關係，更包含使得生命的世界如何獲得「情緒」（mood）或「感受」的形式。這些對於心靈的思考，始終貫穿在沃爾海姆的研究當中。有趣的是，《藝術及其對象》這樣的分析美學經典之作反倒是其心靈研究過程當中的一個環節，他在從《藝術與心靈》、《生命之線》直到更晚近的《心靈及其深度》（*Mind and its Depths*, 1993）當中一直在做著相關的探索。

　　當然，沃爾海姆在論述這種「表現性」的時候，更多是在心靈哲學的意義上加以闡述的，這就已經超出了分析美學的範圍。但必須承認，這種對於心靈的獨特的理解，仍為他的美學理論提供了另一個基石。如果說，「看進」理論作為沃爾海姆分析美學的基礎是「顯在」的話，那麼，這種訴諸於心靈哲學的「表現性」理論作為基礎則是「隱在」的。如果說，「看進」理論是從「再現性」入手並有所創建的話，那麼，「綜合的映射」的觀念則是從「表現性」入手並在另一翼上發展其作為整體的美學理論的。或者說，從分析哲學的角度看，沃爾海姆的美學最獨特創建就是「看進」理論；而從心靈哲學的角度看，他的更廣闊的美學途徑則具有一種「表現性」的深廣基礎，這兩方面在沃爾海姆那裡成為了一種「奇異的結合」。

八、論「類型」與「殊例」的區分

　　沃爾海姆還曾從另一角度論述——藝術不能通過「物理對象」來加以確定。既然承認藝術不是「藝術對象」，那麼，究竟如何將藝術「歸類」呢？這種考察涉及到「藝術分類」的基本問題。比如一段音樂與一部小說，為何都被歸為藝術，二者之間的差異究竟何在呢？這是沃爾海姆分析

---

[75] Richard Wollheim, *Art and Its Objects*, p.60.

[76] Richard Wollheim, *Mind and its Depths*, Cambridge, MA and London: Harvard University Press, 1993, p.152-153.

「藝術分類」的現象起點。

　　沃爾海姆視這樣的問題為「邏輯問題」，他求助於哲學家皮爾士的兩個哲學概念，一個是「類型」（Type），與之對應的則是「殊例」（Token）。[77]

　　金岳霖曾將二者分別譯為「內容」和「形式」，似乎並不符合原意。按照皮爾士的所言，無論是書面還是口頭的「士兵」這個詞都是有客觀普遍性的，而「喬治‧華盛頓」則不是，因為它並沒有意指一個外界事物，它就是一個既適用於實存的對象又適用於想像對象的「類型」，而它本身並不等於是這些對象中的任何一個。[78]從語言的角度，皮爾士還在所謂「類語句」（type sentence）和「例語句」（token sentence）之間做出了區分，前者是指某一句子的物理存在方式，而後者則指向該句子的意義。此前的維特根斯坦就曾論述用過這種類分，此後的喬姆斯基「轉換—生成語法理論」卻更重視「類型」而非「殊例」。

　　但沃爾海姆援引「類型」與「殊例」理論的時候，直接將之應用於對於「藝術分類」，諸如歌劇、芭蕾舞、詩歌、蝕刻版畫的「邏輯地位」（logic status）該如何由此確定呢？可以先給出某些例證，比如像理查‧施特勞斯創作的《玫瑰騎士》（Der Rosenkavalier）這樣的歌劇作品就應被看作是「類型」的，而諸如多納泰羅創作的著名雕塑《聖‧喬治》（St. George）就是個別的。這也是沃爾海姆最常舉的例子。

　　這種區分與對於藝術的另一種劃分也是一致的，前者將每一件藝術品都歸屬於「同一範疇」之下，而後者則分為各種各樣的藝術。如此看來，「所有的繪畫，並非只是某些繪畫，都是個別的：而所有的歌劇，並非只是某些歌劇，都是類型。」[79]這自然令人想起古德曼的「自來的」與「他來的」兩種藝術的區分，但是這種唯名論的觀點，在沃爾海姆那裡被認為是不足取的。

　　按照沃爾海姆的意見，這種區分的理由，在某種意義上是因為歌劇這一類的作品，一定是按照劇本來演出的，但是每一次演出卻並不相同。即使所有的條件都是相同的，相同的舞美、相同的演員、相同的樂隊，每兩次的演出卻都不可能是完全相同的。但如此一來，我今晚看的《玫瑰騎

---

[77]　Richard Wollheim, *Art and Its Objects*, p.74. Type與Token從金岳霖曾將之分別譯為「內容」和「形式」開始就有各種譯法，例如「類型」與「標記」、「原型」與「型例」等等，我們則採取「類型」與「殊例」這樣的譯法。

[78]　C. S. Peirce, "The Essentials of Pragmatism", in J. Buchler ed., *The Philosophy of Peirce: Selected Writings*, London: Routledge and Kegan Paul Ltd, 1956.

[79]　Richard Wollheim, *Art and Its Objects*, p.167.

士》如何與明晚看的《玫瑰騎士》被確定為「同一齣歌劇」呢？幾乎所有人都會說所看的是同一齣戲，而每次演出都是一件藝術品，那麼，這就是將每一件藝術品歸為「同一」。相反，我們去看《聖·喬治》這個雕塑作品，它則是相對不變的（但實際上無論是繪畫還是雕塑都是經歷漫長的蛻變過程的，比如倫伯朗著名的《夜巡》就是因為變色而被誤認為是描繪夜晚的景色），每一次去看的都是同一座雕塑，看繪畫也同理可證。這種基本的劃分，正是沃爾海姆思考的「樞紐」。

在沃爾海姆心目當中，從「類型」被確立的角度看，詩歌可能是佔據他劃分藝術尺度的一端上，因為詩歌就是在語詞被寫在紙上那時便產生出來，如果根據克羅齊－柯林伍德理論，可能在人的腦海構思詩作之時，詩歌就已產生了。而在這個尺度的另一端的則是歌劇，因為被記錄下來的樂譜一定要經過樂隊的演奏和演員的演出之後，歌劇藝術才能被創造了出來。[80]如此看來，大多數的訴諸於文本的文學藝術都屬於前者，而大多數的表演藝術則屬於藝術。在這兩端之間，還有一種情況，電影與版畫都屬於這種居間的種類。這是由於，電影總是需要被刻成不同的拷貝然後再進行播放，而版畫則是從同一個模版上複製下來的。如此看來，沃爾海姆便突破了傳統那種藝術分類標準，因為諸如「時間藝術」、「空間藝術」、「時空藝術」這樣的分法（這種「藝術分類」在當前中國的藝術界仍佔據主流），仍然是將藝術視為「物理對象」的分法，是從物理對象的區分意義上來劃分藝術的，而這種劃分早已被沃爾海姆所摒棄了。

更為有趣的是，沃爾海姆還曾描述了「類型」與「殊例」之間的互動關聯。這就會面臨三種情況：第一情況認為沒有什麼特徵是不能從「殊例」傳導到「類型」上的；第二種情況則否定了第一種，但卻認為某些單獨的屬性卻是可以傳導的；第三種情況區分於第二種在於認為任何一種單獨的屬性都是可以傳導的。[81]具體來解析，如果愈承認藝術與「物理對象」接近，就愈可能承認第一種情況。但是，第二種情況卻說明，一個「殊例」具有某些必要屬性當中的某些屬性，但決不可能具有全部的屬性。第三種情況就是歌劇、戲劇、芭蕾舞這樣的表演藝術的情況（沃爾海姆也將交響樂演奏看作是表演藝術），其中，並不是所有的屬性都能從「殊例」傳導到「類型」上去，但是，任何一種單獨的屬性卻都可能被加以傳導。

按照第三種情況，我們可以說，每一次演出都是對於原作的「解

---

80 Richard Wollheim, *Art and Its Objects*, p.80.
81 Richard Wollheim, *Art and Its Objects*, p.82.

釋」，在這個意義上，沃爾海姆就根據「類型—殊例」給「解釋」以如下
的明確定義——就目的而言「解釋可以被看作是在產生一個比類型具有更
多屬性的殊例」。[82]這的確是一種建基在分析哲學基礎上對於藝術的「解
釋」的獨特界定，當然，這種觀點是其「藝術分類」思想的衍生物。

九、「作爲藝術的圖繪」為何有趣？

　　從沃爾海姆的學術歷程當中，從早年開始，他就對「圖繪一個對象」
的問題頗感興趣。[83]在整個美學研究過程當中，他對於發展著的歐美當代
藝術流派亦也非常關注。舉個最有名的例子，在當代藝術當中風靡一時的
「極少主義」（Minimalism）藝術這一流派，就是沃爾海姆最早對之「命
名」並進行深入的理論研究的。[84]這充分說明，沃爾海姆對於藝術的研究
並未僅僅囿於古典時代的作品，而是與時俱進地關注到了當代藝術，並作
為美學家積極推動了當代藝術的發展。

　　沃爾海姆始終對於繪畫感興趣，然而，為何「圖繪」（drawing）這種
行為如此有趣呢？晚年的沃爾海姆對此進行了總結，從「本質主義」的角
度進行了全面的總結，這也是他繼續發展他的美學思想的一個重要維度。

　　在1998年，沃爾海姆的一篇《論圖像再現》（On Pictorial Representation）
發表，同年他還曾做了關於《為何圖繪有趣？》（Why is Drawing Interesting?）
的談話（於2005年發表），標誌著他的美學思想得以某種意義上的總結。
沃爾海姆在晚年更傾向於使用「圖像再現」這個術語而非「再現性觀
看」，也許是他繼續將「視覺性再現」向客觀對象的方向加以發展了。

　　在《論圖像再現》裡面，沃爾海姆繼續闡釋了「看進」為何既邏輯上
又歷史上在先。從邏輯上看，我們既能看到事物的表面，又能看到其所再
現給我們的東西。從歷史上看，沃爾海姆認定我們遙遠的祖先，在為了狩
獵的巫術目的在洞穴裡面「圖繪」動物的時候，那種視覺的「雙重性」就
業已存在了。這是由於，原始人「圖繪」這些動物的時候，的確是關注於
洞穴壁畫的表面（他們常常以某些礦石顏料塗抹之），但這種圖繪的目

[82]　Richard Wollheim, *Art and Its Objects*, 1980, p.82.

[83]　Richard Wollheim, *On Drawing an Object*. Inaugural Lecture, as Grote Professor of Philosophy of
Mind and Logic, delivered in December 1964 at the University of London. London: Published for
University College, London by H. K. Lewis, 1965. Reprinted in Harold Osborne ed., *Aesthetics*,
London: Oxford University Press, 1972, pp.121-144.

[84]　Richard Wollheim, "Minimal Art", in *Arts Magazine* (January 1965), pp.26-32. Richard
Wollheim, "Minimal Art", in Morris Philipson and Paul J. Gudel eds., *Aesthetics Today,* New York:
New American Library, A Meridian Book, 1980, pp. 203-213.

的，又是在根本上指向洞穴外的動物的，因為相關巫術的目的顯然是為了
獲得更多的狩獵戰利品。所以說，沃爾海姆才不止一次地重複到：「在觀
看適宜的被標識表面的時候，我們在視覺上能夠立即意識到在被標識的表
面置於眼前與其背後之外的東西。我稱之為現象學的『雙重性』」。[85]

　　在這個意義上，沃爾海姆稱他的思想核心為「看進的現象學」。[86]在
此，晚年的沃爾海姆更多地從方法論的角度來重思他的理論的，其所使用
的基本方法仍是分析哲學的，但卻又吸納了某種現象學的要素。他覺得，
自己從未失去對現象學描述的「哲學品格」（實際上指的是分析哲學的品
格），他並未對於經驗的廣度進行拓展，而只是對於特殊經驗加以了深入
的研究。對於「看進」理論而言，就是要一方面看到對於每一種「再現」
究竟該如何提供適宜的經驗，另一方面也要看到對同一事物的「看進」理
論是如何與「對之的再現」相互匹配的。

　　在《為何圖繪有趣？》當中，沃爾海姆直接提出了主題，更明確地
說，他追問的是：為何有趣的圖繪有趣？或者進一步說，是什麼使得圖
繪，某一些圖繪（並非所有的圖繪），「作為圖繪」而變得有趣？沃爾
海姆自稱是非常小心地選擇「有趣」這個詞的，因為，「發現圖繪有趣」
其實就是對其做出評價。而關於「評價」的問題，恰恰是在《藝術及其對
象》當中相對薄弱的環節，在該書的最後一節沃爾海姆毫不諱言自己對評
價問題的「輕視」。

　　但這種理論的傾斜在晚年的沃爾海姆那裡得到了糾偏。按照他的基本
理解，起碼存在兩種評價藝術品的廣闊途徑。第一種當然來自於傳統美
學，這種藝術評價主要依賴於對「美的判斷」（judgments of beauty），而
現代主義美學也是屬於這一傳統的，因為其聚焦點仍是在狹義上的美。第
二種評價則更多與20世紀哲學的發展內在相關，實際上就是「分析美學」
所提出的藝術評價模式。[87]這兩種模式並不是相互依賴的，在其中，重要
的轉換就在於「對特性的評價」（evaluations of quality），「存在一種對特
性判斷問題的評價問題，也存在一種對於有趣判斷的評價問題。」[88]沃爾
海姆更為關注的顯然是後者。然而，晚年的他更多是從哲學的高度來反思
自身的，他從「本質主義」的角度最終歸納出自己的美學思想的紅線：

[85] Richard Wollheim, "On Pictorial Representation", in *Journal of Aesthetics and Art Criticism*, Vol.56, 1998.

[86] Richard Wollheim, "On Pictorial Representation".

[87] Richard Wollheim, "Why is Drawing Interesting ?", in *The British Journal of Aesthetics* Vol.45, 2005.

[88] Richard Wollheim, "Why is Drawing Interesting ?".

關於每個藝術的必要真理就是，其鞏固了藝術的本質主義，並來自
於如下方面的互動：第一，媒介的本質；第二，人類欲望的本質，
正如其對實現的尋求；第三人類感知的本質，正如其為感性獲得理
解所設的界限。[89]

如此看來，儘管此時的沃爾海姆已日趨保守，但是他仍以普遍化的視
角，看到了作為自己美學思想內在支撐的東西。因此，我們將這種思想視
之為沃爾海姆對於自己美學思想的某種總結其實也不為過，因為他的確呈
現了藝術如何成其為藝術的最基本的哲學方面。可以看到，此時的沃爾海
姆的眼光更為宏觀了，他不僅僅以分析哲學為自己的思想基礎之一，而且
在對藝術的基本理解上面已超越了分析美學，吸納了更廣泛的思想資源，
並完善了自己的美學思想體系。

十、述評：從思想的「內在矛盾」觀之

沃爾海姆的美學思想是非常豐富的，其思想的來源亦是多元的，這使
得他呈現出了與規範的分析美學家不同的思想面貌。這是由於，絕大部分
的規範分析美學家們都無一例外地在分析美學「內部」進行言說，除了吸
收實用主義的哲學資源之外，而很少吸納其他「非分析哲學」的思想。但
是，這種普遍特徵在沃爾海姆那裡卻顯然並不適用，他對於精神分析思想
的接受，就遠遠超出了其他分析美學家，並從一開始就與維特根斯坦美學
對於心理學的拒絕劃清了界限（參見本書第一章第三節）。這都展現出沃
爾海姆的哲學與美學思想之間的「內在矛盾」。

這種思想的多來源性，的確在沃爾海姆的「綜合」當中保持了一種
內在的「張力」，但與此同時，思想的搖擺性、折衷性和調和性也就在
所難免。從沃爾海姆的學術歷程來看，他的第一本書《布拉德萊》（F. H.
Bradley, 1959）致力於對於英國新黑格爾主義的研究，[90]此時他是基本上是
對分析傳統不認同的。但是隨著分析哲學在英格蘭站住了腳跟，沃爾海姆
也隨之接受了分析哲學的基本主張，並在分析美學領域逐漸獲得成就。然
而，到了晚年他似乎又對分析傳統有所偏離，他曾在專論藝術史的時候指
出：「藝術史深刻地被實證主義所浸漬，對於實證主義居於核心的是對於
事實的過度評價，拒絕原由，在把握解釋的核心問題上是失敗的。」[91]這

---

[89]　Richard Wollheim, "Why is Drawing Interesting ?".
[90]　Richard Wollheim, *F. H. Bradley*, Harmondsworth: Penguin Books, 1959.
[91]　Richard Wollheim, *Painting As An Art*, p.9.

種對於「實證主義」的批駁，也恰恰可以看出沃爾海姆力圖超越分析哲學的努力。與此同時，他亦反對對於藝術的社會解釋與結構主義解讀，事實證明，對於社會內涵與結構要義的疏忽，恰恰是沃爾海姆美學思想當中的應有之義。

更重要的影響，來自於沃爾海姆幾乎畢生對於「心靈」獨立性的建立，但這種心靈哲學並非分析哲學意義上的，而是從分析哲學的外部試圖發展出一套系統的唯心主義哲學體系。當然，這種建構仍是在「後分析哲學」與「後實證主義」（post-positivism）的語境內來實現的。但是，與古德曼那種對待藝術的「非歷史」原則不同，沃爾海姆對於藝術的「歷史本性」是深信不疑的，他從歷史的角度來規定藝術的道路，無疑是正確的方向。由此可見，他對於藝術的基本規定就在於：

> 1.每一件藝術品都具有其自身的、一種或者僅僅一種的意義；
> 2.這種意義是同藝術家的實現的意圖緊密相聯的，在此，意圖被廣義地用以指欲望、信仰、情感、幻想、希望——前意識、意識和潛意識——引發藝術家去做出其所要的藝術品的原因。
> 3.藝術家的意圖被實現在如下的情況之下，藝術品使得一個具有適宜的感性和見識的觀者獲得合適的經驗。
> 4.藝術品是意義的載體，因而部分是通過其產生的歷史而得以確定的。[92]

這種對於藝術的總體把握，的確是一種「複合體」，因為它的基本思路是分析哲學式的推理，而界定「意圖」則吸納了精神分析的心理學要素，而最終又適度接受了歷史性的原則。這種綜合的眼光，對於後來的分析美學家們的影響是非常巨大的，他們都力圖從沃爾海姆的分析美學當中找到諸多「超越分析美學」的新途。

在對於藝術的本質規定上，早期沃爾海姆將藝術歸結為一種「生活形式」的確頗具洞見。這種觀點一方面看到了藝術與生活的本然關聯，另一方面又對於藝術與語言的近似性進行了說明，的確代表了分析美學發展的一個新的基本方向。在分析美學高潮之後，新實用主義者們繼續從生活的角度來看待審美和藝術的問題，這足見這種基本觀念在而今得到了可持續性的發展。

在論證藝術本質的時候，沃爾海姆從藝術家和接受者的雙重角度來規

---

[92] Richard Wollheim, "The Core of Aesthetics", in *Journal of Aesthetic Education*, Vol. 25, No. 1, 1991.

定藝術，這也是很具有辯證色彩的。在《作為一種藝術的繪畫》這本巨著當中，前兩章就分別論述了「藝術家所做」與「觀者所見」，說明瞭在沃爾海姆的美學譜系當中，他既關注到了藝術家的創作意圖、作品風格等要素的作用，又注意到了接受者的審美經驗、判斷能力等要素的相關影響。按照這種全面的把握，藝術品的生長就有賴於雙重互動的關係，一面是藝術家與藝術品的互動，一面是藝術品與接受者的互動，正是這兩面共同規定了何為藝術。

但需要說明的是，沃爾海姆在此所闡釋的「什麼是好的藝術」，而好的藝術恰恰要從藝術家與接受者的兩方面來共同加以規定，儘管其更傾向於創作而非接受的方面。相應的，在對於視覺藝術的特徵的規定當中（主要是繪畫），沃爾海姆也是雙管齊下的，他既從「再現性」的角度發展出了「視覺性的觀看」理論，又從另一方面拓展出「表現性」作為思想基石，這對於繪畫的基礎而言也是比較全面的把握。

然而，作為沃爾海姆視覺美學思想核心的「看進」理論究竟具有多少合法性，「雙重性」觀念是否可能，直到而今仍在爭論不休。後來，沃爾海姆在繼續研究的時候，提出「雙重性」觀念既對於「圖像再現」而言是必要條件，而且對於「圖畫的審美欣賞」（aesthetic appreciation of picture）來說也是必要條件。這就將「雙重性」觀念更加具體地適用於「視覺審美」，沃爾海姆是先從普遍性的角度研究了視覺雙重性質，而後又推演到審美方面。然而，諸如傑羅爾德·列文森等人則反過來提出，「雙重性」觀念只對於「圖畫的審美欣賞」而言是必要的，對於「圖像再現」而言則不能構成必要條件。[93]更有論者，更微觀地闡發沃爾海姆的思想，認為他的思想是有兩種取向的：一種是對「表層」與「再現對象」的共時性的視覺意識，另一種則是「再現對象」與「再現他物」的同時性的視覺意識，這兩者被後來人繼續區分了開來。[94]在前者的情況之下，「雙重性」構成了圖像再現知覺的必要條件；在後者的情況之下，「圖畫的審美欣賞」以雙重性為必要條件。這顯然是看到了沃爾海姆自己所「未見」而做出了進一步的發展。

在沃爾海姆的拓展的藝術史研究當中，可以看到，從「意圖」、「看進」、「雙重性」、「主題化」（thematization）和「風格」，組成了一系列的環環相扣的鏈條。在這個鏈條當中，一個重要的「缺口」是從「意

---

[93] Jerrold Levinson, "Wollheim on Pictorical Representation", in Jerrold Levinson, *Contemplating Art: Essays in Aesthetics*, Oxford: Clarendon Press, 2006.

[94] Bence Nanay, "*Is Twofoldness Necessary for Rrpresentational Seeing?*", in *The British Journal of Aesthetics* Vol.45, 2005.

圖」得以入手的。或者更極端地說,所謂「圖像再現理論」就是圍繞著心理能力與意圖使用來展開的。但是,需要看到的是,沃爾海姆始終訴諸於一種「實現的再現意圖」(fulfilled representational intentions):「嚴格地說,P再現了X,如果X可以被正確地在P當中看到的話,在此,對於P而言得以矯正的標準就在於藝術家P的實現的意圖」。[95]

然而,這種力求實現的意圖並不能成為「看進」的前提,首先就是由於這種意圖未必能夠得以實現,我們會經常遇到「看不出」畫中之所再現之物的情況;其次,這種藝術家的意圖本身也是不確定並難以確認的,很多情況之下觀畫的過程是「無意圖」的。而且,這種偏頗也相對忽視了觀者的能動作用,特別是觀者看出了畫中藝術家所要再現之外的「錯覺」現象,也是客觀存在的事實。

但無論怎樣,以「看進」為核心的沃爾海姆的思想所激發出來的想像力確實非常巨大的,影響力也是相當深遠的。[96]就「看進」理論本身而言,就有許多論者從沃爾海姆那裡發展出了許多種理論。肯德爾·沃爾頓(Kendall Walton)拒絕沃爾海姆對於想像能力的拒絕,從而提出了「想像性的觀看」(imaginary seeing)的理論。羅伯特·霍普金斯(Robert Hopkins)則批判沃爾海姆對於「相似」的批判,繼續發展出「經驗性的相似」(experienced resemblance)理論,如此等等。[97]由此可見,沃爾海姆的美學思想的影響,既有被正面繼承的,也有被反向吸收的,這亦充分證明瞭他的思想的開放性和鮮活力。

無論分析美學史如何前行,或許都無法回避沃爾海姆所提出的那些重要的美學問題——「再現」、「表現」、「意圖」、「風格」、「類型」、「審美態度」、「藝術家」、「觀者」、「再現性的觀看」、「看似」、「雙重性」——在這些問題當中,前面的一些都是分析美學的普遍關注的主題,越到後來就出現越多沃爾海姆所創建的思想,無論是前面的還是後面,都烙印上了沃爾海姆思考過的痕跡。

這些都足以證明沃爾海姆在分析美學史當中所具有的崇高地位。如此看來,沃爾海姆的美學思想,對於分析美學而言是具有樞紐般的地位,歷史上居先的美學思想在他那裡得到了「總匯」,後來者的思想則都要從他那裡獲得無窮的「啟迪」。

---

[95] Richard Wollheim, "Imagination and Pictorial Understanding", in *The Aristotelian Society*, Supplementary Volume 60, The Aristotelian Society, 1986.

[96] Kendall Walton, *Mimesis as Make-believe*, Cambridge: Harvard University Press, 1990.

[97] Robert Hopkins, *Picture, Image, and Experience*, Cambridge: Cambridge University Press, 1998.

第四章 古德曼：作為「藝術語言」的美學

　　納爾遜‧古德曼（1906－1998），是20世紀非常重要的分析哲學家及美學家，在邏輯、美學、認識論、科學哲學和語言哲學等不同方面都建樹頗豐，堪稱一位「通才」，甚至被希拉蕊‧普特南（Hilary Putnam, 1926－2016）認為是二戰之後最偉大的兩三位分析哲學家之一。有趣的是，古德曼卻一直身處「兩面不討好」的境地，搞「純」分析哲學的人士時常忽略了「有些另類」的他，搞美學和藝術的人士又在他的高深莫測面前「望而卻步」。這恰恰說明暸古德曼的美學思想的特質，他是從「邏輯分析」的角度來解析藝術的：一方面，其所解析的對象由於與傳統分析哲學不同而偏離了分析哲學的主流；另一方面，面對藝術所使用的嚴格的「邏輯分析」卻是大多數致力於語言分析的美學家們的「短項」，這都使得古德曼顯得非常「特立獨行」。

一、從「構建世界的方式」到「符號系統理論」

　　古德曼1906年8月7日生於美國麻塞諸塞州的薩默維爾城，一輩子基本上就是「為了學術的一生」。他於1928年在哈佛大學獲得了理學士，1929年到1940年在波士頓的一家藝術畫廊工作（這培養了他對藝術的興趣），1941年在哈佛大學獲得哲學博士學位，隨後在美軍中服役（1942－1945年）。後來，在塔夫斯大學短期任教後（1944－1945年），花了18年的時間在賓夕法尼亞大學教書（1946－1964年），在哈佛「認知研究中心」短期任職（1961－1963）。在布蘭迪斯大學（1964－1967年）任教後，1968年回到哈佛大學被聘為哲學教授直到1977年。1967年，他曾擔任美國哲學協會東部分會的主席，1950到1952年擔任符號邏輯協會（Association for Symbolic Logic）主席，同時他也是美國藝術與科學學院（American Academy of Arts and Sciences）會員。從1946到1947年間，他曾獲得過古根海姆研究基金獎（Guggenheim Fellowship）。在經過長期的病痛折磨後，古德曼於1998年的12月25日病逝，終年92歲。

　　古德曼之所以奠定了在20世紀（特別是近50年來）西方分析哲學界的地位，是因為他的一系列的專著和眾多的論文所表達的哲學思想，其中的許多都引發了巨大的反響。他個人撰寫重要的專著有：（1）《質的研究》（*A Study of Qualities,* 1941），這是古德曼獲得了讚譽的博士論

文；[1]（2）《表象的結構》（*The Structure of Appearance, 1951*）；[2]（3）《事實、虛構和預測》（*Fact, Fiction and Forecast,1954*），[3]該書來自於古德曼在倫敦大學的特別講座；（4）《問題與投射》（*Problems and Projects, 1972*）；[4]（5）《世界構建的諸方式》（*Ways of Worldmaking, 1978*），這本書的主體來自於古德曼在斯坦福大學的「康德講座」；（6）《關於心靈與其他諸問題》（*Of Mind and Other Matters, 1984*）。

從總體來看，古德曼最突出的哲學貢獻就是在邏輯與藝術問題方面，難怪在紀念古德曼1971年65歲生日的研究文集就命名為《邏輯與藝術》（Logic & Art, 1972），其中包含了四個主題，分別是：「科學與心靈」、「藝術與再現」、「邏輯與語言」、「意義與模態」，這也可以被視為古德曼的哲學研究的四個重要方向。[5]如果更具體地說，古德曼成熟時期哲學貢獻的「亮點」主要集聚在三個方面，這也恰恰是同行者與後來者所集中關注的地方：第一個是關於「新的歸納之謎」（new riddle of induction）的解答，[6]第二個就是「符號理論」（Theory of Symbols）及其應用問題，[7]第三個則是「藝術哲學」的獨特思想。[8]從關係上來看，第一個方面是相對獨立的，但第二個與第三個方面則聯繫得非常緊密。特別是對於古德曼美學而言，「符號系統理論」構成其堅實的基礎，反過來說，其對於藝術的哲學考量也豐富與推展了其符號學思想。

從哲學的角度看，《事實、虛構和預測》是最被廣泛關注的分析哲學著作。其實，從《表象的結構》開始，古德曼就維護了一種極端的唯名論（nominalism），在《問題與投射》當中這種基本取向亦得到了某種說明。所謂「新的歸納之謎」就是古德曼最具有標誌性的邏輯思想，它又被稱為「古德曼悖論」（Goodman's paradox），但「綠藍悖論」（grue paradox）的說法則更能體現其思想的內容。[9]這是由於，「grue」這個被

---

[1]　Nelson Goodman, *A Study of Qualities*, Ph.D. diss., Harvard University, 1941. Nelson Goodman, *A Study of Qualities*, New York：Garland publishing, Inc. 1990.

[2]　Nelson Goodman, *The Structure of Appearance*, Cambridge, MA: Harvard University Press, 1951.

[3]　Nelson Goodman, *Fact, Fiction, and Forecast*, University of London: Athlone Press, 1954.

[4]　Nelson Goodman, *Problems and Projects*, Indianapolis: The Bobbs-Merrill Company, 1972.

[5]　Rudner, Richard, and Israel Scheffler eds., *Logic and Art: Essays in Honor of Nelson Goodman*, Indianapolis: Bobbs-Merrill Company, 1972.

[6]　Catherine Elgin, *Philosophy of Nelson Goodman: Nelson Goodman's New Riddle of Induction*, New York and London: Garland Publishing, 1997.

[7]　Catherine Elgin, *Philosophy of Nelson Goodman: Nelson Goodman's Theory of Symbols and Its Applications*, New York and London: Garland Publishing, 1997.

[8]　Catherine Elgin, *Philosophy of Nelson Goodman: Nelson Goodman's Philosophy of Art*, New York and London: Garland Publishing, 1997.

[9]　Nelson Goodman, *Fact, Fiction, and Forecast*, Fourth Edition, Cambridge, MA: Harvard

新造的謂詞就是由「綠」（green）與「藍」（blue）縮寫而成的。傳統的歸納法從過去的綠寶石都是綠色的推導出未來的綠寶石也是綠的。但是，一旦「grue」假定x是綠藍的當且僅當在未來時間T之前觀察它是綠的而在此之後是藍的，「所有的綠寶石都是綠的」與「它們都是藍綠的」就得到了同一證據的同等的歸納支援，但是二者顯然在邏輯上相互衝突的。總之，由此提出的「新的歸納之謎」重新激起了人們圍繞著傳統的唯名論和歸納法問題的探討熱情，甚至改變了哲學家們思考歸納的基本方式，按照普特南的意見，該悖論可以去證明「歸納邏輯」並不具有「演繹邏輯」的那種形式，[10]至少這已經證明，兩種邏輯系統的傳統對比並不是可靠的。這就是古德曼在邏輯上最出色的理論創建。

　　《世界構建的諸方式》這本書，可以被視爲古德曼基本哲學觀念的一種集中嶄露，他對於「世界建構」（Worldmaking）的觀念是「多元主義」的，這就同規範的分析哲學家更多從邏輯抑或語言的視角來洞察單維世界是不同的。但古德曼自認爲這本書是屬於現代主流哲學的，他認爲自從康德用「心靈結構」（structure of mind）取代了「世界結構」、C. I. 路易士（Clarence Irving Lewis, 1883－1964）又以「概念結構」（structure of concepts）取代了「心靈結構」之後，再向下發展就需要以「符號系統」（symbol systems）的結構取而代之。[11]換言之，在康德的哥白尼式革命轉向主體之後，路易士的邏輯觀念又成爲了主宰（其實就是分析哲學佔據了主宰），而古德曼則試圖再度回到哲學符號學，並從分析哲學的角度改造符號系統理論，試圖以之取代傳統分析哲學對於世界的基本理解。古德曼對此是充滿自信的，還要指明，這種對於符號系統理論的建構的深層理論基調，其實仍是美國式的一種實用主義的，儘管其所使用的哲學方法無疑是不離於分析傳統的。

　　在此，《世界構建的諸方式》就似乎出現了兩個主旨，一個是對「世界的多重性」（multiplicity of worlds）的證明，另一個則是對於「符號的多樣性與構造功能」（formative function）的闡明。[12]但實際上，二者是相互匹配的，或者說，要證明前者（爲何存在多重的世界）就需要闡明後者（符號在建構世界當中的功能），因爲多重的世界恰恰是憑藉符號而「無」中生「有」的。當然，古德曼從分析哲學的視角出發，更多關注

University Press, 1983, pp.89-97.

[10] Hilary Putnam, "Foreword to the Fourth Edition", Nelson Goodman, *Fact, Fiction, and Forecast*, p.ix.

[11] Nelson Goodman, *Ways of Worldmaking*, Indianapolis: Hackett Publishing Company, 1978, p.x.

[12] Nelson Goodman, *Ways of Worldmaking*, p.1.

的還是對這種構建的方式的科學描述，並試圖探索這種構建與「認知」到底是什麼關係。按照這種理解，科學的、哲學的、藝術的、知覺的和日常生活話語都構成了「世界構建」多種的方式。而需要補充指明，自從維也納學派創派之後，藝術難以被視為是具有建構世界的本體作用之物，而到了古德曼那裡，卻特別將藝術的構建世界之途彰顯了出來。無論怎麼說，這個多重的世界究竟是如何被「建造」、「檢驗」和「認知」的，[13]此乃《世界構建的諸方式》的核心議題。

古德曼毫不諱言自己以分析哲學為基礎對於符號學方法的援引：「我的研究方法，毋寧說是通過對於諸多符號和符號體系的類型和功能的一種分析研究來實現的。在如下兩種情況之下，我便不能期待取得單一的結果：作為諸多世界的綜合總體與諸多世界的自身一樣，都是以各種方式被建造起來的。」[14]這意味著，古德曼將分析哲學與符號學的方法融會起來，正是由於這種研究方法的二元性和開放性，在一定意義上就已經決定了：

> 首先，世界本身就是多重的，無論其綜合在一起還是分而觀之，都是如此。
>
> 其次，世界是被建構的，而且通過符號來構造並與符號相匹配的，甚至可以說世界本身就是符號的。
>
> 再次，由古德曼分析方法的唯科學原則所決定，多重的世界就具有多重的真理，在哲學、藝術和科學當中都可以去接受不同的真理觀。

事實證明，這種對於世界的多重性的論證本身，就具有某種「審美主義」的色彩，這顯得與其他的規範分析哲學家們格格不入。而且，在究竟如何看待世界建構當中藝術或者美學的作用的問題上，其他分析哲學家和美學家也與古德曼進行了不同方面的論爭。[15]

古德曼的分析美學恰恰以這種「符號系統理論」作為基石，儘管他是從恩斯特·凱西爾（Ernst Cassirer, 1874－1945）的「符號形式哲學」（Philosophie der Symbolischen Formen）出發，走出的一種理路——運用分析哲學方法的理路。「古德曼的認知的、符號理論的方法，對於美學的影

---

[13] Nelson Goodman, *Ways of Worldmaking*, p.7.

[14] Nelson Goodman, *Ways of Worldmaking*, p.5.

[15] Aesthetics and Worldmaking: An Exchange with Nelson Goodman, in *Journal of Aesthetics and Art Criticism*, Vol. 39 (1981).

響而言，是使得舊有的問題被至於新的視野當中。」[16]另一條理路則是蘇珊・朗格（Susanne K. Langer, 1895－1985）從非分析的角度出發的理論，她認定「藝術是人類情感符號形式（forms symbolic of human feeling）的創造」，但是，她卻是明顯地反對分析哲學及其方法的。因為，語言的「推論」（discursive）符號與藝術的開放「呈現」（presentational）符號，在朗格那裡被做出了明確劃分，進而她認定前者不能直接折射經驗的主體方面，而後者則能：「藝術符號展現的意味不能由話語來釋義」。[17]但無論古德曼與朗格的思路究竟是如何不同（前者無疑是主流而後者在哲學界越來越被邊緣化），這都展現出「符號系統理論」的對於美學的啟示作用。

二、從《藝術的語言》到《概念重構》

作為一位心繫藝術並深諳藝術的分析哲學家，在古德曼的生平當中，有三件與美學直接相關的事情，必須被列舉出來：

其一，與大多數深藏書齋而不關心藝術的哲學家不同，古德曼還是一位古代藝術與現代藝術兼管的文化商人和收藏家，在藝術實踐上是一位資深的內行人士。在哈佛的福格博物館、在麻塞諸塞中部伍斯特的伍斯特博物館、在威斯康辛州東南部密爾沃基的哈格蒂博物館，都曾得到了他的慷慨捐助。從1928年到1941年，他一直擔任波士頓的「沃爾克－古德曼藝術館」的主管。這些直接參與的藝術活動，使得古德曼成為了藝術的行家裡手，也對他的美學研究起到了內在支撐作用。例如，如果沒有對於藝術商業的活動的如此深入的參與，古德曼可能不會對「贗品」的美學問題如此關注。當然，他是從更多是從邏輯哲學的角度來探討藝術的，這就同一般的美學家和藝術理論家都拉開了距離，難怪他的美學專著更像是寫給分析哲學家的而不是寫給藝術家的。

其二，與大多數隻重理論而不關心實踐的理論家不同，古德曼是非常關注實踐的，他特別關心藝術教育的實踐問題。早在布蘭迪斯大學的時候，他就作了一個名為《和藝術一起作些什麼》（Having something to do with arts）的項目，1967年他成為哈佛大學教育研究所的「零點計畫」（Project Zero）的創辦人，在美學、教育學和心理學的交融地帶進行了探索。古德曼領導這個計畫一直到1971年，該計畫不僅致力於教育和藝術的

---

[16]　Catherine Elgin, *Philosophy of Nelson Goodman: Nelson Goodman's Theory of Symbols and Its Applications,*, p.ix.

[17]　Susanne K. Langer, *Problems of Art: Ten Philosophical Lectures,* New York: Charles Scribner's sons, 1957, p.68.

總的研究，而且還分設了電影、舞蹈、音樂、戲劇、詩歌的分議題。在這個後來全球知名的「零點計畫」當中，古德曼對於人類成長過程裡面的「智慧發展」進行了初步的探索，從而突破了只囿於人類的語言和邏輯符號的傳統研究方式。正如古德曼自己所言，既然我們對此還一無所知，就不如就叫「零點計畫」算了。在零點計畫當中，古德曼不僅培養了諸如霍華德‧加登納（Howard Gardner）這樣的藝術教育學家，而且也做出了初步的貢獻（如《零點計畫的總結報告》等等）。[18]

其三，特別要指出的是，古德曼也親自參與藝術創作，他醉心於對現代舞的導演，曾經導演出《曲棍球所見》（1972年）、《兔子，跑吧》（1973年）和《變奏》（1985年），並在繪畫和音樂方面也創造出不少「古德曼式」的作品。有幸的是，我在土耳其舉辦的第17屆國際美學大會上看到了《曲棍球所見》的部分影像。

古德曼關於美學方面的重要著述，思想最集中的就是《藝術的語言》（Languages of Art），該書的副標題是《一種通向符號理論的方法》（An Approach to a Theory of Symbols），可見古德曼美學思想的方法論和哲學基礎。這本書最初出版於1968年，第二版出版於1976年，中譯本出現在1990年。[19]由於該書英文初版的書皮是紅色的，所以也被某些美國學者被戲稱為「紅寶書」。這本書的獨特貢獻，就在於從分析哲學的視角重新闡發了「藝術符號論」，難怪古德曼本人也承認：《藝術的語言》裡面的「語言」可用「符號體系」（symbol systems）來替代。

在《構建世界的諸方式》裡面，有許多部分也是關於美學的，特別是收錄了《何時為藝術？》（When is Art?）這篇文章作為第四章，表達了古德曼界定藝術的新的思路。第二章《風格的地位》（The Status of Style）關注於「風格」的哲學解讀，也是非常重要的。此外，第三章《關於引語的諸問題》（Some Questions Concerning Quotation）也關係到文學、繪畫和音樂的引用及其差異的問題，第五章對應「知覺」的研究亦關係到了視覺美學當中的「看」的問題。

---

[18] Nelson Goodman, David Perkins, and Howard Gardner, *Basic Abilities Required for Understanding and Creation in the Arts: Final Report*, Cambridge, Mass.: Harvard University, 1972. Graduate School of Education: Project No. 9-0283.

[19] Nelson Goodman, *Languages of Art: An Approach to a Theory of Symbols*, Indianapolis: The Bobbs-Merrill Company, 1968. Nelson Goodman, *Languages of Art: An Approach to a Theory of Symbols*, 2nd edition, Indianapolis: Hackett Publishing Company, 1976. 納爾遜‧古德曼（原譯為尼爾森‧古德曼）：《藝術語言》，褚朔維譯，北京：光明日報出版社1990年版。本書翻譯使用的是1968年版。

　　《關於心靈與其他諸問題》這本1984年出版的文集，[20]是古德曼總結此前十餘年思考的結晶，可以被看作是其思想的簡明讀本。在這部文集當中，古德曼一如既往地反對科學與藝術的割裂，既關注於理論當中的藝術問題（如第四章《理論中的藝術》），也對現實當中的藝術問題感興趣（如第五章《行動中的藝術》），其所涉獵的問題是廣泛的，包括文學與繪畫當中本義與隱喻的「指稱」這類的哲學問題，也包括諸如藝術品「同一性」、「風格」中的存在、「現實主義」的類型這樣的美學基本理論問題，還有「藝術教育」、博物館是否終結的問題也在其中。需要指明，在《關於心靈與其他諸問題》裡面除了分析哲學的視角之外，古德曼特別吸納了「認知心理學」（cognitive psychology）的相關研究成就，這也是該書非常「打眼」的地方。

　　最後一本與美學相關的著作是1988年出版的《哲學與其他藝術和科學中的概念重構》（*Reconceptions in Philosophy and Other Arts and Sciences*, 1988），簡稱為《概念重構》。[21]這本書並不是古德曼獨著的，而是與凱薩林・艾爾金（Catherine Z. Elgin, 1948 - ）合著的，但卻更傾向於古德曼的思想，艾爾金畢竟更多是古德曼理論的服膺者和闡釋者（第二、四、五、六、八章為古德曼所撰，第三、十章為二人合撰，第一、七章為艾爾金所撰）。有趣的是，關於美學的部分大部分都是古德曼所撰的。從美學原理上說，兩人合寫的第三章《解釋與同一性：作品能夠拯救世界嗎？》是最具有理論色彩的，對於世界、文本、作品、作者、解釋的關係進行了更為深入地把握。第八章也是關注「再現」理論基本問題的，它推展了《藝術的語言》裡面的相關思想，並對其中包含的許多問題進行了回應。第二章關注建築呈現意義的不同方式還有「建築判斷」的問題，第四章聚焦於「變調」問題（不僅包括音樂還涉及視覺藝術），這些都是更為精細的研究。此外，第五章《見之未見》（Sights Unseen）對於美學也有啟示作用。這本重要的著作所表露的思想還需要進一步加以挖掘。

　　總之，從《藝術的語言》、《構建世界的諸方式》、《關於心靈與其他諸問題》到《概念重構》，古德曼的美學思想是持續發展著的。儘管《藝術的語言》在其美學思想當中無疑據中心地位，但是其他基本著作所表露的美學思想也是非常重要的，它們從各個方面發展和完善了早期古德曼的美學理念，從《構建世界的諸方式》開始，古德曼晚期的美學思想得

[20]　Nelson Goodman, *Of Mind and Other Matters*, Cambridge, Massachusetts and London: Harvard University Press, 1984.

[21]　Nelson Goodman and Catherine Z. Elgin, *Reconceptions in Philosophy and Other Arts and Sciences*, London: Routledge, 1988.

以伸展了開來。

三、完整圖景：審美徵兆與非審美徵兆

從「符號系統」理論到「分析美學」的問題上來（對古德曼而言這就是如何從哲學深入到美學的問題），如何「進入」到古德曼的主要思路當中去呢？我們特別選擇從1984年的《關於心靈與其他諸問題》裡面「通過觀看而知道」（Knowing through seeing）的專論開始談起，以此作為進入到《藝術的語言》的先導通道。

首先，古德曼承認標語與圖像之間的差異，亦即「語言與圖像符號」（linguistic and pictorial symbol）具有重要的區分。他認為《藝術的語言》的重要部分，就是致力於語言的、圖像的與其他符號體系之間的關係考證的。「我們必須『閱讀』（read）圖像——也就是說解釋圖像而非記錄（register）圖像」。[22]儘管古德曼完全同意並不存在「圖像的詞彙表」（vocabulary of picturing），但是，卻始終從符號的角度來闡釋圖像。

在這裡，古德曼舉出了兩個對比的圖像例證。如下圖所示，圖式1是兩個不透明的長方體盒子，（a）是按照標準的透視所繪，符合「近大而遠小」的原則，（b）則剛好是按照「反轉的透視」（reverse perspective）所繪，恰恰是「近小而遠大」。圖式2則是從底部所「見」的圖式1的（a）與（b）。圖式2（a）只能呈現為一個正方形。圖式2（b）的繪製則由於是透明的，那麼，就可能產生兩種結果，如果將外部的正方形作為離我們近的底部，那麼則是「標準的透視」；反之，如果將內部的正方形作為離我們近的底部，那就形成了「反轉的透視」。

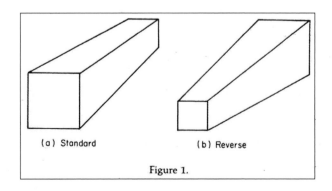

Figure 1.

---

22 Nelson Goodman, *Of Mind and Other Matters*, p.10.

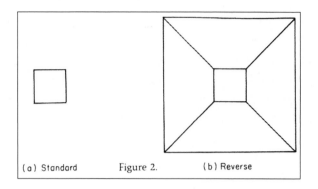

(a) Standard　　　　Figure 2.　　　　(b) Reverse

　　通過這個例證，古德曼是爲了說明，諸如英國著名實驗心理學家吉布森（James J. Gibson, 1904－1979）「資訊只是由視覺安排」之類的觀念並不正確。事實上，各種來自視覺安排或者其他方面的資訊，通常並不具有「恒常的功能」，而是要遭遇不同的變化的過程，最終的結論是：「一個符號是以各種不同的方式來獲取資訊的，正如它擁有一個解釋的語境和系統（contexts and systems of interpretation）一樣。」[23]這個結論，恰恰可以作爲分析古德曼分析美學的起點。

　　那麼，古德曼究竟是如何把藝術看作「語言」並如何規定「藝術的語言」的呢？按照古德曼的理解，一切藝術都無非是一種符號而已，各種各樣的藝術形式也都「分有」自己的符號標誌。「藝術符號」系統的共同特徵主要在於審美，而「審美與非審美」之別就在於如下的對立項當中：

符號系統 特徵	正值：審美徵兆 （aesthetic symptom）	負值：非審美徵兆 （nonaesthetic symptom）
第一對 特徵	句法的密度 （syntactic density）	句法的結合性 （syntactic articulateness）
第二對 特徵	語義的密度 （semantic density）	語義的結合性 （semantic articulateness）
第三對 特徵	句法的飽滿度 （syntactic repleteness）	句法的稀薄度 （syntactic attenuation）
第四對 特徵	例示 （exemplification）	指稱 （denotation）
第五對 特徵	多元複雜指稱 （multiple and complex reference）	多元複雜指稱的對立面

在這裡，古德曼的規定是從一種「區分性」的角度做出的。具體來解釋，在他看來，無論是審美活動還是科學活動都是由「符號處理」構成的，由創新、應用、解釋、轉換、操縱、符號和符號系統所組成。

其中，關鍵就在於「區分」，首要的就是將一般語言與非語言符號系統區分開來，然後再將「審美徵兆」與「非審美的徵兆」區分開來。我們可以將這兩種徵兆看作是符號系統的「正值」與「負值」。

在符號系統內（包括藝術體系），「句法的密度」並不取決於符號的「內部結構」，而是取決於「符號的數量」及其在整個體系裡次序排列的性質。這第一種特徵，就是「非語言系統」（nonlinguistic systems）的特徵，[24]這樣，古德曼就將語言與符號的「描寫系統」和「表達系統」區分了開來。更形象的說，這就將畫圖同寫數字、書寫文字相互得以區分。的確，作為視覺美學對象的繪畫不等同於文字書寫，但需要指出，中國的漢字書法藝術（還有阿拉伯文書法藝術）可能是個最重要的反例。古德曼的美學考量完全是在西方語境內得以實施的，而絲毫未考慮到非西方的藝術實情，必須注意到其分析美學的文化語境。

「語義的密度」則取決於「參照種類的數目」及其在一個給定符號系統下次序排列的性質。按照這第二種特徵，就可以將「一般語言」和「符號系統」（例如音樂符號）區分了開來。這種特徵相當重要，因為「語義密度」特徵就是藝術中「再現、描述和表現」（representation, description, expression）的特徵。[25]無論是「句法的密度」還是「語義的密度」，其所言說的，基本上皆為對象結構同該對象所起的符號作用的關聯問題。

「句法的飽滿度」取決於一系列構成系統性質特徵的綜合性。按照這第三種特徵，圖像和圖式圖表區分了開來。在語義性的密度系統裡面，這種相對的「句法飽滿度」愈高，它就越同圖表區分得愈多，與圖式區分得愈少。在藝術裡面，當符號在許多方面都承載了意義，那麼，它就趨向於句法的飽和。比較而言，股市行情圖表，其唯一的價值就在於那根漲落的曲線上面，這就是句法的稀薄。

按照第四種特徵，「例示系統」（exemplificational systems）與「指稱系統」（denotational systems）區分了開來。[26]「例示」這種參考方式，不是從標籤到標籤式的指明事物的過程，而是從樣品到指明樣品標籤的過程，從而「表現」就同描繪和描寫的特徵區分了開來。

總而言之，在《藝術的語言》當中，古德曼試圖以一種簡潔的公式

---

[24] Nelson Goodman, *Languages of Art*, p.252.

[25] Nelson Goodman, *Languages of Art*, p.252.

[26] Nelson Goodman, *Languages of Art*, p.253.

來劃分「審美與非審美」，其所使用的方法當然是去深描「符號過程」
（symbol processes）的諸特徵，不過《藝術的語言》時期的古德曼提出的
只是前四個特徵。而且，按照他當時的考慮，這種對於「審美徵兆」與
「非審美徵兆」的描述是非常客觀的，基本上並不相關於「審美價值」的
考量。[27]

　　如果說，在《藝術的語言》當中，古德曼只是「發現」了前四項的
「審美徵兆」與「非審美徵兆」的話，那麼，到了後來的古德曼那裡，又
增加上了第五種──「多元複雜指稱」，這是古德曼受到另外兩位教授的
啟發而增加的。符號除了可能具有前面諸審美徵兆之外，還可能意指一個
符號所行使多種指代功能。這全部的五個方面，古德曼在《構建世界的諸
方式》得到了這樣的全面總結：

> 審美存在五種徵兆：（1）句法的密度，在此某些方面最微妙的差
> 異，構成了不同符號之間的差異──譬如一支無刻度的水銀溫度計
> 與一支電子讀數器的差異；（2）語義的密度，在此符號被提供給
> 由於某些最精妙的差異所辨別的事物上──不僅那支刻度的水銀溫
> 度計還有日常英語都可以作為例子，儘管日常英語並不具有句法上
> 的密集；（3）相對飽滿度（relative repleteness），在此某一符號的
> 許多方面相對而言都是有意義的──譬如北齋的工筆山水畫的形、
> 線、筆觸等的每個特徵都是有意義的。相對照的是證券交易所日交
> 易量曲線，其意義就在於基價上的線的高度；（4）例示，在此無
> 論是符號還是所指謂的，都通過其作為本義或隱喻地具有屬性的樣
> 本而符號化的；最後（5）多元複雜指稱，在此某一符號要執行相
> 互整合和互動的指稱功能，某些是直接的而某些是以其他符號為仲
> 介的。[28]

　　這裡的所呈現的差異（這可以看作是早期與晚期古德曼美學思想的內
在差異），就在於：其一是更強調了「句法的飽滿度」的相對性質，因此
以「相對的飽滿度」取替了前者；其二是明顯增加了「多元複雜指稱」的
方面。

　　但是，需要補充說明的是，古德曼始終是以一種探索的精神來看待其
「審美─非審美徵兆」的完整圖景的，他始終認為這種大膽的假設是並不

[27]　Nelson Goodman, *Languages of Art*, p.255.
[28]　Nelson Goodman, *Ways of Worldmaking*, pp.67-68.

成熟的，它既不是為審美下定義，也不是對審美的全面的描述，因為「徵候」只能顯露出某種線索，就像中醫用「望」、「聞」、「問」、「切」去診斷出的病症一樣，但是這種診斷往往不如西醫那般在微觀的環節如此準確。

那麼，究竟如何看待「審美—非審美徵兆」對於某物是為審美抑或非審美的功能呢？古德曼始終抱著一種矛盾的態度。他一方面認為，這些徵兆當中的某一項或者某些項如果出現的話，並不能使某物具有審美的品質，就像有病症但實際上沒病一樣。反過來說，如果全部消失的話，亦不能必定認定某物是非審美的，就像有病但沒有表現出病症一樣。[29]從程度上來說也是如此，在多大程度上具有這些徵兆，也不能作為衡量某物審美與非審美程度的標準。但另一方面，古德曼卻相信這種「徵兆群」就是同審美與非審美具有必然關聯的，如果不從這種關聯來加以勘測，還能別有他途嗎？古德曼的答案顯然是否定的。這顯然體現出古德曼對於其理論的科學態度，但遺憾的是，這種徵兆論的提出恰恰是一種按照「唯科學主義」範式而提出的，無論提出者本人多麼「小心求證」，也無法改變其宿命般的科學性質。

四、內在差異：草圖、手跡與樂譜

再來總結一下，審美的前四個基本徵兆就是「句法的密度」、「語義的密度」、「句法的飽滿度」和「例示」，後來被補充上的是「多元複雜指稱」。如果更具體地來解讀，這些基本徵兆的區分功能都是不同的，這就涉及到《藝術的語言》第五章的內容，涉及到「樂譜」（score）、「草圖」（sketch）和「手跡」（script）的基本區分。

這種區分，主要涉及到前兩種「審美—非審美徵兆」。首先，「句法的密度」將「草圖」區分開來，使之不同於「樂譜」和「手跡」；其次，「語義的密度」則將「樂譜」區分開來，使之不同於「草圖」與「手跡」。

這樣，古德曼就區分出不同的物的層級——從「草圖」、「手跡」到「樂譜」分屬不同的符號等級。在這三者當中，「草圖」與「樂譜」所離的距離無疑是最遠的。「簡言之，草圖——作為一張草圖——不同於樂譜的，並不在於在不同類型的語言當中作為一個字符而發揮功能，而只在於其根本就不是語言當中的一個發揮功能的字符。音樂樂譜之記譜語言與草

[29] Nelson Goodman, *Ways of Worldmaking*, p.68.

圖（無論草圖是否是記譜的）語言並不是平行的關係。」[30]這裡面的關鍵性的區分，就在於儘管「草圖」也被視爲是廣義的語言，但是，「草圖」卻沒有發揮語言的功能。

進一步來看，「一個手跡與一個草圖不同，手跡是是記譜圖示和語言當中的一種字符，一個手跡與一個樂譜也不同，手跡並不在記譜系統當中」。[31]換言之，「草圖」尚沒有進入到規範的語言系統，如藝術家在構思過程當中的亂寫亂畫都是這樣，這屬於存在的一端；而「樂譜」則由於進入到規範的記譜系統當中而屬於另一端，如印刷出來的各種可以去直接演奏的五線樂譜就是如此。但「手跡」卻介於「草圖」與「樂譜」之間，或者說，他只滿足了句法上的要求，卻無法滿足語義上的要求。由此出發，以音樂作爲基本的「範本」，古德曼對於繪畫、文學、舞蹈和建築都進行了相關的細緻描述，在此恕不贅言。

但無論怎樣，這些「審美徵兆—非審美徵兆」的諸對立項都非常重要，它對於藝術作品的解析具有重要的意義。但古德曼始終沒有說越符合「審美徵兆」的，就越能成爲「作爲符號」的藝術，進而對於「藝術價值」的解析恐怕還是更爲複雜的。徵兆只是徵兆，它並不等同於實現。「一種徵兆既不是必需的也不是充分條件，只能當這些諸徵兆相互都趨於聯合起來並得以呈現的，才是審美經驗」。[32]換言之，這五種審美徵兆出現得不全的話，一種或者幾種表徵了出來，也不能確定審美特質，但只要這五種都顯身了就必定是審美的，也就是說它們聯合起來才能成爲充分條件。但是，至少有一種審美徵兆出現在藝術符號上面，那麼是否某物就成爲了藝術，這還是不確定的。

顯然，古德曼的解析是相當抽象的，特別是當他把分析哲學的邏輯概念直接拿到藝術符號學裡面，更令人覺得艱深而晦澀。但是他的目的卻是非常明確的，一方面是探究廣義上的「符號化（symbolization）的認知效果」的問題，另一方面仍是要進而確定狹義的「審美的優值」（aesthetic merit）的優勢所在（參見本章第八節）。

當然，古德曼儘管在分析美學和符號美學方面是一往無前地拓展的，但是，在許多方面還是沿襲了傳統美學觀念，比如仍將藝術與審美聯繫起來就是如此。按照他的闡釋，審美並不僅僅是「心靈」的活動，還是與「身體」緊密相關的，相應的，「審美的優值是在任何符號運作過程裡面的，它通過個別屬性的群落，成爲了審美的品質。……通過藝術我們所知

[30] Nelson Goodman, *Languages of Art*, pp.193-194.

[31] Nelson Goodman, *Languages of Art*, p.199.

[32] Nelson Goodman, *Languages of Art*, p.252.

的，在我們的骨頭、神經和肌體內產生感覺，並被我們的心靈所把握；有機體的所有感覺和反應都參與到符號的發明和解釋裡面去了。」[33]可見，關鍵還在於「符號」維度的嵌入，這使分析美學獲得了巨大闡釋空間。

其實，古德曼是關注到了現代藝術的走向的，關注到了這種藝術取向當中對「美」的拒斥。進而，他認為某人對繪畫的基本看法，如果從日常用語解析來看，首先就是「好看」，更高一個層級它將被「美」所取代，但是也應看到，最優秀的繪畫往往並不「好看」，甚至許多都是醜陋的。他試圖證明，「美」並不是審美價值優勢的尺度，甚至「美」這個詞「只是一個模稜兩可並引起誤導的詞語」。[34]這些都是在「審美—非審美徵候」理論提出之後，古德曼對於當代美學問題的延伸性的反思。

五、從「再現」、「表現」到「例示」

回到藝術問題，古德曼完全服膺符號學的基本觀點，他認定藝術必是符號的。這是由於，「無論何人沒有藉符號去探求藝術，那將毫無發現——如果藝術品的符號化（symbolize）的一切途徑都被考慮在內的話。藝術沒有再現、表現抑或例示——可以；藝術三者都沒有——不可以」。[35]這就引出了再現、表現與例示的問題，這是分析美學的焦點，至今仍為分析美學家們所津津樂道。

先說再現問題。在古德曼看來，一幅畫是否是一種再現的問題，其實並不重要（這與沃爾海姆的美學理論的理解恰恰不同）。這個問題或許只來自於藝術家、批評家及其追隨者的爭論。但是，「再現的本質」（nature of representation）對於分析哲學去研究符號在藝術「內」「外」的功能卻是必要的，儘管在某些藝術如繪畫當中再現更為常見，而在另一些藝術當中如音樂當中則不是這樣。[36]但更麻煩的事情還在於語言問題，作為表達意義模式的「圖像再現」，一方面區別於口頭描述的表現，另一方面又是指面部表現，但這種「混用」對於符號理論來說是致命的。這就是說，在評畫的時候，我們既說這幅畫表現了藝術家的情感，又說該畫表現了畫中人的表情，這種混淆又如何區分呢？質而言之，藝術與語言的關聯問題，才是古德曼的分析美學的基點，對再現問題的探究也不例外。

對於「再現」的最樸素的觀點，就是認為——「如果且僅僅如果A被

---

[33] Nelson Goodman, *Languages of Art*, p.259.

[34] Nelson Goodman, *Languages of Art*, p.255.

[35] Nelson Goodman, *Ways of Worldmaking*, p.66.

[36] Nelson Goodman, *Languages of Art*, p.3.

鑑定為與B相似的話，那麼A就再現了B」，或者說，「A再現了B的程度取決於A對B的相似度」。[37]這便意味著，「相似」（resemblance）成為了再現的基礎，這種相似就暗中規定了一種「對稱性」：A與B的相似，就像B與A相似一樣。如果將這裡的「相似」替換為「再現」的話，那麼可以說，A與B的再現是相互的，「A再現B」與「B再現A」並無質的區分。但是，對於圖像再現的藝術而言則出現了麻煩，比如一幅某人的肖像畫，我們只能說它再現了某某人，但沒有人會說某某人是這幅肖像畫的再現。從哲學上看，「相似」與「再現」的差異，就在於前者是「反身性」（reflexive）的，[38]而再現則不可能這樣，特別是對藝術而言，更是如此。

　　古德曼回到符號學的角度來看待「再現」，某一藝術品再現一個對象，前者就必須成為了後者的「符號」，前者就必須代表後者，前者就必須指稱後者。但這還不夠，既然「相似」不足於做到這一點，那麼，某一藝術品再現了對象，這種「指稱」如果更具體地說，應該就是──「指謂」（denotation）。因而，「指謂就是再現的核心」，[39]再現成為了「特殊的指謂類型」，[40]按照另一處的說法，「指謂是再現的必要條件」[41]，並且也是獨立於「相似」的，「相似」絕不能構成再現的「充分條件」。

　　除了「相似」，還有一種說法認定，「再現」就是「摹仿」（imitation）。顯然，「摹仿」也並不是「反身性」的，某一藝術品如是對另一物的摹仿，在這一過程當中，必定會「漏掉」某些特徵，也必定會「增加」某些特徵，但摹仿與被摹仿的決不完全相同。這種現象被古德曼比喻為一種對於對象的「轉譯」（version）或者「翻譯」（translation），但是，在這種轉化過程當中，「任何的再現都不會澈底失去了屬性，或者完全獲得了屬性」。[42]道理非常簡單，一幅畫絕對不會完全再現出對象，就像「畫龍點睛」並不會真地把真龍創造出來一樣。我們只能說，某對象被再現為一個人（如肖像畫），一片風景（如風景畫），抑或一個事件（如歷史畫）。既然如此，正由於這種「轉化」現象的存在，古德曼經過詳細論證後說：無論對於繪畫還是雕塑來說，正因為如上所述的原因，「摹仿」都不能成為「現實主義」的度量標準，這是具有結論性的論點。[43]

---

[37] Nelson Goodman, *Languages of Art*, p.3.

[38] Nelson Goodman, *Languages of Art*, p.4.

[39] Nelson Goodman, *Languages of Art*, p.5.

[40] Nelson Goodman, *Languages of Art*, p.5.

[41] Nelson Goodman, *Languages of Art*, p.25.

[42] Nelson Goodman, *Languages of Art*, p.9.

[43] Nelson Goodman, *Languages of Art*, p.20.

這就涉及到另一個概念——「再現為」（representation-as）。在日常語用當中，「再現」與「再現為」的基本區別往往不被注意，其實二者是並不相同的。古德曼引出了這個概念在某種意義上是為了說明「指謂」的薄弱之處，這是由於，假如被再現的東西是「虛構的」該怎麼辦？「畫虎」與「畫龍」就完全不同，前者是有所指謂的（因為虎是現實存在），而後者則沒有（因為傳說中的龍不是實存的）。如此一來，古德曼做出了這樣劃分：

> 一幅畫再現了某個人就是指謂這個人；一幅畫再現了某個虛構的人就是人的圖像（man-picture）；一幅畫將某個人再現為人，就是人的圖像在指謂這個人。因而，第一種情況只涉及這幅畫指謂了什麼，第二種情況只涉及它是何種的圖畫，而第三種情況則涉及到了指謂與類分（classification）這兩者。[44]

總而言之，第三種情況才是「再現為」的情況，前兩種則是「再現」的情況。不過在「再現」當中，前者再現「實有」的東西而後者再現「虛擬」的東西，所以，前者指向了所再現的實物，而後者則「空其所指」而只能與圖畫本身相關（所謂「類分」就是指可以歸屬於哪類圖畫），但是「再現為」則包含了前兩種可能：它既是指謂某某，又被說成是某某的圖像。[45]第三種情況所言說的是這樣例子，比如說，一幅畫再現了某一匹馬，它可能是說將這匹馬「再現為」黑色的，亦即黑色事物的圖像指謂了這匹馬，也可能說是畫面上黑色的東西被「再現為」一匹馬，亦即馬的圖像指謂了黑色的事物，而這兩方面又是兼而有之的。

在重思「再現」之後，古德曼緊接著就對「表現」問題進行了反思。古德曼這種反思的起點，還是日常用語當中對於「表現」一詞的含混誤用，這種誤用就像「再現」一樣是有問題的。無論在中文還是英文當中，都存在著這種語言的迷霧，我們既說在某一「陳述」當中「表現」了某種意見、描述或者觀點，也說在某一繪畫當中「表現」了情感、觀念或者個性。但是，這兩者畢竟是不同的。再如，某個人「表現」了悲傷，那麼，這究竟是在說他「表現」了悲傷之感，還是說他「表現」了他「具有」這種感受呢？更重要的問題在於，這個人「表現」的感受，可能既不是他所「具有」的或者聲稱所「具有」的，也沒有表現出他所「具有」的或聲稱所「具有」的感受。[46]這還是需要勘定語言的意義，這還得要使用早期分

---

[44] Nelson Goodman, *Languages of Art*, pp.27-28.

[45] Nelson Goodman, *Languages of Art*, p.29.

[46] Nelson Goodman, *Languages of Art*, p.45.

析哲學的基本方法。

在這裡，古德曼先給予了「再現」與「表現」的嘗試性的區分特徵：「再現的是對象或者事件，而表現的是感受或者其他屬性」。[47]但是，這種區分似乎就是在說，「再現」與「表現」之別就在於所關涉的對象不同。進一步說，「所再現的東西」與「所表現的東西」都好似是「指謂」，二者的差別，就在於前者所指謂的是「特指」，而後者所指謂的是「屬性」。但是，這種區分是非常不嚴格的，古德曼使用了一種語言遊戲式的說法——「表現毋寧說是憑藉暗示（intimation）而非摹仿（imitation）。」[48]這樣，理解「表現」就不能經由反思「再現」之途，而是要另闢蹊徑。

由此，古德曼又引入了「例示」這個概念，這既是一種新的發展，也是為了說明「表現」。按照古德曼的意見，如果說，再現被歸結為「指謂」而表現被視為「擁有」（possession）的話，二者的差異與其說在於「範圍」的不同還不如說在於「方向」（direction）上的不同。當然，表現也並不完全是「擁有」，除非這種「擁有」的關係是隱喻性的。[49]這道理就像指謂就是有所指（refer），但是不能指向所有的一切那樣。由此出發，古德曼所認定的表現就是這樣的：

> 表現，就像再現，就是一種符號化的模式；一幅圖畫一定意指符號化，指向了其所表現的。……某一個對象，如果被一個謂詞本義地或隱喻地所指謂，便可以指向這個謂詞或者相應的屬性，這可以被認為是對於謂詞或屬性的例示。並不是所有的例示都是表現，但是所有的表現都是例示。[50]

「表現」就是一種「例證」，反之則不然，這是古德曼得出的哲學結論。

為什麼這樣說呢？因為，按照古德曼的界定，「例示就是擁有加指稱。沒有符號化的具備（to have）僅僅是擁有，而沒有具備（having）的符號化則是以某種方式指向了例示之外的。」[51]如此說來，「表現」所包孕的關係就既以「擁有」作為基礎，又在此基礎上有所「指稱」。更簡明

---

[47]　Nelson Goodman, *Languages of Art*, p.46.

[48]　Nelson Goodman, *Languages of Art*, p.46.

[49]　Nelson Goodman, *Languages of Art*, p.52.

[50]　Nelson Goodman, *Languages of Art*, p.52.

[51]　Nelson Goodman, *Languages of Art*, p.53.

地說，構成表現的基礎性的東西就是要擁有某些屬性，但是，更特殊的規定則在於表現要有所指稱。但最重要還是「符號化」的功能，在這種意義上，這種「去例示」與「去表現」並不能被視為「去描繪」（depict）抑或「去描述」（describe），而更是一種「展示」（display）。[52]

綜上所述，從符號分析哲學的視角，「再現與描述」和「表現與例示」就這樣被古德曼區分開來，前者就是符號與所匹配之物相應，後者將要將符號與所指謂的「標記」（label）相聯，因此也就間接地同「標記的序列」相關了。[53]

古德曼較之一般的分析美學家甚至走得更遠，他繼續從「隱喻」（metaphor）的維度繼續闡發他的「表現論」：「表現相關於隱喻性地指謂之的一個標誌，因此，表現不僅僅同被隱喻化的間接相關，而且與標誌的本義序列間接相關。」[54]當然，古德曼這種從「暗示」到「隱喻」的轉換，的確走得太遠了，從而將「表現」問題轉移到了「隱喻」上面。

但無論怎樣，古德曼的意圖似乎是給出一種還算全面的「例示性的藝術定義」。按照他的基本理解，沒有符號化的藝術是不存在的，因為「再現」、「表現」或者「例示」都是符號中的一種，藝術品可能只具有其中一種，但是不可能三種都不具有，否則就不是藝術品。因此，古德曼認為，藝術就是以某種方式起符號作用的東西，在藝術史的長河裡面，藝術品不過是在不斷地凸顯其符號的不同方面，這些方面或者是「指謂性的東西」（也就是再現性的東西），或者是「例示性的東西」（也就是形式化的東西），或者是「表現性」的東西，除此之外，別無他途。

六、論「贗品」與「風格」問題

按照《藝術的語言》有兩條基本理解的線索，一條是從第一章開始的，另一條是從第三章開始的，它們匯合到全書的終結部分。[55]第一條線索的主線最初是「再現」，另一條則從「贗品」問題開始的，最終導向了古德曼的（包括「審美－非審美徵兆」在內的）「藝術與理解」的基本問題。

「贗品」問題之所以在古德曼那裡如此重要，顯然是同藝術品的「本真性」（authenticity）是直接相關的。

---

[52] Nelson Goodman, *Languages of Art*, p.93.

[53] Nelson Goodman, *Languages of Art*, p.92.

[54] Nelson Goodman, *Languages of Art*, p.92.

[55] Nelson Goodman, *Languages of Art*, p.xii.

　　既然贗品問題最終導向了「本真性的審美意義（aesthetic significance）」，[56]
那麼，這便意味著，贗品問題並不僅僅是長期困擾收藏家、博物館人士和
藝術史家們的問題這麼簡單，他們中的一些人皓首窮經地去論證這件藝術
品是真的，而那件卻是偽作，並試圖去除贗品的騙人本性。但是，贗品與
原作到底又有多少的審美差異（aesthetic difference）？這種差異對於「審
美價值」（aesthetic value）又有何影響？諸如古德曼這樣哲學家率先關注
這個問題，就是因為存在這樣的傳統觀點：無論贗品與原作是多麼相似
（但決不可能同一），前者的「審美價值」總是少於後者的，甚至二者的
差異就在於──有還是沒有「審美價值」。

　　按照通常的觀念，能鑒賞出是否是「贗品」的人，往往被看作是具有
「鑒賞力」的，在「門外漢」那裡常常出現面對真跡「有眼無珠」的現
象。古德曼也同意這種基本理解，他是從三個方面來加以闡發的。首先，
有充分論據表明，一部作品是贗品還是原作，一定是由於二者具有某種可
以「知覺」到的差別；其次，我們對於作品的甄別，可以看作是依賴於
「知覺鑒賞力」（perceptual discrimination）的訓練；再次，結果還要求對
於區分贗品與原作的當前經驗加以修正和區分。[57]這是對於贗品與原作能
夠加以區分的理論前提。

　　然而，問題在於，假如贗品與原作的差異不能被知覺到的話，那麼二
者的審美差異又有賴於何物呢？或者說，除了知覺加以區分之外，還有其
他區別的途徑可以證明嗎？當然，當代的科學技術提供了這種手段，如利
用炭14同位素測定來測定陶瓷的年代，但是用古瓷碎片熔化重做的器具，
卻難以用科學手段加以確定。古德曼則認為，如若沒有了這種「知覺差
異」（perceptual difference），那麼也就沒有了「審美差異」。[58]事實上，
更多的真品贗品的鑒賞都是依賴於「知覺差異」的，但是困境就在於：這
種知覺勘測的成功率究竟有多少？當一位鑒賞大家判斷一幅古畫為真，另
一位則判斷其為仿作的時候，究竟該相信誰？這在鑒賞界的例證是舉不勝
數的，許多器物在專家們那裡的分歧是無法最終得以驗證何者是正確的。

　　但是，古德曼卻反對傳統的觀點，他承認贗品與原作在審美上是具有
差異的，但是，這並不意味著原作一定要比贗品更好。[59]首先必須承認，
原作可能是更完美的，比如一位大畫家的原作與不知名的仿作，的確是相
差萬里的。但是，假如這位大畫家仿作了歷史上一位小畫家的話，那麼，

[56]　Nelson Goodman, *Languages of Art*, p.109.

[57]　Nelson Goodman, *Languages of Art*, p.105.

[58]　Nelson Goodman, *Languages of Art*, p.108.

[59]　Nelson Goodman, *Languages of Art*, p.109.

更可能是贗品比原作完美得多！所以說，當我們無論面對贗品還是原作的時候，作品的「審美屬性」不僅僅取決於通過審美（如觀看繪畫）而發現的東西，而且取決於我們究竟是如何審美的（如如何去看）。[60]這就似乎轉向了接受美學的問題，但是，古德曼其實更關注的是審美徵兆本身到底是如何出現的，而不是作品本身孰真孰假的問題。

作為對於藝術「本真性」研究的推論，古德曼提出了自己的藝術分類觀，他認為藝術可以分為「自來的」（autographic）與「他來的」（allographic）的兩種，前者願意就是「親筆書寫」，後者的意思則是「代為書寫」或者「書寫變體」的。

如果贗品與原作的差異是有意義的，也就是說即使最精確的複製也不能為真的藝術，那就是「自來的」。繪畫就是這樣，一幅繪畫一旦被「即地即刻」創作出來就成為了原作，此後的仿作都成為了贗品，原作是自我成就自身的。但是，音樂就不是這樣，一段音樂被寫出來之後還不算完成，還需要演奏出來的，而不同人的、不同時間的演奏的同一段音樂，卻被視為同一的。所以，「繪畫是自來的，而音樂是非自來的，抑或他來的」，「繪畫是一個階段的藝術（one-stage art）而音樂是兩個階段的藝術（two-stage art）」。[61]也就是說，畫家完成作品就成為了原作，而音樂作品被寫出來之後最終在演奏中得以實現。

但是，問題也不那麼絕對，「一個階段的藝術」也不都是自來的，反過來說，自來的藝術也不都是「一個階段的藝術」。[62]「一個階段的藝術」就類似於說是一次創造完成的，而「兩個階段的藝術」則是兩度創作完成的。但最重要的反例就是，文學也不是自來的，但卻是「一個階段的藝術」。這是由於，文學儘管是在作家寫出來的時刻而完成的，但是，文學的傳播卻需要不同的版本、不同的文字來實現。版畫由於其複製的特性，也是「兩個階段的藝術」，但是卻也是自來的。實際上，從更高的層面看，這種區分乃是兩種「符號系統」的區分，[63]在《構建世界的諸方式》當中，古德曼將前者作為「單一符號系統」（singular symbol system）而把後者看作是「多元符號系統」（multiple one）。[64]但是，藝術問題卻更加複雜，因為自來的和他來的藝術關聯，並不等同於「單一藝術」與「多元藝術」的關係。[65]

---

[60] Nelson Goodman, *Languages of Art*, pp.111-112.

[61] Nelson Goodman, *Languages of Art*, pp.113, 114.

[62] Nelson Goodman, *Languages of Art*, p.115.

[63] Nelson Goodman, *Ways of Worldmaking*, p.48.

[64] Nelson Goodman, *Ways of Worldmaking*, p.49.

[65] Nelson Goodman, *Languages of Art*, p.115.

此外，古德曼對於「風格」問題也有獨立的研究，這仍與前面提到的藝術基本觀念有關。按照傳統觀念，「風格」似乎總是同藝術家相關的，就像「風格即人」這句古語所展示的那樣。這樣，被普遍接受的觀念似乎是，風格就是藝術家在諸多選擇當中做出的「有意識的選擇」（conscious choice）。[66]而古德曼是從哲學高度來重思風格的，並把對於風格的認識，作為對於藝術品及其世界的理解的有機構成部分。

從這種角度出發，他給風格的初步定義就是——「一個風格特徵，就是所言說的、所例示的、所表現的東西的特徵。」[67]按照這種觀念，古德曼所關注的書寫、繪畫、演奏和表演之間的區別，並不都是風格上的區別，風格也是一種理解世界的方式。

由此出來，古德曼就同我們通常使用「風格」概念的內涵拉開了距離。他拒絕了傳統認定風格與主題相關的看法，而認為風格既同「所言說」的特徵又與「如何言說」的特徵相關，既同主題的特徵又與措辭的特徵相關，既同內容的特徵又同形式的特徵相關的，從而避免了從「二分法」來理解風格。[68]同時，他也不贊同將風格歸之於感覺方面，而認為「被表現」與「如何表現」都是包含和整合在風格之內的。所以，一件藝術品的風格並不就是其所擁有的屬性，而是它所擁有的被證明、被呈現和被例示的性質。最終，古德曼還是回到符號學來給出風格以最終的定義——「風格就是一件藝術品的符號功能的諸多特徵，這些作者的、時期的、地域的或者學派的特徵。」[69]這就使得古德曼的風格論被奠定在堅實的符號學的基礎之上。

七、從「何為藝術」到「何時為藝術」

古德曼對於如何界定藝術，在《何時為藝術》（When is Art?）的著名論文當中也提出了與眾不同的看法。以往的分析美學家們，總是直接去追問「什麼是藝術」，並致力於從各個角度給出解答。但是，古德曼敏銳地捕捉到這種追問的內在設定，也就是它往往與「什麼是好的藝術（good art）」混為一談。[70]這意味著，以往的美學在給藝術下定義的時候，並不是去尋求藝術之為藝術的「底限」，而更多地是追問藝術當中那些優秀的

---

[66] Nelson Goodman, *Ways of Worldmaking*, p.23.

[67] Nelson Goodman, *Ways of Worldmaking*, p.32.

[68] Nelson Goodman, *Ways of Worldmaking*, p.27.

[69] Nelson Goodman, *Ways of Worldmaking*, p.35

[70] Nelson Goodman, *Ways of Worldmaking*, p.66.

部分的性質。

然而，古德曼所身處的當代藝術語境，卻深度質疑了這種對「好的藝術」的追尋。這種由於，當審美價值非常低的日常物被拿到美術館的時候，人們已經無法用傳統的標準來界定藝術了。按照古德曼的看法，「環境藝術」（environmental art）和「觀念藝術」（conceptual art）就是這種藝術突破當中的亮點。[71]然而，日常物究竟如何與藝術品相互區分開來，區分是否是藝術的標準究竟是什麼？古德曼認定，既不能認為藝術家命名才使藝術成其為藝術，也不能認為曾經在美術館展出過的才能稱為藝術品，因為這只是「空間性」的界定。

古德曼由此澈底轉換了視角，他獨闢蹊徑地提出要從「時間性」來界定藝術，這是由於以往的界定努力並「沒有認識到某物在某些時候執行了藝術品的功能，但在另一些時候則不能」，[72]所以，古德曼認為關鍵在於實現一種轉換：

> 在關鍵的例證當中，真實的問題，並不在於「什麼（永遠）是藝術品」，而是「何時是某物是一件藝術品」——或更簡約地說，正如我的標題所示，「何時為藝術？」[73]

可見，如此界定藝術，首先解決的是在當代藝術當中，從日常物到藝術品的轉換問題，也就是諸如路邊的石頭、汽車的擋泥板為何在藝術家那裡轉變成了藝術品。但更深層而言，古德曼所反對的還有一種理論預設：只要成為了藝術品，就永遠作為藝術品而存在。但是，只要從時間的角度來看，這種預設卻被動搖了。如果承認了這種視角的轉化，那麼，從日常物到藝術品的過程也是「可逆」的，也就是說，藝術品也可以反過來轉化為日常物，關鍵就在於「時間性」的規定。

實際上，這種轉向時間的途徑，就是關注於「藝術的功能」。或者說，古德曼的關注點從「何為藝術」的理性界定——轉向了「藝術能作什麼」的——功能性的規定。[74]這種功能，在符號學的視野當中就是「符號的功能」（symbolic functioning），只有某物執行了這種功能並具有相關特徵的時候，它才執行了藝術品的功能。[75]然而，為何博物館裡面的各色礦

[71] Nelson Goodman, *Ways of Worldmaking*, p.66.

[72] Nelson Goodman, *Ways of Worldmaking*, p.66.

[73] Nelson Goodman, *Ways of Worldmaking*, pp.66-67.

[74] Nelson Goodman, *Ways of Worldmaking*, p.70.

[75] Nelson Goodman, *Ways of Worldmaking*, p.67.

石不是藝術品（礦石顯然也執行了某種符號功能），而在美術館裡的石頭卻成為了藝術品了呢？在這裡，古德曼又回到了他的「審美—非審美徵兆」的五個方面那裡，只有滿足了相關徵兆的才是可能是藝術品，可見，他仍然試圖從審美的角度來規定藝術，這無疑遵循了傳統的路數。

質言之，正如「符號化」本身也是「時有時無」一樣，在古德曼的眼中，藝術品也是有時「是」而有時則「不是」的。就像某物可能象徵不同的東西，亦可能什麼也不像徵一樣，「某一中性的或者純功利的對象可能會執行藝術的功能，某一藝術品也可能執行一種中性的或者純功利的功能」。[76]但無論怎樣，從東方哲學的比照來看，無論是以往去追問「什麼是藝術」，還是如今去追問「何時是藝術」，歸根結底就是追問「是」的問題，藝術如何「是其所是」，這顯然具有「西方中心主義」的色彩。

八、作為「真理認識」的審美與藝術

美學對於哲學究竟有什麼用？反過來問，古德曼這位哲學家為何對於審美和藝術的問題如此關注？歸根結底，就是因為古德曼將審美當作一種「認識」，將藝術與科學視為同樣「構建世界」的基本方式。這才直接關係到「審美價值」及「藝術價值」的根本性問題。

按照傳統的觀念，或者說從18世紀開始的歐洲美學，更多將審美態度視為「被動的鑒賞」（passive contemplation），而且，更為關鍵的是，隨著「審美非功利」原則的確定，審美與認識已經被割裂了開來。這在康德的「純粹理性」與「判斷力」之間的斷裂那裡，得到了充分的明證。然而，按照古德曼的理解，「審美『態度』是不停息的、探索的、檢驗著的——如其說它是態度，倒不如說是行動：創造與再創造。」[77]按照古德曼的科學主義的視角，正如我們不僅要把詩歌「讀」出來而且要把繪畫也「讀」出來，其實對於藝術的符號體系的那種「指謂」和「例示」的解析，就是一種科學化的解析。

這樣，在「構建世界」的途徑當中，藝術也充當了非常重要的角色。那種認為——科學的目的是「知識」而審美的目的是「滿足」——的傳統觀念並不足為憑，[78]審美本身就是一種認識，審美態度與科學態度並無「質」上的不同。由此看來，美學在古德曼那裡，也被當作一種重要的認識論。

---

[76] Nelson Goodman, *Ways of Worldmaking*, p.70.

[77] Nelson Goodman, *Languages of Art*, p.242.

[78] Nelson Goodman, *Languages of Art*, p.244.

　　這裡面，更深層的原因，就在於「符號化」的獲得本身就是訴諸於「認知目的」（cognitive purpose）的，[79]而且也是把握世界的最基本的方式。在古德曼看來，審美為何在其中佔有重要的位置，乃是由於認識的本性所決定的。這是因為，一方面，符號化的活動是具有「認識效果」的，而這種活動達到了優秀的程度時候往往在一系列特質上具有審美性質；另一方面，認識的活動也不僅僅是「被動」的實踐活動，而是與感性或者情緒是交織在一起的，這意味著，審美的要素也參與其中。如此看來，「審美價值的動態性和永恆性都是認知特徵的自然結果」，[80]在古德曼看來，這才是對於審美價值問題的最終解決。

　　同理可證，藝術也是具有同樣的屬性。藝術與世界是交互規定的，正如我們通過符號發現世界，同時在這種發展中又對符號重新評價和理解一樣。用古德曼的話來說，我們既「依據世界」來解釋和認識藝術品，也「依據藝術品」來解釋和認識世界。[81]我們知道，在近代以來的歐洲，美學基本上被視為一種「低級認識論」，但是這種觀念曾一度遭到了懸置，而古德曼那裡美學反倒成為了一種「高級」的認識論。

　　古德曼在符號的意義上，認為科學與藝術是具有「異曲同工」的地方的：「科學與藝術的差異，並不在於情感與事實（feeling and fact）、直覺與推論（intuition and inference）、愉悅和沉思（delight and deliberation）、綜合與分析之分（synthesis and analysis）、感覺與思考（sensation and cerebration）、具體與抽象（concreteness and abstraction）、激情與行動（passion and action）、間接與直接（mediacy and immediacy）或者真理與美（truth and beauty）之別，而是符號的具體特徵的符號在不同領域的差異。」[82]

　　按照這種基本理解，一切符號都是為了「認識功能」而存在的，甚至「審美經驗是一種認知經驗」。「總之，對審美經驗的構想是一種理解的形式（a form of understanding），這既是審美價值（aesthetic value）問題分解的結果，也是其被去掉價值的結果」。[83]如果繼續推論，那麼，藝術（包括一切訴諸於視覺的藝術）的主要目的也是認識，是能訴諸於「真理」的認識。在這個意義上，藝術家世界和科學家世界從根本上說是「等值」的，它們是直面「世界的各種版本」，都可能去揭示出「真理」的。這就是《藝術的語言》的最終結論，也是古德曼分析美學的「終點」。

---

[79] Nelson Goodman, *Languages of Art*, p.258.

[80] Nelson Goodman, *Languages of Art*, p.260.

[81] Nelson Goodman, *Languages of Art*, p.241.

[82] Nelson Goodman, *Languages of Art*, p.264.

[83] Nelson Goodman, *Languages of Art*, p.262.

九、述評：「唯科學主義」的褊狹影響

就整體而言，古德曼的美學理論就是將「分析美學」與「符號學美學」融合起來的產物，他其他分析美學家比較，他更注重對藝術品的「符號功能」的分析，與符號學美學家比較，他的這種分析主要還是「邏輯哲學」的分析。

這正是古德曼美學在方法論上最有特色的地方，但是無疑這也使之在分析美學的道路上成為了走得最極端的一位哲學家。這種結合是建基在古德曼的哲學基礎上的，這種哲學將分析方法應用於符號學當中，或者將符號學方法使用在分析哲學當中。由此，古德曼提出了用自己的幾個符號系統結構來替代「世界結構」、「心靈結構」和「概念結構」，因而，科學的、哲學的、藝術的、知覺的和日常生活話語都構成了「世界構建」的多元化的方式。

在分析哲學上，他對於邏輯結構的純形式的句法和語義分析，倒更接近於卡爾納普，所以，打個並不恰當的比喻，在分析美學領域，古德曼的位置就像是卡爾納普在分析哲學界的定位一樣。然而，必需要看到，古德曼作為一位「純認識論者」，他對於分析美學的影響是非常褊狹的。他的美學思想倒更像是「分析哲學」在藝術哲學領域所攀登的一座峰巔（有時好像是脫離了對象的智力遊戲），儘管關注藝術但過度邏輯化的思維方式卻又遠離了藝術。

其中，最為關鍵的，就是「唯科學主義」（Scientificism）在古德曼的分析美學那裡達到了極端，這既成就了古德曼的美學，又是古德曼美學的核心性的缺憾所在。當然，這種觀念是來自於分析哲學本身的，古德曼始終關注的仍是藝術與語言的相似之處，就像他關注於「圖像性再現」與「語言描述」（verbal description）之間的類似，[84]認為「描刻」（depiction）與「描述」都參與了世界的塑造和特徵化，從而相互作用並與知覺和知識互動一樣。

這種極端的思維方式，就來自於古德曼的分析哲學的基本方法論。古德曼在探索邏輯的問題的時候（如新的歸納之謎），其哲學發明在普特南看來就像一件藝術品，因而其具有了精緻、新奇與明晰的美學特質，「古德曼悖論」這類的迷題亦能達到一種藝術性的效果。[85]然而，這種對於藝

---

[84]　Nelson Goodman, *Languages of Art*, p.40.

[85]　Hilary Putnam, "Foreword to the Fourth Edition", Nelson Goodman, *Fact, Fiction, and Forecast*, p.xiii.

術性的尋求更好似對於數學公式「精妙」之處的追求，其背後的科學範式無疑是絕對主導性的，審美化的藝術效果只是科學推論和演繹的附屬品。

《藝術的語言》所提出了那種關於藝術的系統的分類學（taxonomy），所描述的是藝術和審美各個方面的功能和限度，[86]實際上都是按照這種科學模式展開的。與此同時，古德曼出色的地方，就是將一種「多元主義」引入了其符號哲學分析。他堅持認為，各種各樣的符號都對於構建和理解世界做出貢獻。但在具體解析過程中，他卻又回到舊途老路上去了。構建世界的多元化，恰恰是因為「指稱的模式」（modes of reference）是多元的，單一的符號能夠同時執行指稱功能的變體。而且，同樣的選項在不同的體系當中執行不同的功能，每個都訴諸於明確的句法和語義的結構。所以，同一個東西可以成為不同的符號，這是通過被整合進不同的系統而實現的。這就是古德曼將符號學與分析哲學結合起來的必然推論。

在這種哲學基礎上，古德曼對美學的重新勘定，實際上與他所謂的「認識論轉向」（Epistemic turn）是直接相關的：「古德曼在認識論當中為美學確定了地位，因而，這同時也是對於認識論和美學的重新認識」。[87]這意味著，古德曼希望美學的成就能夠為認識論做出某種突破，儘管他的分析美學就是以認識論為基礎的。他明確認為，藝術具有認識功能。這就是美學所解釋的所應盡的事業。藝術作品，就像科學研究一樣，是符號系統的構成要素，這種符號系統決定了句法和語義的結構。[88]與此同時，審美經驗也不僅僅是關於美與崇高的被動沉思，而是一種主動的認識（active cognitive），它致力於去解釋那些常常難以弄懂的符號。理解藝術品，也不僅是去欣賞之，從中獲得愉悅或者美感，而是正確地解釋之——「認識」到什麼樣的符號，符號是如何運作的，符號化是如何匹配於我們這個世界的。這才是古德曼分析美學所關注的中心問題。

從整體觀之，古德曼分析美學的最重要的缺陷，我個人認為，就是它構造的是一種「靜態的架構」，藝術的各種方面的屬性都被歸之為某種靜態的邏輯模式。這對於古德曼而言是最致命的，在第17屆美學大會上我也提出了這種批判，得到了許多美學家們會上會下的贊同。在這次會議上，我所舉出的最重要的反例，就是中國書法藝術的當中對於「行動」的關注，這就使得書法（或者還有西方的行動派藝術和滴彩派藝術）這類關注

---

[86] Catherine Elgin ed., *Philosophy of Nelson Goodman: Nelson Goodman's Theory of Symbols and Its Applications*, p.ix.

[87] Catherine Elgin ed., *Philosophy of Nelson Goodman: Nelson Goodman's Philosophy of Art*, p.1.

[88] Catherine Elgin ed., *Philosophy of Nelson Goodman: Nelson Goodman's Theory of Symbols and Its Applications*, p.ix.

藝術創造行動本身價值的藝術，在古德曼的美學框架當中得不到具有說服力的解釋。以《藝術的語言》為核心的古德曼的分析美學，最難以解決的問題就在這裡，這不僅是分析美學的問題，而且更是分析方法本身的問題。因為如果要進行分析，對必須面對靜態的藝術品為對象，而相對忽視了藝術的行為在塑造藝術的過程當中所起到的重要功能。

在這種褊狹的美學視角當中，許多結論都是值得商榷的。在自然與藝術的關係上，古德曼持一種「人類中心主義」的觀點，認定「藝術摹仿自然，這是沒有自信的格言。自然是藝術與話語的產物。」[89]如果世界都是可以邏輯演繹可以推演出來的，那就根本無視於世界的本來存在的屬性，這種結論就好似說世界是邏輯推演出來的。在對待現實主義問題上，古德曼也走向了一種「相對主義」。按照這種觀念，現實主義依賴於「再現模式」的「範式化」的程度。[90]寫實與否及其程度的問題，並不依賴於藝術與對象之間的距離關聯，而是依賴於「再現系統」與「表現系統」之間的關聯。[91]換言之，寫實性的再現並不有賴於摹仿抑或幻覺之類，而是有賴於反覆灌輸或者再現方式的約定俗成。如此說來，「現實主義是相對的，它決定於在某一特定時間內對於某一特定文化或者人的再現標準體系（system of representation standard），」[92]儘管這裡面仍附帶有一種多元文化決定論的意味。

而且，在許多的分析當中，古德曼最成功的策略，就是往往都將一個問題轉化為另外的問題，但是另外的問題的解決還是個「大問題」，這種理論的讓度卻使得問題更加複雜化。最明顯的例子，就是將「表現」的基本含義轉向了「隱喻」，那麼究竟何為「隱喻」還是要用概念來加以厘定的。古德曼給出的「表現」定義是：「a表現了b，那麼：（1）a擁有b或者a指謂b，（2）這種擁有和指謂都是隱喻性的；而且（3）a所指就是b。」[93]這種思路恐怕仍是一種理論的「轉移」，當古德曼只能以概念去闡釋另一個概念的時候，他恰恰跌入了邏輯解析的「怪圈」。

儘管如此，古德曼的貢獻還是有目共睹的。他從符號學的視角來規定藝術，這種基本思路仍是有前途的：「一件藝術品，無論怎樣脫離再現抑或表現，也仍然是符號，即使其符號化的並不是事物、人物抑或情感，但

[89] Nelson Goodman, *Languages of Art*, p.33.
[90] Nelson Goodman, *Languages of Art*, p.36.
[91] Nelson Goodman, *Languages of Art*, p.38.
[92] Nelson Goodman, *Languages of Art*, p.37.
[93] Nelson Goodman, *Languages of Art*, p.95.

是以特定形式呈現的形、色和質地等等。」[94]可以首先肯定,「藝術是符號的」,但究竟是哪種符號,具有何種功能,古德曼都給出了令人信服的解答。如前所述,《藝術的語言》的確提出了一種人類運用各種主要藝術符號體系的分類學,在這種分類學當中,既涵蓋可包括音樂、詩歌、舞蹈、繪畫內在的各種符號體系,又深描了這些藝術在「符號化」過程當中的功能。特別是古德曼從確定某一特定時間而非空間來實施審美功能的角度來看待藝術問題,的確是富有創見的。與古德曼的這種思路,可以進行類比的人物,恐怕只有日內瓦心理學派的創始人讓·皮亞傑(Jean Piaget, 1896-1980),但不同的是,古德曼是從哲學而非心理學的角度來勘測符號體系問題的。

毫無疑問,古德曼對於分析美學與符號學美學的貢獻都是巨大的,甚至「如果任何人仍在一幅畫看來像什麼必定是它關於什麼這樣一種錯覺下絞盡腦汁的話,那麼他們就涉及到了古德曼的《藝術的語言》,在那兒兩者之間的混淆得到明確的清理。簡單地說,一幅碰巧像亞瑟·斯卡吉爾(Arthur Scargill)的肖像畫可以並不是關於亞瑟·斯卡吉爾的,它實際上提供的資訊是關於基斯·約瑟夫(Keith Joseph)的,顯然我們會更加關心從畫中尋找與基斯·約瑟夫相像的性質,或它明顯不像他的理由,而不會抱怨它看來像亞瑟·斯卡吉爾。當然,提供正確的細節後它也可以關於亞瑟·斯卡吉爾。例如,一個諷刺性的意圖可以在一幅基斯·約瑟夫的肖像中通過與亞瑟·斯卡吉爾的明顯相似而表達更多的含義。」[95]然而,非常可惜的是,古德曼的美學由於其過於「分析化」的路數,而與真正的藝術現實脫離了幹係,這也是他難以像沃爾海姆、丹托那樣在藝術界和美學界獲得更廣泛贊同的根本原因。

但是,在美學界古德曼的美學,特別是《藝術的語言》所表述的美學思想,激發出了後來的人們從各個角度、各個層面對之探討的熱情。無論是將藝術當作語言的總的思路,還是個別的細節問題,都引發了美學界和哲學界的爭議。「該書出版不久,《英國美學雜誌》便發表了書評(第10卷,第2期,1970年),並迅速成為安東尼·薩維爾(Anthony Savile, 1971)、大衛·波爾(David Pole,1974)及霍華德(V. A. Howard,1975)所寫的一系列論文的主題。道格拉斯·斯托克(Douglas F. Stalker)同古德曼論爭了真實性(authenticity)問題(1978)。詹妮弗·魯濱遜(Jenefer Robinson)的論文《幾點關於古德曼圖像語言理論評論》(第19卷,第1

---

[94] Nelson Goodman, *Ways of Worldmaking*, p.65.
[95] 邁克爾·鮑德溫:《藝術史、藝術批評和解釋》,易英譯,《美術館》2001年總第一期。

期，1979年）激起了對圖像再現問題的更大興趣，而這些理論或多或少都受到古德曼的啟發……古德曼的本體論主題，在90年代亦的代多次討論，可參見斯苔方諾・普雷蒂利（Stefano Predelli，1995、1999）、克里斯多夫・賈納韋（Christopher Janaway，1997）和約瑟夫・馬戈利斯（1998）的論文」。[96]

在與古德曼的爭論裡面，比較重要的文章，或者說，古德曼本人都直接給予了回應的，起碼有兩位美學家的論文。他們分別是美學家比爾茲利的《〈藝術的語言〉與藝術批評》（*Languages of Art* and *Art Criticism*），美學家沃爾海姆的《在不同藝術審美關聯裡面的一件藝術品擁有同一性標準嗎？》（Are the Criteria of Identity That Hold for a Work of Art in the Different Arts Aestheticlly Relevant？）。[97]這些論爭，包括著名的與不知名的，都恰恰說明瞭古德曼的美學至今還具有強大的生命力。

儘管爭論不休，《藝術的語言》所確立的經典地位卻是無可置疑的，而且隨著時間的流逝，當年許多曾顯赫一時的美學著作現在都鮮有人問津，而《藝術的語言》則不同，它在歲月的磨礪裡面愈發顯現出金子般的光芒，成爲了20世紀美學的經典之作。這是分析美學的光芒，也是符號美學的光芒，更是兩種美學撞擊出來的光芒。

---

[96] P. 拉馬克：《〈英國美學雜誌〉四十年》，章建剛譯，《哲學譯叢》，2001年第2、3期。

[97] Catherine Elgin ed., *Philosophy of Nelson Goodman: Nelson Goodman's Philosophy of Art*, pp.43-71, 73-95.

第五章　丹托：作為「藝術敘事」的美學

　　亞瑟・丹托（Arthur C. Danto, 1924－2013）是一位具有世界級影響力的當代分析哲學家、美學家和藝術批評家，自從20世紀80年代開始，他的「藝術的終結」（the end of art）思想對國際美學界和藝術界的震動非常之大，而今仍迴響不斷。從「分析美學史」的角度看，他既是上世紀末最重要的分析美學家，無疑也是剛剛過世的最重要的分析美學家。

　　丹托1924年1月1日生於美國的密歇根州安阿伯市，在底特律長大，在入伍兩年之後，在韋恩大學（現在的韋恩州立大學）學習藝術和歷史直到1948年，後來又到哥倫比亞大學求學，於1949年和1952年於該校分別獲得碩士和博士學位。從1949到1950年，他曾以富布萊特訪問學者身分到巴黎進行研究工作，1951年回到哥倫比亞大學長期教書並於1966年成為哲學教授，從該年開始任詹森教席教授（Johnsonian Professor）直到榮休。他曾經出任美國哲學學會的主席、美國美學學會的主席、美國《哲學雜誌》編委會主席，並曾多次獲得學術嘉獎和圖書獎勵。自從1984年他成為《國家》（Nation）雜誌特約藝術評論員之後，他就開始專注於藝術批評的事業，後來他成為了歐美藝術界炙手可熱的著名藝術批評家，如此橫亙諸多領域的「全面發展的哲學家」的確並不多見。

一、從分析哲學、歷史敘事到分析美學

　　在當代仍占主流的歐美分析哲學界當中，丹托具有相當高的地位。有論者將他與奎因、唐納德・大衛森（Donald Davidson, 1917－2003）、普特南這樣嚴格的分析哲學家，以及羅蒂這樣的實用主義的哲學家一起列為「當代最傑出的哲學家」，[1]還有論者將他歸之於所謂「後分析哲學」的重要代表人物，認為他與庫恩、羅爾斯（John Rawls, 1921－2002）等一道對「後分析哲學」的當代發展做出了重要的貢獻。[2]在美學的歷史上，丹托的貢獻似乎更加凸顯，按照馬戈利斯在《分析美學的衰落與恢復》（*The Eclipse and Recovery of Analytic Aesthetics*）中提出的看法，分析美學中最

---

[1]　Giovanna Barradorl, *American Philosophers: Conversations with Quine,Davidson, Putnam, Nozick, Danto, Rorty,Cavell, MaclntyIe,and Kuhn*, Chicago: University of Chicago Press, 1994.

[2]　John Rajchman and Cornell West (eds.), *Post-Analytic Philosophy*, New York: Columbia University Press, 1985.

有建樹的「四大美學家」分別是比爾茲利、古德曼、丹托和作者本人。[3]

　　丹托的研究領域非常廣闊，涉及分析哲學、歷史哲學、藝術哲學、哲學心理學、哲學史等諸多領域，對於語言、知識、情感、視覺、再現諸種理論都深有研究。他撰寫了大量專著，可謂著作等身，晚年仍筆耕不輟。他最早從分析哲學的視角入手，曾做過哲學史的專門研究，代表作有《作為哲學家的尼采》（*Nietzsche as Philosopher*, 1965）和《薩特》（*Jean-Paul Sartre*, 1975）。這項工作使他成為了在「大陸哲學」與「分析哲學」之間最早建設橋樑的先行者，正是他對於尼采諸位哲學家的闡釋，使得分析哲學界開始關注這些哲學家，儘管他對待這些哲學家的視野仍是分析哲學式的，有趣的是，丹托將尼采和薩特當作「另一種類型的分析哲學家」。[4]同時，他的眼光也並未僅囿於西方哲學史，還相繼出版了《神祕主義與道德：東方思想與道德哲學》（*Mysticism and Morality: Oriental Thought and Moral Philosophy*, 1987）這樣的著作。此外，對於哲學的基本理解方面，他從早期的《何謂哲學》（*What Philosophy is*, 1968）的小冊子到《與世界相聯：哲學的基本概念》（*Connections to the World: The Basic Concepts of Philosophy*, 1997）這本擴展著作，丹托都在做著非常全面而深入的思考。

　　在分析哲學的創建方面，丹托重要的是三本著作分別是《歷史的分析哲學》（*Analytical Philosophy of History*, 1973）、《知識的分析哲學》（*Analytical Philosophy of Knowledge*, 1968）[5]和《行動的分析哲學》（*Analytical Philosophy of Action*, 1973）。其中，最重要的無疑就是《歷史的分析哲學》，這本書在整整20年之後被擴充為《敘事與知識》（*Narration and Knowledge*, 1985）得以再版。《歷史的分析哲學》具有顯著的開拓性，證明瞭作為歷史思維特性的決定性因素——「敘事性特徵」，這使他的哲學觀念雖然來自分析哲學，但卻又做出了某種超越分析哲學的努力，或者說，將分析哲學的視角延伸到了歷史哲學領域並取得了巨大的貢獻。[6]

　　如果從歷時性的角度看，丹托從早期的分析哲學研究開始，經歷了對「歷史敘事」的研究，晚期終於走向了對於分析美學的關注。對於美學的關注是同對於藝術的關心是相匹配的，丹托出版了一系列的關於藝術的專著，包括《藝術的狀態》（*The State of the Art*, 1987）、《遭遇與反思：處於歷史性當前的藝術》（*Encounter & Reflections: Art in the Historical Present*, 1990）、《遊戲在邊緣》（*Playing With the Edge: The Photographic Achievement of Robert*

[3]　Richard Shusterman ed., *Analytic Aesthetics*, pp.161-189.

[4]　亞瑟・丹托、劉悦笛：《從分析哲學、歷史敘事到分析美學》。

[5]　Arthur C. Danto, *Analytical Philosophy of Knowledge*, London: Cambridge University Press. 1968.

[6]　Arthur C. Danto, *Analytical Philosophy of History*, Cambridge: Cambridge University Press, 1965.

Mapplethorpe, 1995）、《藝術的覺醒：批評、哲學與趣味的終結》（*The Wake of Art: Criticism, Philosophy, and the Ends of Taste*, 1998）、《未來的聖母：多元藝術世界文選》（*The Madonna of the Future: Essays in a Pluralistic Art World*, 2000）、《哲學化的藝術：文選》（*Philosophizing Art: Selected Essays*, 2001）。

公正地說，1981年出版的專著《平凡物的變形：一種藝術哲學》（*The Transfiguration of the Commonplace: A Philosophy of Art*, 1981）是丹托從哲學轉向美學的轉折之作。他的美學觀念也是逐步展開的，此後的專著《哲學對藝術的剝奪》（*The Philosophical Disenfranchisement of Art*, 1986）和《藝術終結之後：當代藝術與歷史樊籬》（*After the End of Art: Contemporary Art and the Pale of History*, 1997）專注於「藝術終結」難題。《超越布樂利盒子：後歷史視野中的視覺藝術》（*Beyond the Brillo Box: The Visual Arts in Post Historical Perspective*, 1992）是丹托告訴我這是他本人最喜歡的藝術文集，《遭遇與反思》還曾獲得美國國家圖書評論獎。晚近丹托的美學主要代表作是《美的濫用：美學與藝術概念》（*The Abuse of Beauty: Aesthetics and the Concept of Art*, 2003）。

其中，最重要的三本書構成了丹托分析美學的三部曲，在與丹托的對話裡面他說：「《平凡物的變形》，正如我所說的，是關於『本體論』的。這本書是關於『什麼是藝術』的。《藝術的終結之後》是關於『藝術史哲學』的（philosophy of art history）。最後，《美的濫用》（The Abuse of Beauty, 2003）則是直接關於『美學』的。我在這『三部曲』的三個部分當中持續地工作。將它們合在一塊，就是哲學的活生生的篇章。」[7]此外，丹托還對於身體的哲學反思問題非常關注，這可以在《身體與身體問題：論文選》（*The Body/Body Problem: Selected Essays*, 2001）當中看到。他最新的著作還有《非自然的奇跡：來自藝術與生活》*Unnatural Wonders: Essays from the Gap Between Art and Life*, 2007）、《安迪‧沃霍爾》（*Andy Warhol*, 2011）、《何為藝術》（*What Art Is*, 2014）。

那麼，作為哲學家的丹托究竟是如何將哲學之思化入美學當中的呢？或者說，他的哲學思想對於其美學產生影響的內在理路究竟是什麼呢？中外研究者們往往都忽視了這個關鍵問題，我們認為，這種內在的理路主要出現在三個途徑上面：

首先就是分析基本方法的運用，這對於每個分析美學家來說都是毋庸置疑的。正如晚期的丹托回顧自己所說的：「我研究工作的結構基本就是

---

[7] 亞瑟‧丹托、劉悅笛：《從分析哲學、歷史敘事到分析美學——關於哲學、美學前沿問題的對話》。

分析哲學的結構。我出版於1964年的專著《歷史的分析哲學》的觀念改變了我思考一切的方法。譬如，在該書中我通過分析一種真理條件認定歷史事件的意義對於生活於其中的那些人們是不可見的。這是我用來分析藝術品概念的一種外在論（Externalist）的觀點——這意味著使某一外在的物品成為藝術品。」[8] 換而言之，從分析哲學經由歷史哲學轉到分析美學，作為方法論的語言分析方法在丹托那裡始終是在堅持的，他一直沒有超出分析的視界去行事（儘管他做出了某些「超出其外」的努力）。

其次，「行動理論」的哲學分析對於美學亦產生了影響。按照丹托在《行動的分析哲學》中所做的出色研究，他將行動從範疇上區分為「基本行動」（basic action）與「進一步行動」（further action）。[9] 而另一位更重要的分析哲學家大衛森就曾對作為同行者的丹托的「行動理論」（action theory）有所評價，並試圖以「原初行動」（primitive action）取而代之。[10] 但是，大衛森認為採取不同描述的行動不能改變其「同一性」，而丹托則認為意圖與概念決定了事物的同一性，它們仍是事物結構的本體論部分。特別是「基本行動」與「進一步行動」的兩分，貫徹到美學分析當中，就在藝術品自身與「不可分辨的對應物」（indiscernible counterpaert）的區分那裡起到了重要的兩分作用（詳見本章第三節）。

再次，從「歷史敘事」到「藝術敘事」也有必然的關聯。丹之所以被誤解為「歷史主義者」，恰恰是由於他關注宏觀歷史敘事與藝術史敘事的原因，然而他畢竟仍是一位「本質主義者」。當他談論藝術史敘事的「三段論」的時候，不僅黑格爾的歷史主義觀念在起作用，而且歷史敘事的基本理念也在藝術史敘事當中被橫向移植了過來，從而豐富了他的藝術史哲學的相關闡釋。作為證明，丹托本人也承認他「能用一種系統的方式把自己的哲學思想連接起來，把（由此開始的）歷史哲學和（或多或少達及到頂點的）藝術哲學結合起來，」[11] 但他自己也並沒有看到「敘事」所起到的仲介作用。

綜上所述，丹托從分析哲學轉到分析美學的關聯環節，起碼有三個：其一是分析的基本方法；其二是由行動理論的區分可以推演到美學上的「感覺上不可分辨原則」；其三則是歷史敘事理論直接為「藝術史敘事」

[8] Arthur C. Danto, *The Abuse of Beauty: Aesthetics and the Concept of Art*, Chicago and La Salle: Open Court, 2003, p. XVII.

[9] Arthur C. Danto, *Analytical Philosophy of Action*, New York: Cambridge University Press, 1973.

[10] Donald Davidson, "Danto's Action", in Daniel Herwitz and Michael Kelly (eds.), *Action, Art, History: Engagements with Arthur C. Danto*, New York: Columbia University Press, 2007, pp. 6-16.

[11] Arthur C. Danto, *After the End of Art: Contemporary Art and the Pale of History*, Princeton: Princeton University Press, 1997, p. XV.

理論所借鑒。由哲學來看美學，丹托的思想才能被更清晰和準確地呈現出來，因為他畢竟首先是一位分析哲學家。

二、美學起點：1964年獨創的「藝術界」理論

眾所周知，「藝術界」（artworld）理論，對當代分析美學做出了卓越重要貢獻，同時該理論也是丹托進入美學的起點。有了這個理論之後，關於如何授予某物以藝術地位的問題，就從原來的由審美方面而規定之，轉化為「藝術界」本身的約定俗成才能賦予某物「成為藝術」的權力。

1964年的10月15日，在美國哲學學會的東部分會的第61屆年會上一個題為「藝術作品」（The Work of Art）的討論會上，丹托宣讀了《藝術界》（The Artworld）這篇論文。這個發言後來被發表在1964年的《哲學雜誌》總第61號上，[12]在此後編輯的大多數美學文集裡面都少不了這篇《藝術界》，這足以證明，該文已經成為了當代歐美分析美學的「經典文本」。

丹托還是從歐洲最古老的藝術觀念即模仿說談起。這種「模仿理論」（Imitation Theory），被簡稱為「IT」。這種理論在歷史上之所以能持續那麼久，事實證明它本身就是一種非常有效的理論，因為它可以解釋藝術品的因果關係與評價相關的大量現象，甚至將一種驚人的理論統一性帶入到複雜的藝術領域。這樣，歷史上關於藝術界定的多種理論其實都多多少少依賴IT。按照丹托的解讀，從蘇格拉底到莎士比亞筆下的哈姆雷特，都把藝術比作觀照自然的鏡子。但區別在於，蘇格拉底認為鏡子所現的事物表象只是無用的準確複製品，因而缺乏任何認識價值；哈姆雷特敏銳地把握到了鏡子反射面的突出特徵，也就是鏡子「向我們顯示出我們自己」。按照這種理解，蘇格拉底的模仿是外在自然，哈姆雷特則關注對內在世界的模仿。然而，這種延續了兩千餘年的模仿說，卻必然要直面哲學的置疑。

由此，丹托明確地指出IT自我無法解決的矛盾：「鏡像O如果確實是O的模仿，那麼，藝術即模仿，鏡像（mirror-images）即藝術。實際上，用鏡子反映物不是藝術，……指向反映物僅僅是一種狡黠的反證，……如果這一理論要求將這些都歸類為藝術，這便呈現出一種不充分性：『是模仿』不能成為『是藝術』的充分條件」。[13]在藝術發展史上，有幾個事件對模仿論產生了致命的影響，其一是攝影術的發明，其二是抽象派繪畫曾經佔據主流。的確，對模仿作為「充分條件」的置疑開始於攝影術的發

---

[12] Arthur C. Danto, "The Artworld", in *The Journal of Philosophy*, Vol. 61, No. 19, (Oct. 15, 1964), pp. 571-584.

[13] Arthur C. Danto, "The Artworld", in *The Journal of Philosophy*, pp. 571.

明，顯然，攝影術使得以原本與模本符合程度爲準繩的藝術取向被阻斷。正由於模仿作爲「充分條件」都已被扔掉，進而，就連作爲「必要條件」的模仿也被拋棄掉了。這就是以康定斯基（Wassily Kandinsky）爲主的抽象藝術取向，使得原本至關重要的模仿卻成爲了藝術批評裡的邊緣話題。另外，對IT的衝擊，表現在如下兩個事實當中：一個是後印象派藝術時代的來臨，這類藝術按照廣爲流行的IT，顯然不能被接受爲藝術，如今卻不僅被認可，而且闡發了新的意義特徵；另一個則是大量的對象（如面具、武器等等）從人類學博物館轉到了美術館的趨勢，告別傳統IT視角後再來審視人類以往的文化成果，可以做出重新的選擇與評價。

這樣，丹托就開始轉向分析美學的主題——「語言分析」。從非藝術品的對象中區分出作爲藝術品的對象，首要的是，能正確地使用「藝術」這個詞，使用「藝術品」這個短語。正如語言對現實的構建一樣，理論對現實的作品在以往的語境下亦被忽視了。這不僅僅是由於藝術品與其他物品本來就難以區分（從現實和語言上都是如此），而且，按照傳統的觀念，「藝術理論」（art theory）在確定「何爲藝術」方面並沒有多大作爲。這或許是因爲，人們並沒有「反取諸身」省思他們已置身其中的藝術領域，沒有意識到「什麼是藝術」與「什麼不是藝術」所需的理論反思，仍以爲在既定領域內所確定的「這是藝術」是約定俗成而無需再加以證明的。這樣，「藝術理論」的作用，便被呈現了出來。這不僅表現爲「藝術理論」可以幫助人們區分藝術與非藝術的東西，而且，還可以用其自身的力量「使藝術成爲可能」！

在提出了「IT」之後，丹托又提出了一種理解藝術的「RT」。所謂「RT」也就是「Reality Theory」，可以翻譯爲「真實性理論」，「reality」的涵義基本取自形式主義美學家和藝術理論家羅傑・弗萊（Roger Fry）的理解。這種理論在IT的巨大歷史壓力面前，究其實質，要實現的是一種歷史性的轉換。如果說，IT要求的是是否成功地「模仿了真實形式」的話，那麼，RT所求的則是是否成功地「創造了新的形式」，這種「真實」與舊藝術試圖去完美地模仿形式一樣的「真實」。所以，丹托從弗萊那句——藝術的目的「不在幻覺而在於真實性（reality）」——出發，直接引發出RT。

整體觀之，力求造就「幻覺」的是IT，而力圖呈現「真實性」的是RT。

如此一來，RT的出現爲觀照新繪畫提供了新視角，而且亦爲觀照舊繪畫提供了新視角。換言之，原來蘇格拉底意義上的IT曾經佔據主宰的闡釋方式，曾經一度要將RT的觀照方式排除在外，反而在RT出現之後，許多按照IT來觀看的藝術又被置於全新的視角之中。這在藝術史上的證明俯拾皆是，其中最重要的藝術思潮便是後印象派。不僅僅是由於「創造性」

歷來就被視為是藝術的本性，後印象派的藝術創造者曾被譽為最具創造性的，而且，更重要的是後印象派獲得了一種丹托意義上的「本體論」的勝利。丹托解釋說，這種本體的推展在於，如果並不如IT所見藝術比被模仿對象的真實更多，那麼，藝術的真實至少不會更少。如此接著丹托的話茬，可能藝術在真實性方面走得更遠。

丹托這樣就依據RT，對凡高那幅1885年著名的《吃土豆的人》（Potato Eaters）作出了如下令人信服的哲學闡述：「凡高之《吃土豆的人》是某種明晰無誤的變形」，正肇源於這種變形，這件藝術就「成為真實生活中吃土豆的人的非複製品」，因而是反IT的，所以「正由於這些不是吃土豆的人的複製品，因而凡高的畫即非模仿品，它具有成為被稱之為真實對象的權利，正如其假定的主體一樣」。[14]實質上，從這個作品出發，闡發出來的正是後印象派的作品是如何擺脫了IT（因為IT不能再對之具有闡釋力），從而趨向於RT的（因為RT才是更與之匹配的藝術理論闡釋模式）。

由此，丹托舉出了大量適合RT來解釋而IT無能為力的例證。這些例子基本包括兩類，一類是已然成為現代主義經典的，如後印象派、野獸派的作品等等，另一類則是作者在撰寫《藝術界》時所面對的藝術文化現場，當時其中佔據主導的藝術浪潮正是波普藝術。憑藉RT，丹托不僅看到了從塞尚到凡高那種用筆潑辣的「粗鄙繪畫」（crude drawing）可以被理解，而且在造形上路奧等人形式與輪廓的錯位，在色彩上高更和馬蒂斯對色彩平面的運用（有如中國傳統民間繪畫的「平塗」），更可以得到積極的解釋。

更具有理論「鮮活力」的是，丹托用RT來成功地對波普藝術這在當時風靡一時、而又不被理解的新興藝術，做出了獨特的闡釋。一個是對羅伊·利希滕斯坦對卡通畫的放大數倍的照搬與重繪，丹托認為成功之處就在於「比例」，否則就與一般的卡通畫一致無二了。正是因為連當時的相機都無法捕捉的巨大的比例，就像色彩的形式作用一樣，使得利希滕斯坦的作品非但不是模仿（這是通常的看法），反而成為了新的實體（new entity）。第二個是賈斯珀·約翰斯（Jasper Johns）所表現的「數字」，這位曾迷醉於描繪阿拉伯數字的畫家，繪出了大量的數字畫。丹托認為，對一個數字的複製僅僅是那個數字，換言之，一幅關於3的繪畫就是一個由顏料構成的3。如此說來，對這一類對象的有意的複製都將自動成為這一類的成員之一，換言之，這種對象在邏輯上是不可模仿的，因而才具有了非凡的屬性。第三個則是羅伯特·勞申伯格（Robert Rauschenberg）和克

---

14 Arthur C. Danto, "The Artworld", in *The Journal of Philosophy*, p.574.

拉斯・歐登伯格（Claes Oldenburg）都共同畫過的「床」，前者的是掛在牆上且有油漆點子的床，後者的則是具有長方菱形透視的床。通過這個例子，丹托開始轉向更為深入的探討。

與許多當代藝術受到的誤解一樣，勞申伯格和歐登伯格的床都有可能被誤解，被那些按照傳統觀照定式、缺乏內行經驗的普通人所誤解。可能他們都對這二位藝術家的精心創作「視而不見」，把勞申伯格和歐登伯格當作原材料的床，視為是現實的物，簡單而又單純的現實的物，不過是上面滴了油漆或者做得不合規範而已。相應的，波普藝術大家勞申伯格的擔憂是不無道理的，他總是擔心有觀者會爬上他以床為主題的藝術品上面，把這個床當成真實的床而酣然入睡，因為他們根本就沒有注意到「這是藝術」。

在此，高深的哲學問題就出現了。因為，一方面，普通人就將這些藝術誤認為是「真實物」（reality）；但另一方面，根據RT，這樣做同時也意味著「真實」（reality）。顯而易見，丹托在這裡運用的是英文的雙關語。但更具有核心性的是，丹托將之引向了本體論上的追問：為何作為接受者的普通的人，會產生如此的誤解？為何作為創作者的藝術家規避了這種誤解？某個人能把（前一種）「真實」誤認為是（後一種）「真實」嗎？一言以蔽之，究竟是「什麼」使之「成為了藝術」？

按照IT，按照最悠久的藝術觀念，最成功的藝術，恐怕就是使人把藝術品誤解為是「真實物」了。所以，在古希臘的記載裡面，就有宙克西斯將葡萄畫得如此「栩栩如生」，以至於鳥去捉的故事。這種類似的故事還有很多，但被迷惑者主要指的還是作為人的觀者。然而，在RT出現後的藝術觀念，把藝術品誤認為是「真實物」，並非如從古希臘到歐洲古典時期那樣被視為是本領高強和技法精湛的，反而要消除這種誤解——將模仿者與被模仿者的符合作為準則的誤解。正因為如此，在波普藝術這類的藝術品裡面，藝術品就是一張床，而非古典繪畫時代那樣一定要被繪製成為「床的幻像」，亦即柏拉圖所謂的「模仿的模仿」或「影子的影子」。[15]因為按照柏拉圖的哲學觀念，作為原本的理念（床的理念）與作為繪畫的「影子的影子」（畫家所繪之床）的間距，隱喻著真與藝術的高下等級關係，摹仿型的藝術只是理念的摹本（即感性事物）的再度摹仿，藝術因與真的落差和隔著兩層的差距而遭到貶抑。

然而，更重要的，在於發現這個床不單單是一個床！丹托利用勞申伯格床上所撒的油漆為突破口，做出了如下精彩的解答：

---

[15]　Plato, *Republic*, translated by Robin Waterfield, Oxford: Oxford University Press, 1993, 597a-597e.

因此物品不是僅僅一張床——巧的是——上面灑了些油漆，而成為
一件利用床加上油漆而製成的複雜實體（entity）：一張「油漆—
床」。……人，正如藝術品一樣，一定不能被看作是還原為他們自
身的各個部分，而且，就是在這個意義上人才是具有原初性的。或
更為準確地表達，油漆的斑斑點點並不是真實物——床——的一部
分，而床恰恰是藝術品的一部分，這些油漆斑點像床一樣，也同樣
是藝術品的一部分。這一點可以被歸之為藝術的總體上的特徵化，
而這個藝術品恰巧包含了真實物，並將之作為自己的一部分：當真
實物R是藝術品A的一部分，同時能夠從A分離開來，並且僅僅被看
作R的時候，不是A的每一部分都是R的一部分。如此一來，到迄今
為止的錯誤就在於把A誤認為是它自身的一部分，亦即R，儘管說A
是R、藝術品就是一張床並不正確。[16]

　　具體來解釋，假如作為真實物的床是勞申伯格《床》這個藝術品的一
部分，並且前者可以從後者中分離開來（去掉油漆就是普通一床），當這
個床僅僅被看作是真實物的時候，不是藝術品所構成的每一部分（成其為
藝術的）都成為現成物的一部分。普通人觀看藝術的誤解在於，他們都將
藝術品誤認為是現成物的一部分，也就是將作為藝術品的《床》視為現實
中的床的一部分（或者說被置放在現實的語境之內了）。這樣，最終的推
論顯然是荒謬的，這個推論就是認定藝術品就是現成物本身，藝術品與床
是劃上了等號的。這也是普通人對「現成物成為藝術」這種從達達主義開
始的藝術手法的普遍誤解，就是認為現成物沒有經過任何的變形、沒有被
置身於任何的特定情境之內，就能成為藝術了。事實並非如此。

　　這裡，就需要兩個相當重要的因素嵌入其中：其一，就是《藝術界》
所集中論證的作為氛圍的「藝術界」，其二，則是作為授予地位者的「藝
術理論」。這是兩個必要條件，兩個使得現實中的平凡物能成為藝術品
的必要條件。只有具備了這兩個條件，「這是藝術」的「是」，就成為
了一種具有哲學意義的「是」，而非單純的身分判斷或存在確認那種
「是」。這也就是丹托強調的，對「藝術確認之是」（「the is」of artistic
identification）的掌握之問題。[17]

　　著名的「藝術界」的理論，就此得以出場。那麼，丹托究竟是如何
匯出這一概念的呢？在此之前，丹托還提出了一個引導性的概念——

---

[16] Arthur C. Danto, "The Artworld", in *The Journal of Philosophy*, p. 576.

[17] Arthur C. Danto, "The Artworld", in *The Journal of Philosophy*, p. 579.

「藝術確認」或「藝術認定」（identification）。這個概念也就是指明了一種活動，通過這個活動，可以使藝術的名義授予某物。丹托通過詳細的論證，說明瞭由一個給定的確認所決定，作品可包含多少個元素，而且，一個藝術確認往往能引出另一個藝術確認。然而，一般而言，這些藝術確認之間彼此竟會如此的不一致，每個都能構成相互形成差異的一件藝術品。

如此這般，在丹托看來，要確認作品，就需要將這個作品歸屬於某種氛圍，歸屬於歷史的一部分。當然僅僅有這種歸屬還不夠，還要將這種「歷史的氛圍」與「藝術理論」混合起來加以理解，前者是歷史的，後者是理論的。也就是說，最終將現實物同藝術品相區別開來的，是藝術理論，是這種理論將現實物帶到藝術界裡面，並確定了它為藝術品。

簡而言之，「為了把某物看成為藝術，需要某種肉眼所不能察覺的東西——一種藝術理論的氛圍（an atmosphere of artistic theory），一種藝術史的知識（a knowledge of the history of art）：一個藝術界（an artworld）」。[18]進而言之，如果沒有藝術界的「理論」和「歷史」，現實物不會成為藝術品的。

需要補充的是，由此出發，丹托對整個藝術風格形態做出了哲學理解。丹托為我們列出了一個邏輯性極強的「風格矩陣」（style matrix），其中，「F」意指「是再現主義的」，「G」意指「是表現的」，「＋」代表一個給定的謂項P，「－」則代表對立項非P。為了便於理解，可以圖示如下，左半部分是丹托原來的圖示，[19]右半部分則是我們給出的進一步的解釋：

丹托的「風格矩陣」		對應 風格類型	相關 藝術例證
F	G		
＋	＋	再現的表現主義的 representational expressionistic	野獸派 Fauvism
＋	－	再現的非表現主義的 representational nonexpressionistic	安格爾 Ingres
－	＋	非再現的表現主義的 nonrepresentational expressionistic	抽象表現主義 Abstract Expressionism
－	－	非再現的非表現主義的 nonrepresentational nonexpressionistic	硬邊抽象 hard-edge abstration

[18] Arthur C. Danto, "The Artworld", in *The Journal of Philosophy*, p. 580.
[19] Arthur C. Danto, "The Artworld", in *The Journal of Philosophy*, p. 583.

　　如此看來，這個矩陣在哲學的意義上包含了藝術風格的諸種類型，矩
陣中的一行與另一行（都是橫向的）一樣都具有合法性。也就是說，「再
現的表現主義」與「非再現的表現主義」具有同樣的合法性，不能因為在
20世紀60年代後高舉「抽象表現主義」的旗幟，就泯滅了「野獸派」的價
值。同時，這個矩陣更不是封閉的，丹托認定當代藝術的突破在於給這個
既定的矩陣增加了列（縱向的）的可能性，這正是當代藝術的特徵。無論
從理論上還是實踐上，隨著藝術相關謂項的多樣性的增大，那麼，藝術界
裡面能容納的個體成員也就愈加複雜，全面把握了整個藝術界的人們就越多
多，同時，這些人們同其他任何成員的經驗就愈加豐富。

　　最後，丹托總結道，無論藝術上相關的謂項是什麼，這些謂項使得非
藝術獲得了成為藝術的資格，藝術界的其他各個部分就都有可能去獲得對
立的謂項，並將這種拓展開來的可能性適用於其成員，這樣藝術界才能獲
得更大的豐富性。「藝術界」理論的獨創，也為丹托的分析美學的開放性
開啟了閘門，此後他新見疊出進而確立了其作為分析美學家的地位。

三、藝術本體：1974年構建的「平凡物的變形」說

　　所謂「平凡物的變形」（The Transfiguration of the Commonplace）本是
1974年丹托所發的一篇文章的標題，[20]丹托藝術本體論的思想正是萌發在
這裡。後來到了1981年被擴充而成為同名專著的正標題，該書是丹托美學
的第一本專著，他對於藝術的「本質主義」的理解在此盡顯無遺。[21]他試
圖從本體論的角度來界定究竟「何為藝術」，由此，丹托認定自己就是
「一位藝術哲學的本質主義者（essentialist）」。[22]

　　在《平凡物的變形》裡面，丹托實際上率先提出了「感覺上不可分辨
（indiscernible）原則」，也就是為何兩個表面上無法區分的東西，卻一件
是藝術品而另一件則是平凡物。這還是要從杜尚（Marcel Duchamp, 1887－
1968）1917年將小便器拿到展覽會上命名為《泉》而成為藝術品說起，為
何杜尚拿到展會上的小便器是藝術品，而放在美國水管商店裡面的小便器
就不是藝術品了呢？1964年，波普藝術家安迪‧沃霍爾從美國的超級市場
裡面購買到印有「Brillo」商標牌子的肥皂包裝紙質盒子，用木板複製而

[20] Arthur C.Danto, "The Transfiguration of the Commonplace", in *The Journal of Aesthetics and Art Criticism*, 1974,Vol.33, No. 2.

[21] Arthur C. Danto, *The Transfiguration of the Commonplace*, Cambridge: Harvard University Press, 1981.

[22] Arthur C. Danto, *After the End of Art*, p.193.

成，或者單個的擺放，或者多個的疊碼在一起，就直接拿到了美術館來加以展示舉辦《布樂利盒子》展。[23]這裡面的問題便是：為何「感覺上不可分辨」的兩個物（作為藝術品的《布樂利盒子》與商場裡面的布樂利牌盒子），看似完全相同的兩個物，其中一個卻被藝術家帶到了「藝術界」中而成為了藝術品了呢？更簡單地說，為何一個是藝術品，另一個則不是，原因何在？

按照丹托的意見，這種區分一定是不可見的（因為眼睛所見到的無法做出兩者的區分），或者要從「非顯明」的地方去尋找，「藝術界」只是這種哲學探索的第一步。

顯然，單憑視覺的觀看，不可能看到藝術品與平凡物之間的差異何在，不能單憑沃霍爾的盒子是木制的而商品盒子是紙做的來區分二者，這種材質的差異在丹托看來並不足憑。丹托更高地認定這是一個從柏拉圖開始就成為了重要的哲學問題，那就是現實與藝術究竟該如何區分的問題。在柏拉圖的時代，只能以「摹仿說」或者說只有「摹仿說」給出解答。但是到了20世紀的藝術境遇裡面，特別是遭遇了沃霍爾的作品之後，丹托卻試圖從他的作品表面承載的意義當中發現另外的意義，直到發現某物成為一件藝術品的必要條件為止，這就是丹托要給藝術的「極簡主義」（minimalist）的定義。

在此，丹托先是受到維特根斯坦及其追隨者對於「行動」的界定的啟發，因為在行動當中有某種東西被保留下來，就會產生行動是一種身體運動加X的公式，同理可證，「藝術也會產生出一個公式，亦即某種物質材料加上Y」。[24]進而，丹托從本體論的角度這樣看待藝術：

> 一個對象o是一件藝術品，只有當其處於闡釋I之下，在此，I擁有將o變形為藝術品的功能：$I(o)＝W$。[25]

由此出發，丹托「極簡主義」的藝術定義只為某物成為藝術品設定了兩個必要條件：一個是這個對象是關於某物的，另一條件是它必定表達了

[23] 需要指明，丹托認為1917年杜尚的《泉》與1964年沃霍爾的《布樂利盒子》產生的歷史語境並不相同（起碼杜尚小便器上簽署了「R. Mutt」的偽造的藝術家名字），沃霍爾的作品最早是在紐約曼哈頓東74街史泰波畫廊〔Stable Gallery〕的一次展覽中展出的。杜尚是在達達藝術的潮流當中以戲謔的態度做《泉》這個藝術品的，當然他也反對高級藝術，但是卻是以反擊統治階層的藝術為皓鴻的。然而，沃霍爾在波普藝術潮流當中歌頌日常生活，顯然是在嘲諷抽象表現主義的那種——自恃高雅甚至被視為具有「通神」偉力的——虛偽取向，它們的藝術衝動是非常不同的，相應的藝術史解釋亦是迥異的。

[24] Arthur C. Danto, *The Transfiguration of the Commonplace*, p.5.

[25] Arthur C. Danto, *The Transfiguration of the Commonplace*, p.125.

一定的意義。

前者就是所謂的「相關性」（aboutness），後者則關乎「意義」（meaning），二者結合起來就將某物塑造成為藝術品。如果某物沒有「相關性」，那麼它可能只能成為裝飾圖案之類的趨於抽象的簡單物；如果某物喪失了「意義」，那麼它恐怕就會退縮為無意義的日常物。因而，既要「相關」又有「意義」，才成為了藝術之為藝術的本質規定。

但後來丹托似乎更為關注的是「意義」的方面，因為他在《美的濫用》當中將《平凡物的變形》裡面的定義進一步簡化為——「如果x代表了一種意義，它就是件藝術品」（x is an art work if it embodies a meaning）。[26]這恰恰因為，這個更簡版的定義，已經隱含了「相關性」的必然存在在內。這在丹托的另一部文集的標題——《呈現的意義》（Embodied Meanings, 1994）[27]——上也可以得見，意義在呈現的時候必定有所指，「相關性」其實就隱含在「意義呈現」之中。可見，丹托的分析是越來越簡化了，從某種意義上說他試圖用最簡單的方式界定藝術（這也是他邏輯上後退的一種結果）。

這種藝術定義，在丹托看來是用來解決「感覺上不可分辨原則」的，他曾為此舉出了許多有趣的例子。最著名的例子，就是九個相似的塗滿了紅色的長方形帆布。如果熟知歐洲當代藝術史的人，一定會將它當作是極少主義藝術品《紅色畫布》，這件作品就是一塊塗滿了紅色的畫布。然而，這塊帆布既可能是偶然被塗滿紅色的，也可能是某位藝術家所創作的《無題》；它既可能根本不是藝術品而只是為畫家準備的背景，也可能是野獸派的情緒激昂的作品；它既可能是印度文化涅槃的象徵，也可能被看作是莫斯科紅場的一道風景；它既可能象徵了以色列人被紅海吞沒的聖經題材，也可能象徵某位存在主義先驅哲學家的躁動抑或激越的心情。如果要解決這種表面的相似，從「同」中見「異」，那就要訴諸於這些作品是否是關於某物並呈現意義，否則它就必定已是「單純的實物」（mere real things）而無法得以變形為藝術品。[28]

從藝術發展來看，沃霍爾《布利樂盒子》這類藝術的到來使丹托的藝術的定義成為可能。這樣，在《布利樂盒子》與藝術本體論之間，就存在著一種特殊的關聯。所以，「藝術，作為藝術，作為與現實的對應物，是與哲學一同出現的。」[29]在丹托看來，在1964年沃霍爾的展覽是以「純哲

[26] Arthur C. Danto, *The Abuse of Beauty*, p.25.
[27] Arthur C.Danto, *Embodied Meanings: Critical Essays& Aesthetic Meditations*, New York: Farrar Straus Giroux,1994.
[28] Arthur C. Danto, "Art Works and Real Things", in *Theoria*, 1973, pp.1-17.
[29] Arthur C. Danto, *The Transfiguration of the Commonplace*, p.77.

學形式」（pure philosophical form）提出了問題，對這個問題的回答丹托反覆強調只能來自於哲學。[30]丹托在此中洞見到了哲學與藝術的衝突。他的觀點是認定「傳統藝術定義那種不可避免的空洞，就來自每個定義都建立在某些特徵的事實之上，而沃霍爾的盒子卻使這些特徵與這樣的定義毫不相干。因而，藝術界的革命性將會拋棄那些具有好的意圖的定義……隨著布樂利盒子的出現，（力求界定藝術）的可能性已經被有效封閉了，而藝術史也以某種方式走到了盡頭。它不是已停止、而是已終結了……在20世紀60、70年代的前衛藝術那裡，藝術與哲學為彼此作好了準備。為了把藝術和哲學彼此分開，事實上它們突然變得彼此需要對方了。」[31]

　　然而，受到丹托影響的迪基所提出的「慣例」卻並不足以給藝術下定義，而且它也並不能成為藝術家創新的「枷鎖」，反而，阻止《布樂利盒子》衰變為一個「平凡物」的東西恰恰是「藝術理論」（art theory）。因為恰恰就是「藝術理論」使得《布樂利盒子》作為藝術成為可能，或者說是理論的威力指稱《布樂利盒子》：「這是藝術」。所以，當某物被當作藝術品的時候，一種「相關性」成為了《布樂利盒子》與作為平凡物的盒子之間的隔離空場，被制定為藝術的作品也就相應獲得了某種意義。但無疑，這種「藝術理論」總是由丹托意義上的「藝術界」所造就的，是「藝術理論」授予了某物以藝術的地位。

　　在《布樂利盒子》首展34年之後，1998年丹托又寫了一本叫做《超越布樂利盒子》的新書。在這本書當中，丹托有意識地將視角轉向了東方，開始翻過身來反思哲學與藝術的歐美中心主義。一方面，丹托勘測了從柏拉圖到維特根斯坦宏大敘事的哲學觀念，並試圖通過另一種方式來超越之，這種方式就是探詢藝術具有歷史的方式，探詢在不同的文化中有不同的歷史的方式，探詢「敘事」如何是真實的而非僅僅是知識的構造（intellectual constructs）程度的方式；另一方面，丹托解釋了西方「前波普」藝術運動即使是最具革命性的，也同樣是為一個「普遍的藝術概念」（common conception of art）所滋養的，這個概念就安居在整個西方傳統之中。[32]該書的創新之處還在於，丹托將目光轉到了西方之外的東方和非洲，從而試圖去發掘與西方相對的傳統裡面那些「平行的敘事」（parallel narratives）。

30　Arthur C. Danto, *Encounter & Reflections: Art in the Historical Present*, Berkeley: University of California Press, 1990, p.343.

31　Arthur C. Danto, *The Transfiguration of the Commonplace*, p.viii.

32　Arthur C.Danto, *Beyond the Brillo Box: The Visual Arts in Post Historical Perspective*, Berkeley: University of California Press, 1998.

　　然而，必須看到，丹托關於藝術本質的觀念，自從《平凡物的變形》出版之後，基本上沒有任何改變，也就是說，他將這一定義視為具有了某種超越了時空的意味，甚至認為即使到了2500年「相關性」與「意義」仍是成為藝術品所必備的兩個必要條件。用他自己的話來說，「藝術被定義為一種意義的呈現，無論在何地、無論在何時藝術被創造出來，這對於每件藝術品來說都是真實的。」[33]而且，這個藝術定義在丹托看來，不僅在時間上具有穿透力，而且在空間上也有跨越性，他曾自信地說：「如果在東方與西方藝術之間存著何種差異，那麼，這種差異都不能成為藝術本質（art's essence）的組成部分。在西方與東方藝術之間的差異，在此並不適用。起碼，自從1981年以來我所學到的，都不是該理論的組成部分。」[34]

　　所以，丹托從本體論出發的藝術定義，一則認為藝術本質觀念不變，忽視了時間要素的檢驗；二則認為藝術定義橫亙東西方，忽視了東方要素的決定性在內。的確，當這兩個藝術必要條件——藝術總與某物「相關」（aboutness）並呈現某種「意義」（meaning）——如果被置於「跨文化」的語境當中，就可以更容易理解在非西方文化當中的各種藝術及其與非藝術的界限了。然而，「藝術」觀念對於東方文化而言畢竟是舶來品，思考藝術本質必定要考慮東方的決定性的因素在內，而且東西方的學者們已經開始這樣做了。[35]因為，目前大多數的藝術定義的確是以西方藝術界為前提的，而忽視了非西方藝術界的存在，抑或疏於分析藝術界究竟是如何歷史形成的。

四、美學轉折：1984年重闡的「藝術終結」觀念

　　使得丹托世界聞名的，就是他所主張的「藝術終結」論，時間起點是1984年。其實，在歷史上提出「藝術終結」的第一人是黑格爾。這種觀念最初出自於黑格爾的《美學講演錄》（*Vorlesungen über die Ästhetik*），就在最後一次柏林大學授課的前一年也就是1828年，黑格爾為藝術首度簽發了「終結判決書」。

　　實質上，在黑格爾美學那裡，是兩種東西將藝術逼上了「終結之

---

[33] 亞瑟・丹托、劉悅笛：《從分析哲學、歷史敘事到分析美學》。

[34] 亞瑟・丹托、劉悅笛：《從分析哲學、歷史敘事到分析美學》。

[35] Stephen Davies, "Non-western Art and Art's Definition", Noël Carroll （ed.）, *Theories of Art Today*, London: The University of Wisconsin Press, 2000. 劉悅笛：《生活美學與藝術經驗——審美即生活，藝術即經驗》，第13、14章。Liu Yuedi and Curtis L. Cater eds., *The Aesthetics of Everyday Life: East and West*，Newcastle upon Tyne: Cambridge Scholars Publishing, 2014.

途」：一個是黑格爾身處時代的整體藝術和文化狀況，這是黑格爾所「感」的；另一個則是思想體系方面的「內在背謬」，這是黑格爾所「思」的。在前一方面，黑格爾認爲，「藝術卻已實在不再能達到過去時代和過去民族在藝術中尋找的而且只有在藝術中才能尋找到的那種精神需要的滿足，至少是宗教和藝術聯繫得最緊密的那種精神需要的滿足。」[36]黑格爾充分意識到了藝術在現實中的職能，那就是滿足所謂民族的「時代精神」（Zeitgeist）的需要，而在其所身處的時代的藝術卻難以實現這種功能。當這種現實的職能不能得以充分實現的時代，亦即「內在理念」超逾「外在形式」之時，藝術便必然走向了終結。因而，在所處的近代「市民社會」的時代（也就是藝術發展到「喜劇」階段而最具散文氣息的時代），黑格爾才做出了「我們現時代的一般情況是不利於藝術的」這個著名判斷。

在後一方面，黑格爾認爲就藝術的「最高的職能來說，藝術對於我們現代人已是過去的事了。因此，它也喪失了真正的真實和生命，已不復能維持它從前的在現實中的必需和崇高地位，毋寧說，它已轉移到我們的觀念世界裡去了。」[37]這主要講的則是「藝術向觀念」的轉化。在黑格爾看來，藝術「要把精神從有限世界的內容和形式的束縛中解放出來，要使絕對真理顯現和寄託於感性現象，總之，要展現真理」。[38]從更高層面來看，黑格爾「橫向」地視哲學爲藝術與宗教二者的統一，使作爲知識活動的哲學成爲藝術和宗教的思維之共同概念（哲學將藝術的所謂「客體性相」轉化爲思維的形式，又將宗教的所謂「主體性」淨化爲思維的主體性）；「縱向」地把絕對精神的發展安排爲從藝術、宗教到哲學發展的「三段論」，藝術和宗教在哲學中才發展爲最高形式。

總之，「藝術終結」既包涵黑格爾對近代市民社會的文化和藝術現實的不滿，但更是一種絕對理念或者說主體自我意識運作的邏輯結果，正是主體性不斷向上的自我發展，導致了黑格爾眼中哲學對藝術地位的直接剝奪。

在黑格爾宣判「藝術解體」156年之後，丹托在1984年重提了黑格爾這個「歷久彌新」的命題，被成爲「二次終結論」。然而，二者的基本差異在於：首先是對於「終結」的理解不同，丹托認爲他不認爲藝術發展到不再需要藝術了，在丹托的文本裡面，終結至少存在三種含義：（1）藝術已完成其規劃從而在技術上不再有可預期的突破；（2）藝術進入到了無進化的階段；（3）藝術按照既定規劃進化而不會成爲成爲什麼別的東

---

[36]　黑格爾：《美學》，第1卷，朱光潛譯，北京：商務印書館1979年版，第14頁。
[37]　黑格爾：《美學》，第1卷，第15頁。
[38]　黑格爾：《美學》，第3卷（下），北京：商務印書館1981年版，第334頁。

西。[39]其次，丹托主要將終結命題作為「歷史命題」來看待，而在黑格爾那裡則主要是「形而上學命題」，[40]藝術通過進化而將人們帶入了哲學的核心地帶。在丹托看來，「談論藝術的終結將是可能的，至少談論作為一種進步規律（progressive discipline）的藝術終結是可能的」。[41]

在1984年，丹托前後發表兩篇文章，先發表的是《哲學對藝術的剝奪》（The Philosophical Disenfranchisement of Art）一文，但該文卻並沒有吸引多少人的關注，但《藝術的終結》（The End of Art）一經拋出，卻引起了軒然大波。這兩篇文章的立意並不相同，可以說，前一篇說的是「遭受哲學壓制的藝術」，後一篇則是說「藝術逐漸演變為藝術哲學」。儘管表面上二文是矛盾的，甚至路數剛好相反，但實際上，《藝術的終結》後一篇恰恰是對《哲學對藝術的剝奪》的認可，而後者算得上是對藝術的權力的「最全面的剝奪」，而且這種策略確實是亙古未有。[42]所以，丹托的終結理論之所以引發如此大的爭議和反響亦是應當。

《藝術的終結》這篇論文的原型，是作者參加一次藝術界的研討會提交的短文。後來，丹托應「沃克當代藝術研究所」之邀，在關於未來的講座中做了「藝術終結」的演講。這個演講對於20世紀80年代中期藝術界的沉悶狀態就好似一顆炸彈，隨後雷爾・朗（Berel Lang）就編輯了那本著名美學論集《藝術之死》（The Death of Art, 1984），找了許多對話者對於丹托此文的主題進行了回應，進而也在接受者那裡混淆了「藝術的終結」與「藝術的死亡」之間的區別，但這恰恰不是丹托的原意。

丹托曾這樣辯解道：「我們（指貝爾廷與丹托）都沒有力圖將我們的觀察，作為對我們時代的藝術所進行批判性的判斷……我們都沒有談到藝術之死，儘管在《藝術之死》這個文集裡我自己的文本成為了目標性的檔。《藝術之死》這個標題並不是我的，我只是說特定的敘事已走向了終結，我想這已在藝術史中被客觀地意識到。不再有藝術這並不是我的觀點……走向終結，是指的敘事，而非敘事的主體。」[43]文中提到的德國藝術史家漢斯・貝爾廷（Hans Belting, 1935- ），與丹托一道在1984年「異曲同工」地提出了終結問題，不過他更關注的是「藝術史的終結」。按

[39] Noël Carroll, Review, in *History and Theory,*Vol. 27, No. 3, 1988.

[40] Arthur C. Danto, *Unnatural Wonders: Essays from the Gap Between Art and Life*, Vancouver: Douglas & McInture Ltd., 2005, p.7.

[41] Arthur C. Danto, *The Philosophical Disenfranchisement of Art*, New York: Columbia University Press, 1986, p.97.

[42] Jane Forsey, "Philosophical Disenfranchisement in Danto's 'The End of Art'", in *The Journal of Aesthetics and Art Criticism*, Vol. 59, No.4. (Fall, 2001).

[43] Arthur C. Danto, *After the End of Art*, p.4.

照丹托的理解，被敘事化的藝術並沒有死亡，而關於藝術的敘事本身卻終結了。這種終結不僅是作爲再現性的視覺表象的傳統敘事的終結，也不只是隨後的現代主義的敘事的終結，而是全部的「宏大敘事」（master narratives）的終結，藝術世界的客觀解構被展現爲一種「極端的多元主義」（radical pluralism）。[44]

在《藝術的終結》裡面，丹托在一個半世紀後又在表面上回到了黑格爾那裡：「假如藝術會繼續讓我們驚異的這樣一種歷史可能性不再有了，從這種意義上說，藝術的時代已從內部瓦解了，用黑格爾驚人而憂傷的話說：一種生存方式已衰老了，結果又會怎樣呢？」[45]後來，丹托自我辯解說：的確，按照黑格爾的歷史哲學「一切偉大的、世界的歷史事實和事件似乎都發生兩次」，馬克思補充說「第一次發生是作爲悲劇，第二次則作爲鬧劇」；但他之所以在1984年重複了黑格爾1828年的思想，是「寧願在這種重複中看到歷史必然性的被認可，而不願看到鬧劇般的重新上演」，[46]所以在這裡堅持「對話含義」（conversational implicature）的觀念是正確的。其實，丹托重提黑格爾的時候，就是在與之進行積極的對話，因爲歷史具有對話才有結構，從而才能闡發出其間真正的「歷史含義」（historical implicature）。

在丹托看來，他也是在「歷史地預測藝術的未來」，這同黑格爾不謀而合。這樣，就不必僅僅圍於藝術去思考「何爲未來藝術品」的具體問題，甚至也完全可以去假定「藝術本身並無未來」。正如黑格爾從「大歷史」的視角感歎古希臘和中世紀晚期藝術不復返一樣，丹托的思考裡面的關鍵字是「歷史」，或者說他關注的最終是「藝術－歷史」的關係。丹托也正是由此出發理解黑格爾的，他認爲，黑格爾所說的「輝煌時代」和「黃金時代」的藝術是作爲「一個歷史階段（historical moment）而結束的，雖然他本人也並沒預言不再有藝術品」。[47]如此看來，無論是黑格爾還是丹托，都沒有認爲「藝術從此沒有了」，而指的是「藝術動力」與「歷史動力」之間不再重合。這正是黑格爾給予丹托的「歷史性」的啟示：藝術與歷史的發展不再是同向的，或者說藝術根本失去了歷史的方向，歷史的維度裡面將不再有藝術。

---

[44]　Arthur C. Danto, *After the End of Art*, p. XV.

[45]　亞瑟‧丹托：《藝術的終結》，歐陽英譯，江蘇人民出版社2001年版，第78頁。Arthur C. Danto, *The Philosophical Disenfranchisement of Art*, p.85.

[46]　亞瑟‧丹托：《藝術終結之後的藝術》，美國《藝術論壇》1993年第4期，王春辰譯，譯文參見《世界美術》，2004年第4期。

[47]　亞瑟‧丹托：《藝術的終結》，第77頁。Arthur C. Danto, *The Philosophical Disenfranchisement of Art*, p.83.

在這個意義上，丹托倒像是在重複著相同的命題：

> 而現在，歷史與藝術堅定地朝不同方向走去，雖然藝術或許會以我
> 稱之為後歷史的樣式（post-historical fashion）繼續存在下去，但它
> 的存在已不再具有任何歷史意義（historical significance）。現在，幾
> 乎無法在一種哲學史框架外思考這一命題了，如果藝術未來的緊迫
> 性並不以某種方式出自藝術界本身的話，那就很難認真看待它了。
> 在今日，可以認為藝術界本身已喪失了歷史方向，我們不得不問這
> 是暫時的嗎？藝術是否會重新踏上歷史之路，或者這種破壞的狀態
> 就是它的未來：一種文化之熵。由於藝術的概念從內部耗盡了，即
> 將出現的任何現象都不會有意義。[48]

由此可見，丹托所要宣告的是：既然藝術的自身的能量都耗盡了，那
麼，它不走向終點還能走向何方呢？不過，黑格爾所說的「解體」指的是
作為感性顯現之理念式微，而丹托所謂的「耗盡」，則意味著當代藝術的
發展對傳統「藝術」概念的拋棄，藝術已經不能成其為藝術本身了。或者
從「唯名論」的角度觀之，被冠以「藝術」之「名」的下面的「實在」，
被從內部加以消耗直至趨近於窮盡，那麼，「藝術」概念本身也就被「掏
空」了，即「名不副實」了。

然而，丹托也並非簡單地重複「同一種聲音」，因為他是置身於20世
紀後半葉的歷史思潮中來反思藝術的，這便與黑格爾拉開了距離，從而賦
予了藝術終結以嶄新的意義。這就是一種歷史解釋學的問題，即使同一命
題出現在不同的歷史語境裡，也會具有不同的「歷史含義」。

但藝術走向哪裡，針對於此，丹托在《藝術的終結》時期卻沒有給我
們一個更為明確的說法，他似乎只是負責死刑的宣布——「我的目的是表
明：我們已進入一個後歷史的藝術時期，對藝術不斷自我革命的需求現已
消失。類似於曾確定了我們這個世紀（指20世紀）藝術史的那一連串令人
驚異的震撼，不會也不應再出現了」。[49]這種震撼，主要是由現代主義藝
術運動及其餘脈所帶來的。的確，丹托道明瞭這樣的事實，現代主義藝術
的內在驅動力日益被「耗盡」而枯竭，花樣翻新的現代主義藝術史成為了
過去時態。於是，丹托在這裡劃定了一個界限：「在歷史之內」與「在歷

---

[48] 亞瑟·丹托：《藝術的終結》，第77－78頁；Arthur C. Danto, *The Philosophical Disenfranchisement of Art*, p.84.

[49] 亞瑟·丹托：《藝術的終結》，第6頁；Arthur C. Danto, *The Philosophical Disenfranchisement of Art*, p. ⅩⅤ.

史之外」。「在歷史之內」的，是終結前的藝術；「在歷史之外」的，則
是終結後的藝術，或者說就是「後歷史」的藝術。

那麼，所謂「後歷史的藝術時期」（post-historical period of art）究竟是
什麼樣的時期？在丹托那裡，這話又繞回來了，這一時期的藝術就是沒有
「歷史意義」的時期。「後歷史」並不是沒有歷史，而指的是沒有「歷史
意義」。如此可見，丹托恐怕難逃「循環論證」的指責，同時，他也無法
與藝術創作還在繼續這樣的歷史事實相悖。因而，他就退一步來爲自己辯
護：「當然，藝術創作會繼續下去。但生活在我想稱之爲藝術後歷史時期
中的藝術創造者，將創作出缺乏歷史重要性或意義的作品，而這種歷史重
要性或意義正是我們長久期待的。」[50]總之，丹托所要說的主要意思是，
根據藝術的發展走向，藝術超逾出了歷史發展的閾限，而走向所謂的「後
歷史」階段。

按照丹托的意見，既然藝術「終結」自身了，藝術終結後「作爲實
踐」的藝術狀態也趨於明瞭，那麼，「作爲藝術」的藝術究竟「終結」在
何處呢？

在此，丹托又回到了黑格爾那裡，無論在（丹托所聚焦的）「藝術－
歷史」問題上，還是在（黑格爾所最終關注的）「藝術－哲學」問題上，
二者似乎都有著「異曲同工」之妙。或者說，黑格爾被從馬克思到阿多
諾（T.W. Adorno）繼承下來的「時代－藝術」思路，被海德格爾（Martin
Heidegger）所關注的「藝術－觀念」思路，又再度在丹托那裡匯流了。質
言之，無論理論還是實踐，藝術都終結在「哲學」裡面。

這樣，藝術的「兩次終結論」的提出者，皆驚人一致地認定藝術最終
要「化入」哲學，或者說，藝術喪失了自身的規定性之後，將會以一種
「哲學的形式」出現。在很大意義上，這都不是藝術主動地投降，而是哲
學對藝術的「剝奪」（Disenfranchisement）！

丹托相信他關於「藝術終結」的文字，其實是「一種剝奪藝術權利的
形式」，「它假定自身的哲學就是藝術所追求的，結果藝術通過最終成爲
哲學來實現其使命」，藝術隨著它本身的哲學的出現而終結。[51]所以，丹
托在許多地方都在重複一個意思，那就是「藝術已變成哲學，藝術實際上
由此完結了」。這個想法是一貫的，從《藝術的終結》直至而今都沒有多
少改變。這種想法最爲充分的表達，出現在丹托《哲學對藝術的剝奪》一

---

[50] 亞瑟・丹托：《藝術的終結》，第102頁；Arthur C. Danto, *The Philosophical Disenfranchisement of Art*, p.111.

[51] 亞瑟・丹托：《藝術的終結》，第98頁；Arthur C. Danto, *The Philosophical Disenfranchisement of Art*, p.107.

文中，本文原來是他1984年8月在蒙特利爾舉辦的「世界美學大會」上的演講稿，這次會議的主題恰恰就是「藝術與哲學的轉變」。

這裡就不得不回溯到那位古希臘的哲人柏拉圖（Plato），因為他才稱得上「哲學－藝術之爭」的始作俑者。然而，這位名垂千古的歐洲哲人，卻令人爭議地將藝術實踐與創作現象混為一談，加倍地偏離了哲學所強調的實在。但無論怎樣，按照柏拉圖（影響了其後兩千年）的範式，藝術和哲學這二者，是同工匠所掌握的那種實踐知識是相反的，因為實踐知識所造就的能人充其量只是會摹仿而已。這樣，在丹托看來，其中的重要性就在於「把藝術與這位哲學家或許會屈尊進入的實踐和政治的領域隔離開來」。同時，我們都知道，柏拉圖將繪畫規定為「模仿的模仿」或「影子的影子」，[52]也就是認為繪畫是對摹仿了理念的實物的再度摹仿。這在丹托看來便具有了獨特的意味：作為映射的藝術留在次要現象的範圍內，這表明「沒有什麼會因藝術而產生」，如同柏拉圖形而上學的產生相應確定了藝術地位一樣。進而，可以推導出這樣的結論：「由於柏拉圖的藝術理論就是他的哲學，由於自古以來的哲學就存在於柏拉圖遺囑添加的附言裡，哲學本身或許只是對藝術的剝奪——因而把藝術與哲學分開的問題或許能同詢問沒有藝術的哲學會是怎樣的哲學這一問題相提並論」。[53]

這便涉及到柏拉圖的抨擊所具有的兩個階段：

> 第一個階段……是要建構一種實在從中合乎邏輯地排除了藝術的本體論。第二個階段力求盡可能地合理解釋藝術，以便理性逐漸征服感覺的領域，蘇格拉底的對話是一種戲劇性再現的形式，被納入概念後，理性的實體就作為馴服的實在展現在這種形式中。……自從這種複雜的侵犯（哲學已知或會知的一次深刻的勝利）產生以來，哲學史就時而選擇分析性的努力，來使藝術曇花一現，並消除它的危險；時而選擇通過藝術所為看作與哲學本身所為相同（只是略顯笨拙而已），來使藝術得到某種程度的合法性。[54]

丹托在此深刻地洞見到了柏拉圖思想的內在罅隙，同時也看到了歐洲哲學史上「哲學－藝術之爭」的外在背謬。一方面，柏拉圖作為形而上

---

[52] Plato, *Republic*, 597a-597e.

[53] 亞瑟・丹托：《藝術的終結》，第6－7頁；Arthur C. Danto, *The Philosophical Disenfranchisement of Art*, p.7.

[54] 亞瑟・丹托：《藝術的終結》，第6－7頁；Arthur C. Danto, *The Philosophical Disenfranchisement of Art*, p.7.

學的政治家，不僅把詩人「驅逐」出了理想國，而且將藝術逐出了理念領域，從而規避了藝術本體論的建構；但另一方面，卻又要為藝術提供合理性的證明，將藝術從本體論上轉到次要和衍生的實體領域，讓人們接受沒有藝術位置的世界圖景，從而獲得一種使藝術避免傷害的「輝煌方式」。這樣，哲學史上就出現了兩種對待藝術的根本態度：一種是消除藝術對哲學直接「侵犯」的道路，藝術雖然不再有危險但卻若隱若現；另一種則是直接將藝術與哲學視為「同一」，丹托認為這便是黑格爾的策略，其實，更為重要的代表應該是謝林（Schelling），因為只有他將「藝術哲學」作為「哲學工具總論和整個大廈的拱心石」。[55]

　　由此，丹托推論如下：「所以，把藝術視為哲學變形的歷史存在之哲學，指出哲學就是藝術的變形，而這是對黑格爾的理論的巨大反諷：柏拉圖抨擊的第二部分還原成柏拉圖抨擊的第一部分，而堅決反對藝術的哲學，最終也堅決反對自身了。」[56]具體來解析，哲學似乎陷入到了自造的「圈套」之中，如果「藝術產生不了什麼」並只是哲學偽裝形式的話，那麼「哲學也就產生不了什麼」。這樣，在丹托所處的現時代，最初攻擊藝術的哲學論據的那個結構轉而置疑了哲學事業。對藝術哲學進行的哲學治療，反過來，這種步驟也能治療某種癱瘓的哲學。可見，這位哲學家的真正意圖仍是「為了哲學的藝術」，而非單純意義上的「為了藝術的哲學」。

　　但無論怎樣，藝術終結在哲學裡面了，或者說，藝術被「哲學化」（philosophization）了。丹托認定，杜尚的啟示，正在於此。「杜尚作品在藝術之內提出了藝術的哲學性質這個問題，它暗示著藝術已經是形式生動的哲學，而且現在已通過在其中心揭示哲學本質完成了其精神使命。現在可以把任務交給哲學本身了，哲學準備直接和最終地對付其自身的性質問題。所以，藝術最終將獲得的實現和成果就是藝術哲學」。[57]這樣，藝術就終結於自身身分之「哲學化」的自我意識中，但這並不是說，需要來生產哲學上的純粹藝術品。藝術哲學的全部必須是藝術。這藝術無論體現什麼樣的本質，都能用一種真正的定義來表達，具有必要和充足的條件。藝術哲學必須與所有現在的和曾經存在過的藝術都一致。從現時代的情況來看，藝術無疑已經被哲學所滲透了，使得我們無法將藝術和哲學二者區分開來，也就是把藝術從美學使之陷入的衝突中解脫出來。

---

[55]　謝林：《先驗唯心論體系》，梁志學、石泉譯，商務印書館1977年版，第15頁。

[56]　亞瑟・丹托：《藝術的終結》，第16頁；Arthur C. Danto, *The Philosophical Disenfranchisement of Art*, p.17.

[57]　亞瑟・丹托：《藝術的終結》，第15頁；Arthur C. Danto, *The Philosophical Disenfranchisement of Art*, p.16.

　　這樣，丹托實際上是在完成柏拉圖第二階段的計畫——「永遠以哲學取代藝術」。最終，丹托唱出了這樣的挽歌——「藝術」走出了「歷史」，而走進了「哲學」——「當藝術使自身歷史內在化時，當它開始處於我們時代而對其歷史有了自我意識，因而它對其歷史的意識就成為其性質的一部分時，或許它最終成為哲學就是不可避免的了。而當它那麼做時，好了，從某種主要的意義來說，藝術就終結了」！[58]

　　還有重要的是，在丹托那裡，「終結」（end）並不等於「終止」（stop）。丹托的最親密的理解者也直接把「藝術的終結」等同於「藝術的死亡」，丹托之所以在藝術界這般有名，恐怕還是同這種原則性的「誤解」相關。這樣，「正在終止之物」（something stopping）與「行將終結之物」（something to an end）便被丹托區分開來。「終止」偏重於一種對外在事件的強迫制止，「終結」則是一種內在事件的自行完滿後的結束。前者就好像一首曲子或一種敘事尚未演奏或敘述完，就被強行叫停；後者按照丹托本人的比喻，就好像一首曲子或一種敘事已經完成，沒有什麼別的東西可以再繼續了，或者說再繼續也沒有什麼意義了。

五、藝術史哲學：1997年成形的「終結之後」理論

　　沿著丹托的思路，可以追問，「藝術終結之後的藝術」究竟應保持何種存在狀態？幾乎是在《藝術的終結》的十年多後，丹托才給出了明確的答案。這便是他在1997年出版的那本專著《藝術終結之後》裡所要解決的，這本書的副標題就是「當代藝術與歷史藩籬」，意思明顯還是前者對後者的超逾。本書的主體架構源自1995年的春天，丹托受邀到華盛頓進行講座，對講稿進行了擴充後而成文並結集。

　　丹托這樣論述藝術終結與藝術史終結的關係：「哲學的觀念是指出：藝術的終結，這意味著，藝術史的特定敘事的終結，這種敘事一直依據的是一種內在的歷史（internal history），瓦薩裡是我所知的一個好的范式（黑格爾是另外一個）。」[59]這裡的論述，存在兩個要點：其一，當哲學觀念下放到藝術史理念之中，就形成了藝術史終結的觀念，這種觀念並不是就「作為歷史」的藝術史的終結而言的，而是指「作為敘事」的藝術史的終結，亦即藝術史敘事的終結。其二，丹托與貝爾廷一樣，都將藝術史敘事終結之前的具有「霸權」地位的藝術史敘事模式，追溯到了那位歐洲

---

[58] 亞瑟・丹托：《藝術的終結》，第15頁；Arthur C. Danto, *The Philosophical Disenfranchisement of Art*, p.16.

[59] Arthur C. Danto, *Encounter & Reflections*, p.339.

著名的藝術史大師到瓦薩裡那裡，還有那位崇尚「宏大敘事」的德國老教授黑格爾，也被納入到被批判的藝術史敘事模式代表的行列當中。

在《藝術終結之後》，丹托的藝術史哲學得到充分的總結。從西元的紀年來說，丹托在自己內心將西方藝術史劃分出三段，亦即三個主要時期，第一個時期大約是從1300年左右開始，第二個時期大約是從1600年開始，第三個時期大約是從1900年開始。[60]這是他對整個西方藝術史觀照後的結論，藝術史被切開為三段，但更重要的是丹托如下的劃分，這種劃分是依據藝術史的敘事邏輯而得出的。

無論如何劃分，我們都發現，丹托實際上深得黑格爾著名三段論的精髓，在一系列的藝術史考量裡面都運用自如，且看丹托如下兩段論述裡面另一種形式的劃分：

> 西方藝術史分為兩個主要的時段，我們稱之為瓦薩利的時段與格林伯格的時段。兩者都是進步主義的。瓦薩利，關注具像並以此來詮釋藝術，隨著時間的推移，可以看到它越來越好地「征服了視覺的表象」。當移動的影像證明比繪畫更能描摹現實的時候，關於繪畫的敘事就終結了。現代主義開始通過要求繪畫依據於此做些什麼了嗎？這開始查明它自身的身分。格林伯格依據藝術條件的鑒別來定義了一種新的敘事，特別是繪畫藝術與其他任何一種藝術有哪些差異。[61]

> 因而被勾勒出的是，藝術史的宏大敘事（時代）……是一種模仿的時代，隨後就是意識形態的時代，再隨後就是我們的後歷史的時代，在最後這個時代，所有的東西都伴隨著品質而逝去了。每一個時代都以一種不同的藝術批評結構作為特徵。在傳統或者摹仿時期裡的藝術批評，是建立在視覺真理的基礎上的。在意識形態時代裡的藝術批評結構……將其自身什麼是藝術的特徵化的哲學理念，建基在被接受（為真理）的藝術與其他不是真的藝術之間的排他性的區分之上。後歷史時期被哲學與藝術之間的分離方式所標誌，這意味著，在後歷史時期的藝術批評必須像後歷史藝術自身那樣是多元的。[62]

---

[60] Arthur C. Danto, *Encounter & Reflections*, p.340.

[61] Arthur C. Danto, *After the End of Art*, p.125.

[62] Arthur C. Danto, *After the End of Art*, p.47.

在此，我們能夠看到丹托心目中藝術史「大敘事」的整體結構。在第一段論述裡面，丹托先將藝術史區分為「瓦薩利的時段」和「格林伯格的時段」兩個時段；在第二段論述裡面，則繼續區分出「模仿的時代」——「意識形態的時代」——「後歷史的時代」這三個時代。其實，這出現在同一本書的兩種區分是一致的。因為，所謂「瓦薩利的時段」也就是「模仿的時代」，所謂「格林伯格的時段」就是「意識形態的時代」，它們都是持「進步主義」觀念的藝術敘事階段，關鍵是而今出現的第三種敘事模式：「後歷史的藝術敘事模式」。

如果大致將藝術發展史歸入其中的話，可以說，「模仿的時代」大致相當於前現代藝術時期，「意識形態的時代」大致相當於現代主義藝術時期，那麼，「後歷史的時代」也就大致相當於當下還在延續的後現代或當代藝術時期了。必須指出，丹托這裡的藝術發展史主要是就造型藝術而言的。在模仿的時代，無論是藝術家還是欣賞者都還是按照「具像原則」來看待藝術的，但隨著人們逐漸掌握了相關的規律，特別是運動圖像技術的到來，使得藝術的歷史得到了深入的轉變。[63]因為，在諸如電影這種有賴於技術的藝術大發展之下，電影製造幻象的能力已經完全超越了畫家的手創，這便使得人們不得不重新思考繪畫的本質。這樣，瓦薩裡式的歷史持續進入到移動圖像，其中，完全的敘事被作為表象的技術後果而組構起來，而後繪畫卻逐漸走向更哲學化的道路。與此同時，在現代主義藝術運動之初，也就是在所謂的「格林伯格的時段」或「意識形態的時代」，19世紀原始藝術（primitive art）對西方藝術界的入侵所帶來的挑戰，亦同西方文明信仰之衰落直接相關，這確定了原本那種藝術史敘事的終結。[64]在這裡，丹托所舉出的藝術家是保羅・高更（Paul Gauguin），因為丹托相信現代主義的幾乎所有策略，都能在高更的藝術革新中找到蹤跡（事實並非如此）。這樣，藝術史敘事的前兩個階段都被勘定了下來，它們內在的動力便是其所批判的線性歷史進步觀念，這從現代主義藝術要求「創新、創新、再創新」的力量裡足可見一斑。

前兩種藝術史敘事模式，被丹托視為兩條失誤的道路：「第一條失誤道路，就是通過圖像化來緊密地確定藝術。第二條失誤道路，就是格林伯格的唯物主義美學，其中，通過圖示內容所確信的東西被藝術所拋棄，因

---

[63] 丹托將瓦薩里的藝術史模式加以普泛運用，特別是向前拉伸了時間，將瓦薩里1550年建基的模式拉到1300年（丹托心目中）藝術史開端的時期，並直至1900年左右現代主義開啟之時為止。

[64] Arthur C. Danto, *Encounter & Reflections*, pp.340-341.

而也抛棄了錯覺。」[65]由此可見，先前的藝術史敘事——瓦薩利的時段和格林伯格的時段——按照目前理解藝術史的方式，它們並沒有「以適當的哲學形式」提出關於「藝術本質」的問題。而丹托的潛臺詞則是：潛在於整體藝術史下面的目標，似乎就是以適當的哲學形式來闡明「什麼是藝術的本質」的問題。

　　這裡的關鍵是，第三個階段的藝術史敘事模式，亦即丹托所謂的「後歷史」的藝術敘事模式的出現。這種敘事模式，對前兩種敘事模式無疑產生了巨大的顛覆，其中，最根本的顛覆就在於對「進步主義」的反駁和遺棄。當然，當歷史不再被視為由低向高、逐步上升的發展過程的時候，當歷史的不可逆的進化被懸隔的時候，當後現代的時間觀念走向了零散和碎裂的時候，不得不說丹托也具有某種後現代主義所獨具的心態。所以，在他看來，現代主義就是一系列「本質主義」（essentialism）的呈現，哲學家們曾稱之為對藝術本質是什麼的「具有說服力的定義」，而今卻再度受到了置疑。這種置疑顯然來自對「現代」的懷疑。現代主義時期，在此被視為一種具有「異質性」的時期，它在作為藝術的事物等級當中得以呈現。然而，在20世紀60年代，丹托發現了沃霍爾的藝術。沃霍爾說明瞭，任何事物，如果成為藝術品，都能與看似好像不是藝術品的東西相匹配，所以，藝術與非藝術的區別並不像通常所認為的那樣——每一個東西都能撞擊我們的眼睛。而一旦人們意識，我們要尋找這些東西表面熵的分化特徵（differentiating feathers），那麼由此而來，「我們就身處在一種哲學的非歷史（unhistorical）氛圍當中。而一旦藝術製造者超出了發現藝術本質的任務，就可以發現藝術超離了歷史。」[66]

　　在後歷史時代，藝術的敘事，重點就是要回到藝術本質的問題。丹托認為，「藝術真的是什麼與何為藝術的本質的問題」非常重要，「正如我所見，這個問題的形式是：在藝術作品與非藝術作品的東西之間，當它們之間的區別並不在於興趣的知覺的時候，如何做出這二者之間的區分？」[67]這樣，在丹托的視域裡，某一敘事說明瞭被給定時期中藝術史是如何進步的原因，在於它包含了藝術是關於什麼和什麼是敘事的概念。換言之，藝術史的每一敘事都提出了其自身的藝術本質的概念。為了支持這種觀念，丹托認為每一時期都有其自身的風格，這些風格被有些反常地理解就組成了該時期的藝術的定義。

---

[65] Arthur C. Danto, *After the End of Art*, p.107.
[66] Arthur C. Danto, *Encounter & Reflections*, p.344.
[67] Arthur C. Danto, *After the End of Art*, p.35.

我要以有些反常方式來運用風格一詞，目的是為了得到我要講述的歷史。我將用這種方式來用這個詞：一種風格就是藝術品的主要部分所分享的一系列特質，如果進一步被哲學地定義的話，它就是成為一件藝術品的東西。在一個伸展的歷史時期，一件藝術品，特別是視覺藝術品，被想當然地認為是一種摹仿……「摹仿」被認為是一種從亞裡斯多德到十九世紀直至二十世紀對什麼是藝術的問題的標準的哲學解答。於是，我所用的摹仿，就是一種風格……伴隨著現代主義的出現，摹仿成為一種風格，或者如我所稱的，叫做宣言的時代……如我所見，當哲學與風格分離的時候，這個宣言的時代就走向了終結，因為「什麼是藝術」這一問題的真實形式出現了。這大約是發生在1964年左右。[68]

丹托的意思是，敘事必須提供一種從某一敘事到下一敘事的藝術史的目標，這一目標必須在1964年得以現實化（這同前面提到的沃霍爾展出的作品直接相關），這也就是他宣稱藝術終結的時候。根據理解者的闡發，其中包含的意思有：「（1）藝術史的每一個時期都被其自身的敘事所統治，這敘事在特定的藝術史時期中都測量著進步；（2）每一個敘事都包含著什麼是藝術的概念。這使得某一藝術史時期成為可能──藝術史的特定敘事──走向了終結。當藝術品得到被敘事（當摹仿的時代過程中所發生的，當藝術品得到了完美的圖示再現，或者在現代主義的過程中，以哲學的適當形式提出「什麼是藝術的本質」的問題的時候）所詳細說明的目標的時候，一個時期就終結了；（3）一旦「什麼是藝術的本質」的問題被以哲學的適當形式提出，事實上，現代主義就終結了。」[69]

實際上，丹托的解釋，確定了測量藝術史從某一敘事到下一敘事的「進步的標準」，這的確是可能的。這樣，在特定藝術史時期之內的測量進步的準繩，也就是一種測量從某一時代到下一時代進步的準繩。每個時代的藝術史敘事開始後，敘事不僅僅提供了特定藝術史時期的敘事，而且也提供了一種──適用於所有來自先前時期之先前藝術品的──藝術史敘事。舉例說明，比如表現主義與形式主義都是這樣的理論，它們都宣稱能夠對所有先前的藝術史時期的作品進行評論並與之相適應。特別是貝爾與弗萊這樣的形式主義理論，認為他們的諸如「有意味的形式」的觀念，儘管是闡釋印象派和後印象派繪畫中得出的結論，但也同樣適用於先前的藝

[68] Arthur C. Danto, *After the End of Art*, p.46.
[69] Sondra Bacharach, "Can Art Really End？", in *The Journal of Aesthetics and Art Criticism*, Vol.60, No.1,（Winter, 2002）.

術史。更擴展來觀之，藝術史的現代主義敘事解釋了現代主義過程中的作品，它以適當的哲學形式盡力來闡明「什麼是藝術的本質」的問題。另外，這種敘事也再度解釋了來自先前藝術史時期的藝術品，諸如來自丹托所謂瓦薩利的時段的藝術，也是可以按照目標被現代主義理論所闡明的。在特定時期之內，不僅存在著測量藝術進步的標準，而且，藝術的進步從瓦薩利的時段直至現代主義一直在移動著。

在丹托的這種解釋之中，我們從一種敘事移動到另一種敘事，我們將一直看到先前的敘事是虛假的或錯誤的。因為，每一個新的敘事都聲稱已經發現了適當的或匹配的理解道路，不只是理解其自身時期的藝術品，而且也理解來自整體藝術史的作品。這樣，我們就能得到丹托內心中藝術史敘事的基本構架：

歷史階段	前現代時期	現代主義時期	後現代時期
時間順序	從1300年到1880年	從1880年到1965年	從1965年至今
藝術史時段	模仿的時代（Era of imitation）	意識形態的時代（Era of ideology）	後歷史時代（尚不明確的當前時代）
藝術史宏大敘事	瓦薩裡時段	格林伯格時段（後瓦薩裡時段）	當代時段（沒有宏大敘事的時段）
藝術的歷史趨勢	藝術使得自身意識到作為「美的藝術」（fine art）而存在。「模仿－藝術」（mimetic-art）為了更忠實於活生生的可見經驗而努力，乃至要準確地再現視覺經驗。	「後－模仿藝術」（post-mimetic art）從「視覺向內心」轉換，通過一系列的風格，來尋求「表現」和「自我探求」而非製造錯覺。現代主義是被宣言所標識的時代，具有進步和歷史必然性的意義。	這是多元文化的藝術（multicultural art）時代，藝術的本質被看作是一個對可能性開放的領域。這是一個不再有「宏大敘事」的藝術時代，缺少製作藝術的風格而只有對風格的借用。

如此看來，丹托的藝術史觀念也昭然若揭了。首先，藝術史能被分成不同的時期，每一個時期都有其自身的敘事來統治該時期的藝術。某個被給定的時期的敘事，都描述了指向該時期過程中的藝術進步的目標，都詳細說明瞭該時期過程中的藝術的內在發展。每一敘事都要搞清楚：某一特定藝術史時期是如何進步的並走向什麼樣的終結的。其次，正因為每一個時期都被不同的敘事所統治，這種敘事圖繪了這一時期過程中的藝術進步，每一個時期同樣也有其自身的區別性的藝術批評。某種敘事提供了理解被給定時期過程中的藝術發展的途徑。

當然，丹托提供給敘事的說明，只適用於藝術史中的特殊時期。但是，丹托也聲稱要提供一種藝術史哲學，這根據於這種可能性：將不再有藝術史的敘事，將不再有藝術史的時期。的確，他要提出一種藝術史的新說明，以來闡明所有藝術史的終結都是可能的。

六、重思美學：2003年反思的「美的濫用」思想

在2003年，丹托這位老美學家又出版了《美的濫用》一書，作為他晚期的代表作，丹托本人對這本書非常看重，認為這是他的美學三部曲的最後一部，認為這是他回到了反思「美學」的重要專著。早在2002年，丹托就曾發表過與本書同名的文章，[70]對於美的問題開始進行重思。然而，丹托本人的看法並不完全準確，因為這本書除了繼續重複此前的創建之外，丹托只指明了當代分析美學的某種發展趨勢——那就是美與藝術的彼此分離。

換言之，丹托回到了對美的問題的反思，而這個問題在20世紀60年代之後的分析美學當中已經變得非常不重要了，而丹托卻舊話重提：

> 在《平凡物的變形》中我所提出的兩個條件，可以簡縮為「如果x代表一種意義，它就是件藝術品」，其主要優點恰恰是其缺點。我的具有原型的定義（proto-definition）當中所缺少的，如我所知，正如60年代的所有定義中缺少的，都是對美的任何提及，這是20世紀初概念分析家（conceptual analyst）所提出的首要條件。美既已從20世紀60年代的高級藝術中消失了，又從那十年間的高級藝術哲學中消失了。如果任何物都可能成為藝術品，那麼美就不可能成為任何藝術定義的一部分，特別是當不是每一件物都是美的時候。美可以作為某一析取項（disjunct）被列在欣賞詞彙表當中，……20世紀60年代以來，美罕有地出現在藝術期刊上都難免受解構主義式的竊笑。[71]

然而，在以藝術為絕對研究核心的分析美學的視野當中，這種重尋美的努力仍是與對藝術的探討結合在一起的。分析美學總是將自身與藝術哲學等同起來，但是在丹托那裡所用的「美學」內涵似乎總是關乎「美」

---

70 Arthur C. Danto, "The Abuse of Beauty," *Daedalus* (Fall 2002) , pp.35-56.
71 Arthur C. Danto, *The Abuse of Beauty*, p.25.

的。早在《平凡物的變形》的第4章《美學與藝術作品》（Aesthetics and the Work of Art）和《哲學對藝術的剝奪》的第二章《藝術品的鑒賞與闡釋》（The Appreciation and Interpretation of Works of Art）當中，丹托都曾從哲學的角度探討過美學與藝術的關聯問題。

一方面，在丹托看來，藝術與美學是偶然相關的，二者的關聯無關於藝術的本質。當代「美」的命運，就是同上世紀60年代後期產生的藝術是相關的，也就是同「藝術終結之後」的藝術狀態是相關的。如前所述，在丹托劃定的藝術終結之後的事實，還有他所劃定的「藝術時代」之前的事實共同表明，「藝術與美學之間的聯繫是一種歷史偶然性，它並不屬於藝術的本質的一部分」。[72]這意味著，美學與藝術的關聯是在歐洲啟蒙時代被聯繫起來的，丹托認定這種歷史關聯是一種歷史的偶然，這的確是歐洲文化的產物，這從「非西方」文化的角度就可以看到。但丹托仍更進一步，認為藝術的本質並非與美學是內在相關的，而是在「非美學」的語境當中發展的（早在杜尚那裡所創造的就是一種「非美學的藝術」）。

另一方面，「美學既不屬於藝術的本質，也不屬於藝術的定義」。[73]根據20世紀藝術哲學的貢獻，或者依據60年代至今的當代藝術狀態，可以看到，某種東西之所以成為好的藝術品，並不是不需要是美的。簡言之，好的藝術未必是美的。丹托認為，只是「啟蒙運動」賦予了美以至高無上的地位，而這種影響力卻持續至今，丹托認為「美的概念」就像陰霾一樣籠罩著藝術哲學。這通過反例就足以證明，諸如「噁心」、「卑賤」甚至「愚蠢」都可以在當代藝術當中扮演重要的角色，而且事實證明，它們也已經扮演了壓倒了美的重要的角色。正是在當代藝術實踐的基礎上，完全可以斷言，美學既不能被用以去界定藝術之為藝術，也與藝術的本質規定是毫無關係的。

儘管美沒有在分析美學的藝術定義和本質觀念當中得以（消極意義上的）「濫用」，但是，在現實生活當中卻被（積極意義上的）「濫用」了。這就與丹托對於美的領域的劃分，除了（聚焦於藝術的）藝術美與（以自然為中心的）自然美之外，還應存在「第三領域之美」（Third Realm Beauty）。

與這個嶄新的美的領域相關，丹托賦予了其一個嶄新的範疇——「美化」（beautification）。顯然，這個概念與當代歐美學界所用的「審美泛化」（aesthetization）這個術語是不同的，但是其內涵確實相似的，丹托

---

[72] Arthur C. Danto, *After the End of Art*, p.25.
[73] Arthur C. Danto, *The Abuse of Beauty*, p.59.

的用語從「美」而非「審美」而來。按照丹托的意見，「第三領域的美就是某種事物只有通過旨在美化的行動才使之擁有的美。總之，這就是美化的疆域。在這個疆域裡面，事物的美就在於它們是被美化的」。[74]進而，丹托提出了這個領域是不可能被黑格爾那種「清教式」的哲學所關注的，恰恰因為黑格爾的形而上訴求以及將美學等同於藝術哲學的傾向。

比較具有新意的是，丹托對這「第三領域之美」的存在還進行了初步的探索，它既與處於所謂「最高地位」上的藝術沒有內在的關聯，而且該新領域的基本性質也不能僅僅以「美」來規定。相反，丹托看到了這個領域屬於社會生活領域的複雜性，認為該領域更多是與「道德方面的考慮」內在相關的，甚至還具有某種「政治因素」被包含在內，而這些都是晚近時期才能被人們所認識到的。遺憾的是，丹托只是看到了這個領域的無限前景，但是囿於藝術的視角使其在這方面難以有新的建構。

然而，在丹托的思想的深處，始終仍認為生活較之藝術更為重要——「這恰恰因為藝術自身與其他生活是密不可分的。當人們把美置於生活語境內的藝術中時，如果預言美將是未來的問題，就是含蓄地說，整個生活都將是未來的重要問題，而美則在這種生活當中扮演角色。」[75]這也與我們所說的「生活美學」實際上也是內在相通的。

七、述評：從「本質主義」與「歷史主義」的悖論看

從總體上，如何看待丹托的美學觀點？這的確是一個難題，因為他的思想展現出來豐富性可能還要進一步加以闡釋，的確也由此發生了許許多多的論爭。[76]我們還是要從西方與非西方的兩個角度來看。

首先從非西方的角度來看，我們以藝術終結問題為例說明。當藝術終結從當代歐美文化內部「自發」地、「內源式」地生成之後，它隨著「全球化」的腳步，而迅速「介入」其他非西方的文化境遇的時候，必然經歷了一個又一個「後發」的、「外源式」的歷史性轉換過程。如是觀之，「藝術終結」問題就可以被轉化為兩類：一類是以歐美後現代文化所領銜的「先發」藝術終結，它從產生之初發展到當下都帶有「歐美中心主義」

---

[74] Arthur C. Danto, *The Abuse of Beauty*, p.68.

[75] Arthur C. Danto, *The Abuse of Beauty*, p.124.

[76] 這些圍繞丹托的藝術終結論展開辯駁與論爭的文章，諸如參見*History and Theory*,Vol. 37, No. 4, *Theme Issue 37: Danto and His Critics: Art History, Historiography and After the End of Art* (Dec.1998). 後來，在美國的《美學與藝術批評》雜誌2001年冬季號（第59卷，第1期）上面，又圍繞著丹托的一個具體的觀點——視覺本身是否有歷史性——進行了論戰，丹托自己對視覺的歷史性的否定也遭到了許多學者的反對。

的色彩；另一類，則是由前者所喚起的世界其他地區的——「後發」藝術終結，特別波及到東亞、南美和北非這些地區。這樣，依據邏輯推演所設想的如下後兩種「全球化模式」就不復存在：其一，由歐美文化所首倡而後才波及全球許多地區，由於文化語境的差異，從而展現出問題被變異後的各種性質；其二，歐美世界與世界各地（或許只是幾個地區）是幾乎「共時性」地提出了終結問題的，由文化的差異而展現出一種「趨同」的傾向；其三，隨著歐美文化的全球化的洶湧奔騰，世界各地的「藝術終結模式」變得一模一樣，全球化就等同於文化和藝術的「同質化」。

顯然，如果承認歷史文化處於不同的階段（這裡並不存在對「先發」與「後發」的價值判斷），承認藝術終結問題最初是歐美後現代文化的成果，那麼，就可以否定第二種情況。如果不承認「全球化」就等於世界文化的「一體化」，它還要包容多元文化的「共生」內涵在裡面，那麼，就可以否認第三種情況。這樣，唯一存在的第三種情況就是歷史的實情。當代藝術終結問題，都是由世界某一地區率先創生出來，具體來說，經過由丹托和貝爾廷在1984年的首倡，這個問題才逐漸先是（幾乎是同步地）拓展到整個歐美世界，再又隨著被推波助瀾而繼續延展和蔓延，從而被世界各地的不同文化所內在涵化和加以變化。

實際上，歐洲近代文化所孕生出來的，恰恰就是兩個東西——「思辯美學」和「自律藝術」。而無論是「思辯美學」還是「自律藝術」，對古老的東方文化來說，都是舶來品。當然，對於非洲和北美的土著文化，還有後來的各大洲的土著文化而言，也都是外來物。在古老的東方，古典東方文化裡面的審美對應物因其自身的「泛律性和綜合性」，而同歐洲藝術及其後來的發展大異其趣。起碼，根據東方的古老經驗，藝術就並未被純化為一種「美的藝術」，而是融化在其他技藝活動形式之中。多數東方國家的古代情況都類似於此，甚至許多東方國度根本就沒有藝術這類的東西（只有一些與實用密切相關的技藝之類的相關形式），這就又同歐洲文化的境況絕對不同了。甚至像非洲原始文化裡的器物，那些曾對高更、畢卡索的現代主義藝術產生重要影響的所謂「藝術品」，如果還原到土著的文化情境裡面，也並不是現代意義上歐洲審美的意指物，而恰恰是歐洲文化對非洲的一種帶著有色眼鏡的「返觀」和「誤讀」。

這樣，問題就來了。既然大多數國家原本沒有「藝術」，而只有比藝術範圍更大的審美意指物，那麼，當「藝術」這種事物舶來之後，就必然經歷一個逐漸完善自身過程。無疑，「前現代——現代主義——後現代」的發展辯證法在歐美文化那裡是充分展來的。在歐美文化的內部，「藝術終結」的提出，也就是從前現代、現代主義直到後現代發展的「必

然結果」，這就是為什麼「藝術終結」問題被調用到後現代的語境當中。相形之下，即使對於東亞、北非、南美這些文化來說，更不要說那些更為後發性的文化，卻處於不同層級的藝術走向完善的發展階段。這樣，由此的結論是：「藝術的終結」更多是就歐美當代藝術和美學狀態而言的，放在全球化的語境裡面，並不具有「普世性」。這正是由於，每種文化的藝術都處於不同的歷史階段，不可能面臨著同樣的問題。那種將歐美問題視為全球問題的，只是一種世界範圍內的「劇場假相」。因此，「藝術的終結」，並不是一個「全球化」的問題。

更具體地說，在以歐洲為主導的「現代性」這段歷史展開「之前」與「之外」，藝術都沒有「產生」出來。這樣，一方面，在啟蒙時代「之前」作為總體的「美的藝術」概念尚未出場，另一方面，在歐洲文化「之外」，藝術的觀念更多是一種「舶來品」，無論是古老的亞洲、非洲還是美洲的土著文化，都原本不存在「藝術」的「觀念」。現代人將所撰的西方藝術史延伸到現代性之先，是獲得了「藝術視界」後返觀「自身」的結果；從現代時期開始所見的亞非拉的古老藝術，亦是有了「藝術視界」後返觀「他者」的結果。藝術的生長與發育，的確還是「全球性」的問題，這是毋庸置疑的。然而，藝術的終結，卻並非是全球同步的。這就需要展望：未來的各種藝術，在走向終結的征程上，是一同撞線的呢？還是先後撞線的呢？對此，恐怕只能給出「或然判斷」：既然各種藝術的起始是不同的，是處於不同的歷史過程裡面的，那麼，藝術的未來的終結，也可能就是在不同的時刻、不同的地點漸次出現的。

再從西方的觀點來看。在英美分析美學的語境當中，丹托的藝術終結觀點，必然受到許多美學家們的置疑，無論這些美學家是持傳統的藝術觀念，還是持現代主義抑或後現代藝術觀念，都會對丹托這種激進的觀念做出反駁。[77]其中，最重要的一位美學家，或者說打擊到了丹托理論要害的美學家就是我的另一位重要朋友諾埃爾・卡羅爾（Noël Carroll, 1947—），丹托在《丹托與其批評者們》這本書裡面高度讚揚了他的對手卡羅爾對他的解釋。可以說，由此而形成的「丹托—卡羅爾」之爭，具有重要的美學價值乃至哲學意義。

按照卡羅爾的分析，丹托的藝術終結，既與藝術的「自我定義」相關，又內在維繫於分析美學對於「語言」的關注，其內在的邏輯是這樣推導出來的：

---

[77] Noël Carroll, "The End of Art?"；Robert Kudielka, "According to What: Art and the Philosophy of the End of Art", in *History and Theory,* Vol. 37, No. 4, *Theme Issue 37: Danto and His Critics: Art History, Historiography and After the End of Art* (Dec.1998).

1.如果x是前衛藝術，那麼x的條件便揭示了所有藝術的條件（前提）

2.繪畫是前衛藝術（前提）

3.如果繪畫要提出藝術自我定義的任何，那麼它必須是可以言說的（前提）

4.繪畫在本質上是不可言說的（前提）

5.因此，繪畫不能提出藝術自我定義的任務（由3和4得出）

6.如果繪畫不能提出藝術自我定義的任務，那麼，我們就達到了繪畫藝術之終結（前提）

7.因此，我們就達到了繪畫藝術之終結——這便是繪畫的條件（從5和6得出）

8.因此，我們就達到了藝術的終結——所有的藝術都已終結（從1、2和7得出）。[78]

　　實際上，卡羅爾反對丹托，首要的指責就在於指出：丹托是在狹隘的「循環論證」中來論述其藝術終結的論題的。[79]因為，依據卡羅爾的理解和闡釋，丹托的藝術終結命題，必定預先假定或者先在設定了一種「藝術基本理論」。丹托之所以用藝術終結命題去補償他自己的藝術基本理論，其中的深層原因，就在於否定未來存在「反例」的可能性，從而使得他自己的觀念保持自洽與和諧。

　　還是先來回顧一下丹托的藝術哲學觀念。丹托認為，一件藝術品的「定義性特徵」（the defining features），就在於它的顯明的特質，尤其是「要成為一件藝術品就要（i）關於某物的，並且（ii）體現其意義。」[80]顯然，這樣的藝術定義是獨特的，反而，在丹托之前，藝術主要的基本定義導致了自身的衰落和失敗。正如藝術史所證明的，在未來創造的任何藝術都可能提供出一種基本藝術定義的反例，這定義是有賴於藝術品的顯明特質的。比如說，在歐洲歷史最悠久的「模仿說」，它作為一種藝術的基本定義方式，就面臨諸如新寫實主義藝術實踐的置疑。既然新寫實強調摹本與原本的近乎等同（儘管實際上並不可能），這在學理上就抹煞了摹本模擬原本的摹仿性關係，它顯然需要另外一種新的話語來解釋。這便是

[78] Noël Carroll, "The End of Art? ", in *History and Theory,* Vol. 37, No. 4, *Theme Issue 37: Danto and His Critics: Art History, Historiography and After the End of Art* (Dec.1998).

[79] Noël Carroll, "Essence, Expression and History: Arthur Danto's Philosophy of Art", in Mark Rollins ed., *Danto and His Critics*, Oxford: Blackwell Publishing , 1993, pp.79-106.

[80] Arthur C. Danto, "The End of Art: A Philosophical Defense", in *History and Theory* 37(1999), pp.127-143.

「模仿說」的反例，一種從正面發展到了極端的反例。當然，更不用說浪漫主義興起以後，對藝術「模仿說」的反面攻擊的那些反例了。同理可證，隨著歷史發展，直面藝術的「表現說」，也出現了大量的反例，使得藝術的基本定義無法做出回答。

同時，卡羅爾後來還有一段對丹托藝術基本定義的解釋：「丹托沒有直截了當地陳述他的藝術定義，但是他似乎確實相信某物只要滿足以下條件，它就是一件藝術作品：（1）它是關於某物的，（2）它反映了這個事物的某些態度和觀點（這就是丹托通過藝術品的風格屬性所表明的），（3）其方式是通過隱喻性的省略，（4）這種省略依賴於來自歷史理論的藝術界背景中的某些省略性的素材（這種素材正是丹托通常視為藝術理論的東西），並且（5）它使觀眾對正在討論的作品省略地提出的這些隱喻做出解釋。」[81]遺憾的是，卡羅爾並沒有對此做出更為具體的闡發，但卻把握住了丹托思想的內在邏輯。

卡羅爾始終堅持認為，丹托一直在維護他的藝術哲學的適當性，所以才能由此提出藝術史哲學的相關闡釋。因而，在丹托的藝術史哲學背後卻存在著一種「潛藏程序」（the hidden agenda），這種程序的作用，使得丹托的藝術哲學可以免受任何反例的影響。根據「丹托—卡羅爾」之爭旁觀者的眼光，卡羅爾相信丹托所作的論述是這樣的：「（1）藝術史已經走向終結（根據丹托的藝術史哲學）。（2）如果藝術史已走向終結，那麼，對藝術的基本定義就不再能有未來的可能反例。（3）因而，一種藝術的基本定義是可能的，這並不與未來的可能反例相悖。」[82]卡羅爾由此稱這就是所謂的「潛藏程序」，顯而易見，「循環論證」這種指責主要依賴於這種診斷。似乎丹托自己對這種「友善的批評」也十分欣賞，他提到卡羅爾「在我的藝術有歷史性的終結的觀點與在《平凡物的變形》中提出的藝術哲學之間具有內在的關聯。他的思想是這樣的：藝術哲學的歷史，通過來自藝術世界的反例，已是某一種哲學理論被另一種所推翻的歷史。只有彌補了反例的理論，才能經受起時間的考驗。那麼，在我自己理論的範圍內，將不再有藝術史，這是多麼的合適……我很欣賞這種批評。」[83]這裡的關鍵，就在於「反例」是否能為一種藝術基本定義所杜絕，丹托的本質主義的思路是一直都是在延續著的。

然而，在丹托強調自己是哲學上堅定的本質主義者的時候，他對於

---

[81] Noël Carroll, *Beyond Aesthetics*, p.98.

[82] Sondra Bacharach, "Can Art Really End？", in *The Journal of Aesthetics and Art Criticism*, Vol.60, No.1, (Winter, 2002).

[83] Arthur C. Danto, "Learning to Live with Pluralism", in *Beyond the Brillo Box*, p.229.

「藝術終結之後」的觀念仍帶有非本質主義的色彩。一方面，根據本質主義的理論訴求，「藝術永遠是一樣的──某物要具有充分和必要條件成為藝術，而不用考慮時空。」[84]但另一方面，根據當代藝術的實際，丹托卻承認後歷史時代出現「極端多元主義」是必然的，所謂「一切皆可（everything is possible），其含義就是指對於視覺藝術品像什麼沒有任何先驗的限制，如此這般，任何的視覺之物都能成為視覺作品。這就是生活在藝術終結之後的部分真實意義。它特別意味著藝術家完全可以挪用過去的藝術的諸多形式，出於所表現的目的，他們可以使用洞窟畫、祭壇畫、巴羅克肖像畫、立體主義風景畫、宋代風格中國山水畫抑或任何其他的東西。」[85]這樣，人人都可以使用一切東西──如音響、影像、攝影、表演、裝置──來加以創造，與藝術的超時空本質比照而言，這必然構成「本質主義」與「反本質主義」的悖論。

　　這種悖論，其實還可以被置換為──「歷史主義」與「非歷史主義」──的悖論。具體而言，按照反駁者的意見，丹托所「確定的並不是藝術的永恆本質，而是在被稱為理論時代的藝術的顯明特徵」，因為他將藝術必要條件當作藝術的本質的做法本身就是錯誤的。更為重要的是，「丹托的哲學顯示為被限定在歷史當中而不是超越歷史的」。[86]這種觀感已經嶄露出丹托思想的矛盾，丹托就自認為：「作為一位本質主義者，最有獨創性的思想在於，我真地需要一種在藝術終結理論中到達頂峰的歷史主義（historicism）。」[87]

　　照此而論，一方面是被限定在歷史當中，「後歷史階段」的藝術並不是將藝術超越在時間之外了，而是說在歷史之後的藝術受到線性歷史的限制，超出了傳統歷史階段劃分的那種存在狀態（但「後歷史」仍是以歷史為前提的）。丹托不僅強調了後歷史時期的藝術自身是多元的，而且就連藝術批評也必須相應的藝術一樣是多元的，「當前藝術世界的多元主義決定了理想的藝術家就是多元主義的」。[88]但另一方面，丹托的這種歷史訴求卻仍是本體論的追問，這是同他對藝術本質的「超歷史」思考是相關的。他自己就認為，「藝術中存在一種超歷史的本質（transhistorical essence），遍及所有地方而且一直如此，但它只能通過歷史來顯現自

[84] Arthur C. Danto, *After the End of Art*, p.95.

[85] Arthur C. Danto, *After the End of Art*, p.198.

[86] Noël Carroll, "Essence, Expression and History: Arthur Danto's Philosophy of Art", in Mark Rollins ed., *Danto and His Critics*, p.90.

[87] Mark Rollins ed., *Danto and HisCcritics*, pp.205-206.

[88] Arthur C. Danto, *After the End of Art*, p.114.

身。」[89]這又必然構成了「歷史主義」與「非歷史主義」的悖論。

　　但無論怎樣，丹托美學的總體傾向就是「本質主義」與「歷史主義」的結合。這是由於，「本質主義與歷史主義的結合有助於定義視覺藝術的現時刻的狀況」[90]但是，如果從他理論本身的矛盾來看，如果不解決「本質主義」與「歷史主義」的悖論，他的美學或許永遠會保持著一種悖論的張力。

　　2013年10月25日，丹托病逝於紐約，2014年2月6號，我應邀請到哥倫比亞大學參加了丹托的追思會，追思會的一半人來自哲學圈，一半人來自藝術圈：丹托恰恰處於哲學與藝術之間。與現場的許多哲學家與藝術家一道，我們都共同感慨：我們的確失去了我們時代的一位偉大的哲學家和美學家！

---

[89] Arthur C. Danto, *After the End of Art*, p.28.
[90] Arthur C. Danto, *After the End of Art*, p.197.

第六章　迪基：作為「藝術慣例」的美學

在當代「分析美學」的潮流當中，當代美國美學家喬治・迪基（1936－）佔據著特別重要的位置，這種重要性恰恰來自於其思想的「特別性」，儘管他的美學思想並沒有多少哲學意味。迪基從丹托那裡獲得啟示所創建的著名的「藝術慣例論」，一方面由於對當代藝術疆域具有巨大的解釋力而被廣為接受，另一方面卻由於自身的內在矛盾而不斷進行自我調整。但無論褒與貶，這種理論都已成為分析美學歷史的重要環節之一。從「藝術慣例論」的影響力而言，迪基仍無愧於分析美學的一位大家。

一、闡釋新藝術形態的美學

迪基1949年畢業於佛羅里達大學，1959年於加利福尼亞大學獲得博士學位，一直從事美學的教學和研究工作，最後在伊利諾斯大學榮休。其主要研究領域是美學、藝術哲學和18世紀的趣味理論。1990到1991年，他曾擔任伊利諾斯哲學協會主席，1993年到1994年擔任美國美學協會主席。

迪基的重要著作包括：《美學導論》（*Aesthetics: An Introduction*, 1971），《藝術與審美》（*Art and the Aesthetic*, 1974），《藝術圈：一種藝術理論》（*The Art Circle: A Theory of Art*, 1984），《評價藝術》（*Evaluating Art*, 1988），《趣味的世紀：18世紀趣味的哲學漫長歷程》（*The Century of Taste: The Philosophical Odyssey of Taste in the Eighteenth Century*, 1996），《美學導論：一種分析方法》（*Introduction to Aesthetics: An Analytical Approach*, 1997）和《藝術與價值》（*Art and Value*, 2001）。

從這個簡略的學術生涯與美學著述來看，迪基是一位「純美學家」。他除了做過一些18世紀趣味理論的專門研究之外，[1]更多想為美學提供一套基本原理，當然這種理論也是建基在紮實的美學史研究的基礎上的。他近期出版的《美學導論：一種分析方法》其實是以《美學導論》為藍本擴充而成的。[2]這兩本導論性的專著與他家相同之處，就在於它們都先梳理

---

[1]　George Dickie, *The Century of Taste: The Philosophical Odyssey of Taste in the Eighteenth Century*, New York and Oxford: Oxford University Press, 1996.

[2]　George Dickie, *Aesthetics: An Introduction*, Indianapolis: The Bobbs-Merrill Company, Inc, 1971; George Dickie, *Introduction to Aesthetics: An Analytic Approach*, Oxford: Oxford University Press, 1997. 我們翻譯的是擴充版，喬治・迪基：《美學導論：一種分析方法》，劉悅笛、

了從柏拉圖到當代的美學史,然後再逐步展開美學基本理論的構架。然而,迪基卻並沒有在哲學上有所建樹,或者說他的哲學觀念在某種程度上接受了丹托的影響。所以,如果從美學對於哲學的貢獻這個角度看,究竟該把迪基置於何種歷史地位上,至今仍是有爭議的。

但無疑,「藝術慣例論」在藝術界與美學界的知名度是相當高的,就藝術而言該理論也的確可以闡釋許多新的藝術現象,就美學而言也發展出了一種新的藝術定義方式。迪基的思想始終不離於美學,而他的創建主要就在於藝術方面,或者說,迪基的美學就是只關乎藝術的美學,因為審美被他試圖排斥出局。但有趣的是,迪基一方面對於現代主義及其後的藝術持贊成態度,就此而言,他是一位前衛藝術的支持者,但另一方面,卻對於新媒體藝術之類的更為前衛的晚近藝術持一種否定的態度,從而使得他的藝術觀念充滿了激進與保守的張力。

如所周知,在20世紀後半葉,就「分析美學」的主流來看,它的諸多趨向當中起碼包括如下兩點:其一是反思「審美態度」和「審美經驗」的問題,其二則是試圖給藝術下一個相對周全的「定義」。前者基本上是「解構性」的,後者則主要是「建構性」的。這兩個方面,在迪基的建樹那裡都得以凸現,或者說,恰恰構成了迪基美學的兩個最基本方面,而且皆引發了巨大的爭議,至今仍在被討論。從邏輯關係上來看,對於「審美」的「解構」,恰恰是為「慣例」的「建構」開闢了道路。解構是建構的前提,先解構之後方能建構。

在迪基那裡,這次著名的「解構」出現在1964年他所發表的一篇論文《審美態度的神話》(The Myth of the Aesthetic Attitude)裡面,[3]而「建構」的努力最初完成於10年之後的《藝術與審美》這本專著當中。[4]迪基最優秀的嫡傳弟子卡羅爾就此一直認為:「迪基的《審美態度的神話》這篇經典論文最好被解讀為是對『審美』觀念的摧毀,這樣做的目的,最終就是為了去顛覆藝術的審美諸理論(aesthetic theories of art)——從而為他自己的藝術慣例論鋪平了道路。進而,這種闡釋在他的《藝術與審美》這本書中得到了明證,其中在明確捍衛慣例理論的過程當中,那最知名的非此即彼的『審美』候選項被排除在外了。」[5]如此可見,迪基美學的內在邏輯昭然若揭了,先是摧毀審美,然後再建藝術定義,這是貫穿於迪基美學思想發展的主線。

周計武、吳飛譯,北京:北京師範大學出版社2016年版。

[3] George Dickie, "The Myth of the Aesthetic Attitude", in *American Philosophical Quarterly*, 1964.

[4] George Dickie, *Art and Aesthetic*, Ithaca and London: Cornell University Press, 1974.

[5] Noël Carroll, *Beyond Aesthetics*, p.2.

二、解構：1964年破除「審美態度神話」

在分析美學主流那裡，「審美」之原本根深蒂固的基礎，是一步又一步鬆動的。其中，最重要的兩個美學概念——「審美經驗」（aesthetic experience）與「審美態度」（aesthetic attitude）——都受到了激進的質疑。從語言上來說，「aesthetic」與「experience」的結合在18世紀以後才出現，「aesthetic」與「attitude」的結合似乎要更晚一些，因為attitude這個詞就是在1837年才開始明確出現的現代語彙。

從關係上來看，應該說，「審美經驗」是一個內涵更窄、外延更大的概念，相形之下，「審美態度」則應該是隸屬於「審美經驗」的一個子範疇。這樣，「審美經驗」一般而言是關於審美的人類經驗的總稱，其中包括「審美注意」（aesthetic attention）、「審美態度」等等諸多構成要素。

古典審美觀念在而今的影響仍是巨大的，如下的評價還是相當公允的：「直到現在，認為審美態度最引人注目的標誌之一就是超脫、距離或非功利性，認為我們在從審美角度靜觀某個事物的過程擺脫了我們對這個對象的所有實際關注，仍然是非常流行的觀念。雖然這樣一種觀念確實抓住了審美經驗所具有的一個為人們所熟悉的特徵，然而，要想以這些術語對審美態度作出明確的說明仍然是很困難的。無論我們是否談論超脫、距離或者審美非功利性，我們所提供的界定都是否定的——我們指出審美態度不是什麼——它不是道德態度、不是經濟態度不是實踐態度、等等。如果我們問『既然它不是這些，那麼它究竟是什麼呢？』對此，絕大多數作家提供的唯一明確的說明是心理學方面的。康德用具有神祕色彩的術語談論『想像力和知性的自由活動』；叔本華則把他自己的形而上學解釋強加到這種心理體驗之上，根據理智使自身擺脫意志的種種要求的過程來描述審美態度；布洛則在假定我們全都可以從內省的角度認識到使我們自己與對象保持距離究竟是什麼樣子的情況下，向我們提供了一些具有啟發性的例子，而不是任何一種經過詳細展開的分析。」[6]

在20世紀後半葉，相當多數的美學家反對古典觀念幾乎廢黜了審美在美學中的原有地位，但另一部分美學家在「分析傳統」內部仍發展了「心靈的審美狀態」（aesthetic state of mind）的理論，從總體關注這種審美狀態的代表性特徵可以包括如下：

---

[6]　安妮・謝波德：《美學：藝術哲學引論》，艾彥譯，瀋陽：遼寧教育出版社1998年版，第101－102頁。

（1）對於心靈的審美狀態區分於其他心靈狀態的思考，在某種方面，這種狀態類似於感性愉悅或者麻醉劑誘發的經驗，這種狀態也是區分於與人類關注的其他領域相關的諸如宗教、認識、實踐和道德之領域；

（2）對於既不訴諸於任何審美的先驗理念也不訴諸於藝術概念的方式的思考；

（3）解釋特定審美的相關的理念，舉例來說，依據心靈的審美狀態的特定理念，去解釋審美對象、審美判斷和審美價值之審美特性、品質、層面或者概念；

（4）多多少少地去為審美領域與藝術領域之關聯做出辯護，儘管意識到了心靈的審美狀態或許也是適當地直接指向或者建基於非藝術（例如自然）當中的。[7]

從美學史上看，美學的發展史最初是同哲學發展史頡頏前行的，在更多意義上，美學的拓展是依賴於哲學的發展的。「審美」這個術語，當然也是從這種互動的歷史演進中孳生出來的，正如美學也是鮑姆嘉通在西元1750年從哲學裡面抽離出來的。這裡面，還有一個很重要的歷史事實需要擺明，那就是心理學也是逐漸從哲學裡面脫胎而來的。換句話說，心理學與哲學分離，對「審美經驗」這些術語的產生也形成了巨大影響。現在無論是哲學還是心理學，都仍在討論「審美經驗」。當然，哲學有自己規範的論說方式，心理學（特別是19世紀開始興起的「審美心理學」）也有其獨特的經驗方式。

談到對「審美」的關注，在歐洲一個具有奠基性的人物，便是那位對西方產生了重要影響的蘇格蘭人大衛‧休謨（David Hume, 1711－1776）。有趣的是，本土的美學研究一直忽視這位相當重要的人物，而在歐美至今研究休謨文本的文章還在層出不窮。休謨曾非常明確的談到：「美就不是客觀存在於任何事物中的內在屬性，它只存在於鑒賞者的心裡」。[8]顯然，這種繼承自貝克萊、曾被斥為「主觀唯心主義」的觀念，的確曾在中國本土學界難以找到市場。然而，西方人對休謨的理解也趨向於片面，因為休謨其實從兩個方面來論述美感之來源的，一個是「效用說」，另一個則是「同情說」或「分享說」。

7　Gary Iseminger, 「Aesthetic Experience」, in Jerrold Levinson, ed., *Oxford Handbook of Aesthetics*, p.107.

8　休謨：《論趣味的標準》，見《古典文藝理論譯叢》第5輯，北京：人民文學出版社1963年版，第4頁。

　　吊詭的是，西方後代的美學界只繼承了休謨後一方面的思想，而對前者視而不見。其實，休謨的論述還是全面的，他一面強調了我們所能欣賞到的美「大部分都起於便利和效益的觀念」，[9]並以此為基礎，另一面又強調了審美還要藉助於「同情的想像」才能分享得到，旁人覺得美的我亦覺得美。如此說來，休謨的同情說所凸顯出來的，就是美感並不涉及到個人的利害、沒有任何利己的動機，這一點被後代極端地發揮了出來。可見，休謨的具有折衷味道的理論與康德決然地將「審美非功利」設定為審美第一契機，是有著相當的距離的。但是，歐洲美學史上將「美」視為「審美」、抬升「審美」的地位的最重要的轉折性人物，無疑就是休謨。

　　在20世紀60年代，迪基表面上在反對同時代的美學傾向，但究其淵源，卻將矛頭指向了休謨的美學理論。正是在休謨的影響之下，或者說肇源於休謨的影響，在歐洲，美學開始致力於（通過某些標準的確立）對某種「審美經驗」的確定，而且，通常就是通過某種「審美態度」的形式來加以實現的。在迪基看來，這是走了很大一段彎路，彎路的拐點就是休謨。這不僅僅造成了混淆，而且在根本上是「大錯而特錯」的。

　　當然，對此進行批評的，迪基並非是第一人。早就有美學家對此進行了顛覆。其中，比較重要的是一位曾來到過中國的美學家和文藝理論家艾·阿·瑞恰茲（Ivor Armstrong Richards, 1893－1979）。他早在20世紀20年代出版的《文學批評原理》裡面就指出，近代全部美學都依據一個始終鮮見論述的「臆說」，即假定存在著一種「類別明確的精神活動」，這個活動就是大家常說但不加以反思的「審美經驗」。

　　其實，瑞恰茲認為剛好相反，「審美經驗可能並不包含任何獨特成分，而是具有平常的材料但顯現為一種特殊形式。這就是大家一般所臆斷的審美經驗。現在上述特殊形式，正如通常所形容的——採用無關利欲、超脫、距離、無個性、主觀普遍性等等措辭——這些形式」來加以規定，[10]它們都由「審美」這個術語含混不清地囊括在內。但正如美的經驗與醜的經驗完全不一致，這種「審美」的假說方式，在瑞恰茲看來根本就不存在。然而，他的反駁所採取的論證途徑，卻並不十分令人信服，他更多是從兩種審美形式的區分入手，來規定一個經驗究竟是如何被形容為「審美的」或「無個性」和「無關利欲」的。[11]

9　北京大學哲學系編：《西方美學家論美和美感》，北京：商務印書館1980年版，第109頁。

10　艾·阿·瑞恰茲：《文學批評原理》，楊自伍譯，天津：百花洲文藝出版社1992年版，第9－10頁。

11　參見艾·阿·瑞恰茲：《文學批評原理》，第10章《為詩而詩》和第32章《想像

　　與瑞恰茲所進行「語義學」上的解析有「同工」之處，迪基所用的理論武器，其實仍是「概念分析」或「概念結構的哲學分析」。只不過，這種分析是建基在現代語言哲學成果的基礎上的。通過對語言運用上混淆狀態的分析，迪基在1964年發表的《審美態度的神話》（The Myth of the Aesthetic Attitude）一文之潛在目的，就是為了揭示出「審美」這個術語的本然的「空洞」！

　　這裡的「空洞」（vacuousness），就是指「審美」這個術語的錯位現象，本來所指的就是「空」或者「無物」，但卻將無利害、非功利、超脫、距離等審美特徵都「一網打盡」。迪基最終想說的無非是兩點：從哲學上看，在哲學裡面並不存在直接應對藝術和（與藝術相關的）自然現象的亞原則；從美學上看，這種歸屬於「審美經驗」的獨特性（distinctiveness），自18世紀它產生那一天起就步入了歧途。

　　我們就以《審美態度的神話》這個文本為主攻對象，看一看迪基究竟是如何運思的。

　　在1964年這個年頭，迪基已經注意到美學界開始表現出對「審美態度」這個概念的不滿，並認為，該是以一種嶄新的眼光來看待「審美態度」的時候了。所以，迪基開宗明義地認定——「審美經驗」無非就是一種神話（myth）。這個神話雖然仍在理論上起過作用而且常談常新，但而今，「審美態度」及其相關學說不僅不再起作用，而且在根本上是對美學理論的「誤導」。

　　這種反駁和顛覆，對於百餘年來習慣了「審美態度」理論的人們，可謂是「石破天驚」之舉！迪基就猶如戳穿了西洋鏡一般，發現了「審美態度」背後其實「空有所指」，或者說，這個概念本身並不能單列出來而作為獨立美學概念存在，這樣，他的潛臺詞就是：「審美態度」根本就是一種臆造。

　　那麼，迪基究竟採取了什麼樣的方法來對之解構的呢？他是通過「化整為零」、「個個擊破」的方法來實現的。具體來說，迪基通過批判——使「審美態度」得以可能的幾個具體美學概念——來拆解「審美態度」之基礎的，這幾個以往從未加以反思其「合法性」的概念就是：「距離」（distance）、「非功利」（disinterestedness）和「不及物」（intransitiveness）。

　　「距離」和「非功利」，這恐怕就連中國人都耳熟能詳，美學家愛德華·布洛（Edward Bullough, 1880－1934）的「審美距離」理論被朱光潛這樣的美學前輩給予了極高的地位，它主要是指面對審美對象的時候保持的

　　力》部分的相關論述。

一種「心理距離」，在此就不詳述。[12]

「非功利」，在中國本土的漢語學界，亦被譯爲「無利害」，這個概念在18世紀的英國原本是意指「實踐的」倫理學概念，它較早在夏夫茲博裡（Shaftesbury）那裡獲得審美觀照的內涵，後來才發展爲不涉及實踐和倫理考慮的「審美知覺方式」。[13]康德則將之納入「審美鑒賞」的「第一契機」從而奠定了歐美近現代美學的基礎，對中國近現代美學的影響也非常深遠。在本土語境裡，對康德這種無利害論卻有著獨特的解讀方式，自從20世紀20年代起，朱光潛與宗白華較爲一致意譯「disinterested contemplation」爲「無所爲而爲的觀賞」。他們都將康德思想作了語義上的轉換：從本土文化內「爲」的視角來看待非功利——「無所爲而爲」。「有爲」與「無爲」之辯原本是道家的理念，但這裡的「無所爲」還是就排除實用功利而言，審美的生存因而必然要與現實的、道德的、功利的活動絕緣。

從歐洲美學史上看，「在審美鑒賞和審美態度理論中，無利害關係在它們中間都起著中心的作用，但這種作用卻是完全不同的。在早期的理論中，無利害性是審美鑒賞的一種能力，這種能力的作用就在於對那種特殊的審美特質的知覺作出反應，而這種反應是無功利性的。但在後來的理論中，這種無利害性則是知覺和意識本身，它的基本作用是對外部世界的特徵提供認識的能力，那（有時）也是無功利性的。在審美態度的理論中，無功利性成爲一個更加基本的命題，從這個命題出發，無功利性能在某種偶然的機遇下，或者被認爲可以決定被知覺的（審美的）現實事物的性質；或者被認爲它僅僅是某種用以接近（審美的）現實事物的手段」。[14]

「不及物」則是中國學者並不熟悉的美學概念，它主要指的仍是一種「審美關聯性」問題，是講審美是否與對象發生直接的關聯。如此說來，「審美態度」就是「不及物的」，而非審美態度則是「及物的」。在這個意義上，「不及物」在根基上倒與「非功利」是緊密相系的。

迪基首先向「心理距離」（Psychical distance）說開炮。我們知道，布洛在論述距離理論的時候，舉出了一個有趣的例子，就是對冰山的觀看的例子。在遠渡的油輪上，看到美麗的冰山閃爍著微藍的光，的確令人不禁

---

[12]　參見朱光潛：《悲劇心理學》（中英文合本），張隆溪譯，合肥：安徽教育出版社1989年版，中文第27－58頁，英文第361－385頁，這也許是朱光潛先生最早的關於「心理距離」的集中論述。

[13]　Jerome Stolnitz, "On the Origins of 'Aesthtic Disinterestedness'", in George Dickie and Richard J. Sclafani eds., *Aesthetics: A Critical Anthology*, pp.611-612.

[14]　喬治·迪基：《審美的起源：審美鑒賞和審美態度》，見中國社會科學院哲學所美學室編：《美學譯文》（2），北京：中國社會科學出版社1982年版，第5－6頁。

產生審美感受。但越駛越近，在被告知有可能撞上冰山而發生危險的時候，這種審美感受蕩然無存。所以，布洛就此認為審美其實就是一種「心理距離」的保持。後來，這一學說被密斯‧道森（Miss Dawson）發展為：美的現象就是一種對我們態度的捕捉，這種態度使我們超出了實踐生活的模式，把我們提升到審美意識的水準。所以，審美一定要「有意地保持距離」（distance deliberately）。

迪基反問說：這裡的問題在於，存在這種「保存距離」的獨立之意識狀態嗎？無論當我們觀賞繪畫還是欣賞落日的時候，究竟是被事物的美所打動，還是贏得了一種保持距離的行為？答案是，這種特殊的活動並不存在，或者說，美學家所津津樂道這種特殊狀態並不存在。因為，「進入距離」（to distance）和「保持距離」（being distance）都僅僅意味著一個人的態度凝聚起來，這種新的技術術語，並不能代表真的存在這種特殊類型的活動或者意識狀態。在此，可以看到，迪基所做的工作，是在根本上的「除根」，他並沒有如一般語言分析那樣解析術語運用的含混不清，而是直接將概念所面對的對象消解掉了。進而，自然而然地推導出：既然就連概念的「所指」都沒有了，那麼，「距離」這樣的概念的存在又有什麼價值？

這是對「審美態度」進行「想像」的第一條道路，其思想結晶就是「距離」說。

進而，迪基將主要精力都轉向了第二條「想像之路」上面，這就是將「審美態度」獨立於日常活動的特定方式——「非功利」的方式。這種觀念不僅僅在德國古典哲學時代就已經定型下來，而且在迪基所處當時那個時代仍具有某種主流特質。其中，兩個重要的代表人物，一位是在美學界頗有名氣的傑羅姆‧斯托爾尼茨（Jerome Stolnitz），另一位則是埃利塞歐‧維瓦斯（Eliseo Vivas），前者所努力維護的核心概念就是「非功利的」（disinterested），後者的核心概念則是「不及物的」（intransitive）。

按照斯托爾尼茨的典型定義，所謂的「審美態度」就是「非功利的和同情的（sympathetic）注意和只為了自身目的之關注（contemplation）」，其中，「非功利」就意味著沒有對任何隱蔽目的的關切，「同情」意味著以自己的方式去接納對象，「關注」意味著直接指向對象的直覺。[15]但是，迪基就此運思，他認為有必要去認清面對不同種類藝術的非功利注意的本質。迪基通過對戲劇、文學等藝術的審美分析，來對不同的審美狀態進行橫向比較，試圖以審美的差異性來消解「審美態度」作為概念的整體

---

15 George Dickie, "The Myth of the Aesthetic Attitude", in Dabney Townsend ed., *Aesthetics: Classic Reading from Western Tradition*, Sudbury: Jones and Bartlett Publishers, 2001, p.312.

性。這也是一種「化整為零」而又「由零攻整」的策略。事實證明，這種分析還是頗有道理的，儘管具有某種相對主義的傾向。

其實，維瓦斯所謂的「純不及物經驗」（pure intransitive experience），亦即「不及物的注意」，同斯托爾尼茨的「非功利的注意」差不多是在同一意義上使用的。它們都意指一種「不對任何隱蔽的目的進行關注」。然而，迪基的疑問在於，一個人如何去「及物地」關注一首詩或任何一種文學作品？可以確證的是，一個人能夠為了各種不同的目的、由於各種不同的援引去關注一首詩，但他能「及物地」去關注一首詩嗎？迪基給出的答案是否定的，既然「及物」都被否定了其現實存在的可能，更不要說「不及物」了。

總之，迪基要說的整個意思是，「非功利」或「不及物」不能適當地被用於意指這種特殊的注意，亦即「審美態度」。「非功利」只是一個明確行動之特定動機的術語，但是，動機卻不能去描述這個行動本身。只有當「有功利關係的注意」發生了，才能說「非功利的注意」具有意義，這就好像是「慢步走」發生了才會有「快走」的價值。如此說來，當人們說「有功利關係的注意」的時候，通常指的就是一種「不注意」或「精神渙散」而已，它又是如此的短暫。[16]進而可以推演說，試圖定位「審美態度」的這些概念，只告訴了我們「審美經驗」「不是什麼」，但卻恰恰沒有告訴我們「審美經驗」「是什麼」！

「審美態度」這個術語儘管在美學史上反覆被使用，但卻是一個相當含混的概念，因為它根本就沒有從經驗中區分出單一的和分離的層次。諸如迪基這樣的「審美態度」的反駁者們，認為並不存在（事先假定好的）「審美態度」這樣的心理狀態。但這也並不意味著沒有明晰的心理狀態存在，迪基至少還是承認如意圖、動機這類的狀態。他的目的是要證明，審美在這類狀態裡面並不存在明確的層次，因為它既沒有確定某些單純的狀態，也沒有被某些難以描述的心理條件所確定。所以，在迪基看來，在面對諸如藝術、（與藝術相關的）自然現象的時候，甚至根本不需要「審美」這個術語。

公正地來看，迪基所要論證的不過是，所有的審美態度理論都陷入了一定程度的概念不清和概念混淆。實質上，就積極方面而言，這些理論的確推動了對審美經驗的諸多要素的描述，由此發展出一種適當的審美和藝

---

[16] 在1971年的《美學導論》裡面，喬治・迪基仍在繼續對「心理距離」和「非功利的注意」的批判，但又增加了對「看似」（seeing as）的批判，從而批判了奧爾德里奇（Virgil Aldrich）的「感知的審美模式」」（aesthetic mode of perception），George Dickie, *Aesthetics: An Introduction*, pp.56-59.

術理論。然而，消極方面卻是將人類的作為整體的經驗割裂開來，將本然未分的經驗加以區分，從而以一種「神話」的姿態背離了現實的生活。

如此說來，迪基認為：

> 我已經論證了，這第二條想像之路同樣也是一個神話，至少它的主要內容——非功利的注意——是一種神話；但是，我必須盡力去建構使美學理論得以誤解的那些觀念。我會論證態度理論者（attitude-theorist）的錯誤之處是關於：（1）他希望為審美關聯設定邊界的這種方式；（2）批評某個藝術品的關聯；（3）道德與審美價值的關聯。[17]

這就開始涉及到迪基所說的態度理論誤導美學理論的「第三條道路」。依據這條路線，審美價值是始終獨立於道德之外的，也就是上面所說的（3）。這是「審美態度」理論所導致的邏輯後果。

這裡要補充說明，上面的（1）已經剛剛論證過，（2）所要集中論述的是，批評家與作品的觀念是不同於其他人與作品的關聯的。這就涉及到態度理論的誤解，它其實是將批評家的意見強加給普通的藝術欣賞者。實際上，普通審美者欣賞對象與批評家觀照對象，的確是不同的，因為後者起碼具有一個潛在的目的，就是分析和評價所欣賞的對象。所以，作為批評家的個人同作為欣賞者的個人不能按同樣的模式來運作。這是一點補充。

還是回到審美與道德的關係。的確，現代的人們早已將對藝術的道德批評和審美批評區分開來，這的確是一個歷史的進步，但同時也是退步。這樣做，使得我們失去了賦予藝術以意義的整個世界的關聯。原來所說的那種「審美態度」的功能方面，其實就與道德層面是相關的。儘管這種關聯很難得以明晰化，但是，藝術品的道德方面是絕對不能以非功利來定義的審美注意來界定的，因為道德方面是以某種方式來實踐的。這樣，藝術品的審美視角也能顯現審美上的意義，作品的道德視角就是作品的組成部分。這是由於，關於作品的道德視角的陳述（無論是描述性的還是評價性的），都是「作品」的陳述；任何關於作品的陳述都是批評的陳述，亦都應歸屬於審美的領域。

總而言之，迪基最終認定「審美態度」的相關公式，都是令人失望至極的，沒有展現出其重要意義所在。這種「審美態度」的理論帶來了概念上的含混，從而在根本上誤導了整個美學理論的發展，甚至對美學而言毫

---

[17] Townsend ed., *Aesthetics: Classic Reading from WesternTradition*, p.316.

無價值而言。

應該説，在20世紀60年代，迪基的美學代表了上個世紀歐美美學的一個新的動向，他對於「審美態度」的拒絶理論，可以有助於我們理解20世紀前期美學是如何失去了「前康德」（prior to Kant）時代之更具整合性的美學視角的。在這個意義上，迪基也是要超越康德的。從回溯的角度看，他是要回到康德之前那種美學的完整性方面；從前瞻的視角看，他是要為未來的美學運作提供更大的解釋空間。

然而，需要補充的是，迪基雖始終未直接攻擊「審美經驗」本身，但對「審美態度」的解構自然而然會導向對「審美經驗」的置疑。「或許使審美經驗學説衰微的最不幸、最有害的東西是審美經驗理論與審美態度理論多方面聯繫和混淆。魯斯·梭可能有理由在二十年前完全抹煞二者的區別，提出可以用審美距離來表示二者的共同特徵。……瑞恰兹曾提出了『幻覺的審美狀態』來攻擊審美態度這一概念；迪基分別抨擊了這兩種理論，把審美經驗的理論標榜為『比爾裡兹的幻覺審美經驗』。但是，迪基並沒有把經驗與態度相混淆。……重要的是記住迪基在這裡沒有攻擊審美經驗。但是，要使這二者合而為一並不是太難的事情，因為斯托爾尼茨堅持認為審美經驗『是我們在保持著審美態度時所具有的一種經驗』。」[18]

如此一來，對「審美態度」的批判，會進而轉向對「審美經驗」的批判。「審美態度」終結了，必然導致「審美經驗」的終結論。

三、建構：1974年總結「藝術慣例論」

援引丹托的「藝術界」理論，對當代藝術的拓展獲得了新的闡釋的，就是迪基在1974年《藝術與審美》一書裡面得以總結的「藝術慣例論」（the Institutional Theory of Art）。從思想發展來看，慣例論最早的説法，出現在1969年迪基所寫的《界定藝術》（Defining Art）這篇文章裡面，緊接著就進行了兩次的修訂，第一次是在1971年的《美學導論》中，第二次就是在1974年的《藝術與審美》，這是一次系統的總結。後來，在1984年的《藝術圈》當中，迪基又有所發展，似乎更喜歡用「藝術圈」（art circle）這個與「藝術界」更近似的新詞。從某種意義上看，這也是迪基將對原先的「藝術界」觀念的某種修正，因為「藝術圈」的觀念更關注的是藝術家與其觀眾之關係的「相互關聯結構」（interrelated structure）。[19]

---

[18] 約翰·菲舍爾：《審美經驗的誤區》，孫永和譯，見《文藝研究》1989年第6期，譯文有改動，特別是「審美心態」該譯為「審美態度」。

[19] George Dickie, *The Art Circle: A Theory of Art*, New York: Haven Publications, 1984.

　　由於這一理論提出了一套適用於當代藝術的「藝術定義」，從而獲得了相當巨大的反響，贊同者大有人在並趨之若鶩，反駁者更是節節反擊，「逼得」迪基不斷地修正自己的理論。其中，還有一個普遍的誤解，就是認為「藝術界」的想法乃迪基所創。正如前面所述，「藝術界」理論的創始者是丹托。在很大程度上，受到了丹托的啟發和影響，迪基才轉而提出新論的。「藝術界」其實是由藝術家們、批評家們、畫廊、博物館和藝術欣賞共同構成的混合體，它向當代藝術展現出了開放的姿態。

　　無論在歷史中，還是從理論上，美學都不能無視「藝術界」的影響。

　　所以，迪基在多處都曾提到過：他對丹托的直接繼承與他與丹托的差異。基本的差異，當然在於核心觀念的不同：丹托並沒有在他的《藝術界》和《藝術品與真實物》（*Art Works and Real Things*）[20]等一系列的論文內發展出「對藝術的一種慣例性的闡述」，丹托關心的還是他自稱的模仿論（Imitation Theory）和藝術真實論（Real Theory of Art）的問題。然而，迪基卻從這些文章裡面，洞見到了丹托的許多觀點其實是同慣例性之闡釋相符的，並可以被歸併到慣例論裡面去。特別是丹托關於藝術起因的論述，更是與迪基的慣例性之闡釋相契，甚至慣例論被迪基自己視為是「起因論（the ascriptivity theory）的一種合理的變形」。[21]

　　那麼，迪基又是如何援引「藝術界」這個術語的呢？可能是怕直接界定會出現一些理論上麻煩，所以，迪基總是強調他從來就沒有給「藝術界」一個明確的定義，而只是指出相關的呈現被用以指代什麼。換言之，迪基從未在丹托之後為「藝術界」下過定義，而只是對呈現所指的東西作出描述。[22]正如「慣例」原本也應是一個描述性的概念一樣，迪基將對「藝術」的直接界定，建基於「藝術界」這樣的「約定俗成」的描述性觀念之上。簡單地說，「慣例論」包含的是同「藝術界」的一種內在關係。

　　還有，丹托所說的「藝術確認」，就其實質，也就是迪基所謂的「藝術授予」或「授予藝術地位」的問題，前者對後者的內在影響無疑是巨大的，因為這意指了「使之成其為藝術」的那個活動本身之重要過程。

　　迪基更明確地將矛頭對準兩個目標：首先是在早期分析美學那裡占主流的「藝術不可界定」論，在反叛這種「虛無主義」的立場之上，其次更明確地對準在傳統美學那裡曾前後出現的「模仿說」與「表現說」。以往對「藝術」的界定，都是通過界定「必要條件」和「充分條件」來加以定義的。模仿說的影響力甚至延續到了19世紀，隨後又有「表現說」衝破前

---

[20] Arthur C. Danto, "Art Works and Real Things", in *Theoria*, 1973, pp.1-17

[21] George Dickie, *Art and Aesthetic*, p.29, footnote 9.

[22] George Dickie, *Art and Aesthetic*, pp.29-30, footnote 10.

者，此後通過這種必要和充分條件來界定藝術的努力紛至遝來。直到20世紀50年代中葉，受到維特根斯坦的著名美學演講的影響，一股逃避藝術界定的思潮開始佔據上風，甚至認為藝術就不存在必要的和充分之條件。從迪基野心勃勃的視角看來，整個歷史就分三段：第一段是自模仿說開始的各色界定藝術的嘗試，第二段就是早期分析美學開始宣導的「藝術不可界定」階段，第三段當然就是他自己所謂的「慣例論」所代表的階段。這就好似黑格爾的「正──反──合」的邏輯演進，最後在迪基那裡形成「合題」。

實際上，從整個歷史發展來看，早期分析美學代表人物威廉・肯尼克早在1958年發表的著名論文《傳統美學是否基於一個錯誤？》中，就曾層層解析地指出，傳統美學所探究的就是「傳統邏輯語言所說的藝術和美的定義」，[23]而這種既定的「假設」只是一個錯誤，美學理應做的是澄清語言運用的混亂，要追問界定藝術的語言這一根本問題。但到了後期分析美學那裡，這種美學虛無主義傾向才有所弱化，人們將維特根斯坦的「家族相似」概念應用到藝術定義中，認為藝術是個「開放性」的概念。

不過，迪基直接反擊的是莫里斯・維茨，因為這位美學家在1956年的美國《美學與藝術批評雜誌》發表了著名的《美學理論的作用》的長文。其實，從肯尼克到維茨，都受到了維特根斯坦那毋庸置疑的影響，因為維特根斯坦就曾自信地證明說「『遊戲』是不可定義的」。迪基對維茨的不滿在於兩點：一個是維茨在將藝術概念解析為「一般概念」和「亞概念」（如悲劇、小說、繪畫）之後，進而斷言「藝術」的普遍概念是沒有定論的。這種澈底相對主義的立場，為迪基所拒絕，但維茨將「開放性的概念」應用於藝術分析，卻是功不可沒的。他要求把「遊戲概念」理解為開放的而非封閉的概念，這也正是要藝術向「生活形式」開放。然而，問題就在於他開放得太厲害，迪基進而修正道：藝術的「亞概念」的全部或者部分都可能是開放的，而藝術的「一般概念」仍然是確定的，仍然是有邊界的，不可能漫無邊際地開放。這是其一。第二則是維茨甚至認為「人工製造」都不是藝術的必要性質，這種極端的態度，更令迪基不滿，後面將要看到，「人造性」恰恰構成了迪基藝術定義的「基礎前的基礎」或「前提中的前提」。

當然，模仿說和表現說的困境，迪基開始也曾輕描淡寫地提到，但卻直刺要害。模仿說只囿於「藝術與題材」的關係上，表現說則關注「作品與創造者」的關係，雖然兩種定義不能令人滿意，但是卻提供出一種正確的思路：精選出藝術的相關特徵作為本質。更重要的推展，來自於一位哲

---

[23]　Matthew Lipman, *Contemporary Aesthetics*, pp.219-234.

學教授毛瑞斯・曼德爾鮑姆（Maurice Mandelbaum, 1908－1987）。他為迪基提供了一個重要的思路，也就是在藝術「顯明的」特徵之外，還存在一種探求「非顯明」的特徵之途。在曼德爾鮑姆看來，無論是維特根斯坦的「遊戲不可界定」還是維茨「開放性」的藝術概念，都是在藝術的「顯明的」特徵基礎上建構起來的，這種「顯明」指的就是容易察覺的外觀特徵（比如畫中有三角形構圖、悲劇情節中包含命運逆轉等等）。但真正引起迪基關注的是，不能再一如既往地走「顯明的」特徵的老路了，如果轉換門庭，從藝術的「非顯明的」特徵出發，才能達到對「藝術」定義基礎的準確理解，才能揭示一切藝術品的共同性質。

這種「非顯明」的路途的提出，顯然就指向了迪基著名的「慣例論」裡面那個「慣例」。這種開拓性的學說認定，一件藝術品必須具有兩個基本的條件，它必須是：

（1）一件人工製品（an artifact）；
（2）一系列方面，這些方面由代表特定社會慣例（藝術界中的）而行動的某人或某些人，授予其供欣賞的候選者的地位。[24]

首先，就條件（1）而言，「人造性」成為了藝術基本定義的一個「必要條件」。迪基先要明確的是，藝術品首要的條件就是要成為人工製品，進而才能成為藝術品。關鍵是條件（2），它揭示出的正是一種「非顯明的」特徵。這就必須回到丹托的「藝術界」理論那裡。但為迪基所忽視的是，其實思想源頭還在維特根斯坦那裡。

我認為，維特根斯坦的「生活形式」理論，才是「慣例論」更為潛在的真正淵源。因為，維特根斯坦早就說過「想像一種語言就意味著想像一種生活形式」，[25]「語言的述說是一種行動的一部分，或者是生活形式的一部分。」[26]在這個意義上，「生活形式」通常被認定為是語言的「一般的語境」，也就是說，語言在這種語境的範圍內才能存在，它常常被看作是「風格與習慣、經驗與技能的綜合體」。雖然維特根斯坦在「生活形式」所包含的文化內容方面是語焉不詳的，但丹托的「藝術界」和迪基的「慣例」，不都是被注入文化內容的「生活形式」在藝術領域之變體嗎？

---

[24] George Dickie, *Art and Aesthetic*, p.34. "A work of art in the classificatory sense is (1) an artifact (2) a set of the aspects of which has had conferred upon it the status of candidate for appreciation by some person acting on behalf of a certain social institution (the artworld)".

[25] Ludwig Wittgenstein, *Philosophical Investigations*, p.8.

[26] Ludwig Wittgenstein, *Philosophical Investigations*, p.11.

回到迪基的思路，他認為，丹托的《藝術界》儘管沒有系統地為藝術下定義，但卻開闢了為藝術下定義的正確的方向。在丹托那段直接提出「藝術界」的名言那裡，其中「肉眼所不能察覺的東西」正是表明他對曼德爾鮑姆「非顯明」提法的認同，更為重要的是，丹托比曼德爾鮑姆更進一步，提出的是嵌入其中的、關於藝術品的、涵義豐富的內在結構，亦即——「藝術的慣例本質」（the institutional nature of art）。[27] 迪基之所以在此援引丹托的「藝術界」術語，就是用來指代「一種廣泛的社會慣例（the broad social institutional），藝術品在這種社會慣例中有其地位」。[28]

當迪基描述出「藝術界作為一種慣例」的時候，實際上，他在說的是「一種業已存在的慣例」。正如慣例那個英文詞「institution」的多義性所示，迪基所指的是一種內在的約定俗成的習俗，而非那種外在的團體或者組織機構。他想說的是，這個慣例體系，無論如何就存在於那裡。一切「藝術系統」所共有的核心特質是，每一個系統都是特定的藝術品藉以呈現自身的「構架」。這個構架不是純形式化的，而是有豐富內涵的。所以，正因為藝術界諸多系統的豐富多樣性，所以，導致了藝術品沒有共同的外現的或顯明的特性。

迪基轉過頭來，又開始解析「杜尚難題」。下面就是他的獨特的解答。在杜尚將「藝術地位」親手「賦予」了現成物的時候，迪基注意到的恰恰是其中一個曾被長期忽視、並一直不被欣賞的人類活動，那就是「授予藝術地位的活動」（the action of conferring the status of art）。[29]當然，歷史上的畫家和雕塑家一直都在這樣做，在將藝術地位授予給他們的創作物，從而因襲了整個的傳統的慣例，並在這種傳承當中不斷地來創造著新的典範。在很大意義上，藝術家就是「藝術界的代理人」，他負責藝術授予的活動。所以，照此看來：

> 作為藝術品，或許杜尚的「現成物」的價值並不太大，但是如作為藝術的一個例證，它們對藝術理論卻是有價值的。我並不能由此斷言，杜尚和他的朋友們發明瞭藝術地位授予這種手段；他們只不過是用一種非尋常的方式使用了現成的慣例方式（an existing institutional device）。杜尚並沒有發明藝術界，因為，藝術界始終就已存在於那裡（Duchamp did not invent the artworld，because it was there all along）……藝術界由一大束系統（a bundle of system）所構

27　George Dickie, *Art and Aesthetic*, p.29.

28　George Dickie, *Art and Aesthetic*, p.29.

29　George Dickie, *Art and Aesthetic*, p.32.

成，包括戲劇、繪畫、雕塑、文學、音樂等等，它們每一個系統，都在為本系統內授予對象以藝術地位而提供一種慣例的氛圍。這些大量的系統被納入到藝術一般概念（the generic conception of art）中，這是不可阻遏的，每一個較大的系統內都包含了更深一層的各個子系統。藝術界的這般特質，提供出了一種乃至能容納最大創造性的伸縮特性。[30]

關於藝術條件（2），迪基繼續如剝洋蔥般地將之解剖為彼此差異亦保持相互關聯的四個觀念：「（1）代表某一種慣例（acting on behalf of an institution）；（2）地位的授予（conferring of status）；（3）成為一個待選者（being a candidate）；（4）欣賞（appreciation）」。[31]顯然，這種分析哲學的態度，將「藝術授予活動」置於典型的西方割裂式之思維手術臺上，在次序上大致形成了前後的邏輯關係。

下面，逐層來解析，其所包含的實在內涵是：

（1）「代表慣例」或者「形成慣例」的核心載體，是創作藝術品的藝術家們，他們作為呈現藝術品的「呈現者們」還離不開那些作為藝術品接受者的「座上客」。這樣，呈現者與座上客就成為了藝術整體系統中少數的核心成員，在他們推動了這個系統運作之後，批評家、史學家和藝術哲學家也作為藝術界的成員被捲入其中。

（2）「地位的授予」，通常是由個人亦即創作人工製品的藝術家來實現的，授予活動一般都是個人行為（當然還有一批人去授予的），這個個人都要通過代表了藝術界來實施行動，從而授予人工製品以供人欣賞的待選資格。

（3）由上面的涵義推出，所謂「候選資格」就是藝術界某位成員授予供欣賞的待選者的地位。

（4）這裡「欣賞」並非指傳統的審美欣賞，而是指一種認可為有價值的態度，是慣例的結構（而非欣賞的類分）造成了藝術欣賞與非藝術欣賞之間的區別。

顯而易見，迪基首當其衝面臨的指責，就是「你的定義是循環論證」。的確，從「藝術」到「藝術界」，再從「藝術界」回到「藝術」：從邏輯上說，迪基實質上所說的還是「A是A」或者「藝術是藝術」。迪

---

[30] George Dickie, *Art and Aesthetic*, p.32-33.

[31] George Dickie, *Art and Aesthetic*, p.34.

基自己也不避諱這一點，但他還在努力爲自己辯護說：這種定義的循環是「非惡意的循環」，它所強調的是與「藝術界」的一種關係，強調的還是約定俗成的內容之注入和嵌入，所以藝術方能在歷史上成立，難怪這種理論又被稱爲「文化學理論」（culturological theory）。

但另一方面，迪基又強調「慣例論」又是無涉內容的，這就是《何爲藝術？：一種慣例論的分析》（What is Art?: An Institutional Analysis）一文之終篇，迪基又繞回到對模仿說和表現說的批判。從已經被建構起來的「慣例論」觀之，無論是模仿說還是表現說都被誤認爲是藝術的理論了，其實它們論述的只是「藝術能做些什麼」，而「慣例論」也並未揭示出「藝術所能做的一切」。在某種意義上，「慣例論」倒成了迪基心目中「最理論」的藝術理論。

四、重構：從「早期觀點」到「晚期觀點」的修正

在「慣例論」提出之後，形成了兩種子然相反的效應。一方面，這種理論使得美學「跟進」了當代藝術的前沿，用慣例論去解釋新興的極少主義、偶發藝術、觀念藝術似乎是再合適不過的了，因而在藝術領域獲得了普遍的讚同。但是，另一方面，這本來就充滿著矛盾色彩的理論，由於理論自身不能自洽，而遭到了美學界的紛紛置疑。

反擊的關鍵，還在於迪基所用的「授予」的概念。的確，「授予」活動就是「慣例論」裡面最精華的部分。被置疑最多的還是這個「授予」。究竟是誰在「授予」？如果確定下來，又是「誰」賦予了這個「授予者」以授予權？是否會導致對授予權的濫用？如果這樣，那麼，就會出現無所不是藝術，一切皆無非藝術的可能了。

迪基自己虛心接受了對「授予」的尖銳批評。他自己將「慣例論」進行了修正，從而區分出「早期看法」（the earlier version）和「晚期看法」（the later version）。他反思說：的確，早期藝術慣例論的視角就好像在說，一個人造物是藝術品，只需有人說「我命名這個東西爲藝術品」就萬事大吉了。依據這種視角來分析，就並沒有指明究竟是如何「成爲藝術」（becoming art）的，[32] 而單單是命名而已，這是一個很顯明的問題。

對早期的「慣例論」的批評，迪基明確接受了兩點。第一，是關於藝術條件（1），以前迪基認定諸如杜尚的《泉》裡面的人造物都是被「授予」的，這顯然並不正確。而今迪基相信人造製品並不是被授予的。人造

---

[32] George Dickie, *Introduction to Aesthetics*, p.86.

物只是對「前存在物」的轉化，通過兩個物結合、削掉一些物、塑造物等等。當這些物被作出如此的轉化之後，就能明確地適用於「藝術」的定義——「一個人造的物，特別要帶有一種隨後被使用的視角」。[33]比如一塊浮木，要在藝術界中得以應用，它被選擇和陳列出來是按照繪畫和雕塑的方式來陳列的。這個浮木就被作為一個藝術媒介來被使用，因而成為了更複雜的對象——作為一個藝術媒介所用的浮木（the-driftwood-used-as-an-artistic-medium）——的一部分。所以，這個複雜物就成為一個藝術界系統內的人造物。

第二，迪基接受了美學家比爾茲利（Monroe Beardsley）的批評，這涉及到藝術條件（2）。在早期視角中，迪基將藝術界作為一種「已建構的實踐」（established practice），並將之視為一種非正式的活動。比爾茲利拈出迪基的兩個術語「被授予的地位」（conferred status）和「代表而做」（acting on behalf of），認定這些用語都是在正式的慣例裡面被使用的，但迪基卻錯誤地用正式的慣例語言來描述非正式的慣例。[34]接受了這一批評，迪基放棄了這兩個術語，認為成為藝術品就是獲得地位，也就是在藝術界的人類活動裡面佔據一個位置，這是正確的。換言之，按照晚期的視角，藝術品成為了地位或者位置的結果，這個地位或者位置是在一個「已建構的實踐」亦即「藝術界」裡面被佔據的。

顯然，迪基最終放棄的是「授予」這個公說公有理、婆說婆有理的說法，避免了人們對他的指責。這樣，晚期的「慣例論」就被修訂為，藝術品：

> （1）它必須是件人工製品；（2）它是為提交給藝術界的公眾而創造出來的（A work of art is an artifact of a kind created to be presented to an artworld public）。[35]

進而，迪基的四個附加說明條件（其實是自我辯護）是：「藝術家」是理解一個藝術品被製作出來的參與者（a person who participates with understanding in the making of a work of art）；「公眾」是一系列的人（a set of persons），這些成員在某種程度上準備去理解要提交給他們的物（the members of which are prepared in some degree to understand an object which presented to them）；「藝術界」是整個藝術界系統的整體（the totality of all

---

[33] George Dickie, *Introduction to Aesthetics*, p.87.

[34] George Dickie, *Introduction to Aesthetics*, p.88.

[35] George Dickie, *The Art Circle*, pp.80, 44; George Dickie, *Introduction to Aesthetic*, p.92.

artworld systems）；一個「藝術界系統」就是一個藝術家將藝術品提交給藝術界公眾的構架（a framework for the presentation of a work of art by an artist to an artworld public）。[36]

在2001年的《藝術與價值》當中，迪基開始從自然與文化的關聯這個新的視角來看待藝術問題。他首先區分出兩類藝術理論，一類是所謂的「藝術的心理學理論」（psychological theories of art），另一類則是「藝術的文化理論」（cultural theories of art），迪基自認為慣例論再繼續發展就會進入後一類理論的深處。這是因為，文化方法的核心指出就在於認定：藝術就是一種「人類的集體發明」（invention）而並不只是從「生理自然」當中生髮出來的。[37]由此可見，迪基以文化理論為基礎來重構他的藝術理論：「藝術品是一種文化建構（cultural construction）」，是社會成員們隨著時間的流逝而集體地從事的文化事務。

在2004年的最新發展中，迪基在《定義藝術》一文裡面，更突出了藝術慣例是一種「文化實踐」，藝術活動本身就是一種文化實踐活動，[38]基本上是還在強調其晚期說法之中的文化維度。換言之，越到晚期，迪基的美學理論越走向了文化維度。

但遺憾的是，當迪基將「授予」抽取掉了的時候，也就抽取掉了這一理論的文化與歷史的內涵，表面上似乎八面玲瓏了，但卻因此失去了理論的原創性。無論如何，這個著名的「慣例論」都可謂是從美學角度對當代藝術所做出的相當「精妙」的解答之一。

五、模式：1988年評價「藝術評價」

迪基的美學儘管覆蓋面是很全的（對於「直覺」、「象徵」、「隱喻」、「表現」這他所認為的四大美學問題都有所發展），但如前所述，「解構審美態度」與「建構藝術定義」卻無疑是他美學建樹的核心部分，另外還頗具特色的就是他的「藝術評價」理論。這些新的思想集中體現在1988年他出版的《評價藝術》一書當中，[39]並在《藝術與價值》這部新著裡面得到了詳盡而系統的闡釋。[40]

---

[36] George Dickie, *The Art Circle*, pp.80-82.
[37] George Dickie, *Art and Value*, New York: Blackwell Publishers, 2001, p.10.
[38] George Dickie, "Defining Art :Intension and Extension", in Peter Kivy ed., *The Blackwell Guide to Aesthetics*, pp.45-62.
[39] George Dickie, *Evaluating Art*, Philadelphia: Temple University Press, 1988.
[40] George Dickie, *Art and Value*.

　　實際上，早在1971年的《美學導論》當中，迪基就開始關注了這個問題，但是他的想法在當時還不夠成熟。在那時的迪基不僅從比爾茲利那裡借鑒了許多，而且在藝術評價領域主要闡釋的就是比爾茲利的相關理論。在歷史上其他的評價理論，迪基認為主要有「主觀主義」（Subjectivism）、「柏拉圖主義」（Platonism）、「情感主義」（Emotivism）、「相對主義」（relativism）和「批判一元論」（Critical Singularism）。[41]

　　到了1997年的《美學導論：一種分析方法》那裡，對於20世紀的傳統評價理論又被修訂為「個人主觀主義」（Subjectivism）、「直覺主義」（Instuitionism）、「情感主義」、「相對主義」和「批判一元論」這五種。[42]按照迪基的意見，這些傳統的評價論皆否認評價具有共同的基礎，無論是訴諸於個人心理狀態差異的主觀主義，還是訴諸於反邏輯的「直覺」或「情感」的直覺主義或情感主義，無論是強調批評當中原則的被選擇性的相對主義，還是適度接受理性作用的批判一元論，都是如此。

　　與這些傳統的評價模式不同，在「分析美學」的譜系當中，卻出現了一種新的所謂「工具主義」（instrumentalism）的理論傾向。顯然，把美學當作為一門規範的科學的努力，使得藝術評價問題被認定是具有共同原理的。

　　按照迪基自己的意見，比爾茲利、古德曼和他本人分別代表了「工具主義」的三中不同訴求，迪基的理論更多可以被視為是前兩者理論的「執兩中用」。[43]但在《評價藝術》當中，他的視角更為廣闊，既涉及到了休謨及其影響深遠的相對主義，又涉及到了諸如保羅·齊夫、西伯利、尼古拉斯·沃特斯特夫（Nicholas Wolterstorff, 1932－）這些在分析美學上做出了堅實工作的美學家們。但是，迪基最關注的還是比爾茲利和古德曼。

　　對於藝術評價的「工具主義」的獨特理解，顯然是從分析美學開始的。比爾茲利可以被視為是「工具主義」的最初代表，他從審美的角度來界定藝術眾所周知，所以他的「工具主義」也是同他的審美經驗和藝術理論是內在相關的。按照迪基的闡釋，比爾茲利的「工具主義」的藝術評價之內在邏輯可以呈現為：

1.一種適當的更大量度的審美經驗一直是好的。
2.如果一件藝術品能產生好的審美經驗，那麼這件作品就是（工具性地）好的。
3.這個藝術品能生產出適當的更大量度的一種審美經驗。

[41] George Dickie, *Aesthetics: An Introduction*, pp.160-182.
[42] George Dickie, *Introduction to Aesthetics*, chapter 13.
[43] George Dickie, *Introduction to Aesthetics*, chapter 14, 15, 16.

4.這個藝術品能生產出一種好的審美經驗。（來自1與3）

5.這個作品就是（工具性地）好的。（來自2與4）[44]

　　比爾茲利的「工具主義」既關係到藝術批評推理的標準理論，又成爲了關於藝術價值的工具理論。但是，古德曼與比爾茲利的根本不同，就在於他並沒有將審美視爲一種無關認識的經驗，而認定審美本身就是一種認識，他的工具主義可以被描述爲「工具認識論」（Instrumental Cognitivism）。

　　根據比爾茲利的理解，古德曼的這種藝術評價思想，可以從四個方面來把握。首先，古德曼認爲，每件藝術品都是一個符號，或者通過再現、描述、表現和例示抑或通過這四者的結合的方式而成爲符號。其次，這些符號都是爲了認知而存在的。再次，正如古德曼本人所宣稱的那樣，藝術的首要目的就是認知，無論是實踐性（practicality）、愉悅、衝動還是交往也好，最終都依賴於這種認知。最後，藝術被評價得好的程度，這是訴諸於認知目的的（cognitive purpose）。[45]儘管這些解析似乎將某些解釋附加到與古德曼本人思想之上，但是，這種理解仍把握住了古德曼理論認知中心主義的精髓。

　　如此看來，比爾茲利的評價理論更爲關注的是藝術的「內在價值化」，而古德曼則走在理論的另一方向上，他更傾向於用邏輯概念去把握藝術的價值（參見本書第四章第八節）。按照迪基的「折衷方案」，將藝術價值內在化是絕對必要的，因爲這種價值並不是外部附加的，但是，在堅持這種價值的具體性的同時，如何不走向相對主義，這就需要做出理論上的讓步。這種讓步可以稱之爲「弱原則」。因爲由此將比爾茲利的普遍化取向得以弱化，將評價的普遍原則向個體化的方向去拉，這就是迪基所處的工作。

　　如此看來，藝術評價的原則在迪基自己那裡就化爲「弱原則」了。但與此同時，作爲一位典型的分析美學家，迪基仍沒有放棄古德曼式的科學主義訴求，在將普遍原則加以具體化運用的時候，迪基往往按照分析的法則將作品要素羅列成矩陣，試圖將藝術評價的工作科學化從而變得可操作。但事實證明，這種過度分析的方法只是理論上的一種「構想」，而離藝術評價的實際相差甚遠。這正是分析美學方法帶給迪基的，它既成就了相關的藝術評價理論，又將該理論的缺憾顯露無餘。

[44]　George Dickie, *Evaluating Art*, p.66.

[45]　George Dickie, *Evaluating Art*, p.66.

六、述評：與布林迪厄的「慣習」理論比較

　　如何評判迪基的藝術定義的優勢與缺陷？關於藝術慣例論的爭論至今不絕。[46]最著名的兩個批駁，一個來自英國的沃爾海姆《藝術及其對象》1980年增訂版當中附錄，[47]在1987年的《作為藝術的繪畫》當中仍在持續；[48]另一個則來自丹托的反戈一擊，在1981年的《平凡物質的變形》開始，[49]丹托拒絕迪基對他理論的闡釋，並不時地拿出迪基的理論進行敲打和諷刺。

　　我們知道，在絕大多數的時代，對藝術定義的加以確定之資訊都來自兩個源泉：「（1）某個時代的藝術理論家們為藝術制定的理論；（2）同一時代的藝術家們對藝術的看法。」[50]迪基的分析美學的理論也不出這兩種源泉之外，而且這兩種想法在迪基那裡是存在矛盾的：前者需要為藝術制定相對規範的定義，而後者則要求藝術概念向越來越多的新藝術得以開放。

　　迪基的「慣例論」及其追隨的類似理論，比如所謂的「後慣例論美學」（post-institutional aesthetics）即是明證，[51]也面臨這類似的困境，面臨這難以解決的矛盾。不同的是，「開放的概念」所開放的只是藝術自身，而迪基的理論則向無限延展的「慣例」世界開放了。

　　這裡，我想援引法國著名社會學家布林迪厄的「慣習」（habitus）理論，來解讀其中的「妙處」與「硬傷」之所在。與迪基對「慣例」只有描述而沒有界定不同，所謂「慣習」是個更明確的社會學概念，它也不同於慣常所說的「習慣」（habit），而是就「實踐操持」（practical mastery）的社會意義而言的，它是一種社會化了的主觀性，既是私人的、主觀的，也是社會的、集體的。[52]在此，就又引出一個類似於「藝術界」的「場

---

[46] Derek Matravers, "Institutional Definitions and Reasons", in *The British Journal of Aesthetics*, 2007, 47 (3).

[47] Richard Wollheim, "The Institutional Theory of Art", in Richard Wollheim, *Art and its Objects: With Six Supplementary Essays*.

[48] Richard Wollheim, *Painting As an Art*.

[49] Arthur C. Danto, "Aesthetics and Work of Art", in Arthur C. Danto, *The Transfiguration of the Commonplace*.

[50] C. f. Susanne K. Langer, *Problems of Art: Ten Philosophical Lectures*, New York: Charles Scribner's sons, 1957.

[51] Debney Townsend, *An Introduction to Aesthetics*, Oxford: Blachwell Publishing Ltd, 1997, chapter 5.

[52] 皮埃爾‧布林迪厄、華康德：《實踐與反思》，北京：中央編譯出版社1998年版，第165、170頁。

域」的概念。「慣習」與「場域」的雙向互動關係顯現在：「所謂慣習，就是知覺、評價和行動的分類圖示構成的系統，它具有一定的穩定性，又可以置換，它來自社會制度，又寄居在身體之中（或者說生物性的個體裡）；而場域，是客觀關係的系統，它也是社會制度的產物，但體現在事物中，或體現在具有類似於物理對象那樣的現實的機制中。……場域形塑著慣習，慣習成了某個場域」。[53]

　　比照之下，布林迪厄正是在分析美學「語焉不詳」的地方，進行了深入的探索，反倒可以為分析美學作出補充說明。依據慣例理論，作為規定藝術的慣例，基本上是一個毫無主觀評價的中性概念。這種慣例就存在於那裡，不必分析大家也能感覺到它的存在，正是這種慣例規定了什麼是藝術和什麼不能成其為藝術。「藝術界」的概念也是一樣，沒有人能發明出這個東西，藝術界就「實實在在」存在於那裡，並對身處其中的所有的人、物和制度進行著潛在的規定。進而，還可以看到，藝術界與慣例之間的關係，在分析美學家那裡更被忽視了。其實，藝術界與慣例的關係，就好似「場域」與「慣習」的那種「對應關係」一樣，藝術界在「形塑」著慣例，慣例的「外化」就成為了藝術界。

　　而且，正如「慣習」既是存在於社會制度裡面，又被嵌入到個體身體裡面。同理可證，慣例基本上也是一種社會意義上的文化規定性，但這種規定又具體存在於藝術界每個（思想的與行動的）個體那裡。與「慣習」的自發性和生成性一樣，慣例也具有這種「約定俗成」的性質，它總是在與變動不居的各種各樣的情境內的遭遇戰裡面，來即刻地確定自身的存在，並同時印證慣例的存在。這便是社會學意義上的那種「實踐的邏輯」。[54]

　　就此而言，無論是慣例還是藝術界，都是具有社會實踐性的，也都是在具體的關於藝術實踐的活動中得以實現的。所以，藝術實踐所產生的現實，就同社會現實一樣是「雙重存在的，既在事物之中，也在心智中；既在場域中，也是慣習中；既在行動者之外，又在行動者之內」。[55]這一論斷可謂精闢！同樣，在「藝術界」裡面遵循「慣例」的藝術實踐，也具有此類的在「心」又在「物」的本質特性。

　　從更深層的歷史角度看，「藝術慣例」的真正落實，恐怕只能在歷史中才能得以實現。所以，布林迪厄就曾洞見到——藝術品是在「藝術慣例的歷史」當中被勘定的。[56]在此，「歷史」一詞被特別強調出來，可見這

---

[53] 皮埃爾・布林迪厄、華康德：《實踐與反思》，第171頁。
[54] 皮埃爾・布林迪厄、華康德：《實踐與反思》，第24頁。
[55] 皮埃爾・布林迪厄、華康德：《實踐與反思》，第172頁。
[56] Pierre Bourdieu, "The historical genesis of a pure aesthetic", in Richard Shusterman ed., *Analytic*

位社會學家對於分析美學的直接批駁，就在於後者缺乏歷史意識。這也是對於分析美學的缺陷最重要的批駁，而且這種批駁是言之鑿鑿的。

進而言之，藝術品的意義和判斷問題，就像審美判斷的特殊性一樣，只能在一種「場域的社會史」（social history of the field）當中得以解決，這種歷史是同特殊審美傾向（或態度）的社會條件相聯的，其中的「場域」在每一種狀態下都是需要的。[57]分析美學更多是要回到語言來看這個問題，但根據維特根斯坦的思路，語言的意義即生活的形式，語言是不能還原為它所出現的語境的：語言出現在我們的社會中並改變它；語言的內容並不是世上事物的某種狀態，而是通過言語生活所滲透其中的事物的狀態。以此再來類比藝術，藝術既可以被看作是出現於我們其他活動的語境之外，又可以視為不能還原到這種語境之中，並改變了這種關聯。[58]但是，無論是那種語境，最終都是歷史的，或者說是不可能超出歷史之外的。

儘管被推展的「慣例論」還有「藝術界」諸多學說，都是有道理的。但是，更應看到這種藝術理論背後的實質。慣例理論所做的，僅僅是一種「理論的轉讓」。這也就是說，藝術的界定不再從藝術自身出發來規定其自身了，而是到藝術之外的文化和社會空間裡面去尋找最終的答案，所以，慣例論往往被視為「文化學理論」的理由就在這裡。這種解答方式，其實，不是分析美學原本所想要的，恰恰是分析美學的「非歷史」取向裡面最應拒絕的。反過來說，恰恰是適度地引入了文化的內容，才使得分析美學獲得如此這般的闡釋力。但畢竟，這種將藝術的規定「讓度」給社會慣例的方式，是分析美學面對當代藝術不斷妥協的結果。

換言之，慣例理論更像是一種「折中方案」。一方面，不斷需要獲得解釋的新的藝術需要進入「藝術」概念裡面，從而被授予合法的「藝術地位」。這是一種歷史的需要。另一方面，「藝術」概念還要按照分析美學的套路演繹下去，逃避傳統的從必要和充分條件入手的定義方式，從而使得自身獲得新的理論生命力。這是一種理論的訴求。正是在這兩者的張力撕扯之間，「慣例論」獻出了它的「權宜之計」。事實就是這樣。

但是，無論是藝術還是美學抑或藝術理論，都既是「概念性」地與現實相關，又都「歷史性」地與現實相聯。在上面那種張力結構裡面，分析美學的「藝術理論」必然面臨著「終結」的命運歸宿。為什麼這樣說呢？

Aesthetics, p.148.

[57] Richard Shusterman ed., *Analytic Aesthetics*, p.151.

[58] 米切爾‧波德羅：《藝術批評的傳統》，見《激進的美學鋒芒》，周憲譯，北京：中國人民大學出版社2003年版，第390頁。

就理論方面而言，走向「慣例」的藝術理論，其實在分析美學無奈「後退」的結果，也就是遠離分析原則而接近文化的結果。這種路數，必然具有一種「非理論」化的取向，因為概念行將消解在慣例的洶湧波濤裡面去了。「非理論」生成的地方，就是理論終結的所在。從歷史方面而言，只要是容納更多的新的藝術現象在「藝術」概念裡面，就會導致這樣後果：對藝術越是無限的「開放」，對慣例的規定也就越是無限的「鬆動」，當慣例的內涵縮小外延、趨於無所不包的時候，藝術界定的這個「救世主」也就失去生命了。

這樣，「慣例」既無法「近取諸身」而解釋自己，更不能「遠取諸物」而救度藝術了。這是迪基美學最終走向的困境，這種困境也折射出分析美學本身的問題，即使發展了迪基思想的所謂「後慣例美學」也難逃這種根本性的置疑。

綜上所述，從維特根斯坦的作為「語言分析」的美學、比爾茲利的作為「元批評」的美學、沃爾海姆的作為「視覺再現」的美學、古德曼的作為「藝術語言」的美學、丹托的作為「藝術敘事」的美學直到迪基的作為「藝術慣例」的美學，我們已經將一流美學家們所主導的「分析美學思想史」深描了下來，這是上編的基本任務。

下編我們則通過對於「分析美學問題史」的三個主要問題的研究，將另外一批重要分析美學家們的重要美學思想一一呈現出來，這三個主要問題分別是──（1）「藝術定義」；（2）「審美經驗」；（3）「審美概念」和「文化解釋」。

下編　分析美學問題史

第七章 「藝術定義」：從維茨到列文森

整個20世紀分析美學的核心問題是藝術，分析美學往往成為了作為「藝術哲學」的分析哲學的門類之一。而在分析美學內部，藝術的核心問題則是藝術的定義。[1]因此，如何界定藝術，就成為了分析美學的「核心中的核心」問題。

「早期分析美學」的最代表人物比爾茲利20世紀80年代在《審美的觀點》一書中就曾發出如此的感歎：「在過去的60多年間，影響最廣泛和最持久的美學問題──至少在英語國家──就是『什麼是藝術』（what is art?）的問題」，「以致於定義這個術語成為了這個哲學分支學科的最核心與最必不可少」的部分。[2]令這位老美學家沒有想到的是，對這個問題的追問跨越了新的世紀一直延續到了當下。

對於「藝術是什麼」的問題，幾乎每個重要的分析美學家都要在這個問題上給出自己的解答方案，並由於他們不同的定義方式而相互區分開來。換言之，對於藝術的基本界定的不同，恰恰構成了分析美學家們之間相互區分的彼此思想的最重要的標誌，從比爾茲利、沃爾海姆、古德曼、丹托直到迪基都是如此。然而，他們卻囿於語言的視界而未看到其他的解決路數。如今的英美分析美學已經進入到其自身的反思期，對待藝術界定的問題，我們可以採取超越分析美學的方法，但是又要繼承分析美學的遺產，也就是──既要「入乎其內」，又要「出乎其外」。

一、分析美學「藝術定義」的六套方案

關於分析美學的藝術定義，按照當代美國美學家彼得‧基維（Peter Kivy）的意見，「我們時代的主要藝術理論」無非就是三個：其一是將藝術視為「開放的概念」（open concept），藝術因而根本無法定義；其二是通過「藝術界」（artworld）的授權來匡定藝術；其三則是某物至少有

---

[1] 在分析美學之前的藝術定義基本上都是「功能性」的理論，而從分析美學開始。「程序性」的定義方法則開始出現，這些定義方法的比照，參見汝信總主編：《西方美學史》第四卷（北京：中國社會科學出版社2007年版），筆者所撰第二章《形式主義美學》、第七章《符號論美學》、第十三章《格式塔美學》、第十章《分析美學》及第六章《實用主義美學‧概論》、第十一章《社會批判美學‧概論》。

[2] Monroe Beardsley, *Aesthetics*, p.298.

「相關性」（aboutness）從而呈現意義時才成為藝術品。[3]在深描過分析美學思想史之後，我們會很明晰地看到這三種佔據主流思想的來源：「開放的概念」受到維特根斯坦影響而直接來源於維茨，「藝術界」則是丹托的獨創並在迪基那裡發揚光大，「相關性」也是濫觴於丹托。然而，這種區分儘管非常宏觀，但是卻太過籠統，似乎更多是從學術影響的角度做出的，而且忽略了晚近的分析美學所做出的貢獻。

本文認為，可以更為微觀地來看待分析美學的藝術定義方式。這就需要確定界定藝術的幾個不同層級的標準。第一個層級的標準，就是關於定義本身的：藝術究竟可以定義，還是不可定義？

早期的分析美學家們更傾向於否定藝術界定的可能性，原因就在於藝術的外延趨於無限拓展而被看作了「開放的概念」，從而形成了一種「無理論」的理論。這一方面基於對歐美當代藝術擴充自身的狀態之反思，另一方面則是來自維特根斯坦的理論啟示，後者曾自信地證明說「遊戲」是不可定義的。維茨則最早將「開放的概念」應用於闡釋藝術。[4]他的解構策略在於：（1）首先將藝術概念解析為「一般概念」和「亞概念」（如悲劇、小說、繪畫），（2）進而確定亞概念（主要說明的是小說）是開放的，（3）最終斷言「藝術」的普遍概念是沒有定論的。按照這種觀念，所有的藝術亞概念（如悲劇）或許都不具有共通的特徵：悲劇A與悲劇B或許有共通的特徵，悲劇B與悲劇C可能也是這樣，但是如此類推下去，悲劇A與悲劇Z卻可能不具有共通的特徵。[5]正是這種「化整為零」的拆解，使得藝術的「普遍定義」似乎成為了沙上建塔。

然而，隨著分析美學史的發展，更多的美學家傾向於認定藝術可以界定，這就引出了第二層級的標準，它是關於審美與藝術關聯的：藝術究竟通過審美，還是通過「非審美」的途徑來定義的？

這便涉及到傳統的美學和現代美學觀點的區隔問題。隨著現代主義藝術的發展，更多的「非美」的要素被藝術呈現，更不用提後現代藝術的「反審美」取向了。正是在這種語境之下，分析美學家們分裂為兩個陣營：保守的古典主義者仍以審美為藝術的主要功能，將「審美性」視為形式或感官的屬性；激進的現代主義者則要求超越審美去看待藝術，甚至認為藝術哲學和美學兩個學科也應分開。這樣，在前者看來，藝術與非藝術之辯，就演變成為了審美與非審美之辯了。比爾茲利就以一種純知覺的

---

[3] Peter Kivy, "Foreword", in Noël Carroll, *Beyond Aesthetic*, p. X.

[4] Morris Weitz, "The Role of Theory in Aesthetics", in Monroe Beardsley and Herbert Schueller eds., *Aesthetics Inquiry: Essays on Art Criticism and the Philosophy of Art*, pp.6-11

[5] George Dickie, *Aesthetics: An Introduction*, pp.96-97.

現象方式來說明和限定審美經驗的對象，[6] 進而通過「藝術（製作的）意圖—藝術行為—藝術品」的層層環節，提出了「藝術的審美定義」：藝術被製作的意圖是為了給予其滿足「審美興趣」（aesthetic interest）的能力。[7]

　　然而，在分析美學的急速發展當中，比爾茲利古典色彩的主張顯得「曲高和寡」並難以為繼。這是由於，從維特根斯坦的「遊戲不可界定」、維茨的「開放性」的藝術概念再到藝術的審美界定，都是在藝術的「顯明的」特徵基礎上建構起來的，這種「顯明」指的就是容易察覺的外觀特徵（就像畫中有三角形構圖、悲劇情節中包含命運逆轉一樣）。曼德爾鮑姆就較早洞見到了這種差異。此後，分析美學界定藝術方法的最重要的「逆轉」，就在於不再走「顯明的」特徵的老路，而認定從「非顯明的」特徵出發才能揭示一切藝術品的共同性質。

　　在「非顯明」取向的藝術定義中，還可以繼續區分出第三層級的標準：藝術的定義，究竟以「空間」維度，還是以「時間」之維為基本取向？

　　首當其衝的，就是丹托的「藝術界」理論，它為傳統的「藝術以審美為支撐」的理論劃上了句號。如此一來，關於如何授予某物以藝術地位的問題，就從原來的由審美方面而規定之，轉化為「藝術界」本身的「約定俗成」才能賦予某物「成為藝術」的權力。在他看來，要確認作品，就需要將這個作品歸屬於某種氛圍，歸屬於歷史的一部分。當然僅僅有這種歸屬還不夠，還要將這種「歷史的氛圍」與「藝術理論」混合起來加以理解，前者是歷史的，後者則是理論的。這意味著，最終將現實物同藝術品相區別開來的，是藝術理論，是這種理論將現實物帶到藝術界裡面，並確定了它為藝術品。簡而言之，「為了把某物看成為藝術，需要某種肉眼所不能察覺的東西———一種藝術理論的氛圍，一種藝術史的知識：一個藝術界」。[8] 進而言之，如果沒有藝術界的「理論」和「歷史」，現實物是不會成為藝術品的。

　　迪基緊隨丹托之後，提出了一套適用於當代藝術的「藝術定義」，亦即「藝術慣例論」。他既反對「藝術不可界定」的虛無主義，也反對傳統美學（如模仿說與表現說）只通過確定「必要條件」和「充分條件」來界定藝術。早期的迪基認為一件藝術品必須具有兩個基本的條件，它必須是：（1）一件人工製品；（2）一系列方面，這些方面由代表特定社會

6　比爾茲利晚期對於審美經驗的再思索，參見Monroe C. Beardsley, *The Aesthetic Point of View*, pp.77-92.

7　Monroe C. Beardsley, "An Aesthetic Definition of Art", in H. Curtlter (ed.), *What is Art?*.

8　Arthur C. Danto, "The Artworld", in *The Journal of Philosophy*, p.580.

慣例（藝術界中的）而行動的某人或某些人，授予其供欣賞的候選者的地位。[9]關鍵是條件（2），它揭示出的正是一種來自於丹托啟示的「非顯明的」特徵。丹托提出的是嵌入其中的、關於藝術品的、涵義豐富的內在結構，亦即——「藝術的慣例本質」；迪基之所以在此援引丹托術語，是為了用其來指代「一種廣泛的社會慣例，藝術品在這種社會慣例中有其地位」。[10]

無論是丹托從「藝術界」還是迪基從「慣例」來界定藝術，其實都是從空間性的維度做出的，因為他們都傾向於從社會約定俗成的空間氛圍來匡定藝術。在這種思路之外，還有一條從時間之維來定義藝術的道路。

納爾遜・古德曼則實現了這種向「時間性」定義方法的切換。這是由於，一方面，他指出「何為藝術」這種空間化的提問方式從一開始就是錯誤的，因為它忽視了如下的情況：某物在某一種情況下承擔藝術品功能，但是卻另一些情況下則不然；另一方面，至關重要的是，「實際的問題並不是『哪些對象（永遠地）是藝術品』，而是『某一對象何時才是藝術品』」。[11]這就首先反擊了比爾茲利式的「永恆定義」：某物一旦成為藝術品就永遠是藝術品，亦即沒有什麼一開始不是藝術的而成為藝術，也沒有什麼是藝術的而結束不是藝術。與此同時，又不同於丹托式的「氛圍定義」：進入「藝術界」的才是藝術，脫離之則不是藝術，而是將丹托的空間性定義「時間化」了。

另一位從時間定位藝術的是傑羅爾德・列文森，他未將時間完全視為「抽象時間」，而是將之看作「歷史性的時間」（但在其邏輯推演當中這種歷史性其實也是抽象的）。在這種「向後看」的歷史視野當中，他認為，「今天意義上的藝術作品，是一件已經被認真評價為藝術作品的東西，也就是說，用任何一種正確的評價以前存在或以前的藝術作品的方式來評價當今的藝術作品。」[12]照此而論，儘管任何東西都可以進入到藝術領域，但是，並非所有進入到藝術領域的東西都是藝術。這就需要一種歷史的比照，將當前的藝術品與歷史上所奉獻出來的藝術加以比照。只要是這種兩相對照成功了，新藝術與歷史上的藝術協調起來，那麼，新的藝術

9 George Dickie, *Art and Aesthetic*, p.34.這是喬治・迪基早期的藝術定義，晚期定義參見 George Dickie, *The Art Circle*, p.80, 44; George Dickie, *Introduction to Aesthetics*, p.92.

10 George Dickie, *Art and Aesthetic*, p.29.

11 Nelson Goodman, "When is Art?", in *The Arts and Cognition*, Perkins, David, and Barbara Leondar eds., Baltimore: Johns Hopkins University Press, 1977.

12 Jerrold Levinson, "Defining Art Historically", in James O. Young ed., *Aesthetics: Critical Concepts in Philosophy*, Vol. II, p.61.

才能成其為藝術。雖然這種嚙合可能尚待時日，但最終「歷史性」的時間會給藝術一個相對公正的答覆。

綜上所述，按照上面所列舉的區分標準，分析美學的「藝術定義」可以分別歸類，如圖所示：

分析美學的藝術定義	藝術不可定義	維茨：藝術作為「開放概念」			藝術的顯明定義
	藝術可以定義	審美定義	比爾茲利：藝術的「審美」定義		藝術的非顯明定義
		非審美定義	空間取向的定義	丹托：「藝術界」論	
				迪基：「藝術慣例論」	
			時間取向的定義	納爾遜·古德曼：「何時為藝術」論	
				列文森：「歷史性」定義藝術論	

在列文森的「歷史性」的定義之後，仍有分析美學家們執著於尋求對於「藝術的定義」，比如，卡羅爾就從「敘事」的角度來定義藝術，實際上就將藝術視為一種「敘事」，但是這種想法——「敘事主義」的藝術定義——其實是同丹托從敘事角度論述藝術史是一脈相承的。[13]另外，還有論者提出藝術的「叢理論」（the cluster theory），直到2007年，還有論者對此提出了意見，這其實也只是對於藝術定義多元化狀態的一種描述。[14]總之，從邏輯類別上來說，目前「分析美學」的基本藝術定義方式主要就是如圖所示的六種，其後的發展並沒有超出原有的框架。[15]

下面，我們「截頭取尾」並「執其兩端」，分析維茨與列文森關於藝術定義的思想，一是因為比爾茲利、古德曼、丹托、迪基的相關美學思想前面諸章已詳盡地論述過；二是由於，在我們所設定的邏輯框架之內，維茨的「藝術不可定義論」的確是「分析美學」的藝術定義史的「邏輯起點」，而列文森的「歷史性」的定義藝術論則構成了其「邏輯終點」。恰恰因為，當分析美學全完走向歷史而界定藝術的時候，那就也不成其為分析美學自身，所以我們將列文森式的界定方式作為終點是有道理的。

---

[13] Noël Carroll, *Beyond Aesthetics*, pp.63-75.

[14] Stephen Davies, "The Cluster Theory of Art", in *The British Journal of Aesthetics*, Vol.44, No.3; Berys Gaut, "The Cluster Account of Art Defended", in *The British Journal of Aesthetics*, Vol.44, No.3; Aaron Meskin, "The Cluster Account of Art Reconsidered", in *The British Journal of Aesthetics*, Vol.47, No.4.

[15] 關於最新的藝術定義方式，參見劉悅笛：《當代藝術理論：分析美學導引》，北京：中國社會科學出版社2015年版，第28-40頁。

二、邏輯起點：「藝術不可定義」論

在「分析美學史」上，給藝術下定義的「邏輯起點」，不是從試圖給藝術以某種界定開始的，而是被「藝術不可定義」論開啟的。

維茨之後的美學家們都在從各個角度出發界定藝術，從表現上看，這恰恰走向了「不可定義」論的反面。然而，必須還要看到的是，「不可定義」也是一種「反定義」的定義，或者說，是一種嚴格遵循了維特根斯坦的「『無理論』的理論」。[16]維茨雖然得出結論是否定性的，但是，他的論證和求證的過程，卻「反過來」給界定藝術以豐富的啟示。其實，歷史的作用力有「正」亦有「反」，這就好似錢鐘書所謂的「反仿」，維茨之後的美學家們都在某種意義上在「反仿」他，反向繼承也是一種承繼。

更深入地看，與其說是維茨的「直接」啟示，倒不如說是維特根斯坦的「間接」啟示，因為，前者的成就更多是將後者的哲學思想應用於美學而得出的，主要是晚期維特根斯坦哲學的啟示。在維茨立論的時代，《哲學研究》對於哲學界和美學界來說，都還是一本新書，在其影響之下，維茨在《美學中的理論角色》就發表在1956年的《美學與藝術批評雜誌》上。[17]

經過對維特根斯坦哲學思想的進一步闡釋，維茨對於「分析美學」的重要轉換意義在於如下三個方面：

首先，從「什麼是藝術」到「『藝術』是何種概念」（what sort of concept of 'art'?），[18]這折射出「分析美學」重要的思維範式的轉變。

無論是早期還是到晚期維特根斯坦，他都是拒絕那種（從柏拉圖時代就已經開始的）傳統定義方式的，這種哲學理念很容易匯出一種「反本質主義」的線索。維茨就是這樣一位「反本質主義者」，[19]他在描述了形式主義、唯情論（Emotionalism）、直覺主義（Intutionism）、有機主義（Organicism）和唯意志論（Volunrarism）的諸藝術定義之後，認為這些「審美理論」（aesthetic theory）曲解了所謂的「藝術概念的邏輯」（the logic of the concept of art）。[20]具體而言，這些理論，都企圖去發現藝術的必要和充分的條件，並認為藝術經得起任何一種正確定義的檢驗，而且，

[16] Peter Kivy, "Foreword", in Noël Carroll, *Beyond Aesthetics*, p. X .

[17] Morris Weitz, "The Role of Theory in Aesthetics", in *The Journal of Aesthetics and Art Criticism*, vol.15, no. 1, 1956, pp.27-35.

[18] James O. Young ed., *Aesthetics: Critical Concepts in Philosophy*, Vol. II , p.7.

[19] Stephen Davies, "Weitz's Anti-Essentialism", in Peter Lamarque & Stein Haugom Olsen eds., *Aesthetics and Philosophy of Art*, pp.63-77.

[20] James O. Young ed., *Aesthetics: Critical Concepts in Philosophy*, Vol. II , p.4.

每一種定義都認定自身是絕對正確的（從而具有一種「排他性」）。然而，這種訴求不僅從事實上不可能，而且從邏輯上站不住腳。

就邏輯方面而言，維茨提出的「邏輯不足」的理由主要有四點，因為上面提到的從形式主義到唯意志論的藝術定義：其一，有的定義是循環論證，如形式主義理論在形式與對形式的反應之間轉圈；其二，有的定義提供的必要和充分條件太少，如形式主義忽視了主觀的表現方面，而直覺主義理論又漠視了（非個體性的）大眾化與（可以外化的）物理性方面；其三，其餘的諸多定義又過於籠統，將之應用於非藝術品也適合，這就難以將藝術與非藝術區分開來；其四，所有的這些定義都自認為是對於藝術的真實的理論，但這些理論又皆不可被證實或甚至可以被證偽。[21]如此看來，在「分析美學」產生之前的這些審美理論，都無法從邏輯上界定所要界定的東西——亦即「藝術」。

換言之，這些定義都是在尋求「什麼是藝術」，將並之作為首要解決的美學問題，但是，能否有另一種解決方案呢？答案就來自維特根斯坦，特別是他的晚期哲學對於語言的使用的關注，的確實現了分析哲學的轉向。從維特根斯坦的——「意義即用法」——的思想轉向來看，美學思維也應從以往的那種「X意味著什麼？」，轉化為「X的運用或者使用是指什麼？」，轉化為「X在語言中能做什麼？」[22]

這樣，分析哲學所用的模式被美學所採納，那種邏輯式的描述也必須應用於美學思維。進而，維茨認定，美學所要解決的首要的問題，就是去闡明：如何切實地去使用「藝術」這個概念？如何對這個概念的切實使用做出邏輯性的描述？當然，這種描述也包括使用者正確運用概念及其相關事物的諸種條件。可見，就狹義的美學而言，維茨為「分析美學」的藝術定義方式指明了新的方向。

其次，從「封閉的概念」（closed concepts）到「開放的概念」，這是一個「分析美學」所取得的界定藝術的具有啟發意義的階段性成果。

將藝術的概念，從傳統的封閉狀態，「打開」為一種「開放性」的狀態，這恐怕是維茨將維特根斯坦的理論應用於界定藝術的最大貢獻，後來的美學家們也更多地得益於此。當然，他並不完全否定藝術當中的那些合理且有用的「封閉的概念」，但是卻指出，這些概念無非是為了某種「特定的目的」而提出的條件限定而已，比如「希臘悲劇」就屬於「封閉的概念」，但是，「悲劇」則理應是「開放的概念」。

---

[21] James O. Young ed., *Aesthetics: Critical Concepts in Philosophy*, Vol. II , p.6.

[22] James O. Young ed., *Aesthetics: Critical Concepts in Philosophy*, Vol. II , p.7.

　　但是，如何拆解傳統的「封閉的概念」呢？如前所述，維茨的邏輯做法是先將「一般概念」化為「亞概念」（Sub-concept），進而說明藝術的「亞概念」是開放，最後再回過頭來證明「藝術」的概念是「開放的概念」，但是，這種開放性提出的理由更多是來自當時藝術發展的那種「擴張性」甚至具有某種「冒險性」的現實：

> 　　「藝術」，就其自身而言，是個開放的概念。新的條件（實例）一直在不斷地在出現，而且毫無疑問還將會不斷出現；新的藝術形式，新的運動將仍會出現，這便要求那些對此感興趣的那部分人，通常是專業批評家，來決定這個概念是否應該得以拓展。美學家為了使這一概念得以正確的使用，可以制定出類似的條件，但決不會是必要和充足的條件。對「藝術」的適用條件永遠也無法窮盡地列舉出來，因為藝術家甚或大自然總是能夠設想或創造出新的情形，這便會要求某些人去延伸抑或去封閉舊有的概念，或者創造出一個新的概念。[23]

　　在這段結論之前，維茨明確的援引了維特根斯坦《哲學研究》當中的理論，並將之直接應用於藝術分析當中。這些被引用的理論，一個是尋求「遊戲」的共同點的理論，另一個則是由此而提出的「家族相似」的概念。

　　將「遊戲」和「家族相似」理論置於美學視野當中，為了說明對於藝術本質的探討是同對於遊戲本質的探討是類似的，這種類似之處就在於：假如我們看到我們稱之為的「藝術」究竟是什麼的話，那麼，也會發現，藝術並沒有沒有貫通的特徵（如同從各種各樣的遊戲來規定「遊戲」一樣），而只有相似的各組成部分的關聯（如同家族相似的「相似性」一樣）。所以，追尋藝術定義是不可能的，所能做的只是能夠去辯認、描述抑或解釋這些根據「相似之處」被稱之為藝術的東西。[24]而且，在藝術概念的運用當中，其中任何兩個概念之間的基本相似之處，就在於是它們的「開放結構」（open texture）。有趣的是，通過對遊戲當中「相似性」觀念的適用，維茨由開放性得出了否定界定藝術可能性的結論，但是也得到了諸如曼德爾鮑姆等學者的反對，而後更多的美學家試圖給予這種「開放的概念」以一個相對周延的界定。

---

[23] James O. Young ed., *Aesthetics: Critical Concepts in Philosophy*, Vol. II, p.9.

[24] James O. Young ed., *Aesthetics: Critical Concepts in Philosophy*, Vol. II, pp.7-8.

再次，從「描述作用」（descriptive use）與「評價作用」（evaluative use）的割裂使用轉向雙重使用，[25]這是對於「分析美學」語言使用功用的新的表述。

沿著概念使用的方向，追隨維特根斯坦對於審美概念的解析，維茨還將對藝術概念的使用方法，歸之為描述性和評價性的使用這基本的兩種類型。我們知道，根據分析哲學的區分，描述性語句是用以描述事實的，而評價性語句則表達人們對事物的態度。其中，藝術是根據評價性的特徵來判斷其成功與否的，比如說「X是一件藝術品」，就包含兩層意思，（1）一是說X是成功的作品，（2）二是根據這種成功說出讚揚的話語，而傳統美學從沒有搞清他們在言說藝術的時候，究竟是在說（1）還是（2）。[26]這也是說，在「分析美學」之前的美學沒有明確區分出「描述作用」與「評價作用」，而混淆地對它們加以使用了，而維茨的意圖是要將這二者綜合得以使用。

如此一來，維茨的目的就達到了，也就是將界定藝術的可能性給消解掉了，但是，越是這樣做，得到的「反作用力」反越大，似乎「藝術不可定義」成為了一個挑戰，後來的美學家們紛紛對此提出了自己的「應戰」方式。

三、邏輯轉換：從「功能定義」到「程序定義」

與所周知，在維茨這樣的美學家之後，更多的分析美學家們致力於給藝術下定義，但是，「分析美學」的藝術定義方法，較之以往卻實現了根本性的「邏輯轉換」。

其中，最重要的轉換，就是從所謂「功能性」（Functional）定義到「程序性」（Procedural）定義方式的基本轉換，下面就重點闡釋這種轉變的歷史進程。

在「分析美學」試圖界定藝術之初，其實面臨著兩方面的「壓力」：一方面當然就是來自「早期分析美學」對於界定藝術的消解主義，面對於此，後來的「分析美學」更多是要建設，從「無」到「有」的建設；另一方面則來自在20世紀中葉被廣為接受的藝術定義，其中既有柯林伍德的藝術「表現情感」（express emotion）的「表現主義」理論，[27]也有蘇珊‧朗

---

[25] James O. Young ed., *Aesthetics: Critical Concepts in Philosophy*, Vol. II , pp.10-12.

[26] James O. Young ed., *Aesthetics: Critical Concepts in Philosophy*, Vol. II , p.11.

[27] R. G. Collingwood, *Principles of Art*, Oxford: Oxford University, 1938.

格「藝術是人類情感符號形式的創造」的「符號學」理論，[28]面對於此，「分析美學」主要的工作是「置換」，使用更新的方法來界定藝術。

這種嶄新的方法，被當代美學家斯蒂芬・大衛斯（Stephen Davies）非常規範而準確地稱之為「程序理論」（Procedural theories），在更多的意義上，這種「程序主義」（Proceduralism）是同「功能主義」（Functionalism）的界定方式相對而出的。[29]

先說「功能主義」，從屬於此類的諸定義類型談起。從歷史類型上看，無論是柯林伍德的表現說還是朗格的符號學，都屬於「功能性」的定義，這是「分析美學」所直接面對的標靶。如果再向前看，從古希臘時代開始的「摹仿論」直到與浪漫主義興起頡頏的表現論，也都屬於這個範圍。從歷史延續性上看，表現主義理論的確也是浪漫派「表現論」在20世紀的變體。如果再向後看，比爾茲利那種試圖從審美看藝術的方式，也屬於這個範圍，可見「早期分析美學」還是受到了此前美學傳統的掣肘的。大衛斯更多是從晚期比爾茲利1979年的理論，談起「功能性」的定義方式的缺陷的，進而推導出「程序性」定義的。[30]

這意味著，「功能主義」更多是就藝術對於人們的功用而言的，也就是從藝術針對人們的明確需要（distinctive need）的角度做出的。在功能主義者那裡，藝術對人們的功能，或者是再現生活，或者是表現情感，諸如此類。與此同時，絕大多數的功能主義者都認定，這種獨特功能的取得，是通過藝術提供出某種經驗而實現的，而這種經驗就毫無疑問地被視為「審美經驗」。所以，「根據功能主義，某物成為一件藝術品，就必須符合一種（其意圖在於）能提供出產生出審美經驗的能力的必要條件」。[31]這種功能主義的界定方式，顯然涵蓋了「分析美學」之前的幾乎所有藝術定義的方法，同時也將早期分析美學家們試圖從審美（特別是從「審美意圖」的角度）來規定藝術的途徑納入其中。

與之迥異，「程序主義」則不再以審美經驗之類為必要條件，而是訴諸於某種定義的程序，這種程序的內核，就在於某物被視為一件藝術品的「藝術授權」的過程。這也就是說，藝術地位的授予問題，成為了「程序主義」定義的核心問題。授予藝術地位的總是某種「權威」，而這種權威

---

[28]　Susanne K. Langer, *Feeling and Form: A Theory of Art*, New York: Charles Scribner's Sons, 1953; Susanne K. Langer, *Problems of Art*.

[29]　Stephen Davies, "Functional and Procedural Definitions of Art", in James O. Young ed., *Aesthetics: Critical Concepts in Philosophy*, Vol. II , p.86.

[30]　Monroe Beardsley, "In Defense of Aesthetic Value", in *Proceedings and Addresses of the American Philosophical Association* 52 (August 1979), pp.723-749.

[31]　James O. Young ed., *Aesthetics: Critical Concepts in Philosophy*, Vol. II , p.86.

又是丹托意義上「藝術界」內的某些人所賦予的。與其說藝術地位的取得是得到了「合適的認可」，倒不如說是由於其符合了某種「程序」。

如果再附加上維茨所論的「描述作用」與「評價作用」，那麼，可以看到，「功能性」定義在語言上更多使用的是「評價作用」，因為，從功能性出發，就有藝術給予的功能是大是小、孰優孰劣的問題，而且，這也會常常給藝術分出等級，而這種分等的方式本身就是「評價性」的。反之，「程序性」定義則更多使用的是語言上的「描述作用」，這種由於，「程序性」定義往往著力於「何物成為了藝術」的問題，關注的是藝術與非藝術的區隔問題，而「功能性」定義則更為注重「什麼是好的藝術」，或者說，在功能主義者界定藝術的時候，在他們的內心當中，「好的藝術」始終是「何為藝術」的範本。

在某種意義上說，1964年丹托的「藝術界」理論，才是「程序主義」定義方式的「原型」。在大衛斯看來，「程序的」與「習俗的」（conventional）、「慣例的」幾乎是在同一意義上被使用的，[32]所以，他心目當中的典範「程序主義」藝術定義，當然就是迪基的「藝術慣例論」了。但實際上，這種定義方式的範圍倒可以更擴大一些，並不完全囿於從丹托到迪基的定義方式。

為什麼這樣說呢？這是由於，大衛斯在「功能性」與「程序性」定義的基礎上，後來又增加了「歷史性」的定義，[33]這出現在他頗有建樹的《藝術的定義》（Definitions of Art, 1991）一書當中。當然，這種定義的提出絕對是在列文森的「歷史性定義」之後才提出的，或者說，試圖闡述的是「歷史性定義」的新類型。然而，從基本取向上來說，這並沒有錯誤，但是，只要看一看列文森對他的定義的那種界定方式，就會發現，他完全是按照程序主義的那種方法來界定藝術的。所以說，「歷史性」定義論，也可以被看作是「程序主義」定義在某一方面的拓展，當然拓展到了歷史領域，也就意味著「分析美學」界定藝術方式的某種「終結」。

四、邏輯終點：「歷史性」定義藝術論

列文森的藝術定義開始走進了「歷史」，這也意味著，「分析美學」的藝術定義走向其「邏輯終點」。因為，「分析美學」致力於語言分析，而普遍具有「非歷史主義」的傾向，如果「化入」歷史似乎就走出了「分

---

[32] James O. Young ed., *Aesthetics: Critical Concepts in Philosophy*, Vol. II, p.87.

[33] Stephen Davies, *Definitions of Art*, Ithaca: Cornell University Press, 1991.

析美學」自身，儘管列文森的論證程序完全是「分析哲學式」的。

「歷史性」定義的三個重要文本，在我看來，就是1979年的《歷史性地定義藝術》（Defining Art Historically）、1989年的《歷史性地純化藝術》（Refining Art Historically）和1993年的《歷史性的拓展藝術》（Extending Art Historically）。[34]其中，第一個文本最具有原創性，後兩篇基本上是進一步的闡發和證明。

在《歷史性地定義藝術》當中，列文森按照分析的路數，給出了新的藝術定義公式，先分別羅列在這裡（X指被定義詞，$=df$指的是定義號）：

> （Ⅰ）X是件藝術品 $=df$ X是某個對象，對其適當擁有的個人或者某些人，非偶然性地有意將之視為藝術品，也就是以先於它存在的藝術品被準確地（或標準地）看待的某種方式（或者多種方式）來觀之。[35]
>
> （Ⅰt）X在t時刻是件藝術品 $=df$ X是某個對象，且在t時刻以下情況是真實的：對其適當擁有的個人或者某些人，非偶然性地有意將之視為藝術品，也就是以先於t時刻存在的藝術品被準確地（或標準地）看待的某種方式（或者多種方式）來觀之。[36]
>
> （Ⅰt'）X在t時刻是件藝術品 $=df$ X是某個對象，且在t時刻以下情況是真實的：對其適當擁有的個人或者某些人，非偶然性地有意將之視為藝術品，也就是以先於t時刻存在的處於「藝術品」外延中的對象被準確地（或標準地）看待的某種方式（或者多種方式）來觀之。[37]

這三個公式，從形式上看，（Ⅰt）與（Ⅰt'）最最為近似的，的確，從內容上（Ⅰt'）也是（Ⅰt）的補充說明。而且，（Ⅰt）、（Ⅰt'）這二者與（Ⅰ）也是類似的，不同的是，都加上了「t時刻」這種時間性的規定，前兩者是後者的邏輯演繹。更準確地說，從（Ⅰ）當中可以推演出（Ⅰt），從（Ⅰt）當中進而還可以得到（Ⅰt'），它們是層層遞進的。這

[34] Jerrold Levinson, "Defining Art Historically", in *The British Journal of Aesthetics*, Vol. 19, No.3 (1979);Jerrold Levinson, "Refining Art Historically", in *The Journal of Aesthetics and Art Criticism*, Vol. 47, No. 1 (Winter, 1989); Jerrold Levinson, "Extending Art Historically", in *The Journal of Aesthetics and Art Criticism*, Vol. 51, No. 3, (Summer, 1993).

[35] Jerrold Levinson, "Defining Art Historically", in James O. Young ed., *Aesthetics: Critical Concepts in Philosophy*, Vol. Ⅱ, p.59.

[36] James O. Young ed., *Aesthetics: Critical Concepts in Philosophy*, Vol. Ⅱ, p.61.

[37] James O. Young ed., *Aesthetics: Critical Concepts in Philosophy*, Vol. Ⅱ, p.63.

是一種非常明顯的「程序主義」式的界定藝術的推演結構。

那麼，這三個基本公式究竟揭示了什麼？這就要回到列文森所受到的影響上面，他並沒有受到美國的美學家而是受到了英國美學家的影響，主要是沃爾海姆在其《藝術及其對象》一書當中的兩點啟發：其一，是第40節提出的所謂「藝術品就是有意將之當作一件藝術品（regard as a work of art）的對象」，而且也提到了「功能性概念」（functional concept）的問題；[38]其二，則是第60－63節對於藝術的「歷史性」的明確闡述。[39]但遺憾的是，在沃爾海姆那裡，這二者是被割裂開來論述的，更沒有用於去規定藝術究竟是什麼，而是走向了「生活形式」的另一種維特根斯坦式的表述。

而今看來，列文森恰恰在他的藝術定義當中恰恰結合了這兩點，也就是將「意圖」與「歷史」結合了起來。這就同丹托和迪基那種定義方式明顯拉開了距離，儘管列文森與他們一道要——從「關係屬性」而非藝術品自身的顯明特質——來界定藝術，但是，後者一則將藝術品只同（藝術家個體的）「意圖」相聯繫（而非聯繫於藝術慣例的那種集體性的行為），二則鑒定地認為「意圖」於藝術史是聯通的，而於藝術慣例之類的無關。

在辨析了自身思想當中所繼承的與所批判的基礎上，在一定意義上，列文森似乎又回到了比爾茲利對於「藝術意圖」的迷戀，認定界定藝術的關鍵——就在於藝術被「有意為之」（intended for）地當作了藝術。

這就是（Ⅰ）所闡明的，其最精華的部分，就是說，某一藝術品被當作藝術，就是以先於它存在的藝術品被準確地當作的方式相關聯的，按照這種方式，從而該物也被有意當作藝術品。這是核心的規定，一種「向後看」的規定，一種以歷史上的看待藝術的方式來規定後來的藝術品的「歷史性」的方式。

但是，僅僅強調歷史性還不夠，列文森給了這個基本界定以許多附加條件。首當其衝的，當然就是一種個體化的「意圖」，將某物視為藝術的「意圖」，所以，大衛斯非常準確地稱之為「歷史性/意圖性」（historical/intentional）的藝術定義。這便為規定藝術的那種主觀隨意性買下了「伏筆」，因而，列文森特別強調了「意圖」的穩定性而非偶然為之的。但是，矛盾還是由此產生，他畢竟將藝術品與個體意圖維繫了起來，但是，似乎這又與意圖的穩定是相悖的，因為這裡所說的意圖的似乎只有那種集體性的「意圖」。

---

[38]　Richard Wollheim, *Art and Its Objects*, p.92.

[39]　Richard Wollheim, *Art and Its Objects*, pp.143-152.

　　其他的附屬性的規定還有，他明確了藝術品要有歸屬，也就是要有人去「適當擁有」之，否則就無法與意圖論相連了，而且這樣做也拒絕了他人的擁有。但在迪基這位美學家看來，這種「擁有」似乎非常之難，[40]它顯然忽視了許多藝術品都沒有「歸屬」的問題，特別是匿名創作的藝術品在歷史上比比皆是。此外，列文森還直接面對了這樣的一個理論瑕疵：過去不是藝術品的物，今天怎麼就成為了藝術品呢？許多埃及的對象與非洲的部落用品，而今都被當作了藝術品被陳列於美術館之中。對此，為了邏輯自恰，列文森一概否定了那些歷史上已明確規定是使用對象的東西成為藝術品的可能性，這顯然與歷史實情是不相符的。這恰恰是過於「向後看」而不「向前看」帶來的邏輯結論。

　　在公式（Ⅰ）的基本規定之上，列文森進而明確地給出了時間上的更具體的規定，這就是對（It）及（It'）的補充。我們將這三個公式的差異加以比較，就看出列文森要意欲說出什麼了。

　　將（Ⅰ）與（It）比較，可以看到，（It）由（Ⅰ）推出，或者說只是在公式（Ⅰ）的基礎上，加上了時間性的要素，抽象地說，就是「時刻t」。在哲學意義上，某物成為藝術，必定會有一個時間點存在，由這個時間點來確定哪些是此前的藝術，哪些是而今的藝術。這在邏輯上是成立的。但是，如果考慮到具體時間的話，那麼就會面臨多重的「時間問題」：一個是某物的物理形成的時間，一個是審美意圖給出的時間，再一個則是藝術品形成的時間。

　　這三種時間的區分，是列文森為了逃避藝術史上例證的指責，並試圖將一切藝術都盡收其中的努力的結果。按照他頗具雄辯的觀點，對於一般的藝術而言，這三種時間是等同的；對於後來被發現的藝術而言，後兩種時間是等同的，它們都晚於第一種時間；而對於原始藝術來說，前兩種時間是等同的，它們都早於最後一種時間。一般藝術自不待言，被創造為藝術品的時候，就是賦予意圖與作品成形的時刻。被後來看作了藝術而此前不是藝術的東西，它的物理生成早已完成了，被發現之時，意圖生成與作品成形的時刻就是為一的。

　　最難以解決的，就是而今被稱為原始藝術之類的物品，按照列文森的理解，該物的物理成型與意圖生成的時刻是同一的，所以原始人對待該物的方式就成為了所謂「準確」的對待藝術的方式，而今的人正是照此而將之視為藝術的。顯然，對最後一種情況的解釋顯得捉襟見肘，因為必須考

---

[40] Grorge Dickie, "Art: Function or Procedure—Nature or Culture?", in *The Journal of Aesthetics and Art Criticism*, Vol. 55, No. 1 (Winter, 1997).

慮到真實的歷史要素在其中，而且也要想到原始人的意圖只是當代人的「假設」而已。原始人與當代人看待同一物（暫不考慮該物歷史上的變化）的方式是多麼地不同，究竟該如何「以古說今」呢？

將（It）及（It'）比較，似乎只改動了短語，從「藝術品」改為「處於『藝術品』外延中的對象」。這種修正，顯然是為了避免一種「循環論證」的指責，因為從（I）到（It）當中，都可能推導出——某物成為藝術品乃是由於某種被賦予了意在成為藝術品的意圖——這樣的「同義反覆」。所以，就如同迪基認為藝術品與藝術慣例之間的循環是「好的循環」那樣，列文森也試圖賦予「處於『藝術品』外延中的對象」一種更廣泛的闡釋。這裡，他努力將藝術之「名」與其外延當中之「實」區分開來，也就是將先前的那些後來被賦予了藝術之「名」的東西，作為實存的特定對象，依據這種歷史性的存在來規定藝術，而不是從語言到語言來規定之。

如此一來，「歷史性」的藝術定義，就必然追溯「歷史根源」的問題。如果說，既然一件藝術品以先前的某件藝術品及其看待它的方式為準則的話，那麼，先前的那件藝術品又有何依憑呢？顯然，還要繼續做出歷史性的「上溯」，並一直回溯到最原初的藝術品上面。因此，列文森為了堵上這個「漏洞」，就補充了遞迴的藝術定義（II）：「原創步：原初藝術自身在 $t0$ 時刻（且後來）成為藝術品；遞迴步：如 X 是先於 t 時刻的藝術品，那麼，如在 t 時刻以下情況是真實的：對 Y 適當擁有的個人或者某些人，非偶然性地有意將之視為藝術品，也就是以先於它存在的藝術品被準確地（或標準地）看待的某種方式（或者多種方式）來觀之 Y，則 Y 在 t 時刻是藝術品。」[41]

恰恰由於過於仰仗於歷史本身，所以，在做邏輯上溯的時候，列文森只能提出了「原初藝術自身」（ur-arts）的問題，[42]並在注釋裡面強調他考慮的只是西方語境，只是考慮的是在西方文化（Western culture）語境之下的藝術，而不計其他。[43]然而，這都顯露出遞迴的定義的薄弱環節。

從用意上來說，列文森是想用該補充定義來闡明藝術的進化歷史，從而避免只是從語言上規定何為「原初藝術自身」。顯然，當定義本身無法解決問題的時候，他只能求助於歷史本身了，所以，列文森最終要訴諸於考古學來證明之，但是，考古學顯然已經在分析哲學之外了。而且，「原初藝術自身」如何成為「藝術」？這個難題，恰恰是「歷史性」定義在規避了一種「理論循環」之後，又面臨的新的「理論循環」。

---

[41] James O. Young ed., *Aesthetics: Critical Concepts in Philosophy*, Vol. II , p.66.

[42] James O. Young ed., *Aesthetics: Critical Concepts in Philosophy*, Vol. II , p.66.

[43] James O. Young ed., *Aesthetics: Critical Concepts in Philosophy*, Vol. II , p.71.

　　為了不再就此「循環」下去，到了列文森的「歷史性」定義那裡，就必須藉助於歷史的力量來界定藝術。而這也恰恰揭示出「分析美學」的悖論——試圖「走向歷史」但使用的仍是「分析美學」的舊路數——這種理論的張力，使得「歷史性」定義的內部矛盾無法得到真正的解決。更重要的是，如果走向了「歷史」，也就走向了以「非歷史」為基本特質的「分析美學」的反面。在這個意義上，將「歷史性」定義視為「分析美學」藝術定義的「邏輯終點」，就獲得了其自身的合法性和充分的證據。

五、對分析美學「定義方法」的五個評判

　　按照「邏輯與歷史」相統一的原則，前面已經列舉出了分析美學史上「藝術定義」的不同方案，並描述了「分析美學」藝術定義的「邏輯起點」與「邏輯終點」及其間的「邏輯轉換」，那麼，如何來看待「分析美學」這種獨特的定義方法呢？下面就對這些定義方法進行逐層的評判，我們分五個方面來逐層地論述，這種評判是同前面藝術定義的六套方案的邏輯順序相對應的：

　　（1）首先可以確認，藝術是可以定義的，「反本質主義」在此要做出適度的舍取。

　　在分析美學那裡，「反本質主義」最初凸現為對傳統美學的抵制上面，這是有道理的。因為，傳統美學總是要假定各門藝術都具有某一「共同的本質」（common essence），並且用這一不證自明的本質作為審美判斷的絕對標準，從而用一種含混不清的、大而化之的語言，將各門藝術統轄在某個「本質公式」之下。在此意義上，如果按照嚴格的分析哲學的理路，對藝術進行定義的確是不可能也不必要的。但是隨著歷史發展，分析美學逐漸意識到這種定義的重要性，從而有些偏離了分析美學的原初主旨。這種「反本質主義」的藝術分析方法卻面臨著難題，正如理查‧舒斯特曼（Richard Shusterman）公正地解析：其一，假如我們所做出明顯的「藝術」假定，這種假定不是G. E. 摩爾所說的如「善」和「黃色」這樣的單純的非分析概念，那麼，如果繼續追隨G. E. 摩爾的分析觀念的路線，就會讓藝術允許「某些本質主義」的定義進入其中；其二，如果，作為邏輯推論的「反本質主義」，走向了關於藝術品獨特性的特殊主義和某種成見（因為它認為只要美學從特殊走向普遍那就是錯誤的道路），那麼，這個「特殊的反本質主義」也就陷入了困境。[44]進而可以說，大多數的分析明確地

---

[44] Richard Shusterman ed., *Analytic Aesthetics*, p.6.

顯示出，無論我們怎樣去否定「真實的本質」（real essences），在關於藝術及其批評的普遍化方面，這種本質追求總是存在著某些「有效性」。

（2）其次，審美與藝術的脫離，這已成為了大勢所趨，藝術不能只通過審美來界定。

這一方面關係到當代藝術實踐所指向的「公理」，亦即藝術與非藝術的區分是無法確定的。按照傳統觀念，某人造物究竟是藝術還是非藝術，當然要取決於一種特定的「審美理論」。這意味著，日常生活中的普通物與藝術對象在種類上並無不同，將藝術從普通物裡面區分出來的，恰恰就是人們看待物的方式，而這種方式所依賴的則是「審美理論」。然而，從早期現代主義藝術試驗開始這種觀念就遭到了質疑，從晚期現代主義藝術直到後現代藝術，藝術與非藝術邊界的模糊恰恰反擊了藝術的審美定義。與此同時，藝術與審美的「脫鉤」，已經在美學家那裡得到了充分的理論證明。丹托率先認定藝術與美學的關聯，只是一個歷史偶然性問題，並不屬於藝術本質的部分。迪基在提出藝術慣例論之前將「審美態度」視為空洞的神話，恰恰是要通過對審美觀念的顛覆而為其藝術主張鋪路。卡羅爾則最終將這種分離「定型化」了，他甚至認定「藝術理論」和「審美理論」必須分離開來。

（3）第三，我所稱之為的「空間取向」的藝術定義，亦面臨著諸多理論的缺憾。

以「藝術慣例論」為例說明之。這種在藝術與慣例之間「循環論證」的理論更像是一種「折中方案」，一方面，不斷需要獲得解釋的新藝術需要進入「藝術」概念裡面，從而被授予合法的「藝術地位」（這是歷史的需要）。另一方面，「藝術」概念還要按照分析美學的套路演繹下去，逃避傳統的從必要和充分條件入手的定義方式，從而使得自身獲得新的理論生命力（這是理論的訴求）。然而，就理論方面而言，走向「慣例」的藝術理論，其實是分析美學無奈「後退」的結果，也就是遠離分析原則而接近文化的結果。這種路數，最終具有一種「非理論」化的取向，因為概念行將消解在慣例的洶湧波濤裡面去了。從歷史方面而言，只要是容納更多的新的藝術現象在「藝術」概念裡面，就會導致這樣後果：對藝術越是無限的「開放」，對慣例的規定也就越是無限的「鬆動」，當慣例的內涵縮小、外延趨於無所不包的時候，諸如「慣例」此類的藝術定義，就既無法「近取諸身」而解釋自己，更不能「遠取諸物」而救度藝術了。

（4）第四，所謂的「時間取向」的藝術定義，也並不能完全令人滿意。

以列文森的理論為例說明之。列文森在他的藝術界定中，曾提出「被視為藝術品」（regard-as-a-work-of-art）的概念，用以說明某物成為藝術，

恰恰取決於「先它存在」的藝術品被正確評價為藝術的方式。這顯然是一種「回溯性」的定義方法，它的弱點就在於可以被追問：「藝術品前面的前面的前面……究竟是什麼？」按照列文森的思路，藝術家的意向在此就必不可少，因為正是通過意圖現今的藝術才同以往的藝術相聯，並且一定會回到那個「最先的、原初的」藝術品。列文森更傾向於用邏輯的方法解決問題，所以後來又提出了「遞迴的」歷史性藝術定義，亦即總是要最終找到原初的對象在被視為藝術的那種最初的「時刻」，但最終，他也只能歸之於現實的考古學來解決藝術進程的開端問題。實際上，列文森的藝術定義更像是一種邏輯上的「無窮後退」，顯然，藝術定義問題不能單單通過「歷史性的遞迴」來給出全部答案。這樣的解答方式裡面的「歷史」，往往成為了空洞的「形式」，因為歷史的活生生的內容已經被完全抽離掉了。

（5）最後，對於藝術的界定，還不能僅囿於西方的語境，我們還要在「跨文化」的視角裡面來加以勘查。目前所有的分析美學的藝術定義，都是植根於歐美的文化語境中的，鮮有將東方視角納入其內的。不過，有趣的是，丹托的另一個「相關性」的藝術定義在此卻可以派上用場。按照這種界定，藝術品需滿足兩個條件：（1）藝術品必須有「相關性」從而涉及內容，（2）它必須使該內容得以具體呈現（embody）。[45]我們知道，在古老的東方，古典東方文化裡面的審美對應物因其自身的「泛律性和綜合性」，而同歐洲藝術及其後來的發展大異其趣。起碼，根據東方的古老經驗，藝術就並未被純化為一種「美的藝術」，而是融化在其他技藝活動形式之中，這就又同歐洲文化的境況大不相同了。甚至像非洲原始文化裡的器物，如果還原到土著的文化情境裡面，也並不是現代意義上歐洲審美的意指物，而恰恰是由於歐洲文化對非洲文化帶著藝術視角的「返觀」才成其為藝術的。在此，如果按照丹托的界定，藝術品一方面是關於某物的，另一方面又表達了它的意義，那麼，古代東方視野裡面的「前藝術」形態就可以得到寬泛的理解了。

六、新的定義：在「自然主義」與「歷史主義」之間

在「分析美學」之後，究竟該如何界定藝術呢？如果超越分析美學的範式又繼承分析美學的成果，如何給出新的界定之路呢？這個問題在而今變得非常非常重要，無論對於西方還是東方世界而言都是如此。

---

[45] Arthur C. Danto, *The Transfiguration of the Commonplace.*

　　儘管藝術的邊界被拓展得如此寬泛，但本文認為，比較適宜的方法，還是採取一種「歷史主義」的態度，賦予了「界定藝術」以一種歷史的視野。

　　當我們定位藝術的時候，不要再一味地向未來張望，反而要「往回看」。正如中國古人「前不見古人，後不見來者」的觀照方式，就是背對未來、返觀過去一樣。同樣，對待作為整體的「藝術」，也首先要將之視為一個「歷史範疇」。這樣，藝術的「具體存在」，就成為一段段歷史的存在。或許以前不是藝術的，現在被「看作」藝術，比如原始文化的遺存物或者土著文化的器物就常常這樣被對待。反過來的例證，則相對少得多，一般只要是以前曾被視為藝術都會被固定下來。理由也很簡單，「藝術」在總體上就是一個逐漸被擴充起來的動態概念。

　　當我們觀看一件藝術品的時候，並不是由於我們的觀看，使得所看的物成為藝術品。同時，也不是由於藝術家本人授予該物以「藝術地位」，或者「藝術界」裡面的某些人賦予其藝術的名稱，而是要看：這個作品的「歷史關聯」究竟是什麼？也就是從這個具體作品「順藤摸瓜」向前導，它之所以被認定為藝術，其實是因為與前代歷史裡面的某件或者某些藝術品，具有歷史「延承性」的類似性。在這種歷史的維度裡面，只要你確定一件藝術品與前代的藝術品形成了這種「連續性」的時候，該藝術品也就被自然納入到「藝術序列」裡面去了。

　　這種觀點，確實比較接近於列文森的觀念，通過有意將某物設想為與一種認為是較早的藝術正好一致，某人就能使它成為藝術，[46]在這個意義上，這種理論才被稱為「內在索引的」（internally indexical）理論。這意味著，藝術是要在與前代藝術的「比照」之中方能確定自身，要在藝術的「歷史序列」的內部——來定位藝術。如此看來，藝術的不斷被定位的歷史，就會形成了一張又一張的「網」，這些「網」雖然看似是無限在擴充的，但是，總還是具有一定的歷史關聯和多元方向性的。在這個意義上，維特根斯坦所說的「家族相似」，的確可以用來深描藝術之「網」之間的內在關係。儘管從藝術網裡面任取兩件藝術品，在表面上看是相去甚遠的，但是通過一種「網通」卻可以彼此找到聯繫。這種聯繫的「仲介」，就是歷史。

　　從理論上看，這種「歷史主義」的藝術觀，似乎還沒有找到那個「界定藝術」的原點。諸如傳統的模仿說、表現說、形式說，都似乎能找到那麼一個或幾個藝術的特性的「阿基米德支點」。但是，儘管這種界定在歷

---

[46] James O. Young ed., *Aesthetics: Critical Concepts in Philosophy*, Vol. II , pp.57-58.

史上是成功的，而隨著藝術在當代各種變形形式的出現，卻不能再固守任何一種這樣的「絕對本質主義」的定義了。相反，我們亦不能同意對藝術的「反本質主義」的說法，因為照此而論，藝術概念本身就成了一個「空洞的符碼」。

但「歷史主義」的觀念，儘管具有規定藝術的當代實用性，但卻並不足以完全把握住藝術本身。因為，藝術還需要一種「內在的規定性」，這就需要回到經驗的「自然主義」（naturalism）的思路來加以補充。「自然主義定義藝術為一種深深植根於人的本性的東西，這在每一種（原始的和先進的）文化中都能發現其表現。在此，藝術被視為一種從自然人類的需要和動力中產生的……這種經驗給予活生生的生物（the live creation）的不僅僅是愉悅，還有更生動的、提升著的生活感覺。」[47]

實際上，「審美的自然主義」（aesthetic naturalism）與「歷史的慣例主義」（historical conventionalism）之間的對立，在歐美文化裡面是各據一方、兩極割裂的，前者注重的是「活生生的經驗」，後者則聚焦於「社會體制」。[48]當然，本文所說的「歷史主義」並不同於後者所謂的狹隘的「歷史主義」，後者那種「歷史主義定義我們的藝術概念更加狹窄，作為被西方現代性所生產出來的一種特定的歷史文化體制。」[49]而我們所說的「歷史主義」，則是要將藝術真正地放回到歷史本身，在藝術與生活的連續性裡面來定位藝術。

質言之，界定藝術，必須在「歷史主義」與「自然主義」之間作一種折衷的考量。其根本的原因在於：自然生活如果沒有歷史，那將是無意義的，而歷史假若脫離生活，也是不可能的。

20世紀分析美學的各種藝術定義，也是在這種張力結構之間進行的，只不過它們往往都各執一端。按照迪基的分析，藝術定義不僅僅可以依據——大衛斯的意見——按照「功能性」與「程序性」來進行劃分（分析美學的藝術定義更多屬於後者），[50]更重要的劃分則在於「自然類型」與「文化類型」之辯。按照這種區隔，比爾茲利的審美定義當然屬於自然類型，迪基自己的早期和晚期的兩種定義則都屬於文化類型，丹托的「藝術界」定義也是文化類型的（但是晚期丹托的定義似乎走向了自然和文化類型的某種混合），而列文森的歷史性的定義看似是文化類型，但是卻因其

---

[47]　Richard Shusterman, *Performing Live⊠Aesthetic Alternatives for the Ends of Art*, New York: Cornell University Press, 2000, p.4.

[48]　Richard Shusterman, *Performing Live*, p.6.

[49]　Richard Shusterman, *Performing Live*, pp.4-6.

[50]　James O. Young ed., *Aesthetics: Critical Concepts in Philosophy*, Vol. II, 2005.

與藝術意圖相關和遞迴性而最終被視為自然類型。[51] 無論怎樣,這些定義皆沒有抓住藝術的「執兩用中」的平衡點,或者偏重於自然主義的本性呈現,或者執著於歷史主義的文化慣例。

如此看來,藝術的界定,正是要介於「歷史主義」與「自然主義」之間。一方面,認定藝術就源於人的自然本性的噴湧和折射,這是人類「內在的經驗」的「積澱」;另一方面,還要在具體的歷史裡面去確定之、去規定之、去界定之,這是人類面對藝術的「歷史的經驗」累積。這種折衷與融合,使得兩方面原本的極端色彩都得以減弱,從而在現實生活的基礎上獲得了更高層面的「融會貫通」。[52]

由此可見,在「生活經驗」的基源之上(此為定義藝術的最根本所在)——植根於「自然主義」,開拓於「歷史主義」——這才是我們可能採取的藝術界定的最佳策略之一。這也是在「分析美學」之後界定藝術的最佳方式之一。

---

[51] Grorge Dickie, "Art: Function or Procedure—Nature or Culture?".

[52] 回到經驗的藝術定義方式,參見劉悅笛:《生活美學與藝術經驗——審美即生活,藝術即經驗》,第14章《藝術作為經驗與經驗作為藝術》;劉悅笛:《當代藝術理論:分析美學導引》,結語《藝術終結之後與生活美學興起》。

第八章 「審美經驗」：從迪弗到卡羅爾

作為20世紀後半葉在歐美佔據主流的美學流派，「分析美學」除了始終聚焦於「藝術」問題之外，還對於「審美」問題研究繼續加以推進。

在「藝術」與「審美」這兩個基本問題上，前一方面的核心問題無疑就是「藝術的定義」，而後一方面的核心問題則是「審美經驗」（Aesthetic Experience）的問題。甚至在一部分並不屬於「分析傳統」的美學家們看來，而今美學的主題已經從「什麼是藝術」的問題轉向了以「經驗概念」為中心，這就如同哲學史從本體論轉向認識論那樣，對「藝術對象」的考察業已轉向了對於「經驗特性」的探討。[1]儘管這種描述囿於「分析美學」的視界確有些言過其實，但確實道出了「審美經驗」研究後來者居上的發展走勢。

與給藝術下定義的歷程一樣（從傳統的藝術定義方式到「藝術不可定義」再給藝術下一個相對周全的「定義」），對於「審美經驗」的探討，也經歷了——從傳統的審美觀念轉向對於審美的「消解」再到積極的「建構」——的諸多階段。但與界定藝術不同的是，「分析美學」的審美經驗觀在20世紀後半葉中段主要是被批判的對象，「消解審美」曾一度形成了主流，但這種趨勢逐步得到了遏止，「審美復興」逐漸成為了當今的某種共識，言過其實者更喜歡稱之為「審美經驗的轉向」。而且，還要看到與「分析美學」審美經驗觀始終糾纏在一起的另一種美學——實用主義美學——的橫向作用，從比爾茲利時代開始後者就對前者產生了深刻影響，而今「審美復興」的力量源泉，也常常要追隨到杜威的實用主義的經驗觀念，但這種復興仍是在分析美學之內與之外同步進行的。

那麼，在整個「分析美學史」上，這種對於「審美經驗」的考量，究竟取得了哪些歷史成就呢？或者說，在「審美經驗觀」的歷史坐標系當中，究竟有哪些路標性的思想，可以存留下來呢？在本章當中，我們將關注「審美經驗」研究特別是新近所取得的成就。

一、分析美學視野中的「康德悖論」

追本溯源，在歐洲美學史上，從18世紀開始，關於「審美經驗」和

---

[1] Michael H. Mitias ed., *Possibility of the Aesthetic Experience*, Dordrecht: Martinus Nijhoff Publishers Press, 1986, p.92.

「審美態度」的說法、理論和學說便得以孳生。一般認為，18世紀的英國哲學家早已成為了審美態度理論的先驅，而在18世紀末和19世紀初的德國思想家那裡，審美經驗和審美態度的理論才趨於得以成熟。按照這種承繼下來的傳統之理解，「首先，審美的愉悅必須是無關利害的。其次，感受到的這種愉悅的主體必須處於某種平靜的、全神貫注的精神狀態中，並未受某些被歪曲了的觀念聯想的影響。」[2]如此一來，人們所作出的「審美判斷」，就只涉及作為身內知覺的對象的事物，這些事物就是人們通常所說的「審美對象」。這種理論其實就是認定——「只要審美知覺一旦轉向任何一個對象，它立即就能變成一種審美的對象」，[3]這的確道出了傳統審美觀的實質。

然而，這種以「審美知覺」為要素、以「審美態度」為基礎、並要由此而獲得整體性的「審美經驗」和「審美判斷」，卻在法國著名的藝術家杜尚的「現成品」（Readymade）之藝術實驗那裡被阻隔了下來。[4]最早對此做出這種反思的，既不是英美的美學家，也不是德國的思想者，反而是一位法國的深受分析傳統影響的美學家和藝術史家蒂埃里·德·迪弗（Thierry de Duve, 1944－）。

迪弗一方面對整個20世紀的視覺藝術的歷史深有研究（還包括許多的藝術家的個案研究），其主要關注的是「當代藝術」；[5]另一方面，對於「審美」在當代藝術當中的嬗變，也提出了重要的哲學闡釋，特別是《杜尚之後的康德》（Kant After Duchamp, 1998）一書，在分析美學界產生了重要的影響。[6]當然，這都是建立在他對於杜尚的藝術的非常精到而深入的研究基礎之上的，但這種研究又具有非常濃重的哲學色彩，他甚至稱杜尚從繪畫到「現成品」的藝術取向為「繪畫唯名論」（Pictorial Nominalism）。[7]

還是先回到「杜尚難題」來言說吧。首先的問題，就是杜尚的（照搬男用小便器的）《泉》、（將自行車前輪和凳子組合為一體的）《自行車輪》這類作品，還能給觀者以審美上的感受和愉悅嗎？這裡，第一個關鍵

[2]　喬治·迪基：《審美的起源：審美鑒賞和審美態度》，見《美學譯文》（2），第4頁。

[3]　喬治·迪基：《審美的起源：審美鑒賞和審美態度》，見《美學譯文》（2），第4頁。

[4]　參見劉悅笛：《藝術終結之後——藝術綿延的美學之思》，南京：南京出版社2006年版，第一章《「杜尚難題」的謎語特質》。

[5]　Thierry de Duve, Look, 100 Years of Contemporary Art, Ghent-Amstersam: Ludion, 2001

[6]　Thierry de Duve, Kant After Duchamp, Cambridge: MIT Press, 1998.

[7]　Thierry de Duve, Pictorial Nominalism: On Marcel Duchamp's Passage from Painting to the Readymade, Minneapolis: University of Minnesota Press, 1991.

字就是「審美」（aesthetic）。隨後出現的問題便是，那麼，杜尚的這些作品究竟是如何成為藝術的呢？這就需要另外的接受方式來對杜尚的現成物加以定位。這就需要——「判斷」。在此，第二個關鍵字就是「判斷」（judgment）。

這就能將杜尚同比他早百餘年的康德聯繫起來，因為康德集中精力論述的就是所謂的「審美判斷力」（aesthetic judgment）的問題，[8]「審美」與「判斷」的合題，也就是德文那個「Geschmachsureil」（或譯「鑒賞判斷」，原意應為「趣味判斷」）的問題。按照康德的原意，所謂「判斷力」（Urteilskraft）正是略有知性性質又略有理性性質的「津梁」，它可以成為一種溝通理性與感性、必然與自由、有限與無限的、有關人類「情」那部分的認識能力。當然，「審美判斷」亦同時就是一種「反思判斷」。

如此一來，從古典主義、現代主義直至杜尚之前的藝術，對它們的鑒賞，都可以按照康德這種「鑒賞模式」來進行。這是由於，在這種傳統的藝術鑒賞裡面，「審美」與「判斷」是並行不悖的，乃至是相互交融的。換言之，在這種藝術鑒賞裡面，「審美」就是「判斷」，「判斷」就是「審美」。在「審美」的同時做出「判斷」，在「判斷」的時候業已「審美」。「審美」與「判斷」，在康德那裡並不矛盾，反而是合一的。

但是，對杜尚的現成物的欣賞，卻不可能按照康德既定模式來進行。因為，在對《泉》之類的作品進行觀照時，審美的要素幾乎被降低到了最低點，一種理性判斷的力量逐漸佔據了上風。反過來說，當你對杜尚的這類作品採取了判斷的態度的時候，審美也就跑到九霄雲外去了。這正構成了一種悖論：「審美」與「判斷」的悖論。用一句話來歸納，這種悖論在於：「宣稱現成品是藝術的那句話不一定是鑒賞判斷，但它仍然宣布了一個審美判斷。」[9]這正是迪弗反思「審美」的出發點。

由此，一種「悖論」便就此出場了。這是語言意義上悖論，而非語言分析上的悖論。在這一悖論中對稱的對立命題：正題與反題，都可以得到形式上的可靠證明，但卻相互之間存在宿命般的衝突。這種由杜尚引發的「康德式」的命題就是：

正題：對作品，或者審美，而不要判斷；
反題：對同一作品，或者判斷，但不要審美。

8　Immanuel Kant, *Critique of Judgment*, Indianapolis: Hackett Publishing Company,1987, p.XLVⅡ.
9　蒂埃里·德·迪弗：《藝術之名：為了一種現代性的考古學》，秦海鷹譯，長沙：湖南美術出版社2001年版，第97頁。

　　具體而言，支持正題的人看來，「只存在審美，但誘惑和享樂尤其不應該判斷和被判斷，因為藝術的虛構遠遠超出了批評和評價的範圍」；由支持反題的人觀之，「只存在判斷，但這種判斷尤其不應該是鑑賞判斷，因為如果是這樣，藝術就會在鑑賞中失去其智性的、判斷的和意指的功能」。[10]

　　如果從「藝術之名」與「藝術之實」的區分來看，在這正題與反題支持者看來，一方面，他們都承認「藝術之實」，也就是承認藝術之為「物」，具有物品的地位；但另一方面，他們對「藝術之名」的理解卻根本反向了，也就是說他們給藝術所取的名稱是不同的。前者從審美的神祕性出發，認定藝術就是「物戀對象」，從而對虛構充滿了迷戀；後者從判斷的純粹性出發，認為藝術叫做「能指」，從而認為虛構本身也能產生意義。這樣，正題與反題的雙方都於同一基礎（「藝術之實」）上，卻在「藝術之名」的名稱界定上相互爭執，後者指責前者只將藝術理解為一種「病理學意義」上的物戀對象，前者指責後者只把藝術視為具有「認知功能」的能指。

　　進而，如果從語言的角度繼續來解析，還可以生發出更重要的康德意義上的「二律背反」（antinomy）。這便是康德自己所謂「鑑賞二律背反的表現」（Presentation of the Antinomy of Taste），這種在鑑賞方面表現出來的二律背反被表述為：「（1）正題：鑑賞判斷不是建立在概念上的；這是由於，否則人們就可以對它進行辯論了（亦即通過論證來作出決斷）；（2）反題：鑑賞判斷是建立在概念上的；這是由於，否則就連對此展開爭論都不可能了，儘管[這種判斷]展現出一些差異……」[11]

　　當然，康德的這個論證的原點，就是一個短語「這朵花是美的」，如果更加精煉，就是「這是美的」。這裡的「是」，是最具有哲學意味的「存在意義」，「是」本身就代表了「在」或者「在這裡」。在審美判斷的語境之中，這種「鑑賞的二律背反」的確是存在的，康德揭示出了這種深層的矛盾。

　　然而，在杜尚之後，「分析美學」對此的解讀卻走向了另一個方向。這裡的關鍵，就在於一種替換：一種命題上的替換——將「這是美的」轉

---

[10] 蒂埃里・德・迪弗：《藝術之名：為了一種現代性的考古學》，第95頁。

[11] Immanuel Kant, *Critique of Judgment*, p.211.

"(1)*Thesis*: A judgment of taste is not based on concepts: for otherwise one could dispute about it (decide by means of proofs).

(2)*Antithesis*: A judgment of taste is based on concepts; for otherwise, regardless of the variation among [such judgment], one could not even so much as quarrel about them (lay claim to other people's necessary assent to one's judgment)".

化為「這是藝術」，一種術語上的替換——將「審美判斷力」轉化為「藝術判斷力」，從而導致了另一種康德式的「藝術二律背反」（Antinomy of Art）的出現。如果這種替換成功的話，那麼，按照對杜尚作品解釋而生髮出來的啟示，可以得出如下的正反兩題：

> 正題：「這是藝術」這句話不基於概念。
> 反題：「這是藝術」這句話基於概念。

或者，直接轉化為更簡單地陳述：

> 正題：藝術不是一個概念；
> 反題：藝術是一個概念。[12]

如此說來，如果把「美的」換成了「藝術」，那麼，杜尚的現成物引發出來的就是這種「二律背反」。這個「二律背反」被迪弗認為自行解決了，因為他進而提出了這樣的——使得正題與反題相互相容——的方式：「正題：『這個是藝術』這句話不基於藝術概念，而基於審美/藝術情感。反題：『這個是藝術』這句話假設了藝術概念，假設了審美/藝術觀念。」作者認為這既符合康德又符合杜尚，但卻又引入了「情感」與「觀念」的新的術語，其實也並未解決問題，只是擴充了問題而已。

但毫無疑問，康德的「這是美的」已經被「這是藝術」的問題所取代了，許多分析美學家們都採取了類似的方式，規避了審美而僅僅聚焦於藝術。然而，在「分析美學史」上，審美與非審美的相互辯駁卻始終沒有平息，這從另外兩位分析美學家的爭論當中可以見出分曉，這就是所謂的「比爾茲利－迪基之爭」（the Beardsley-Dickie debate），這種爭論折射出分析美學的內在的某種邏輯演進。

二、比爾茲利與迪基的「審美之辯」

在「比爾茲利－迪基之爭」當中，門羅・比爾茲利是「審美經驗」的堅守者，而喬治・迪基則是「審美態度」的消解者，二者的思想南轅北轍並直接發生了交鋒。迪基在1965年以《比爾茲利虛幻的審美經驗》（Beardsley's Phantom Aesthetic Experience）對於比爾茲利這位老美學家的思

---

[12] 參見蒂埃里・德・迪弗：《藝術之名：為了一種現代性的考古學》，第99－100頁。

想進行了批駁，[13] 比爾茲利也在這種批評的壓力之下，繼續反思自己的審美經驗觀念，並在1969年發表了《審美經驗的恢復》一文，[14]1970年發表了著名的《審美的觀點》（The Aesthetic Point of View）一文。他既維護和發展了自己的觀點，也對於相應的批評做出了積極的回應。[15]這種兩位著名美學家之間的爭辯恰恰構成一種張力，更確切地說，構成了一種「分析美學」反思審美的「內在張力」。

這還要從比爾茲利的審美經驗觀念談起。如前所述，比爾茲利曾針對古德曼的「審美—非審美徵兆」理論，提出了審美經驗的五重標準，它們分別是：（1）「對象的引導性」：「一種某人的精神狀態與現象的對象特質保持連續性的自然地所接受的引導」；（2）「感受自由」：「一種與某些先在關注於過去和未來的領域相脫離的感覺」，（3）「距離效應」：「一種對象的興趣被集中起來並帶有一點有情感距離的感覺」；（4）「積極發現」：「一種組成了心靈的能力的主動實現的感覺」，（5）「完整性」：「一種作為一個人整合的……和相應滿足的感覺」。[16]按照比爾茲利非常具有自信的想法，這五種標準只要至少具有了四種，那麼就必定擁有了審美性質，這與古德曼的那種審慎的態度是不同的。當然，這種審美經驗觀點是歷史形成的，尤其是與《美學》當中的相關思考息息相關的。

早在《美學》當中，比爾茲利就致力於對於審美經驗的描述，他認為，首先，審美經驗中我們緊密地注意現象與「客觀場域」中的那些種類不同，雖然這並不意味著「現象場域」中主客是可以消解的，但無疑審美對象既存在於客觀界中，也同樣存在於我們的經驗之中。其次，審美經驗是具有某種強度的經驗，情感正是審美經驗強度的體現，它所帶來的愉悅使得消極的反應蕩然無存。我們之所以能像前兩點那樣談論審美經驗，在於審美經驗具有「統一性」，這體現在它是結合在一起、具有一致性的經驗，即「一物引向另一物；連續發展著，沒有間隙或死寂，一種全然的神意引領之感，一種能量朝向高潮的節節彙集，顯現到非同尋常的程度。」[17]這同時體現在比爾茲利所提出的「五重標準」的最後一點，這種

[13] George Dickie, "Beardsley's Phantom Aesthetic Experience", in *The Journal of Philosophy*, Vol. 62, No. 5 (1965).

[14] Monroe Beardsley, "Aesthetic Experience Regained", in *The Journal of Aesthetics and Art Criticism*, Vol. 28, No. 1 (1969).

[15] Monroe Beardsley, "The Aesthetic Point of View", in *Metaphilosophy*, Vol. 1, No. 1 (1970).

[16] Monroe Beardsley, "Aesthetic Experience", in Monroe Beardsley, *The Aesthetic Point of View*, pp.288-289.

[17] Monroe Beardsley, *Aesthetics*, p.528.

經驗總是自身完整的，我們「感到經驗中諸元素所喚起的那衝動和期盼被其他經驗中的元素所平衡和化解，以致某種程度的平靜和終結得以企及和享受。」[18]（參見本書第二章第四節）在這種描述的基礎上，比爾茲利最終給予審美價值一種所謂「工具主義」的定義：

> 「X比Y具有更大的審美價值」意即「相比Y，X具有產生更大量度審美經驗的能力（它的審美經驗有更大的價值）。」[19]

所以，認定審美經驗具有價值，就是認為「審美價值」應被界定為「產生出一定量度的審美經驗的能力。」[20]但可以肯定的是，在比爾茲利的對審美經驗的描述當中，「統一性」無疑是居於核心地位的，這顯然受到了杜威實用主義思想的影響。正是因為「統一性」的存在，才使得審美經驗的各個要素綜合和整合起來。

迪基在《比爾茲利虛幻的審美經驗》一文當中，就先集中對「統一性」進行概念解析，從而展開了對於比爾茲利審美經驗觀念的系統性的反駁。按照迪基的理解，比爾茲利遵循了杜威的觀念，他的理解可以歸納為兩點：其一是所見、所聽到的審美對象是統一的；其二則是首先影響對象的審美經驗也是統一的，這二者也是結合在一起的。[21]換言之，在審美過程當中，「經驗中現象化的客體呈現」與審美經驗也是相互匹配的，審美經驗的統一性由此而生。但是，在迪基的視野當中，比爾茲利儘管表面上論述的是後者，但實際上他所論述的卻是前者。換言之，迪基在做出這種區分的基礎上，認定比爾茲利的這種觀點更多是在論述知覺對象的特徵，而非這種知覺特徵所產生的效果。甚至在迪基看來，審美經驗的問題根本就不應在美學中加以討論，「我們應當更多地關注藝術品本身的屬性，而不是它們在我們身上所產生的效果」。[22]所以說，比爾茲利論述審美經驗實際上是在談論「對象屬性」而非「經驗屬性」。

迪基對於比爾茲利思想的內在矛盾解析還不止於此，他更深層的意思是說，就連經驗的「統一性」這種東西本來就是子虛烏有的，它更難以作為審美經驗的現象特徵而存在。這是由於，只有當這種經驗與最混沌不清的經驗相比較時，對於經驗的「統一性」及「完整性」的理解才是有意義

---

[18] Monroe Beardsley, *Aesthetics*, p.528.
[19] Monroe Beardsley, *Aesthetics*, p.531.
[20] Monroe Beardsley, *Aesthetics*, p.533.
[21] George Dickie, "Beardsley's Phantom Aesthetic Experience".
[22] George Dickie, "Beardsley's Phantom Aesthetic Experience".

的。但實際上這種日常經驗與審美經驗的區分是毫無意義的。在這個意義上，杜威也成為了迪基批判的對象，因為杜威的思想才是比爾茲利的哲學基礎。迪基認為，杜威的「一個經驗」的思想也只是一種臆想，它較之比爾茲利更傾向於將完整物的經驗說成是「經驗的完滿」，但這也是不合實際的。從理論上說，迪基認為比爾茲利的審美經驗理論所犯的就是分析哲學家賴爾所謂的「範疇錯誤」（category mistakes），也就是說，他將概念放進本來不包括它們的邏輯類型之中。這樣，迪基就從實踐與理論兩個方面批駁了比爾茲利及其哲學根源，從而試圖在根本上消解後者從審美經驗演變到審美價值的思想。

晚期的比爾茲利並沒有停止思考，面對迪基的挑戰，他積極做出了迎戰。在《審美經驗的恢復》一文中，比爾茲利試圖從心理學的「現象證據」來維護他自己的觀點。其中，最突出的證明，就是引用人本主義心理學家馬斯洛（Abraham H Maslow, 1908-1970）的「高峰體驗」（Peak Experiences）來作為證明審美經驗「統一性」，並以之為心理學的權威證據。根據這位心理學家的描述，在高峰體驗當中，「整個世界被看作是統一體，像一個有生命的豐富多彩的實體那樣。在其他高峰體驗中，特別是在戀愛體驗和審美心理體驗中，世界中一個很小的部分這時被感知為似乎它就是整個世界。在這兩者情況中，知覺都是統一的。對一幅畫、一個人、或一個理論的存在認知，擁有屬於整個存在的一切屬性，即擁有存在價值，這個事實很可能是由另一個事實派生出來的，即在高峰體驗中，彷彿這個體驗就是那時存在著的一切。」[23]但我們知道，正如迪基在《審美態度的神話》所證明的那樣（參見本書第六章第二節），心理學難以成為審美態度理論的支撐，對於審美經驗也是如此。而且，為了回應迪基的批評，比爾茲利還得出這樣的論點：對於藝術品完整性的經驗，僅僅是整個審美經驗的一個組成部分，而不能將之視為全部。

按照比爾茲利在《審美經驗的恢復》當中的理解，「一個人在特定一段時間裡擁有審美經驗的，當且僅當在這段時間裡他的絕大部分心理活動依靠與客體的形式和屬性相聯繫而獲得統一，變得愉悅。這一客體是在其原初注意力彙集下，知覺呈現的或想像力導引出的客體。」[24]由此可見，直到晚期階段的比爾茲利也沒有放棄審美經驗的「統一性」的訴求。後來在《審美的觀點》當中，比爾茲利對此的強調更加突出：「滿足是審美的，當它首先獲得形式統一體的關注和（或）一個複合整體的局部性質，

---

[23] 馬斯洛：《存在心理學探索》，李文恬譯，昆明：雲南人民出版社1987年版，第80頁。

[24] Monroe Beardsley, "Aesthetic Experience Regained".

當它的數量具有形式統一體的程度和（或）局部性質的強度的功能。」[25]
但毫無疑問，在比爾茲利做出這種讓步的表述的時候，他已經開始放棄了
對於審美經驗的早期那種的現象解釋。

當比爾茲利以「統一」、「複雜」和「強度」的要素來規定審美經驗
的時候，他並沒有意識到這種「要素論」的工具主義缺陷，而是堅信這三者
構成了審美經驗的整體。迪基則從對「統一性」的批判開始進而拓展到了對
於全部要素的批判。迪基對於比爾茲利的批判著力點，仍在於是認定後者
將審美經驗的對象的分析轉化為對經驗自身的分析。比爾茲利最初的反應，
還是要維護經驗的完整性質，並策略性地認為這種完善經驗是一種「期待的
實現」而非現實的實現。當然，迪基在爭論當中也在修正自己的觀點，他
隨後也傾向於認為經驗與其對象都可以是統一的，但是仍然懷疑從經驗的
「統一性」「調用」到審美經驗分析的可能性。[26]比爾茲利則回應了使得
經驗獲得「統一性」的相關聯的要素，不僅包括了情感也包含了思想，所
以審美經驗可能就仍是統一的，即使它們沒有包含情感。由此出發，晚期
的比爾茲利對於審美價值又有新的界定——「審美價值X就是X所擁有的
價值，根據其所提供的審美滿足的能力，只要它被恰當地被感知。」[27]

總而言之，從「比爾茲利－迪基之爭」的前後變化，可以看到分析美
學對於審美經驗的基本態度的演變。比爾茲利早期「元批評」的美學對
於審美經驗的界定，是基本順應了「早期分析美學」的潮流的，但是隨著
分析美學史的進展特別是迪基的批判，比爾茲利的觀點開始產生了某種變
化。需要特別注意的是，這種變化恰恰是在認識觀念的方向上得以展開
的。在迪基美學被普遍接受的時代，對於審美經驗採取普遍置疑的態度逐
漸佔據了上風。而新近的維護審美價值的分析美學家們，卻傾向於以認識
論考慮來重新描述審美經驗的問題，這一方面是與比爾茲利的變化是「同
向」的，另一方面卻走向了迪基美學的反面。這皆說明，從比爾茲利、迪
基到新近美學家們對於審美經驗態度的轉變，可以折射出分析美學對於審
美問題的觀念究竟是如何得以轉變的。

三、歷史上的「審美經驗諸概念」

在美學史上，關於「審美經驗」有幾種重要的闡釋類型。按照當代重
要的分析美學家諾埃爾・卡羅爾在《審美經驗的四種概念》（Four Concepts

---

[25]　Monroe Beardsley, *The Aesthetic Point of View*, p.22.
[26]　C. f. George Dickie, *Art and Aesthetic*.
[27]　Monroe Beardsley, *The Aesthetic Point of View*, p.26.

of Aesthetic Experience）一文裡面的意見，「審美經驗」可以分為四種闡釋類型，他分別稱之為「傳統的說明」（the traditional account）、「實用主義的說明」（the pragmatic account）、「寓意的說明」（the allegorical account）和「縮略的說明」（the deflationary account）。[28]

當然，這最後一種是諾埃爾・卡羅爾的立論所在，他認為前三種歷史類型的說明都沒有獲得成功，似乎到了他那裡才給出了一個總結性的結論。現在看來，他的這些想法並不十分令人滿意，倒是實用主義的說明越來越展現出強大的生命力來。無論怎樣，作者對歷史上「審美經驗」的三種歷史說明的歸納是可圈可點的。

可以說，康德的審美理論是（康德之後晚近的）「傳統的說明」和「寓意的說明」的共同理論來源，前者是康德思想的規範化發展（或者說，早期的「傳統的說明」在康德那裡得以集大成），後者則是康德觀念的極端化的發展。這裡面，理論的共通之處：就在於它們都承認審美是非功利和無利害的，這是它們共同的理論之源。當然，在很大程度上，「寓意的說明」較之「傳統的說明」更依賴於康德美學本身。

如此看來，歐洲古典美學對審美經驗的考慮，以哈奇生的「內在感官」說和康德的「審美判斷四契機」說為代表，這種觀念總是折射出傳統思維的模式，它們主要關注於審美的某些靜態條件，如「非功利」或「無關利害」就是其最主要的理論預設。這種考慮的相對溫和的主張，就是認定「一部藝術品的審美經驗包括對藝術品的觀照，這種觀照為了自身的目的而具有價值。也就是說，審美經驗是自我酬答的（self-rewarding）」。[29]

古典美學通常認為，人類的審美經驗之中必然包括「沉思」成分，這種經驗要為了審美經驗自身的目的、不是為了其他事物的目的而獲得價值。甚至可以說，「傳統的考慮預設了這樣的必要條件，審美經驗是一種信仰，以至於這種經驗為了自我的目的是有價值的。」[30] 這意味著，這種古典的考慮具有如下的特質：

其一，在這種視野中的審美經驗，強調的是它來自於一種「非功利」的主觀愉悅，這種愉悅是同實踐的、倫理的、財富的、政治的實用相互隔絕之獨立價值。康德則將之納入「審美鑒賞」的「第一契機」從而奠定了西方近現代美學的基礎，這是正是西方意義上的「趣味」得到純化之後的理論總結。古典審美經驗的基本理論預設都在於此。

---

[28] Noël Carroll, *Beyond Aesthetics*, pp.41-62.

[29] Noël Carroll, *Beyond Aesthetics*, p.44.

[30] Noël Carroll, *Beyond Aesthetics*, p.48.

　　其二，這種視野中的審美經驗，恰恰是與傳統的「藝術自律論」相互匹配的。藝術在古希臘人那裡仍內在於「技藝」之中，直至文藝復興時代才出現所謂的「美的藝術」概念，藝術這才擺脫了技藝的羈絆而獲得了自律的定性。與東方比較而言，經過17、18世紀的發展，藝術在歐洲所獲得的獨立自為的特性，這只是西方社會文化結出的果實。可以說，「自律性，就是藝術日漸獨立於社會的性質，這是資產階級自由意識的一種功能，它與特定的社會結構緊密相聯。在此之前，藝術……絕不是『自為的』」。[31]如此看來，藝術自律論的確是歐洲近代社會的產物，它秉承的是一種歐洲近代主體性的哲學和美學精神。相應的審美經驗論，正是強調了這種「自律性」，強調了對一件藝術品的審美經驗是為了作品自身的目的而有價值的。在這個意義上，古典視野中的審美經驗恰恰就好似一種「自我酬答」。

　　其三，如此看來，古典視野中的審美經驗論的闕失也就呈現了出來。這種考慮將審美經驗建基於「非功利」基石上的理論公式，顯然過於狹窄，單單強調了康德意義上的「快感不能在審美愉悅之先」，而忽略了諸如恐怖這種情境也可以獲得審美感受。同時，這種考慮將此類的狹窄經驗訴諸為一種審美學，其內在機制是「信仰」經驗為了自身的目的而有價值，篤信觀賞一件藝術品的純審美能力，但卻忽視了審美經驗中功利價值的參與。況且，在這種「信仰」基礎上，該視野中的審美經驗的特徵，較少地涉及了經驗的內容，而替之以獨立的審美經驗，很容易導向一種純形式主義的「審美心理學」。

　　「簡而言之，傳統的說明要求，當經驗者相信或者發現一種經驗為著自身的目的而具有價值的時候，這種經驗才是審美經驗。」[32]這便是對審美經驗的「傳統的說明」。

　　與之相應，現代的說明之極端形式，就出現在所謂的「寓意的說明」那裡。這同時是一種與當代藝術頡頏相伴的審美經驗理論或美學主張。當然，該說明的出發點，還是康德美學對審美經驗的純化和對想像力的推崇：「在沉浸於審美經驗時，想像力脫離概念而獲得的自由也暗含著烏托邦和控訴，這是由於將具體事物納入到概念之下是工具理性的特點。因而，想像力在審美經驗中的運用，實際上是不把具體事物屈從於概念的認知形式，在這個意義上，審美經驗代表了工具理性方法以外的一個認知的自由領域。」[33]

---

[31] T.W. Adorno, *Aesthetic Theory*, London : Routledge & Kengan Paul, 1984, p.320.

[32] Noël Carroll, *Beyond Aesthetics*, p.49.

[33] Noël Carroll, *Beyond Aesthetics*, p.55.

　　所以，「寓意的說明」，其實就是一種「烏托邦式的考慮」，這主要以瑪律庫塞（Herbert Marcuse, 1898－1979）以解放為旨趣的「新感性」美學和阿多諾（Theodor Wiesengrund Adorno, 1903－1969）以「否定辯證法」為內核的「否定美學」為代表，這種審美經驗取向折射出現代主義藝術中的精英化立場的色彩。

　　這種審美經驗的觀念，是直接建基在一種「審美烏托邦」基石上的，這種烏托邦必然要求審美和藝術對生活的否定。作為從固有現實的異化，藝術是一種「否定性力量」，這是瑪律庫塞《審美之維》的核心思想。自從藝術成為自律的，它就存續了「從宗教中脫胎而來的烏托邦」，這早在霍克海默那裡就被肯定。「否定性是忠實於烏托邦的，它在自身中包容了隱密的和諧」，這又是阿多諾在《新音樂哲學》中的總結。由此可見，這些早期法蘭克福學派的代表人物，都將藝術和審美視為一種「精神的解放和救贖」，將對未來美好生活的虛幻訴求——歸之於藝術和審美的解放潛能，從而使得人們擺脫現實社會之工具理性的桎梏。

　　顯而易見，這種烏托邦式的審美經驗論，還是沒有擺脫康德美學思想的深度浸漬，甚至將審美純化和藝術自律原則推向了極端。不過，他們所說的審美經驗更具現代意味，瑪律庫塞就曾直言：「審美的根源在於感受力。美的東西首先是感覺上的：它訴諸感官；它是令人愉悅的，是未經理想化的本能衝動的對象。但是，美似乎又在理想化目標和未經理想化目標之間佔據了一個位置。」[34]一方面在瑪律庫塞思想中強調了真正的審美和藝術具有烏托邦的一面；但另一方面，他更關懷的是建基於本能解放基礎上的「新感性」解放，這便將審美經驗的烏托邦與深度心理學結合起來。

　　這種烏托邦式的審美經驗考慮，「反映了現代主義藝術自我概念化（self-conception）的特定趨勢」。換言之，這類審美經驗理論也為現代主義中精英化的趨勢提供了一種觀念基石，清晰地解釋了藝術能自律性地使人解脫，從而由此造就了人們的審美經驗能力。或者說，「審美經驗的寓意說明為現代主義趨勢提供了一個哲學基礎，它公開地解釋藝術怎樣能保護自律，因為它具有產生審美經驗的能力，這種審美經驗是無利害的，並且具有理論性的價值，它在原則上不受工具理性陳規的限制。也就是說，寓意的說明為現代主義對藝術可以捍衛工具性價值以外的價值可能性的信念提供了理論上的合理性，在工具性價值中，市場價值是一個特別顯著而具有威脅性的例子。」[35]這種經驗雖然包孕了康德非功利主義的原則，但

---

[34] 瑪律庫塞：《現代美學析疑》，綠原譯，北京：文化藝術出版社1987年版，第63－64頁。

[35] Noël Carroll, *Beyond Aesthetics*, p.55.

卻被置於現代社會的視界內，凸顯的是審美超出工具理性的規約而得到自由，從而為現代主義藝術提供了一種理論的理性。

對於「分析美學」而言，「傳統的說明」和「寓意的說明」都不是其所追求的，儘管前者的某些要素已為「分析美學」所吸收，但是它恰恰是「分析美學」反傳統的對象，後者的那種關注歷史和語境的超越取向，也恰恰構成了分析傳統的對立面。

四、轉型中的「審美經驗的終結」

從傳統直至現代的關於審美經驗的各種說明，而今都在當代面臨著「被終結」的強勁挑戰。在1997年，從分析美學轉到實用主義的當代美學家舒斯特曼在《美學與藝術批評雜誌》該年的冬季號上，撰寫了一篇名為《審美經驗的終結》（The End of Aesthetic Experience）的文章。[36]這篇饒有興味的文章，在很大程度上，都借鑒和援引了實用主義大家杜威的基本美學理念。

在《審美經驗的終結》開門見山地提出了這個問題──「審美經驗」被指定被「現代美學」的核心性失誤了嗎？經過了相當長一段時間對美學最基本概念叢的考量（「審美」顯然就是美學最基本的概念之一），同時也包括對藝術領域的穿透和超越，「審美經驗」在20世紀90年代中期之前的半個世紀裡面逐步被加以批判。這裡所批判的，不僅僅是「審美經驗」的價值，而且就連「審美經驗」的存在本身也遭到了置疑。那麼，究竟是什麼使得這個關鍵中的關鍵概念失去了吸引力？這個美學概念還能提供價值嗎？

所以，舒斯特曼自稱，他使用了──「審美經驗的終結」──這個「雙關語」的標題，其意味就在於，一方面，詳盡論述人們（主要是晚近的分析美學論者）認為「審美經驗」之所以會走向結束的理由；另一方面，為再度構想因而也是再度認定「審美經驗」的目的而積極辯護。舒斯特曼之所以沒有追隨分析美學而負面「解構」「審美經驗」，而採取了正面「建構」的態度，正是因為，「審美經驗」這個概念是他的「新實用主義美學」的核心概念。[37]

通過對「審美經驗」這個大陸哲學術語和美學概念的批判，作者遂聚焦在20世紀盎格魯血統的美國人哲學的進步性之衰落上面。這不僅僅是因為這種衰微是非常偏激的，而且是由於，從杜威開始到比爾茲利、古德曼

---

[36]　Richard Schusterman, "The End of Aesthetic Experience", in *The Journal of Aesthetics and Art Criticism*, Vol.55, (Winter, 1997).

[37]　C. f. Richard Schusterman, *Pragmatist Aesthetics*.

直到丹托形成的傳統，深刻地影響了舒斯特曼的理論工作。[38]特別是，丹托對藝術與生活關聯的追尋，比爾茲利試圖將藝術和審美同其他實踐分離開來的嘗試，這些都意味著與「審美經驗」概念之變化性運用斷絕了關係。相反，「審美經驗」仍會服務於對辨別性藝術作品及其構成性價值的界定。這也就是比爾茲利所謂的「藝術善意的說服性分析」（persuasive analysis of artistic goodness）。[39]

其實，從杜威的「藝術即經驗」理論到丹托從「藝術界」來定位藝術，折射出「審美經驗」的變化形式與理論功能之間的深度混淆。但是，這同時也反映出了在20世紀藝術家們之前衛藝術實踐的「反美學」衝擊之下，美學需要重新調整方位來重建，因為這些前衛藝術使得人們的基本感性經驗都得以轉換。這都要求對（在歐洲古典美學中業已形成的）「自律的審美經驗」觀念加以反駁。

在美學史上，人們常常用如下兩種論證來反對「自律的審美經驗」。「第一個論證就是，既然一切有意義的和完滿的經驗都具有一個背景的實踐，那麼就沒有任何審美經驗可能從藝術實踐中脫離出來」；「第二個論證則是建立在如下的事實上的，『審美』一詞（不管其古希臘詞根）就是在18世紀作為同樣區隔文化領域（科學的、實踐－道德的和藝術的）過程中的一部分才被新造出來的，這種區隔也誕生了我們——作為狹義美的藝術的實踐的——現代藝術概念。作為一個區隔性的特殊實踐的藝術，如果在現代性當中被確定之前，『審美』概念從來不曾存在的話，那麼，審美經驗也不能獨立於藝術之外」。[40]顯然，作者對這兩種論證都不滿意，特別是第二種論證，這其實是哈貝馬斯論「審美經驗的現代起源」的觀點[41]，即使承認「審美經驗」的出現在歷史上依賴於藝術（概念和實踐）的現代演變，也不能導致它在今日完全保持在實踐的限制之中。可見，結論只能是：審美經驗超出藝術的歷史限定的實踐之外，這是顯而易見的。

從整體上看，「審美經驗」的理論傳統具有四種特質，這四種特質的相互影響，使得整個20世紀對這個概念的運用是含混不清的。這四種特質分別是：

> 第一，審美經驗基本上是有價值的和令人愉悅的；這也就是所謂的評價的維度（evaluative dimension）。

38　Richard Schusterman, "The End of Aesthetic Experience", p.29 ,endnote 2.
39　Monroe C. Beardsley, *The Aesthetic Point of View*, Ithaca, New York: Cornell University Press, p.79.
40　Richard Schusterman, *Pragmatist Aesthetics*, pp.47, 48.
41　Jürgen Habermas, *The Philosophical Discourse of Modernity*, Cambridge: Polity Press,1987, p.307.

第二，審美經驗是生動地被感知和主體性被體味的東西，它深深地吸引著我們，使我們的注意力關注到即刻存在上，因而從日常經驗的流動之途中凸顯出來；這就是所謂的現象學的維度（phenomenological dimension）。

第三，審美經驗是一種有意義的經驗，而不是單純的感覺；這就是所謂語義的維度（semantic dimension）。（它的影響力和意義一同解釋了審美經驗如何能如此變易）。

第四，審美經驗是一種區分性的經驗，它與確定美的藝術和再現藝術的基本目標相關；這就是所謂的分界定義的維度（demarcational-definitional dimension）。[42]

這四種審美經驗的特質，在表面上看似呈現出一種群體性的一致，但是，它們所產生的其實是一種普遍的理論張力。這一歸納實際上是相當完整而清晰的，它使我們看到了「審美經驗」理論的內在結構的全貌。如前所述，當代的分析哲學不僅僅讓「審美經驗」的理論逐漸變得被邊緣化，而且，還進一步從根本上置疑了這一概念的存在本身。顯然，喬治・迪基是這種「否定論」和「虛無論」的最重要的代表人物。

進而，舒斯特曼的厘清工作，其實是從三個角度來介入的。首先，他置疑，「審美經驗」的概念究竟是一個固有的尊稱，還是一個替代性描述的中立者？其次，他置疑，「審美經驗」的概念究竟是一種豐富的現象，還是單純的語義？再次，他置疑，「審美經驗」概念之首要的理論轉化功能，究竟目的是調整和擴大審美疆域，還是定義、劃定和解釋審美的現狀？[43] 顯然，作者仍在語言分析與現象描述之間徘徊不定，在理論與實踐之間調和持中，並試圖從分析哲學走向實用主義的美學觀念。

在分析哲學與實用主義之間，舒斯特曼向我們展現出了「審美經驗的終結」的雙義性：一方面，是指分析美學傳統所批判的那種「審美經驗」理論的確終結了，在這一點上，迪基所論雖過偏激但卻直刺要害；另一方面，舒斯特曼卻沒有因為反對「審美經驗」而逃避經驗，而是尋找了另一種「經驗之路」來定位美學，特別是來界定藝術本身。在這個意義上，作者所用的「終結」的涵義倒近似於德語那個「Ausgang」，既意指傳統的結束，又意指新的「入口」之義。

---

[42] Richard Schusterman, "The End of Aesthetic Experience", p.30.
[43] Richard Schusterman, "The End of Aesthetic Experience", p.32.

所以，舒斯特曼在不斷的調和與妥協之中，在杜威美學的深刻浸潤之下，將藝術定義為審美經驗，並結論性地認為，這至少在兩個方面將迅速引向兩個目標。第一個目標，就是讓我們在處理藝術的時候，就預先準備去尋找和培養審美經驗，這是通過提醒我們藝術最終從事的是經驗，而不是收集和批評而實現的。第二個目標，「它說明我們認知和限定了那些給我們提供審美經驗的更多和更好的諸表現形式（expressive forms）……。總之，重新將藝術界定為經驗，激發我竭力為流行文化（popular culture）的藝術合法性進行辯護，而且，通過把生活塑造成藝術也能為生活之美（living beauty）的倫理觀念打下基礎……。藝術不再被限定在擁有特權的（由歷史上藝術過去的實踐所授權和統領的）傳統形式和媒介，作為審美經驗的有目的的生產，藝術逐漸變得更值得向（在大量不同生活經驗的素材中的）未來試驗開放，對這些生活經驗進行審美化的塑造和變形」。[44]

這才是「審美經驗的終結」的真正「入口」，通過了這個「入口」之後，就會走向一條未來的可能之路。這個「入口」的通道，就以「新實用主義」來命名，在本章的最後，我將回到這個分析美學之後的新的方向上面去，但這種「新」是從「舊」實用主義當中滋生出來的。

五、從「消解審美」到「審美復興」

如前所述，比爾茲利美學占主流的早期分析美學時代，對於審美是堅決維護的。但是，從迪基美學獲得贊同的時代開始，對於審美基本上採取了「消解」的態度（參見本書第六章第二節和第八章第二節）。但是，到了20世紀末期，隨著分析美學自身能量的減弱，特別是面對當代藝術的審美麻木化（anaestheticization）的發展趨勢，遂爾出現了「審美復興」的新浪潮。諾埃爾‧卡羅爾就代表了這場復興思潮其中的中堅力量，他也是新一代分析美學的代表人物。

然而，與舒斯特曼告別分析美學而走向「新實用主義」的路數不同，卡羅爾的策略則是在分析美學內部試圖恢復審美的地位，這種工作其實較之前者是更為艱難的。這是因為，從迪基批評比爾茲利開始，審美的地位在分析美學家心目當中就已經開始隕落了，卡羅爾在一定意義上接受了迪基的這種批評，但是卻在基本立場上走到了迪基的反面。在這個意義上，卡羅爾始終是雙向出擊的：一方面，他認定依據「非功利原則」來描述審美經驗的長久的努力已經失敗了，但與迪基的論證並不相同，卡爾羅認為

---

[44] Richard Schusterman, *Pragmatist Aesthetics*, pp.57-58.

這種理論並不能說明審美經驗的過程，只是聚焦在支持審美經驗的一種內在價值（intrinsic value）的信念上面。[45]另一方面，卡羅爾也不同意「倒向」實用主義的看法，那種關注於想像力的「概念自由遊戲」（concept-free play）的想法，[46]被卡羅爾是認為是將某幾種審美經驗抑或審美經驗的某幾個方面，當作了全部審美經驗的本質。

如此說來，傳統的非功利的考慮，由於沒有關注審美經驗過程究竟發生了什麼，從而忽略了審美經驗的「內容」，新實用主義的考慮則對於審美經驗「過度概括化」了，這種錯誤的方法在傳統考慮那裡也是存在的，它們都將審美經驗的局部當作了全部。那麼，如何既維護了「審美地位」，又關注於審美的「內容」，同時還避免「過度概括化」的缺陷呢？卡羅爾由此提出了新的規定審美的方式──「縮略的說明」。前面已經提到，這種新的說明是不同於歷史上的任何說明的一種對於審美經驗的新的闡釋。

所謂「縮略的說明」，按照卡羅爾的創建，從這兩個方面分別對審美經驗加以了規定。第一個規定就是「當一個經驗的內容是對於對象的反應依賴的（response-dependent）和定性上的維度，它就是審美經驗」。[47]這就是「內容」上的規定，審美經驗必然是有內容的經驗，而且，這種內容也是依賴於對象的反應的。但這還遠遠不夠，審美經驗還需要更高的規定，這就是第二個規定，它認為「當對一件藝術品的經驗上是對於設計的欣賞，或者是對於審美的和（或）表現的特性的發現，它就是審美經驗。」[48]這意味著，在審美經驗的更接近本質的規定當中，實際上包括了兩個基本元素：「設計的欣賞」（design appreciation）和「特性的發現」（quality detection）。[49]這是卡羅爾的更簡化的歸納。

換言之，這兩個基本元素才是對於審美經驗的本質性的規定，因為，當卡羅爾如此規定審美的時候，才是對於審美經驗的「內容指向的」（content-oriented）和「列舉性的」（enumerative）的說明。[50]正因為這種獨特的說明，既不是──即為內容本身而是「指向」內容的，又不是──試圖收羅了所有的審美要素而僅僅是「列舉」的，所以才被稱之為以「縮略性」（deflationary）為核心規定的審美說明。

但仍需看到，卡羅爾的這種主張，仍受到了分析美學的掣肘。由於分

---

[45] Noël Carroll, *Beyond Aesthetics*, p.59.

[46] Noël Carroll, *Beyond Aesthetics*, p.59.

[47] Noël Carroll, *Beyond Aesthetics*, p.59.

[48] Noël Carroll, *Beyond Aesthetics*, p.60.

[49] Noël Carroll, *Beyond Aesthetics*, p.60.

[50] Noël Carroll, *Beyond Aesthetics*, p.60.

析美學研究基本上是以藝術為中心的，所以卡羅爾所論述的審美經驗主要還是就藝術品的審美經驗而言的，這種經驗「包括有意去欣賞一件人工的藝術品，而且（或者）包括對於這件藝術品的審美和和表現特徵之察覺，而且（或者）包括對於這件藝術品的形式的、審美的和表現的特徵之關注。」[51]由此可見，儘管卡羅爾的「縮略」的說明是簡明的，但是，他的概括還是包孕了豐富內涵的。這是因為，卡羅爾不滿於審美經驗討論當中關注於經驗性質、情感和現象、價值作用的取向，認為以往的審美經驗觀念要麼就是無所不包，要麼就是以偏概全。只有他自己的主張才是比較全面的，所以說，「如果注意和理解是指向藝術作品的形式，或者指向它的表現的或審美的特性，或者指向這些特徵之間的交互作用，那麼這種經驗就是審美經驗」。[52]這種界定，才既關注審美經驗的內容，又關注於其相關形式和審美表現的特性。

當然，卡羅爾的觀點並不是獨立形成的，這有助於他與當代另外兩位美學家的相互批評和共同進步，一位就是巴德，他的相關著述是《藝術價值》（*Values of Art*, 1995），[53]另一則是是列文森，他的相關著述則是《審美愉悅》（*The Pleasures of Aesthetics*, 1996）[54]。他們都在某種意義上遵循了比爾茲利的觀念，從而在審美問題上提出了不同的主張，這都對於「審美復興」起到了一定的推動作用。卡羅爾、巴德、列文森這種推動仍是在分析美學的內部進行的，而與實用主義的考慮是不同的，或者說，它們分別代表了「復興審美」的兩條理路。

六、新的經驗：複歸於「整一經驗」的審美經驗

按照「老實用主義」的考慮，就是要恢復——審美與日常生活的動態匯流。這種經典的實用主義的考慮，當然以杜威的作為「經驗的完善」的審美經驗理論為代表。顯而易見，這種美學思考的「當代變體」，既與古典的思考方式形成了鮮明對照，又反擊了分析美學對審美經驗的遺棄，但同時又吸納了古典美學與分析美學的有益思想養分。

如果說，古典的審美心理考慮（也就是前面所說的「傳統的說明」）偏重的是經驗的形式的話，那麼，實用主義的考慮更為關注經驗的內容，

---

[51] Noël Carroll, "Aesthetic Experience Revisited", in *The British Journal of Aesthetics*, Vol.42, No.2 (2002).

[52] Noël Carroll, "Aesthetic Experience Revisited".

[53] Malcolm Budd, *Values of Art*, London: Penguin Books, 1995.

[54] Jerrold Levinson, *The Pleasures of Aesthetics*, Ithaca: Cornell University Press, 1996.

並竭力使這種內在特徵得以普遍化；如果說，古典的審美主義考慮偏重的是美與功利生活的絕緣的話，那麼，實用主義的考慮更為關注審美經驗與日常生活經驗的連續性。分析美學曾一度逃避了這種話語語境和言說方式，從置疑審美態度和審美經驗開始，直到認定審美經驗已經終結，從而在另一條道路上背離了經驗，但目前的「審美復興」則與杜威的思想走到了共同的方向上去了。

其實，杜威《藝術即經驗》（*Art as Experience*）一書的主旨，就在於「恢復經驗的高度集中與經過被提煉加工的形式——藝術品——與被公認為組成經驗的日常事件、活動和痛苦經歷之間的延續關係。」[55]「審美」的問題也同理可證，杜威可以說具有一種「日常審美的衝動」，從而力求將審美回復到經驗裡面去，重新尋求二者的本然關聯。

在這裡，對「經驗」的考察至關重要。杜威認為「經驗」（experience），屬於實用主義哲學家威廉·詹姆斯（William James, 1842－1910）所謂的「雙義語」，「它之所以是具有『兩套意義』的，這是由於它在其基本的統一之中不承認在動作和材料、主觀和客觀之間有何區別，但認為在一個不可分析的整體中包括著它們兩個方面。」[56]

換言之，「經驗」既指客觀的事物，又指主觀的情緒和思想，是物與我融成一體的混沌整體。在杜威的經驗觀看來，主體與客體、經驗與自然是無法分開的，一般稱之為的「主觀經驗論」其實就是把客體與自然消融於主體與經驗之中。「每一個經驗，都是一個活的生物（live creature）與他生活在其中的世界（the world）的某個方面的相互作用的結果」；[57]這種經驗的模式和結構，就是「做」（doing）與「受」（undergoing）的變換，也就是將主動地「做」與被動地「受」組織為一種關係，使得經驗內部未定的材料，通過相互關聯的一系列的各種事件活動而趨於自身的完滿。然而，杜威雖然明確提出超越唯物主義與唯心主義，但是他將統一的經驗整體作為本原，把經驗這種主客體直接互動而獲得的直接知識和體驗作為基礎，其實，仍是把客觀存在的自然納入經驗的存在，亦把主觀的經驗自然化了，從而將經驗無限擴大而成為本體式的東西。

按照杜威的區分，「整一經驗」（an experience）與日常普普通通的經驗是不同的。事物雖然被經驗到，但是卻沒有構成這「整一經驗」。只有當所經驗到的物，完成其經驗的過程而達及「完滿」（fulfillment）的時候，才能獲得「整一經驗」。具體而言，「當物質的經驗將其過程轉化為

---

[55] John Dewey, *Art as Experience*, New York : The Berkley Publishing Group, 1934, p.3.

[56] 杜威：《經驗與自然》，傅統先譯，北京：商務印書館1960年版，第10頁。

[57] John Dewey, *Art as Experience*, pp.43-44.

完滿的時候，我們就擁有整一經驗。那麼，只有這樣，它才被整合在經驗的一般河流之中，並與其他經驗劃出了界限。一件藝術品被以一種滿意的方式完成；一個問題得到了它的解答；一個遊戲通過一種情境而被玩；這種情境，無論是進餐、下棋、進行交談、寫書，還是參與政治活動，都是如此緊密地圍繞著這種完滿，而不是停止。這種經驗是整體的，保持了其自身的個體性的質（individualizing quality）與自我充足（self-sufficiency）。這就是整一經驗。」[58]

生活及其經驗，被杜威視為是流動不居和不斷綿延的。這種些經驗被認為是構成了歷史的事件，這些事件本身被認為是起承轉合的，從起點到終點保持了韻律性的運動，從而獲得一種所謂的「整一經驗的整體性」（the unity of an experience）[59]。這種整體性，就呈現在經驗的每一個部分都暢通無阻地流入下一個部分，沒有縫隙，也沒有未填充的空白。與此同時，在每個經驗又不犧牲各個部分的個性。這是由於，在所謂的「整一經驗」裡面，流動的行程是從一個部分到另一個部分的，正是源自前一部分匯出另一部分而且另一部分恰恰是續借在前一部分之後，所以每個部分又都是具有獨特性的。建基於這種多樣的獨特性，相聯的經驗所構成的「持續的整體」（the enduring whole）就因強調各個階段形成的色彩多元化而趨於多樣化。杜威曾作出這樣的恰當比喻，「經驗的過程就像是呼吸那樣，是一個人吸入和呼出的節奏性運動。它們的連續性被打斷，由於間隙的存在從而有了節奏，中止成為了一個階段的結束，另一個階段的起始和準備」。[60]但這只描述了「整一經驗」的多樣化的這一面。

另一方面，杜威在經驗如此多樣色彩的基礎上，仍強調，只有當經驗具有統一性的時候，它才能成為「整一經驗」。或者說，儘管某「整一經驗」的內在構成部分是多變的，但卻是由遍佈了整個經驗的單一性質所規定的。如此說來，「整體的形式因而存在於每個成分當中。達到完滿，亦即實現，是持續的活動，而不僅僅是中止，或者僅僅位於某個地方。」[61]顯然，這又強調的是「整一經驗」的「統一性」的方面，它不僅不能走向乏味（所以才是「多樣」的），也不能由於過分差異而被撕裂（所以才是「統一」的）。

然而，「整一經驗」本身並不都能成為「審美經驗」。杜威明確將「整一經驗」與「審美經驗」細緻劃分開來，但又將二者本然地連通起

---

[58] John Dewey, *Art as Experience,* p.35.

[59] John Dewey, *Art as Experience,* p.40.

[60] John Dewey, *Art as Experience,* p.56.

[61] John Dewey, *Art as Experience,* p.56.

來。他認定，「整一經驗」如果取其所蘊涵的意義而言，是同「審美經驗」既有相通（community）之處，亦有相異（unlikeness）的所在。這是因為，「整一經驗」要具有「審美的質」（esthetic quality），否則它的材料就不會變得豐滿，不能成為連貫的整體。這樣，可能就將一個「活生生的經驗」（a vital experience）割裂為實踐的、情感的及理智的，並各自確立了與其他不同的特質。[62]然而，杜威對此的解答卻並不那麼令人滿意，他認為使得「整一經驗」變得「完整和整一」（completeness and unity）之審美的質就是「情感性」，或許可以推斷，「審美經驗」就是情感性的，儘管杜威承認在經驗裡面並不存在一個名為情感的獨立的東西。但「經驗本身具有令人滿意的情感的質（emotional quality），因為它通過有規律和組織運動，而擁有了內在的整合性和完滿性」。[63]在此，杜威其實把自身的觀念又禁錮了起來，一方面他放寬了經驗的限度，這是事實，但另一方面卻又將審美縮減到情感的狹窄方面上去。

　　杜威自己也承認，他更多是用「闡釋性的形容詞」來描述普通經驗、「整一經驗」乃至「審美經驗」的，而始終沒有為我們給出經驗的嚴格定義，只是說明瞭各種經驗的諸多特質來把握之。然而，審美，在杜威心目裡卻是可以被基本限定的。杜威有過這樣的精彩論述：

> 審美的敵手不是實踐（practical），也不是理智（intellectual）。它們是單調乏味（humdrum）；目的鬆動而來的懈怠（slackness）；在實踐和理智過程裡面對慣習（convention）的屈從。[64]

　　杜威說得再明確不過了，其實有兩個方面基本背離了「作為整體的經驗」和「作為經驗的整體」：一個就是好似是嚴守成規和禁欲不前——鬆散的連續性（既沒有特別的開始又沒有特定的終點或中止），另一個則好像是漫無目的和放縱無禮——抑止和收縮（只存在各部分間機械聯繫的活動）。這恰恰都是「審美經驗」的對峙面。

　　的確，「審美」的對立面就是「非審美」。按照傳統的美學觀念，特別是康德美學的主客二分的理念，擁有「非利害的」基本規定之審美，它的對手就是前面所言的「實踐」和「理智」。然而，從杜威的經驗觀念出發，作為「經驗的完滿狀態」的審美，卻最害怕具有不完滿特性的那些緊張和鬆懈兩種狀態，無論是在經驗裡面嚴守紀律還是無條理放蕩，

---

[62] John Dewey, *Art as Experience*, pp.54-55.

[63] John Dewey, *Art as Experience*, p.38.

[64] John Dewey, *Art as Experience*, p.40.

都不能達到取其「中項」的居間狀態,從而向著自身的完滿狀態發展運動。這就是中國傳統文化所講求的「執兩用中」。當然,這裡面,杜威強調的無非就是一個「度」的問題。他認為活躍在經驗裡面的能量已起到了合適的作用(done their proper work)的時候[65],就可以終止,從而達到了每個完滿經驗最終實現和完成的事實,並成為「經驗的統一體」(a unity of experience)。[66]只有達到了這種不多不少的恰當程度,藝術和審美裡面的經驗,才會以各種不同的活動(acts)、情節(episodes)和事件(occurrences)從而融化和整合為整體。[67]

總而言之,在實用主義看來,審美經驗和藝術經驗,並沒有與其他類型的經驗形成斷裂,審美經驗恰恰是日常生活經驗的一種完滿狀態。杜威特別強調審美不能與「智性經驗」(intellectual experience)截然分開,如我們常說的科學思維只要達到自身完滿,就必然被烙印上審美的印記。當然,實用主義視野中審美經驗論的闕失也不時凸現了出來。這是因為,並非所有的藝術品的審美經驗都能達到杜威所期望的完滿,而且,這種對審美經驗之中只保持一種「單一的質」的訴求,也忽視了審美經驗複雜的變數。

更重要的是,實用主義視野中的審美經驗,只看到了審美與日常生活的連續性,而沒有看到審美經驗的一部分還同時屬於非日常生活,正是介於日常生活與非日常生活之間的獨特經驗。這便難怪杜威沒有區分出審美經驗與其他類型的完滿經驗之間的區別,因為,他只看到了完滿經驗與日常生活經驗之間的「同」,而忽視了審美經驗自身的特殊性,也就是它超逾日常生活的這另一種特質。但無可否認,「審美經驗必有一個時間之維;它隨著時間逐漸發展;它也有持續性。而且,在結構上,它有中止(closure);這個中止不等於終結(end)。這使審美經驗具有統一性,同時也造成了如下的事實:與日常生活通常乏味的經驗相比,審美經驗具有某些獨特性。」[68]可見,從日常經驗角度來重思美學,來重構美學,的確是當下美學建構的一條新的路途,但亦要關注這種新美學的「非日常性」。[69]

按照我的理解,從現代的兩種審美經驗論的類型來看,烏托邦式的審美經驗考慮(也就是前面所說的「寓意的說明」)似乎又站到了實用主義

---

[65] John Dewey, *Art as Experience,* p.41.

[66] John Dewey, *Art as Experience,* p.43.

[67] John Dewey, *Art as Experience,* p.36.

[68] Noël Carroll, *Beyond Aesthetics,* p.50.

[69] 這是生活美學的較新發展,參見Richard Shusterman, *Performing Live*;劉悅笛:《生活美學:現代性批判與重構審美精神》,合肥:安徽教育出版社2005年版,關於非日常性的探討參見第206-218頁。

的對立面。這兩種現代審美觀的根本差異在於：實用主義的考慮只一味地強調審美經驗與日常生活經驗的連續性維度；而烏托邦式的考慮則單單突出審美經驗與現實生活之間的背離，而且，審美對生活而言是一種激進的否定。

前者可以稱為「審美與生活同一論」，後者可以稱為「審美否定生活論」。它們共同的理論闕失也在於，都未將現實生活解析為日常生活與非日常生活來加以看待。由此觀之，「審美否定生活論」將審美對日常生活的否定，擴大為審美活動對整個生活世界的否定；而「審美與生活同一論」則將審美與日常生活的連同一，泛化為與整個生活的等同。

實際上，真正的審美經驗，恰恰是介於「日常生活」與「非日常生活」之間的一種生活經驗。一方面，審美經驗與日常生活形成了連續體；另一方面，審美經驗超逾了日常生活，從而具有了非日常生活的維度。

總而言之，沿著實用主義美學的理論，繼續走下去，還是可以有所建樹的，並可以將之與本土的實踐化的美學聯繫起來。可貴的是，這種理解始終是保持著一種開放姿態的，用當代學者的眼光來看：「用經驗一詞，意思是說，我們現在有了對藝術的新的理解。這種新的對經驗的理解表明，藝術並非總是處於實踐之中。將藝術定義為經驗的價值在於，它也解釋了實踐服務於什麼，實踐的目的是什麼。在某種情況下，將藝術定義為實踐是更為重要的，而在某種情況下，將藝術想成是經驗，而不僅僅是實踐，也許會更好。因此，我不願意說，藝術不是實踐，我也不願意說，杜威的藝術即經驗是一個充足的定義。重要的是，考慮定義的目的。只用經驗來為藝術下定義，是不夠的。」[70]

如是觀之，這條經驗的路途，前方仍是「路漫漫」的。「審美經驗」也是如此，從經驗出發，又不是經驗本身，那又該如何描述呢？這是美學史留下的尚待解決的難題。或許從本土的「實用理性」與「生活經驗」的思想出發，可以提出一種兼顧東西方的新的審美經驗的觀念，從而重鑄一種「全球美學」。

---

[70] 理查·舒斯特曼：《實用與橋樑——訪理查·舒斯特曼》。

第九章 「美學概念」與「文化解釋」：
從西伯利到馬戈利斯

　　一般而言，哲學家們經常區分出兩種話語，一種是「解釋性」（interpretative）的，另一種則是「評價性的」（evaluative），屬於兩種話語都有一系列的概念與之相匹配。在分析美學當中，這種區分亦非常重要，因為對於自康德時代以降所形成的「審美判斷」而言，這兩種話語都是必不可少的。

　　從語言分析的角度看，一般而言，在我們做出「審美判斷」的時候，往往都是按照兩種語言模式進行的：一種是「比較性」（comparative）的判斷，另一種則是「絕對性」的判斷。「在美學裡面，絕對性判斷與比較性判斷之間的主要差異，就在於所採取的視角的不同」，[1]前者更注重不同審美對象之間的差異，後者是對同一審美對象給出直接的判定。

　　簡單地說，「比較性」的判斷最經常使用的句式，就是「……比……美」，「……更美」，「……較之……更美」，使用者往往在比較兩個審美對象的較為突出的部分；「絕對性」的判斷則採取了最常見的句式：「……是美的」。當然，這裡面的「美」完全可以被其他「審美形容詞」所取替，替換者或者是具有正價值（如更好）的，或者可能是擁有負價值（如更糟）的。這只是一般的情況，許多正價值的「審美形容詞」倒可能在「反諷」的意義上被「反轉」地使用，也就是表達了負價值的意義，如面對一個本顯醜陋卻「自以為是」的某種打扮的人諷刺性地挖苦說「真漂亮」等等。

　　但無論怎樣，我們在面對藝術品、自然物抑或審美經驗的時候，只要是對之進行描述或者給出評價，都無法逃脫「審美概念」（aesthetic concept）的藩籬。早期分析美學的重要代表人物弗蘭克·西伯利（1923－1996）就是通過分析在美學判斷當中所運用的「審美概念」，從而來試圖描述「審美特徵」（aesthetic features）或「審美特性」（aesthetic qualities）的相關問題（西伯利先前更多使用的是「審美特徵」這個概念，後來更傾向於使用「審美特性」）。然而，與康德所論的「審美判斷」不同，西伯利更多是從日常語言的分析出發來探索問題的，而在康德意義上所用的「審美概念」的範疇，卻在日常用語與批評術語之間設置了鴻溝，這恰恰是西伯利所極力反對的。

---

[1]　Debney Townsend, *An Introduction to Aesthetics*, p.35.

一、從「審美概念」的語言實質談起

從西伯利的「美學概念」談起。西伯利是最具有原創性的分析美學家和哲學家之一，除了在心靈哲學、人類知覺和倫理學方面的建樹之外，為數不多的美學文章，就為其贏得了重要美學家的讚譽。這恰恰是因為，他的屈指可數的幾篇美學論文——《審美概念》（Aesthetic Concept, 1959）、[2]《美學與觀物》（Aesthetics and the Looks of Things, 1959）、[3]《藝術是一個開放概念嗎？一個懸而未決的問題》（Is Art an Open Concept? An Unsettled Question, 1960）、[4]《審美概念：一個反駁》（Aesthetic Concept: An Rejoinder, 1959）、[5]《審美與非審美》（Aesthetic and Nonaesthetic, 1965）、[6]《關於趣味》（About Taste, 1966）、[7]《客觀性與美學》（Objectivity and Aesthetics, 1968）、[8]《特殊性、藝術與評價》（Particularity, Art and Evaluation, 1974）[9]和《原創性與價值》（Originality and Value, 1985）[10]——對於分析美學的啟示無疑是巨大的。[11]

正如有分析美學研究者所說，西伯利對於美學概念的邏輯的探討影響深遠，甚至「60年代初西伯利同其他一些作家的著作卓有成效地使諸如『什麼是美』、『什麼是藝術』等這樣空泛的問題成為多餘的了。自從有了維特根斯坦有關語言分析的論著之後，再談與這些概念中的任何一個有關的基本特徵，已經沒有任何意義了。」[12]這意味著，西伯利沿著維特根斯坦語言分析的道路，將這種方法進一步直接運用於美學並為「分析美學」提供了某種範例，他與同時代人的工作甚至使得美學研究的「思維範式」得到了轉化，傳統的形而上學的思辨美學的方法得到了普遍擯棄。

2　Frank. N. Sibley, "Aesthetic Concept", in *Philosophical Review*, 68 (1959).

3　Frank. N. Sibley, "Aesthetics and the Looks of Things", in *Journal of Philosophy*, 56 (1959).

4　Frank. N. Sibley, "Is Art an Open Concept? An Unsettled Question", in *Proceedings of ⊠th International Congress of Aesthetics*, 1960.

5　Frank. N. Sibley, "Aesthetic Concept: An Rejoinder", in *Philosophical Review*, 72 (1963).

6　Frank. N. Sibley, "Aesthetic and Nonaesthetic", in *Philosophical Review*, 74 (1965).

7　Frank. N. Sibley, "About Taste", in *The British Journal of Aesthetics*, 6 (1966).

8　Frank. N. Sibley, "Objectivity and Aesthetics", in *Proceedings of the Aristotelian Society, Supplementary Volume*, 42 (1968).

9　Frank. N. Sibley, "Particularity, Art and Evaluation", in *Proceedings of the Aristotelian Society, Supplementary Volume*, 48 (1974).

10　Frank. N. Sibley, "Originality and Value", in *The British Journal of Aesthetics*, 25 (1985).

11　西伯利生後才出版了文集，Frank. N. Sibley, *Approach to Aesthetics: Collected Essays*, eds., John Benson, Betty Redfern and Jeremy Roxbee Cox, Oxford: Oxford University Press, 2001.

12　P. 米森：《英國美學五十年》，《哲學譯叢》1991年第4期。

　　還是回到《審美概念》這篇對西伯利而言最重要的美學論文上，來解析審美概念的邏輯。必須指出，在西伯利那裡，「審美概念」與「趣味概念」（taste concept）儘管是在同一意義上被使用的，但是「審美概念」卻並不具有「趣味無爭辯」的那種個體性質。[13]從寫作的邏輯順序上，這篇文章主要論述的是如下的內容：

　　首先，西伯利區了兩種概念，一種是正常的眼睛、耳朵所直接感受到的事物屬性的概念，比如繪畫當中的「紅色」，但這只是非審美概念；另一種則是所謂的「審美概念」，這種概念訴諸於「趣味的訓練」（exercise of taste）或者「感性」（sensitivity），[14]比如音樂當中保持的某種「平衡」。顯而易見，這是一種從外部對於「審美概念」「不是什麼」的界定。事實也正是如此，無論是日常話語還是藝術話語當中，諸如「優雅的」（graceful）、「精緻的」（delicate）、「秀美的」（dainty）、「美觀的」（handsome）、「悲劇的」（comedy）、「優雅的」（elegant）、「華美的」（garish），它們常常被用作為審美概念。但是另一些概念則是很少當作審美術語來使用，諸如「紅色的」（red）、「吵鬧的」（noisy）、「生厭的」（brackish）、「方形的」（square）、「溫順的」（docile）、「消散的」（evanescent）、「伶俐的」（intelligent）、「忠實的」（faithful）、「怪異的」（freakish）。[15]不僅在現代英語當中，而且在現代漢語的對應譯詞那裡，這種基本區分亦是大量存在的，前一個系列的概念往往是通過「趣味純化」而得到的。

　　其次，「審美概念」的更為核心性的規定是，它具有一種消極的而非積極的「條件統治」（condition-governed）或者「規則統治」（rule-governed）[16]。無疑，這是一種對於「審美概念」的內部的規定。照此而論，「審美概念」就不能像非審美概念那樣通過必要和充分條件來加以界定。舉例來說，比如說「正方形」，就是可以通過一系列的充分與必要條件來規定的，它是由四條等長的線首尾相連而成的，而且擁有四個直角。如此一來，我們就可以列舉出積極「條件統治」對象的一系列的特徵，如A、B、C、D、E等等，如此類推。然而，「審美概念」卻拒絕這種「條件統治」，符合條件的對象往往是確有所指的，但是，諸如「優美」、「平衡」、「悲劇性」這些「審美概念」卻難以確指某一對象，儘管「在某些

[13]　Frank. N. Sibley, "Aesthetic Concept", in John W. Bender & H. Gene Blocker eds., *Contemporary Philosophy of Ars*, p.243.

[14]　John W. Bender & H. Gene Blocker eds., *Contemporary Philosophy of Art*, p.245.

[15]　John W. Bender & H. Gene Blocker eds., *Contemporary Philosophy of Art*, p.244.

[16]　John W. Bender & H. Gene Blocker eds., *Contemporary Philosophy of Art*, pp.245, 250, 251.

方面審美術語無疑是被條件或規則所統治的」。[17]

再次，「審美特性與非審美特性之間的關聯，既是非常明顯，也是非常關鍵的。審美概念，它們當中的所有的概念，都是依賴於非審美特徵（non-aesthetic features）的，以這種或者那種方式附著或者寄生在非審美特徵之上的。」[18]這是關係到「審美概念」與非審美特徵之間的重要關聯問題，西伯利在《審美與非審美》當中詳盡地論述了這種內在的關聯，在此恕不贅述。可以說，《審美與非審美》在一定意義上發展和充實了《審美概念》的思想。但要補充的是，西伯利已經意識到了這種純粹的「語言分析」的侷限，他也指出，許多的審美術語都是在「隱喻的」或者「准隱喻」（quasi-metaphorical）的意義上使用的，但這卻並不能否定「共同語」（common language）的適用性，[19]這與維特根斯坦對「私人用語」的否認是同出一轍的。

最後，西伯利回到了藝術批評的實踐的問題，他在文章的末端，關注的是「審美概念」究竟如何在批評當中得以應用的問題。具體而言，他指出了作為批評家如何運用「審美概念」從而揭示出「審美特徵」的七種方法，可以歸納如下：

1.指出非審美特徵。
2.強調哪些打動我們。
3.將審美與非審美特徵相聯。
4.在描述特徵當中運用隱喻和專門語言（specialized language）。
5.與觀者所熟悉的進行比照、比較和回憶。
6.對已經說的進行重複和反覆。
7.使用表示強調特徵的手勢、聲調與其他的活動。[20]

總而言之，西伯利對於「審美概念」做出了最早的系統性的成功解析，這種解析儘管今天看來並不完善，但是卻為「分析美學」對於「審美概念」的解析樹立起了典範，這種影響是非常深遠的，在一度被紛紛效仿之後又曾被有所忘卻，而今他的美學思想卻再度得到了人們的關注。[21]

---

[17] Frank. N. Sibley, "Aesthetic Concept", in John W. Bender & H. Gene Blocker eds., *Contemporary Philosophy of Art*, p.246.

[18] John W. Bender & H. Gene Blocker eds., *Contemporary Philosophy of Art*, p.254.

[19] John W. Bender & H. Gene Blocker eds., *Contemporary Philosophy of Art*, p.254.

[20] John W. Bender & H. Gene Blocker eds., *Contemporary Philosophy of Art*, pp.254-255.

[21] Emily Brady and Jerrold Levinson eds., *Aesthetic Concepts: Essays After Sibley*, Oxford: Clarendon Press, 2001.

二、「審美與非審美」的依存關係

如前所述，西伯利《審美與非審美》從邏輯上講可以被視為《審美概念》的續篇，這主要是因為，他更多的從「非審美判斷」、「非審美特性」、「非審美描述」和「非審美概念」的角度來返觀「審美判斷」、「審美特性」、「審美描述」和「審美概念」，並充分論述了這兩個系列的基本關係。[22]當然，西伯利的美學研究的出發點就是語言，而且他將美學研究當作一種認識活動，他也意識到了在審美判斷當中我們既可能使用典型的審美術語，也可能沒有使用之，但是從語言出發來解析美學思路卻是始終一貫的。

從「審美特性」與「非審美特性」（nonaesthetic qualities）的「依存關係」（relationships of dependence）看，西伯利先從形態學的角度描述出四種基本關係。

第一，「審美特性的存在依賴於非審美特性」，[23]前者對於後者是依賴的，而相反的情況則不成立。西伯利舉的例子來自於維特根斯坦《哲學研究》當中的「看似」思想，審美特性對於非審美特性的依賴，這就好似是在說沒有面部就沒有面部的相似一樣，沒有非審美特性就沒有審美特性。舉例而言，沒有具有某種亮度和色相的各種色彩，也就沒有彩色的繪畫，沒有各種各樣的樂音及其組合也就沒有音樂。質言之，非審美特性構成了審美特性的「必要條件」，這毋庸置疑。

第二，「一件事物的非審美特性決定其審美特性」。[24]如果說上一條講的是必要條件的話，那麼，這一條所論的決定關係則描述的是「一般審美屬性的本質」。從本質上來看，西伯利認定，某物所具有的任何審美特性，都決定於其同樣所具有的（或者表面所具有的）非審美特性。由此而來，非審美特性的變化必然帶來審美特性的相應變化，就像「抽象派」繪畫當中，色彩濃度、線條曲度的稍許改變，都會帶來整個畫面的審美效果的改變一樣，審美特性的變化也是取決於繪畫中的線條和色彩、音樂當中的音調、詩歌當中的字眼的微妙改變的。所以，在這個意義上，西伯利才

---

[22] Matthew Lipman ed., *Contemporary Aesthetics*, pp.432- 433. M・李普曼編：《當代美學》，鄧鵬譯，北京：光明日報出版社1986年版，第461頁。

[23] Matthew Lipman ed., *Contemporary Aesthetics*, p.434. M・李普曼編：《當代美學》，第463頁。

[24] Matthew Lipman ed., *Contemporary Aesthetics*, p.435. M・李普曼編：《當代美學》，第464頁。

得出結論說，審美特性是「附生的」。[25]

　　第三，如果說，前兩點考慮的只是「普遍真理」的話，那麼，第三條則關注的是個別事物的「個別真理」。由此出發，西伯利首先指出：「一件事物的特殊審美特性可以說是產生於該事物中所有與它有關的非審美特性」。[26]這意味著，審美特性對於非審美特性的「依賴關係」，非審美特性對於審美特性的「決定關係」，這二者還只是普遍性的描述，而第三條則指向了「整體的特殊依存關係」（total specific dependence）。[27]換言之，西伯利清醒地指出，審美特性也並非是依賴並取決於所有的非審美特性的，相應的審美特性是同與之相聯的特殊的非審美特性相關的。這樣的例證是很多的，在許多藝術品當中，如果色彩、線條、音調和字眼得到了很大的變動，但是審美特性的變化卻甚微的話，那麼就可以說，這些非審美特性與審美特性的表徵的關係並不大。反過來說，只要是這些非審美特性進行了微調，就帶來了審美特性的改觀從而造成了「審美差異」，甚至審美特性隨之消失的話，那麼，這種「特殊的」非審美特性就是與審美特性直接相系的。

　　第四，如果說，第三點考慮的只是「整體的特殊依存關係」的話，那麼，西伯利還從審美的角度指出了所謂的「明顯的特殊依存關係」（notable specific dependence）的重要價值。[28]這是由於，「批評家的工作就是從藝術品中選出那些對它的性質作用最顯著的特性來。因為在一件藝術品中，常常會有幾種特性在我們看來作用最突出，這些特性的細小改變都會導致巨大的審美差異」。[29]顯然，第四條是建基在第三條基礎上的，「整體的特殊依存關係」中的精華的部分形成了「明顯的特殊依存關係」。舉例來說，批評家往往具有門外漢所不具有的鑒賞力，他常常能指出一件複雜藝術品的統一性在哪裡，能簡明地解釋一件藝術品的不成功之處在哪裡。這樣的工作，就不限於指出藝術品之審美特性的「普遍真理」，而是關注到了「個別真理」當中的精髓，或者說，批評家們所見與所聽的，是那些特別重要或突出的特性或細節，這些特性或細節才是該藝

25　Matthew Lipman ed., *Contemporary Aesthetics*, p.435. M・李普曼編：《當代美學》，第464頁，譯文有改動。

26　Matthew Lipman ed., *Contemporary Aesthetics*, p.435. M・李普曼編：《當代美學》，第464頁。

27　Matthew Lipman ed., *Contemporary Aesthetics*, p.435. M・李普曼編：《當代美學》，第464頁。

28　Matthew Lipman ed., *Contemporary Aesthetics*, p.436. M・李普曼編：《當代美學》，第465頁。

29　Matthew Lipman ed., *Contemporary Aesthetics*, p.435. M・李普曼編：《當代美學》，第465頁。

術品中的「重中之重」，甚至就是中國美學所說的「畫龍點睛」之筆。更進一步說，「畫龍」使人感覺美的諸方面還只是描述的是「整體的特殊依存關係」，而「點睛之筆」則描述的是審美特性與非審美特性的「明顯的特殊依存關係」。

綜上所述，通過這四個方面的層層推進的論述，西伯利得出的結論就是，審美特性對於非審美特性而言是從屬的，或者說，審美特性是感性的「附生的」。[30]當我們說紅色或者綠色是某一物理對象的感性品質的時候，這與我們讚美一幅繪畫當中的紅色與綠色及其搭配顯然是不同的，但是，後者卻顯而易見地取決於前者的。這便是西伯利在《審美與非審美》當中所做出的主要探索。

當然，這種關係是非常微妙的，按照西伯利的理解，究竟是「畫龍」的整體特性還是「點睛之筆」造就了審美特性，這兩方面並不矛盾。在一定意義上，「點睛之筆」固然重要，但是，如若沒有了「畫龍」所形成的所有特性，那麼，這「點睛之筆」也是無所憑附的。如若除去「不顯眼」的要素在某一幅繪畫當中起到的有機構成的作用，那麼，「顯眼」的特性也不會那麼「顯眼」，儘管「顯眼」之處總還是那麼「顯眼」。

在審美特性與非審美特性的關聯當中，以上所說的四種依存關係，從邏輯上看是不同的。第一條所說的是「依賴關係」，第二條所說的是「決定關係」，這兩條都是普遍性的概括，只是指明了不同類型的特性之間的基本關係。對於美學而言，更重要的，恐怕還是第三條和第四條，因為這後兩條關係到「個別情況」中「特殊性質」之間存在的關係，[31]其中，後者還是從前者當中衍生出來的。

除此之外，西伯利還從另外兩個角度，對於這些「特殊性質」之間的各種「普遍關係」進行了論述，一個是「概念關係」（conceptual relationships），另一個則是「偶然關係」（contingent relationships）。「偶然關係」更多是來自於「經驗性的概括」，[32]難以進行理論的總結。但是，分析審美特性與非審美特性之間的「概念關係」，卻無疑是「分析美學」的長項了。

這種「概念關係」可以分為三類。第一類是某些非審美特性構成了審

---

[30] Matthew Lipman ed., *Contemporary Aesthetics*, p.436. M・李普曼編：《當代美學》，第465頁，譯文有改動。

[31] Matthew Lipman ed., *Contemporary Aesthetics*, p.434. M・李普曼編：《當代美學》，第463頁。

[32] Matthew Lipman ed., *Contemporary Aesthetics*, p.448. M・李普曼編：《當代美學》，第481頁。

美特性的「邏輯上的必要條件」。[33]比如蒼白的顏色就無法構成豔麗或鮮明的色調，反過來，鮮豔和濃重的色彩也不能構成柔和的色調。第二類是有些非審美特性是由某些審美特性「邏輯地預先假定的」。[34]比如只有包括了優美的線條、姿態、變化的平面，才能說得上是優美，優美的特性預設了其相關的非審美特性。第三類則是一種儘管不是偶然的、但卻「遠沒有邏輯必然性和邏輯前提那樣嚴密」的關聯，[35]比如，音樂上的「憂傷」總是舒緩的節奏、柔和、低音區、停頓、下降的音符、小調的關係，再如表現「悲傷」的舞蹈動作總是下垂而非上揚的動作的關係，就是如此。

的確，審美特性依存於非審美特性，但翻過來說，並不是說具有了相應的非審美特性就一定能造就審美特性，「如果某件作品有審美特性A，那麼它就很可能，或甚必定有非審美特性N1、N2、N3……，這些非審美特性與A有一種概念的聯繫。但是縱有N1、N2、N3，也未見得一定有A，在邏輯聯繫的範圍內我們只能說他很可能有A。」[36]可能性不等於必然性，由審美特性可以推出非審美特性的必然存在，但是，反過來推導則不然，由非審美特性的存在並不能推出審美特性一定存在。

三、從「客觀屬性」到「文化屬性」

在《審美與非審美》一文當中，西伯利還提到了批評家的主要活動之一，也就是「解釋」（explanation）活動。[37]這種活動，與該文所論的第三、四種依存關係是直接相關的，它往往會指明什麼要素產生了顯著的、主要的或者局部的「審美效果」（aesthetics effects），並說明這種效果是如何實現的。在「解釋」當中，既可能涉及到諸如色彩、線條和構成之類的非審美特性，又可能關涉到「優美」、「優雅」、「平衡」等審美特性。

然而，這種特殊的活動，又引發出一個問題：在審美活動當中，特別是「審美描述」（aesthetic description）當中，是否具有「客觀性」（objectivity）呢？對於這個問題，西伯利在《客觀性與美學》當中進行

---

[33] Matthew Lipman ed., *Contemporary Aesthetics*, p.445. M·李普曼編：《當代美學》，第479頁。

[34] Matthew Lipman ed., *Contemporary Aesthetics*, pp.445-446. M·李普曼編：《當代美學》，第479頁。

[35] Matthew Lipman ed., *Contemporary Aesthetics*, p.446. M·李普曼編：《當代美學》，第479頁。

[36] Matthew Lipman ed., *Contemporary Aesthetics*, p.447. M·李普曼編：《當代美學》，第480頁。

[37] Matthew Lipman ed., *Contemporary Aesthetics*, p.436. M·李普曼編：《當代美學》，第466頁。

了全面的解答，他的題旨就在於指明審美描述是客觀的，「審美屬性」（aesthetic properties）屬於客觀屬性。

的確，在審美描述當中我們所使用的「審美術語」（aesthetic term），不同的人有不同的理解，一派認定對象當中存在「內在的」、「固有的」的「審美屬性」，另一派則懷疑這種「客觀特徵」（objective characteristics）是否存在。[38]這與20世紀60年代中國本土美學界「客觀派」與「主觀派」之爭是如出一轍的。可見，這個基本問題不僅在分析美學內部，而且在其外部也是被普遍關注的。

從語言分析的角度來看，西伯利卻認為諸如「屬性」、「固有性」這類的概念，本身常常是含混不清的，應該從語言澄清的角度思考「客觀性」及其問題，這的確符合「早期分析美學」的基本思路。在這裡，西伯利提出了另一個反思「審美特性」的「參照物」，那就是色彩，因為色彩一般是具有「客觀屬性」的。由此，在分析美學家的內部，就形成了兩派，一派認為「審美屬性」與色彩具有同樣程度的「客觀性」，另一派則只承認色彩屬性而否定「審美屬性」具有與色彩等同的地位。[39]我們就從這種審美與色彩用語的比較，來描述西伯利的美學觀念。

如果將「審美術語」與色彩術語相比照，首要的差異當然是非常明顯的：

> 如果我們出於試驗目的，假設審美術語的確意指屬性，那麼就會立即看出，這些屬性與顏色也迥然不同，它們是依賴性的，而顏色則不是；也就是說，雖然某物呈現出的藍色與該物表面的其他因素無關，但是如果一種東西是優美的，那麼這優美就必定是由多種可見的特徵造成的（雖然它們的存在並不一定導致這種性質）。如果這種性質有任何變動，這件東西的優美就可能喪失。……為了認識審美性質，我們便必須仔細閱讀，長時間關注，必須進行試驗；此外我們須以某種方式探討它們，指出它們，或引導別人的注意力，使別人也認識它們等等。對於顏色，我們就無需這樣勞神，當我們觀看顏色時，要麼就看得見，要麼就看不見。[40]

---

[38] Matthew Lipman ed., *Contemporary Aesthetics*, p.310. M・李普曼編：《當代美學》，第324頁。

[39] Matthew Lipman ed., *Contemporary Aesthetics*, p.310. M・李普曼編：《當代美學》，第325頁。

[40] Matthew Lipman ed., *Contemporary Aesthetics*, p.312. M・李普曼編：《當代美學》，第327－328頁。

　　西伯利已經表述得非常明確，看到顏色與感到審美，的確是非常不同的。更直觀的是，「是什麼顏色」基本是「一見即知」的，而「審美屬性」的獲得卻需要一個鑒賞的過程，而且，這種「審美屬性」還是可以予以探討的並可以指出的。

　　「審美屬性」是「依賴性」的，正如前文所指出，它是依賴於與取決於諸種相關的、特殊的「非審美屬性」的。比如一幅繪畫的「審美屬性」一定有賴於點、線、面、色，但是看到該繪畫使用了紅色抑或藍色，卻只是有賴於該色彩本身的。而且，這些點、線、面、色的變化和改動，都可能改變整幅畫面的「審美效果」。但是，色彩自身的改變卻無所謂，無論是加濃減淡還是調整色調，紅色之為紅色、藍色之為藍色卻是不為所變的，而且越籠統地指稱就越準確，就好像藍色要比湛藍指稱對象更易贏得贊同一樣。

　　這就關係到「一致贊同」的問題，就像某種色彩都能得到（除了色盲等之外的）普遍同意一樣（因為大部分人都具有「全色視覺」），在西伯利看來，「審美屬性」也是能獲得「一致贊同的」並能由此獲得「決定性的證明」（ultimate proof）。[41]如此看來，儘管色彩與審美屬性是彼此差異的，但是，無論是對於色彩的認定，還是對於「審美屬性」的確認，無非都是長時間以來形成的、由過去與現代的不同的人群所認同的一種「普遍贊同」。這種論斷是很有道理的，因為，再豐富的語言也無法窮盡「萬紫千紅」的色彩，對於赤、橙、黃、綠、青、藍、紫的大致區分，是歷史性地在一定共同體內形成的。實際上，從人類學的角度看，不同文化內的關於色彩用語也不是不同的，顏色的觀念也是一種「文化性」的構造。

　　在我看來，西伯利是將「色彩屬性」向主觀的方面拉，同時又將「審美屬性」向客觀的方面推，二者的趨同的地方，就在於人們的「一致贊同」，取得了這種「一致贊同」的就被認定了具有了「客觀性」。這就是《客觀性與美學》的基本思路，其所論述的客觀性是一種獲得了普遍贊同的客觀性。

　　按照西伯利的理解，我們是否能正確地使用「審美術語」，就取決於其他的人在一定條件下大體上將該術語用於同樣的對象，而且，這種共同使用的方式是必然的而非只是可能的。當然，西伯利並不排除那種「與眾不同」的使用情況，但是，他卻認為這種情況的出現是異常現象，比如光線不好「看走眼」了，再如不夠專注或者缺乏相應的審美訓練，甚至他認

---

[41] Matthew Lipman ed., *Contemporary Aesthetics*, p.312. M・李普曼編：《當代美學》，第313－329頁。

為某些人根本就不具有相關的潛在的能力。看來，西伯利是竭力為美學中的「客觀性」辯護的，但是，他仍不能回避另一個問題，那就是「物以類聚，人以群分」的問題，畢竟鑒賞家與門外漢還是不同的，他們面對同一對象的觀感也是迥異的。

在這個問題上，西伯利給出了客觀的解答，但是這種解答在某種意義上卻走向了對於「文化屬性」的關注。這是因為，不同群體的審美差異，主要不是來自生理條件的差異，而主要是來自於「文化區隔」。當西伯利訴諸於「一致贊同」的時候，必然面臨這樣的置疑：如果生理條件的差異存而不論，那麼如何解釋審美當中的「心理條件」和「經驗結果」的差異呢？更要害的是，這種審美之客觀屬性的決定人群究竟是誰呢？

西伯利由此區分出審美當中的兩個群體，一個稱之為「核心」（nucleus）或「精英」（elite）層，[42]另一個則是「巨大的、不定的週邊」所「組成的週邊的群體」。[43]這種區分就基本類似於精英與大眾的區分，按照傳統的觀點，精英藝術才是來自大眾的藝術的絕對範本，但是，而今「大眾藝術本體論」的問題也被提了出來，大眾文化也許才更具有本體性的規定。西伯利所給出的比喻是成人與孩子，成人的審美觀往往以教育和濡化的形式規定了孩子的審美觀。

那麼，哪個群體才有「權力」做出決定呢？在這個問題上，西伯利所遵循的是「極少數服從絕大多數」的原則，「對顏色問題來說，應該是在大多數顏色差別上意見一致的群體。在美學上也基本如此」。[44]這或者可以被稱為「共同體」原則，共同體的內圈決定了外圈，在此意義上，顏色的斷定與審美的確認是基本一致的。

進而可以追問，為何「核心」與「精英」層有決定權呢？這恰恰是因為，他們對於事物的性質能做出「更精確的鑒別」並能使用「更準確的術語」，而且，由於「經驗的深入」而具有更高的「認識的程度」。[45]與此同時，「週邊群體中感受能力各不相同的人，總是趨於對一對象產生大同小異的看法，儘管他們不能像核心層那樣做出更詳盡、更複雜的鑒別」。[46]按

---

[42] Matthew Lipman ed., *Contemporary Aesthetics*, p.320. M·李普曼編：《當代美學》，第338頁，譯文有改動。

[43] Matthew Lipman ed., *Contemporary Aesthetics*, p.319. M·李普曼編：《當代美學》，第338頁。

[44] Matthew Lipman ed., *Contemporary Aesthetics*, p.320. M·李普曼編：《當代美學》，第339頁，譯文有改動。

[45] Matthew Lipman ed., *Contemporary Aesthetics*, p.320. M·李普曼編：《當代美學》，第338頁，譯文有改動。

[46] Matthew Lipman ed., *Contemporary Aesthetics*, p.320. M·李普曼編：《當代美學》，第339頁，譯文有改動。

照西伯利的邏輯，只有具有高度鑒賞能力的人群，掌握了一種文化上的特權，所以他們才能為他者們設立一種客觀的標準，而且核心層與週邊群體在審美上似乎是趨同的，只有幼稚與老練、粗糙與驚喜、簡單與複雜這般的差異。這顯然忽視了週邊群體與核心層在審美上的對峙，比如印象派出現之初大眾就根本不理解這種新的藝術形式，如若沒有從貝爾到弗萊皆從某種「形式主義理論」（theory of formalism）加以論證與引導，週邊群體與核心層的普遍贊同恐怕難以達成。

更重要的是，當西伯利訴諸於「權力」的時候，他實際上已經走向了一種「文化分析」，或者說在他的純語言解析裡面「暗伏」了文化要素在裡面。這是由於，康德時代以來的趣味區隔與文化分化的觀念，仍被早期分析美學家們承繼了下來，但必須看到，核心層對週邊群體加以決定的「權力」究其實質就是一種「文化權力」。可見，西伯利是從文化分化的角度出發區分出這兩個社會群體，然後再將這種劃分應用於美學當中「客觀性」的分析的，這已經嶄露出了對於美學的「文化屬性」的關注，但在分析美學的譜系裡面，真正關注「文化屬性」的美學分析的卻是另一位重要的美學家馬戈利斯。

四、以「文化同一性」為視角來看

真正在「文化統一性」（Cultural Identity）方面做出傑出貢獻的，是約瑟夫・馬戈利斯（Joseph Margolis, 1924－ ）。在這位美國德高望重的哲學家那裡，「解釋」、「相對主義」與「文化」無疑是最重要的三個關鍵字，而且，它們是相互勾連的，當然，這種哲學思想也被不斷地置疑並得以繼續發展。[47]

早年的馬戈利斯從藝術品的角度考察「同一性」問題，這在《藝術語言與藝術批評：美學中的分析問題》（ The Language of Art and Art Criticism: Analytic Questions in Aesthetics, 1965）一書當中得到了充分論述。[48]即使發展到馬戈利斯走出分析美學的階段，也就是他更多地發展了實用主義思想的階段，對於這個基本問題仍然是非常關注的。

馬戈利斯首先令人信服地列舉了藝術品看似難以「同一」的方面，這

[47] Michael Krausz, "Interpretation, Relativism and Culture: Four Questions for Margolis", in Michael Krausz and Richard Shusterman eds., *Interpretation, Relativism, and the Metaphysics of Culture: Themes in the Philosophy of Joseph Margolis*, New York: Humanity Books, 1999, p.228.

[48] Joseph Margolis, *The Language of Art and Art Criticism: Analytic Questions in Aesthetics*, Detroit: Wayne State University Press, 1965.

些例證包括：譯詩與原詩是不是同一首詩歌？劇本與以之為腳本的戲劇表演是不是同一齣戲劇？變調前後的音樂演奏，抑或先後兩次略有改動的演奏，抑或在不同樂器上對同一音樂的演奏，是不是同一段音樂演奏？舞蹈家對同一舞蹈的兩次不同的表演，抑或不同舞蹈家對於同一個舞蹈的表演，是不是同一齣舞蹈？繪畫的複製品與原作究竟是何種關係？[49]總歸起來，這些先後有著內在關聯的藝術品究竟是「同一個」藝術品嗎？在這裡，他所舉出的例子，涉及到了詩歌、戲劇、音樂、舞蹈和繪畫，幾乎每一種藝術門類裡面都有「同一性」的難題存在。

所以，馬戈利斯旋即將這個問題歸結為——何為「藝術品的同一性」（the identity of a work of art）？[50]相伴隨的問題是，以何種方式才能使得藝術「個體化」？

為了解答這一難題，馬戈利斯開始逐步地走向了「相對主義」。但在此之前，他也首先承認：其一，用完全不同的方式表演的同一部藝術作品，具有同一性。[51]如果這一點被否定了，那勢必走向極端的相對主義了。其二，對某一作品的幾種描述都是言之成理的，即使看似是相互矛盾。[52]這就從接受的角度，肯定了藝術品的相對的同一性，否則也會倒向極端的相對主義。他的基本哲學立場，我想可以稱之為一種「溫和的相對主義」（moderate relativism），這在其美學當中得到了印證。但是，這種「底限」上的承認，只是規約了藝術品之為「同一藝術品」的週邊條件，關鍵還在於從語言分析的角度進行內部的規定。

在此，馬戈利斯借用了另一位哲學家查理斯・史蒂文生（Charles L. Stevenson, 1908-1979）的發表在《哲學分析》一書裡面的意見，同意引入的另一個概念「大類」（megatype），不過前者所單論的是翻譯問題，而後者則將之拓展到了美學分析領域。[53]通過對這一語言工具的靈活使用，馬戈利斯將不同的藝術符號系統都歸之於不同的「大類」，由此展開了層層解析。

他先以詩歌為例，詩歌就是一個「大類」。在一篇批評文章中提到的詩作，我們不僅僅稱之為「實例」（instance），而且稱之為「首要實例」

[49] Matthew Lipman ed., *Contemporary Aesthetics*, pp.160-161. M・李普曼編：《當代美學》，第152頁。

[50] Matthew Lipman ed., *Contemporary Aesthetics*, p.161. M・李普曼編：《當代美學》，第153頁，譯文有改動。

[51] Matthew Lipman ed., *Contemporary Aesthetics*, p.161. M・李普曼編：《當代美學》，第153頁。

[52] Matthew Lipman ed., *Contemporary Aesthetics*, p.161. M・李普曼編：《當代美學》，第153頁。

[53] Charles L. Stevenson, "Interpretation and Evaluation in Aesthetics", in Max Black ed., *Philosophical Analysis*, Ithaca: Cornell University Press, 1950, p.337.

（prime instance），這其實就是通常意義上所謂的「原本」。[54]在確定了這個基點之後，這首詩的任何一種版本或者譯本，都可以被視為是「同一大類」內部的其他實例。只要在何為「原本」的問題上達成共識，那麼，下一步就可以在非評價的意義上討論不同版本或者不同譯本之間的孰優孰劣了。

但是，不同藝術門類對於「原本」的要求也是不同的，比如造型藝術當中的「原本」的價值恐怕要比詩歌更為重要。然而，馬戈利斯卻承認，無論是對於摹本的複製，比如雕塑從原模上的複製和版畫從原版上的複製，還是對於「轉換的殊例」（translation tokens），比如對於名畫的縮小版的石印畫，在實際完成過程中都有可能做出某些改動的。[55]這也的確是藝術實踐的事實。

所以，馬戈利斯認為不能去「硬性」地規定何為原本，還是要採取「軟性」的策略：

> 事實上，我們用不著硬性規定唯一的首要實例，因為我們可能找到一種因果關係，並用它來為一批首要實例命名。……在文學藝術中，首要實例只是被用來控制屬於某一給定大類的殊例的數目。我們總趨於把一首詩視為大類詩，而且把它作為可接受的殊例使用，甚至當我們同時面對莎士比亞的《李爾王》的第一版四開本和第一版對開本，即使面對若干首要實例時，我們也採取這種態度。[56]

這意味著，無論是面對一幅畫還是一件雕塑，都應該將之視為「大類畫」（megatype painting）或者「大類雕塑」（megatype sculpture），文學也是如此，依此類推。[57]換言之，任何一件藝術品都不是單個的，而是由於它的不同的實例，而使之成為了某一個「大類」。從「單數的」作品到「複數的」作品，或者說原本被理解為「單數」的作品被理解為了「複數」，這的確是對於藝術品的嶄新的理解。

但是，只看到了這一點還不夠，馬戈利斯還從相對主義的角度，強調了不同藝術門類藝術間的差異。他是以文學與繪畫的比較為基本視野的，

---

[54] Matthew Lipman ed., *Contemporary Aesthetics*, Bp.164 M・李普曼編：《當代美學》，第157頁。

[55] Matthew Lipman ed., *Contemporary Aesthetics*, p.164. M・李普曼編：《當代美學》，第157頁。

[56] Matthew Lipman ed., *Contemporary Aesthetics*, p.164. M・李普曼編：《當代美學》，第157－158頁，譯文有改動。

[57] Matthew Lipman ed., *Contemporary Aesthetics*, p.165. M・李普曼編：《當代美學》，第158頁。

這種差異在於：

首先，從「原本」與「實例」的關係看，在文學藝術當中，首要實例與其他實例具有同等價值，[58]因為需要通過原本來確定其他的實例。然而，在繪畫當中，提到一幅畫則是指寓於原本當中的「大類畫」，或者說，原本與其他實例之間是不等價的。這一點可以充分證明，比如同一首詩歌出現在這本書與那本書當中，都是同一首；而繪畫則不同，它的原本與複製品之間的差異是勿庸置疑的，而文學顯然沒有這種「外型複製」的問題。在這一點上，文學的原本與其他實例是「直接同一」的，而繪畫的問題更為複雜。

其次，從「標記形式」（notation）與「作品」的關係看，一首印刷的詩可以看作是這首詩的「標記形式」，但是對於一幅畫的原作而言，卻不可能將之當作一種標記形式。[59]儘管馬戈利斯亦承認，一首詩歌對於聲音的依賴絕不亞於一幅畫對於顏色的依賴，但是他還是強調詩歌標記了自身，而繪畫的標記與作品的關係則更為複雜。

再次，從「材料」與「作品」的關係看，如果說顏料就是繪畫（當然馬戈利斯主要指的是油畫之類）的構成要素的話，那麼，對於某一首詩歌上的語詞的情況更為複雜。這是由於，構成詩歌的語詞，既可能是「一首標記詩的要素」，也可能是可「作為任何實例的構成要素的標記形式」。[60]這種詩歌比繪畫更為複雜的情況，在這兩種藝術的複製和翻譯當中都繼續存在。

正是基本以上的理由，馬戈利斯從「溫和相對主義」的視角，得出了關於「藝術品同一性」的餘論：只要確定一首詩的實例，我們就可以使用之；但是要使用一幅畫，就必須確定它的原本。[61]這種對於不同藝術之間差異性的關係，恰恰是馬戈利斯在美學上的相對主義的主要來源，然而，需要明確的是，早年的馬戈利斯並未確認「藝術品同一性」的基本性質。

但到了晚年，隨著他的「文化形而上學」（metaphysics of culture）的思想的日益成熟，[62]馬戈利斯所論的藝術的「同一性」，被最終確定為

---

[58] Matthew Lipman ed., *Contemporary Aesthetics*, p.165. M・李普曼編：《當代美學》，第160頁。

[59] Matthew Lipman ed., *Contemporary Aesthetics*, p.165. M・李普曼編：《當代美學》，第158頁。

[60] Matthew Lipman ed., *Contemporary Aesthetics*, p.165. M・李普曼編：《當代美學》，第159頁。

[61] Matthew Lipman ed., *Contemporary Aesthetics*, p.166. M・李普曼編：《當代美學》，第160頁。

[62] Michael Krausz and Richard Shusterman eds., *Interpretation, Relativism, and the Metaphysics of Culture.*

「文化同一性」。但無論如何，這種新的思路無疑是走出「分析美學」的一種嘗試，走向了對於藝術品的「文化性」的研究，在很大意義上，已經超出了「分析美學」的藩籬，而具有了某種「新實用主義」美學的意味。

在《藝術與哲學》（*Art and Philosophy*, 1980）一書裡面，馬戈利斯更加明確了這一思想，他認為，藝術品具有雙重的規定性：一方面，它是具體化為物質對象的「文化顯現同一體」（culturally emergent entities），另一方面，它所顯現的文化屬性（cultural properties）就是文化原初的功能。[63]

這便涉及到了馬戈利斯的兩個基本觀念：何為「藝術」？又何為「文化」？進而，就可以看到他究竟是如何從文化的視角規定藝術的了。按照他的基本觀念，所謂「文化」就是「一切系統中的某些同一體實體所顯現與存在著的屬性，在這一系統中，人與其所創造的藝術品都正在存在著抑或曾經存在過。這樣的系統都曾為規則所支配，具有典型性的創造只有符合了類似規律的規則（如傳統、風俗、實踐、慣例等）才能被理解⋯⋯」。[64]由此推論，藝術首先也是一種人造物，但是，其特殊性的規定就在於：它是以某一「既定文化」（given culture）內部的藝術與鑒賞傳統為參照的人造物。[65]

可見，馬戈利斯這種思想實際上是將丹托的「藝術界」理論和迪基的「慣例論」加以「文化化」了，在他那裡，文化的「參照」是最為根本的。如果從他的整個「文化形而上學」的思想來看其藝術觀念，可以圖示如下：[66]

```
┌─────────────────────────────────────────┐
│  ┌───────────────────────────────────┐   │
│  │  ┌─────────────────────────────┐  │   │
│  │  │   （作為物化呈現的文化      │  │   │
│  │  │      顯現之）               │  │   │
│  │  │   個人，藝術品與人造物      │  │   │
│  │  └─────────────────────────────┘  │   │
│  │   （皮爾士意義上的）類型區分      │   │
│  └───────────────────────────────────┘   │
│    歷史主義（文化相對主義或語境主義）     │
└─────────────────────────────────────────┘
```

[63] Joseph Margolis, *Art and Philosophy*, Atlantic Highlands, New Jersey: Humanities Press, 1980, p.41.

[64] Joseph Margolis, *Art and Philosophy*, p.46.

[65] Joseph Margolis, *Art and Philosophy*, p.41.

[66] Dale Jacquette, 「Margolis and the Metaphysics of Culture」, in Michael Krausz and Richard Shusterman eds., *Interpretation, Relativism, and the Metaphysics of Culture*, p.228.

　　由此可見，馬戈利斯早年從「分析美學」出發，晚年卻試圖走向一種
「泛文化」論的新實用主義。這與他同時所的發展「反基礎論」的科學哲
學和歷史哲學的建構，[67]實際上也是一脈相承的，這使其不僅在分析美學
而且在新實用主義哲學內部都佔有了重要的一席。既然強調「文化」，那
麼，馬戈利斯的理論缺陷就在於忽略了自然的維度，所以，他越來愈強調
了對於「社會的、集體的或歷史」的意圖特徵的依賴，而相對忽視了那種
個體性的心靈與神經的狀態。[68]的確，理論建構的獨樹一幟，總是相應顯
露了其弱勢的另一面。

　　總而言之，從早期分析美學家西伯利到後來的分析美學家馬戈利斯，
從「審美概念」到「文化解釋」，這代表了一條規範的分析美學之路。他
們關注的是分析美學的重要問題，對於分析美學做出了重要貢獻。

五、新的解釋：「共識觀」與「解釋學」的統一

　　最後，回到一個重要而基本的問題：如何在美學當中做出相對適宜的
「解釋」？我想以「美的真理觀」為例來論述這個問題。

　　按照筆者的「生活美學」觀念，「美的真理」，實質上就是一種生活
真理，作為能顯現「本真生活」的真理形態，它的本質規定應該是「自
由」，更準確的答案是一種「具體的自由」。這是因為，「真理的本質乃
是自由」。[69]

　　海德格爾將自由當作真理的本質，原因在於，他是從「存在之為存
在」的角度來闡釋自由的，換言之，自由讓存在者成其所是。《論真理
的本質》中的這個著名論斷，又自然令人想到《藝術作品的本源》（*Der
Ursprung des Kunstwerks*, 1935/1936）裡面對「真理」一詞的「去蔽」的闡
釋，二者是基本相通的。「讓自在，即自由，本身就是展開著的，是綻出
的。著眼於真理的本質，自由的本質顯示自身為進入存在者之被解蔽狀態
的展開。」[70]

　　再聯繫到海德格爾將藝術和美作為真理的發生，人們就會發現一系列
的推斷：「美」（藝術）→「真理」→「自由」。一方面，真理自行置入

---

[67] 蘇珊·哈克：《新老實用主義》，陳波譯，見蘇珊·哈克主編：《意義、真理與行
　　動：實用主義經典文選》，北京：東方出版社2007年版。

[68] Joseph Margolis, *Interpretation Radical but Not Unruly: The New Puzzle of the Arts and History*,
　　Berkeley, Los Angeles, London: University of California Press, 1995, p.52.

[69] 海德格爾：《論真理的本質》，見孫周興選編：《海德格爾選集》，上海：上海三
　　聯書店1996年版，第221頁。

[70] 海德格爾：《論真理的本質》，見孫周興選編：《海德格爾選集》，第223頁。

美和藝術之中，或者說，美的本質在於存在之真理；另一方面，真理又以
自由為本質。這樣就可以出這樣的推論：美的「本質之本質」才是自由。
的確，這道明瞭美與真理、美與自由、「美的真理」和自由之本質關聯，
但海德格爾卻始終是從「存在本體論」的視角來看待這些問題的。實質
上，如果我們回歸到現實生活來觀之，便可以發見海德格爾思想的某種虛
妄成分，他其實還是在存在的視域內來解釋真理的。而任何形式的真理，
都是歸屬於人及其存在的生活世界的。自由是真理的本質，從現實生活的
角度來看並不全面。因為大多真理（例如歷史的真理、事實的真）的本質
並不能由自由來確證，而是有其各自的特定本質規定，這是我們有異於海
德格爾的地方。要是說「美的真理」之本質是自由，則是無可爭辯的，這
是由於自由本來就是美的終結關懷，使「美的真理」成其為真的東西就是
自由，別無它物。

　　「美的真理」，它之所以一方面呈現出「具體的」自由，正是來自於
美與「日常生活」的本然連續性關聯。另一方面，「美的真理」之所以又是
以具體的「自由」為旨歸的，則是來自於美的「本真生活」的本源性規定。

　　當然，在這種基本規定的基礎上，還需要一種對「美的真理」的外
在形態描述，也就涉及到「美的真理」存在形態的問題。我們認為，美
的真理形態，一方面是「共識」的，另一方面則是「歷時」的。這兩
方面的啟示，從理論來源上說，分別來自於尤爾根・哈貝馬斯（Jürgen
Habermas, 1929－）的「共識真理觀」和漢斯－奧爾格・伽達默爾（Hans-
Georg Gadamer, 1900－2002）的「解釋學真理觀」。

　　眾所周知，哈貝馬斯是在「普遍語用學」的基礎上，通過「交往活
動」與「生活世界」的相互闡釋，來建構起自己獨特的交往活動理論的。
然而，在這種被西方學界認為過於理想化的理論看來，交往活動在其實現
的過程中，必然需要一定的話語情境為交往提供背景性的支撐。而這種話
語情境在哈貝馬斯的視角看來是建基在「交往理性」基礎上的，它是一種
的准先驗的、反事實的理想性前提，它是一種普遍的、抽象性的規範的假
設。而且，這種「理想的話語情境」並不是孤立的，它與「共識真理觀」
及其「話語理論」緊密相聯。由此看來，哈貝馬斯所反對的，也是傳統的
「符合論」真理觀。那種「話語所陳述的內容與實在事物的相符」的觀
念，遭到了哈貝馬斯的駁斥。但哈貝馬斯對符合真理論批判的特殊之處，
在於它是從「主體間性」的角度來闡發的，進而才可能提出一種嶄新的
「共識論」真理觀。

　　以這種「主體間性」為基點，他比別人更高地看到陳述與其對象的相
互一致，必然設定了主體間性的絕對同一，從而走不出「主體性哲學」或

「意識哲學」的範式。因而，哈貝馬斯的貢獻就在於：他提出了真理乃是「話語主體通過語言交往而達到的共識」。這意味著，以共識為本質的真理必然是主體間性的，檢驗真理的尺度並非是任何一種客觀性，「話語真實性的判斷標準只能是它的主體間性。即是說，只有在話語主體的交往對話中，話語的真實性才能得到檢驗。當所有人進入平等對話，並就同一對話對象進行理性的探討與討論，最後達成共識時，該話語才能被看作是真實的。」[71]這裡的「真實」，按照哈貝馬斯的原意，就是人際語言交往的一種「有效性訴求」，而「真理」則不過是這一真實訴求的實現。

但是，哈貝馬斯最大誤區就在於：他直接將「共識」這本屬於真理的存在形態方面，當作了真理的本質規定。他雖然抓住了真理形態的主體間特質，但卻並未洞悉真理的本質。因為，日常生活本身也具有主體間的特質，日常生活又是美的活動的來源，所以，日常生活的主體間性其實是與「美的真理」息息相關的。我們可以從「程序主義的話語倫理學」來實施向美學的轉切，認為美的活動所實現的交往形態亦是一種特殊的「理想的話語情境」。因為按照原意，在理想的話語環境中，這種共識作為倫理規範，體現所有人的平等權力和相互尊重。當我們抽離掉哈貝馬斯思想中的語言決定論，將話語活動看作為一種「美的活動」的時候，就會發現，在美的活動所造就的交往之中，才真正能夠實現這種「話語的平等」和「行動的自由」。

美的交往，正要求人們進入到「審美交往」的情境之中，這恰恰是一種「理想的話語情境」。在與日常生活的連續性當中，美的活動其實具有一種「我─你」交往性。這是由於，「藝術……絕不會容忍我滯留逍遙於『它』之世界」；「藝術──業已清晰地表明：直接無間的關係包含有對與我相遇的『你』之作用。作為人真性活動的藝術決定了形式之轉化為藝術品的進程，惠臨的形式因與人的相遇而充實自身，她由此便蒞臨物之世界」。[72]在美的活動中，我們所體認的那個活生生的世界，是「你與我」和「我與你」相互交往的世界，它與人們保持了一種人性化、親合性的關係。而那種受到外物制約的「我─它」交往的關係，造就的則是一種物性化的、冷冰冰的、外在於「我」的交往關係世界，這顯然與美的活動的世界絕然不同。

美的活動在呈現出真理的時候，這一生活世界便成為以自由為本質的世界，其中的「審美交往」亦是一種自由的交往。用華夏古典美學的語言

---

[71] 《哈貝馬斯訪談錄》，《外國文學評論》2000年第1期，第38頁。
[72] 馬丁·布伯：《我與你》，陳維綱譯，北京：三聯書店2002年版，第8、12頁。

來闡釋，就更不難理解了，這正是金聖歎《魚庭聞貫》所說的「人看花，花看人。人看花，人到花裡去；花看人，花到人裡來。」審美交往，可以用這種「來去自由」的交流、交通和交合來比擬。在這種自由情境之中，人與人、人與物之間的關係是平等對話的和趨向自由的，而並不是一方傾軋另一方的功利關係，這是由美的本性所決定的。從這個意義上說，美的交往所形成的情境才是「理想話語情境」之典範形態，或者說，才是「理想話語情境」的最理想形態。

因而，「美的真理」就是在這種理想情境裡建立起來的「共識」。這種「共識」，其實還是建基於一種現實的「情感共同體」之上的，如果沒有這種共同體的客觀積澱，那麼，這種「共識」則不可能達成。因為，美的對話關係的形成，必須在同一「情感共同體」的範圍內才是可能的，反之就可能走向互不理解的對抗了。從另一角度看，所謂「潛在的贊同」便成為了進入美的交往的前提，它是美的活動得以成立的「主體間性」的基礎。我們一般的判斷如「這是藝術」或「這是美的」，都在暗伏著這種共同性或「主體間性」，否則美的活動及其相互認同就很難得以成功。換言之，「美的真理」要求人們的普遍認同，從而形成一種對話性的關係。由此可見，「美的真理」是一種「共識」，在其中，每個認同者之間都形成了一種對話夥伴的親密關係。這種共識真理，所要求的交往是一種自由的交往，在「具體的自由」中的交往。

從整體來看，哈貝馬斯更為關注真理的共識性，而往往忽略了真理還有歷時性的一面。在這一方面，伽達默爾的現代解釋學所提出的原則值得探討，假如能將這種時間性原則諸如共識真理論之中，那麼，我們將獲得「美的真理」的完整形態。伽達默爾自己承認：「藝術和諸歷史的科學一樣，都是一種經歷的方式，我們就是通過這些經歷方式而直接參與對自己的具體存在的理解，」[73]這的確極富洞見。既然藝術是一種傳導真理的認識，那麼，在伽達默爾視角內的「美的真理」也必然符合解釋學原則。這是因為，歷史是在改變的，「美的真理」亦不可能一成不變，反而必然表徵為歷史性的解釋與解釋性的歷史。

即使審美對象或藝術作品不變，那麼，參與美的活動的主體還是隨著歷史而更替的。對同一審美對象或藝術作品，不同時代的不同的人們，在不同的地方也會有不同的解釋。西方名諺「一千個讀者心中有一千個哈姆雷特」正是描述這種現象，由此推斷，「每個時代的人們心中都有每個時

---

[73] 伽達默爾：《自我介紹》，《德國哲學論文集》，北京：北京大學出版社1993年版，第214頁。

代的哈姆雷特」。前者所說的是同一時代的人們之間對同一審美對象的差異,後者所說的是不同時代的人們之間對同一審美對象的差異。但這種解釋的不確定性並不能由此而走向一種「相對主義」(伽達默爾自己也不能擺脫這種消極影響),否則,這些參與美的活動的人們之間就不可能達到共識的真理,雖然解釋隨著客觀環境的變化而變化,但是其基本的東西卻是趨於相同的。至少人們不是對不同作品進行解釋,只要面對同一對象,即使再充滿差異的解釋也是具有某種共性的。這種相對穩定的共性所在,就包孕著「美的真理」的基本內涵,它是「變與不變」的辯證統一。

這種對「美的真理」的理解,最初來自這樣的事實:藝術作品往往被後代人做出不同於創作者的解釋,這就使得「時間距離」浮現在人們的視野之中。時間距離,對於理解來說是至關重要的。可以說,文本的意義超越它的作者,這並不只是暫時的,而是永遠如此的,假如我們持一種歷史發展觀的話。「藝術作品的現實性及其表現力不可能嚴格地侷限於其原初的歷史視界……之內。……藝術作品是一種真理之表現,此表現不可能被還原為它的創作者在其藝術作品中實際所想的東西。……(應)從觀者的觀點出發,去考慮每一種藝術表現概念的不可窮盡性。」[74]這樣,藝術作品的生成一方面始終具有它自身的「現刻」或「同時性」(Gleichzeitigkeit),但另一方面又是在超時間的藝術經驗裡不斷得以實現的。藝術作品唯有以這樣一種歷時的方式,才可將其歷史源泉保留在它自身之內,從而達到藝術作品或美的對象與不同解釋者的雙向交流。

總而言之,「美的真理」既是一種「共識」的真理,又是一種「歷時」的真理。「美的真理」,絕不是與客觀事物的某種符合,而是「主體間」所達成的共識;「美的真理」,雖是一種「同時性」的生成活動,但卻是被「歷時性」地不斷「解釋」著的。

---

[74] 伽達默爾:《伽達默爾集》,嚴平編譯,上海:上海遠東出版社1997年版,第473頁。

結語　分析美學之後：緣何衰微，未來何在？

俯瞰整個20世紀的歐美美學史（或擴而言之為西方美學史），各種美學流派交替紛呈，真可謂「你方唱罷我登場」！[1]早在該世紀的20年代，德國哲學家和美學家莫里茨・蓋格爾（Moritz Geiger, 1880－1937）在《今日文化，它的發展和目標》裡面就曾感歎，美學就好似變成了一面「風向標」（weather vane），被「哲學的」、「文化的」、「科學理論」的陣風刮過來又刮過去，而難以找到自身的明確的發展方向，「形而上學的」、「經驗的」、「規範的」和「描述的」種種方法也在花樣翻新地被交替使用著，這也是20世紀美學不同於以往諸世紀的重要表徵。

事實也的確如此，歐美美學在20世紀的發展，往往只能通過區分「美學思潮」的方法來做整體把握。[2]所以，上世紀的歐美美學確實是難以給出總體的定位，因為大多數的美學思潮都只能「各領風騷三五年」，它們當中的絕大多數又皆在瀕臨世紀末之前皆早已衰落了下去。如果我們不被紛繁的思潮所迷惑，還是可以從中歸納出最重要的八條發展線索，我們可以稱之為「20世紀美學的八大傳統」，這些傳統分別是：

---

[1] 整個20世紀歐美美學，最初以貝爾和弗萊為代表的「形式主義美學」與以克羅齊和柯林伍德為代表的「表現主義美學」成為了當時美學思想最重要的兩翼，佛洛德和榮格代表的「無意識美學」的影響也極為深遠，還有以柏格森為代表的「生命美學」和以布洛為代表的「距離美學」都在當時盛極一時。西方美學史逐步進入世紀中葉，以桑塔耶納、杜威為代表的「實用主義美學」，以凱西爾和蘇珊・朗格為代表的「符號論美學」，以蓋格爾、英伽登、杜夫海納為代表的「現象學美學」，以海德格爾、薩特為代表的「存在美學」都在百花爭豔，從而充分展開了該世紀的美學譜系。在20世紀中期之後，發源於維特根斯坦並以比爾茲利、古德曼、沃爾海姆、丹托、迪基為代表的「分析美學」佔據了歐美美學的主流位置，但是發源於盧卡奇的並以本雅明、阿多諾、瑪律庫塞為代表的「社會批判美學」，以阿恩海姆為代表的「格式塔美學」，以伽達默爾、利科為代表的「解釋學美學」，以姚斯、伊澤爾為代表的「接受美學」都獲得了自身的思想地位。20世紀末期，西方美學步入了後現代的階段，福柯、德里達、利奧塔、波德里亞的思想開始得到了人們的關注，這也是該世紀美學的終結期。

[2] 參見金惠敏、趙士林、霍桂寰、劉悅笛等：《西方美學史》第四卷（汝信總主編），北京：中國社會科學出版社2008年版，該書就將西方美學思潮區分為16個門派，分別為「無意識美學」、「形式主義美學」、「生命美學」、「距離美學」、「表現主義美學」、「實用主義美學」、「符號論美學」、「現象學美學」、「存在美學」、「分析美學」、「社會批判美學」、「結構主義美學」、「格式塔美學」、「解釋學美學」、「接受美學」和「後現代美學」。

（1）「形式－表現主義」美學傳統

（2）「心理學美學」傳統

（3）「自然－實用主義」美學傳統

（4）「西方馬克思主義」美學傳統

（5）「符號學－結構主義」美學傳統

（6）「現象學」美學傳統

（7）「分析美學」傳統

（8）「後現代－文化研究」美學傳統

如果從「純哲學」角度來概括的話，那麼，「現象學」傳統與「分析美學」傳統恐怕在其中各自佔據了歐陸與英美這「半壁江山」。當然，許多歐洲國家的美學沿襲的也有分析的傳統，美國亦受到了大陸哲學及美學的橫向影響。但是，這兩類基於兩種哲學基本精神的美學傳統，仍形成了「雙峰對峙」的局面，儘管近些年來呼籲雙方進行「對話」和「交流」的呼聲越來越高。

如果再更高地來抽象，來「概觀」整個20世紀美學的最具標誌性的精神氣質的話，恐怕「語言學轉向」意義上的「語言」，而非現象學意義上的「意向性」，才能承擔起這個重任，其中，「分析美學」所取得的功績的確是難以取代的，在某種意義上無疑也是上世紀美學當中最重要的美學流派。甚至在許多具有自身哲學和美學強大理論傳統的國家（如注重現象學傳統的德國和法國），「分析美學」也大有攻城掠地之勢，「分析美學的成功在很大程度上，至少是法國，可以解釋為當代藝術危機的結果。傳統標準的消失，不知所措的感情對於藝術批評和美學判斷的影響，為拒絕藝術本質、優先考慮藝術品描述而不是其變化的分析美學的到來創造了有力環境」；[3] 另一方面的原因則在於「美學輪替」的合法化，「分析美學」之前與之外的美學傳統，更多是面對「自律化」的純藝術品加以研究的，而盎格魯－撒克遜的哲學思想卻由於難以融入這種傳統當中，而對於「當今體系的藝術哲學」卻具有了更大的闡釋力。

公正地看，只有「分析美學」橫亙的歷史時間最長、佔據主流的時間也最長，在歐美學界所產生的影響範圍也最廣，幾乎佔據了20世紀後半葉這整整半個世紀並延續至今。與此同時，「分析美學」內在的思想邏輯也是「道一以貫之」的，也不像許多美學思潮那樣，或則經歷了短暫的興盛

---

[3] 馬克・西門尼斯：《當代美學》，王洪一譯，北京：文化藝術出版社2005年版，第171頁。

之後而進入博物館，或則在發展一段時間之後又以另外的形式顯身。比如能夠與「分析美學」得半壁江山的「現象學」美學傳統，其內部就經歷了從「純現象學美學」、「存在主義美學」、「解釋學美學」直到「接受美學」的發展歷程，從而缺乏「分析美學」思潮那種規範意義上的「歷史貫通性」和「邏輯自恰性」。

　　然而，儘管「分析美學」擁有了最長久的生命力，然而，「花無百日紅」，雖然至今尚沒有「城頭變換大王旗」（也就是說，「分析美學」在歐美哲學界仍是主導性的思潮），但在上世紀中葉就已轟轟烈烈開始的「美學的分析運動」，行至世紀末葉已開始走向了衰落，這是毋庸置疑的。歷史也正是如此，在理論的巨大能量達到波峰之後，就必然走上了下坡路，並開始受到其他流派的強勁挑戰。反過來看，其他美學流派的挑戰之所以顯得注目，恰恰說明，「分析美學」自身並不如往昔那麼具有強權意識從而「獨霸天下」了。

　　那麼，「分析美學」究竟緣何衰微的呢？在取得了巨大的成就的同時，它對於整個20世紀美學的「誤導」究竟在哪裡呢？在「分析美學之後」，美學的新的「生長點」又在何處呢？本書的結語部分，就試圖來回答這些重要的問題。在此，對於過去的歷史的反思，最終要指向美學那尚未展開的未來的。這意味著，我們是帶著「未來意識」來返觀「分析美學」自身存在的問題的。

一、「語言分析」究竟有什麼對與錯？

　　「分析美學」所面臨的真正意義上的挑戰，實際上並不是來自外部的攻擊，而是首先來自內部的反思。

　　這個挑戰，如果一定要尋找一個起點的話，那麼，可以追溯到1987年美國的《美學與藝術批評》雜誌所做的「分析美學專號」。[4]這個專號，既可以被視為是「分析美學」的最初的總結之作，也可以被看作是「走出分析美學」的起點。但「走出」並不是「告別」，正如「總結」之後總面臨著繼續，「分析美學精神」已經浸漬在當代歐美美學的血統裡面了。而且，這種總結的熱情一直延續至今而不息，在新的世紀以「分析美學」為主題的學術會議不斷地被舉辦，直到2004年，曼徹斯特大學的哲學中心，還在舉辦「分析的觀點的美學」（Aesthetics from an Analytical Point of View）

---

[4]　"Analytic Aesthetics", edited by Richard Shusterman, in *The Journal of Aesthetics and Art Criticism*, 1987:46 X (Extra).

這樣的學術研討會。

　　「分析美學專號」之所以對「分析美學」進行了一番「回顧性的分析與評價」，就是因為，「分析美學」實際上到了該進行歷史總體評價的時候了。所以，編者認為有待寫出一部公認的「分析美學批評史」（儘管目前為止還沒有被歐美學者所撰寫出來）。但這只是其中的一種原由，另外更重要的原因，在於對「哲學美學」的未來前景的關切，使得編者們開始回顧「分析美學」自身的傳統。

　　所以，「分析分析美學」（Analysing Analytic Aesthetics）的重要價值，在於發現「分析美學」之後的美學之新的「生長點」，在結語的最後，我們還要落腳在這個關係到未來的重大問題。

　　這個專號的某些文章，後來被編成一本名為《分析美學》（Analytic Aesthetics, 1989）的論文集，其中包括大量的分析美學家的文章（有的還帶有對「分析美學」的尖銳批判性），如馬戈利斯、古德曼等著名分析美學家們都參與其中，這很自然。令人略感奇怪的是，另一位更知名的法國社會學家皮埃爾・布林迪厄（Pierre Bourdie, 1930－2002）也以一篇《純美學的歷史起源》（The Historical Genesis of a Pure Aesthetics）的文章忝列其間，可見編者的視野很開闊，亦可得見編者的一種試圖從外部來反觀「分析美學」的努力。更為重要的是，編者期待當代大陸理論與英美分析理論之間，通過文章上的並置，從而能夠形成一種積極的對話的關係。

　　的確，以英美為主導的「分析美學」傳統，在同時代始終都面臨著「大陸派理論」的挑戰，但是從20世紀50年代直到80年代，這種挑戰的聲音應該說始終是微弱的，對於「分析美學」的主流地位根本構不成什麼威脅。然而，到了90年代，一種發端於分析傳統的、同時吸納了馬克思主義和後結構主義資源的強勁思潮，不僅僅認為我們正在進入一個「後分析哲學」（post-analytic philosophy）的時代，而且，也正跨上了「後哲學文化」（post-philosophical culture）的門檻，[5]這種對於歷史的轉換的看法也深刻影響了看待美學思想的方式。顯然，這受到了同時代的羅蒂思想觀念的激進的影響，「分析美學」界似乎較之分析哲學界更容易認同羅蒂的某些觀點。與此同時，在西方馬克思主義圈子的學者們看來，美學是與政治上受壓抑的思想體系相關的，甚至在廣義的「分析美學」內部，丹托這些美學家將哲學視為剝奪了藝術自身的思想體系，這在某種意義上已經超出了「純分析」的眼光。顯然，這些都為超越「分析美學」提供了種種「他者」的眼光。

5　Richard Shusterman ed., *Analytic Aesthetics*, p.2.

　　由此而來，更深入的追問便是：在目前的狀態下加以展望，分析意義上的「藝術哲學」是否還有未來？如果有，在目前還有未來，這種分析傳統裡面的「藝術哲學」還會發揮什麼作用？如果「分析美學」的特殊技巧和策略還適用的話，那麼，這種作用還將會有多大？

　　當然，這種批判還只囿於藝術的疆域（因為當代歐美美學更多地將美學等同於藝術哲學），更多追問的是藝術的未來和對藝術進行哲學分析的未來。但更重要的，還有「方法論」意義上的追問——「分析美學」所使用的「分析」方法，究竟使用的是一種正確的方法，還是錯誤的方法？[6] 或者換一種提問方式，「分析」使得美學更加清晰了嗎？還是使得美學遠離了現實意義上的藝術抑或審美？使用這種方法的美學在今後的時代還是可能的嗎？

　　這種追問，也暴露出「分析美學」使用這種方法論所造成的「兩邊都不討好」的結果。「維也納學派」的領袖人物卡爾納普早就指出：「要麼給『善』和『美』以及規範科學裡所用的其他謂詞的應用指出一些經驗標準，要末不指出。如果是第一種情況，包含這樣一個謂詞的陳述就變成了一個事實判斷，而不是一個價值判斷；如果是第二種情況，它就變成了一個偽陳述。」[7]他給出的理由是，因為價值或規範的客觀有效性（甚至按照價值哲學家的意見）是不可能用經驗證實，也不能從經驗陳述中推出來，因此它是根本不能（用有定義的陳述）斷言的。我們認為，這恰恰指出了「分析美學」在價值與規範之間的「悖論」：一方面其所面對的研究對象仍是訴諸於「感性」的，另一方面卻還要使用規範科學的手法來對其進行研究，而這正構成了「分析美學」的悖論的根源所在。

　　按照有些論者的意見，由於這種方法論的使用及其普及，恰恰帶來的是所謂的「美學的沉寂」（Dreariness of aesthetics）。《美學的沉寂》這個標題，原來是「分析美學」抨擊傳統的美學的用語，[8]早期分析美學家們曾對於「唯心主義」給美學界帶來的沉悶狀態而耿耿於懷，而今，這種沉寂的指責，竟然又被套到了「分析美學」自己的頭上。的確，「語言分析」給美學帶來了「語言的轉向」，也帶來了更加明晰的理論闡釋的方向，但是，卻在20世紀末葉的時候，遭遇到了同樣的「沉寂」的命運，這

---

[6]　本節主要追問的並不是「分析美學」從分析哲學那裡所借用「分析」方法的對錯與否，對於這種方法已經多有論述（參見Jonathan Cohen, *Dialogue of Reason: An Analysis of Analytical Philosophy*, Oxford: Clarendon, 1989.），而是追問的是這種來自分析哲學的「方法論」多大程度上適用於美學本身。

[7]　卡爾納普：《通過語言的邏輯分析清除形而上學》，洪謙主編：《邏輯經驗主義》，第32頁。

[8]　J. A. Passmore, "The Dreariness of Aesthetics", in William Elton ed., *Aesthetics and Language*, pp.36-55.

種命運的轉換還要從該世紀中葉談起：

> 在20世紀中葉的時候，一些分析哲學家致力於將美學從沉寂當中拯
> 救出來。儘管可以誇張地視之為擁有自我意識的一種運動，就像維
> 也納學派的邏輯實證主義那樣，但卻很難去重建與拯救和復活美學
> 普遍相關的那種計畫……。實際上，這個計畫在某些方面取得了成
> 功，美學在今日似乎也不太沉寂了。但具有諷刺意義的是，造成這
> 種沉寂的指責，現在落到了分析所宣導的技術（techniques）上面。
> 當分析美學家們竭力去澄清他們的混亂不清的領域的時候，他們卻
> 失敗地意識到，他們所尋求而發起的這種行動竟比竭力根除的行動
> 更加沉寂。[9]

從批判傳統美學帶來了「沉寂」出發，「分析美學」卻走向了自身的
沉寂。這也許是由於「理論的悖論」而帶來了一種「歷史的悖論」。當
然，歷史的衰微只是一種對現實的描述，關鍵還在於引發歷史衰微的理論
的「方法本身」的問題，究竟問題出在哪裡呢？這就還要回到「分析美
學」的三個方法論上的「理論預設」：

首先，「分析美學」非常典型性地強調，要用「清晰的觀念」去取代
「模糊和令人混淆的觀念」（obscure and confused ideas）。[10]然而，可以追
問的是，「分析美學」使得概念明晰了嗎？

的確，「分析美學」在方法上的最大的歷史貢獻，究其實質，從宏
觀方面講，就是將分析哲學的基本方法引入到了美學當中，從微觀方面
說，就是追求一種通過對「藝術語言」和「批評藝術」進行分析而得到
的「明晰性」。這也就是有論者所歸納的，「分析美學」運用「邏輯和
概念的分析」（logic and conceptual analysis）、使用「推理的方法（rational
methods）」並嫻熟的應用「假設」（hypothesis）、「反例」（counter-
example）和「修正」（modification）這種「准科學（quasi-scientific）的
對話方法」，從而以追求「客觀性和真理」（objectivity and truth）為目
的。[11]歷史性地看，通過這些方法，追求這個「目的」在某種程度上、在
某些範圍內已有所達到了。在「分析美學」的主導局面裡面，美學不再為
藝術提供各種花樣翻新的「宣言」，也不再成為評價藝術的創新性的「標

9　Anita Silvers, "Letting the Sunshine In: Has Analysis Made Aesthetics Clear?", in John W. Bender & H. Gene Blocker eds., *Contemporary Philosophy of Art*, pp.19-20.

10　John W. Bender & H. Gene Blocker eds., *Contemporary Philosophy of Art*, p.21.

11　Peter Lamarque and Stein H. Olsen eds., *Aesthetics and the Philosophy of Art*, p.2.

準」，倒是退而成為了對藝術和藝術批評原則之描述方式。當然，「分析美學」強調的是，這種描述必須是符合邏輯的和更有系統的，從而將之成果清晰地提供給實際的批評家所用。這便是「分析美學」尋求「明晰性」的領域，這主要集中在藝術批評還有藝術哲學和藝術史理論方面。但是，將「科學話語」（scientific discourse）視為基本範式的「分析美學」，[12]究竟把握到了哪些藝術和審美的精髓呢？這恐怕還很難說，就好似用數學去把握具有形狀和色彩的外形一樣，其中的努力，就是以「有形的」去把握「無形的」東西，用「語言的」去把握「經驗的」東西，但是總歸還有某些「無」是無法用「有」去言說的。換而言之，審美的微妙和藝術的高深，是難以完全用這種「語言分析」的方法來達及的，這是大家都承認的事實。

其次，「分析美學」明令禁止那種將「個別的藝術作品的經驗」（experience of particular artworks）做出「普遍性」推廣的實踐活動，從而並不認為在美學觀點當中「普遍化」可以作為規則而起作用。[13]然而，可以追問的是，「非普遍化」的方法成功了嗎？

「拒絕普遍性」，這確實是「分析美學」在方法論上的另一個基本特徵。但是，尋求普遍性的那種方法卻又始終在「分析美學」那裡構成了一種內在的衝動。事實上，「分析美學」試圖以一種科學化的方式來描述藝術，對各門藝術進行系統的、細緻的「細讀」和「考查」，從而不再追尋一種超越各藝術門類的「普遍原則」。這在「早期分析美學」那裡幾乎成為了絕對不會被「證偽」的真理。但是，問題在於，「分析美學」似乎越到後來越重視藝術品的「本體論地位」（ontological status）之類的形而上的問題，儘管藝術品的「個體性的身分」（individualized identity）也沒有被忽視。[14]這就關係到「分析美學」的基本定位，從「語言分析」的角度出發，「分析美學」更多將自身定位為「對藝術和藝術批評的概念進行澄清和批判純化的第二級學科（second-order discipline）」，[15]以區分於同個別藝術品緊密相關的所謂的「第一級」（first-order）的批判。[16]由此可見，「分析美學」仍沒有逃脫個別與一般的這最基本的一對哲學關係，其內在的「悖謬」仍在於：它一方面繼承了維特根斯坦意義上的對「普

[12]　Peter Lamarque and Stein H. Olsen eds., *Aesthetics and the Philosophy of Art*, p.2.

[13]　Anita Silvers, "Letting the Sunshine In: Has Analysis Made Aesthetics Clear?", in John W. Bender & H. Gene Blocker eds., *Contemporary Philosophy of Art*, pp.21-22.

[14]　Richard Shusterman, *Surface and Depth: Dialectics of Criticism and Culture*, Ithaca and London: Cornell University Press, 2002, pp.18-19.

[15]　Richard Shusterman ed., *Analytic Aesthetics*, p.7.

[16]　Richard Shusterman, *Surface and Depth*, pp.18-19.

遍性的追求」的拒絕，但另一方面卻又在某種意義上追尋著另一種「普遍性」。因為從比爾茲利開始，美學就被確立為一種「元批評」，這種「第二級」地位的確立，使得其必然對屬於「元論」的層面的東西有所追求。所以，許多論者指出「分析美學」總是在試圖避免「評價」的問題的時候（如沃爾海姆在《藝術及其對象》的正文最後就指出他回避這個問題），也確實抨擊到了實處，因為評價總是容易導致一種「主體間性」的不一致，總是同「第一級」的直接面對藝術品的批評是息息相關的。

再次，「分析美學」必須承認：藝術不再具有任何「本質屬性」（essential properties），當然，但這只是「早期分析美學」的著力點，這種「反本質主義」到後來的「分析美學」那裡得到了某種「糾偏」。然而，可以追問的是，「反本質主義」勝券在握了嗎？還是「本質主義」贏得了勝算？

毋庸置疑，「反本質主義」最初顯身在對傳統美學的抵制上面。這是由於，傳統美學總是要假定各門藝術都具有某一「共同的本質」，並且，用這一不證自明的本質作為審美判斷的絕對標準。「分析美學」則極力以「差異性」來反對這種設定，其所使用的策略就是「個個擊破」，先尋求各門藝術之間的本然差異（直到18世紀它們才包容在「藝術」這個概念之下）。傳統美學的共同本質之幻想，所做的只能是，用一種含混不清的、大而化之的語言，將各門藝術統轄在某個空洞而本來就充滿歧義的本質公式之下（如「再現說」、「表現說」和「有意味的形式」說等等）。這樣的作法，只會忽視、混淆和抹煞了各門藝術之間的的差別和不同。所以，要重視藝術作品之間的真實差異，就要進行「化整為零」的專門深入研究，從而放棄所謂的「一般的美學」（general aesthetics），而走向——作為文學批評、音樂批評之類的「原則」的——那種「反本質美學」。但是，正如本書所描述的那樣，這種「反本質主義」到了丹托這些所謂的「後分析美學家」那裡確乎被「終止」了，亦即在一定意義上被阻遏了。這是由於，後來的「分析美學」總還要給藝術一個總的說法，以求一方面能夠用這種具有實踐性的藝術定義去闡釋現實的藝術發展，另一方面，還能夠在理論的層面給予藝術一個「邏輯自恰」的界定。當然，區別在於，傳統美學那種對於「類」的追求的那種「功能性」的藝術界定範式被拋棄了，一種「分析美學」意義上的「程序性」的藝術界定方式開始出現了，前者那種定義方式恰恰在早期分析美學家那裡就以「反本質主義」為名而被拒斥了，就像邏輯實證主義拒絕「形而上學」一樣，後者則在後來的分析美學家們那裡以對「本質主義」的適度接受的潛在態度而被確證了下來。

二、「分析美學」將美學誤導到何方？

在「語言分析」的方法上，「分析美學」的確形成了自身的理論特性，以區分於「大陸派理論」為主導的「非分析」的理論特性。然而，對於「分析美學」的諸多特性的探討，也恰恰是對它的諸多缺憾的探討。這就好比說，一個人的優點與缺點是同在的，在某一方面的突出表現，必然使得另幾方面呈現弱勢。「分析美學」正是如此，它的理論建樹的地方，恰恰是其自身的薄弱環節。在後面我們就將看到，從研究的對象上來看，「分析美學」涉獵很少甚至完全忽視的地方，恰恰都成為了當今美學新構的起始點所在。比如對於「自然美」的探討，就經歷了「三十年河東，三十年河西」的歷史進程，從原本被充分重視到「分析美學」那裡被斷然拋棄，直至而今又開始被關注並形成了熱點，這都是由「分析美學」自身的特性所決定的、所帶來的。

除了對「方法論」的考量之外（其主要考察的是分析哲學方法應用於美學之失），要考證「分析美學」衰落的原因，更多還來要深入其內部來勘查。儘管有諸多的外在要素的滋生（諸如後現代美學、文化研究美學這類的美學思潮在20世紀末對「分析美學」提出了越來越大膽的挑戰，但往往由於其哲學品格的不夠而難以攻入分析學界的主流），但這種思潮的整體衰落，恐怕更多是「內因」在起作用的結果。換句話說，「分析美學」的主流地位儘管沒有被根本性的動搖，但是而今卻已出現「鬆動」的跡象，其基本原因並不是遭到了外來的「風雨」的打擊，而恰恰是「分析美學」這棵大樹的「根基」自身出了問題，這使得後來的美學各個主幹和支脈的生長都具有了一定的「傾向性」。

那麼，「分析美學」究竟將20世紀後半葉的美學主流「誤導」到了何方呢？

（1）首先，「分析美學」未根本解決「藝術」自身的難題，儘管它「直面」藝術並「只對」藝術進行了長達半個多世紀的分析性的語言研究，但藝術的問題，光憑「分析之途」就能澈底解決嗎？單憑「語言之維」就能完全看透嗎？

答案顯然是否定的。「分析美學」具有自身的「侷限」，它對藝術的考察的「破綻」也是相當明顯的。以「藝術的界定」問題為例，從最初的激進地認定「藝術不可定義」，以藝術之間的差異性為絕對主導，到後期認為「藝術還可以定義」，對統一的藝術定義的尋求是可能的，「分析美學」關於「藝術界定」的發展史始終是一種不斷妥協的歷史。如果按照嚴

格的分析哲學的理路，對藝術進行定義的確是不可能也不必要的，但是隨著歷史發展，「分析美學」卻逐漸意識到這種定義的重要性，從而有些偏離了「早期分析美學」的原初主旨（這也是所謂的「狹義的分析美學」與「廣義的分析美學」的分水嶺所在）。但問題的另一方面卻在於，「分析美學」強調了藝術概念的開放性和流動性，從而將現當代的諸多新藝術類型皆被包容進來。新近的分析美學家卡羅爾通過對維茨藝術觀念的再度闡發和說明，就揭示了「分析美學」對待藝術問題的困窘之境：

(1) 藝術是能被拓展的。

(2) 因而，藝術必須向永久的變化、拓展和求新來開放。

(3) 如果某物是藝術，那麼，它必須向永久的變化、拓展和求新來開放。

(4) 如果某物向永久的變化、拓展和求新來開放，那麼，它就不能被定義。

(5) 假設藝術能被定義。

(6) 那麼，藝術就不會向永久的變化、拓展和求新來開放。

(7) 因此，藝術不是藝術。[17]

這真的是一種「悖論」！或者說，當代歐美「分析美學」的藝術界定方式已走進了「死胡同」，這種理論上的論證就好像是小貓在追自己的尾巴：從趨於無限地來擴展藝術的邊界，再到試圖為解釋這種拓展而又擴充藝術概念，當代歐美主流的美學，似乎在歷史延展與理論創新之間，永遠也找不到一個「雙贏」的中間點。所以，這種闡釋的結果，或者走向懷疑一切、無所事事的「虛無主義」，或者試圖做些什麼、但最終卻不得不走向諸如「藝術不是藝術」這種自我背謬的結論。

的確，將藝術作為「開放的序列」，具有一種悖論性質。一方面，只有向無限開放藝術自身，才能將越來越多的新藝術、新形式包容進來，否則，這種開放就是一種虛假的開放，不能解釋當代藝術為何仍在如此花樣翻新的突破。所以，「開放的概念」就要永遠開放，而不能封閉一絲一毫，這樣才是真正的開放，從而才能使這一概念本身具有更大的闡釋力量和解釋空間。但是另一方面，作為藝術的界定，又不得不去羅列出起碼是必要的一些限定條件，以使得藝術概念本身獲得相對的穩定性。否則，一個無限開放自身的概念，也就不能成其為概念了，而只能成為一種好似羅

---

[17] Noël Carroll ed., *Theories of Art Today*, p.6.

筐一般可以海納百川的「空洞的所指」。道路很簡單，當一個概念試圖無所不包的時候，它也就消解了自身的存在了。

顯而易見，「分析美學」並未根本解決藝術自身的難題，而只是採取一種逐步後退和妥協包容的方法，使得藝術的衝突得以暫時的緩解，但並未解決仍存在的本質問題。無論怎樣，「分析美學」如此關注於藝術，以至於迄今為止很長一段時間，在當今英美的美學裡面，美學就等於「藝術哲學」，二者基本上是劃等號的，這也正是「非西方」美學界的人士對於其進行批判的原因之一。

然而，這種藝術的分析途徑，或者說反對「本質主義」的套路和對「總體性」的恐懼，卻面臨著兩種難題。正如如此公正地解析：其一，假如我們所做出明顯的「藝術」假定，這種假定不是G. E. 摩爾所說的如「善」（good）和「黃色」這樣的單純的非分析概念，那麼，如果繼續追隨G. E. 摩爾的分析觀念的路線，就會讓藝術允許「某些本質主義」的定義進入其中，這已經被後來的「分析美學」的發展索證明。其二，如果，作為邏輯推論的「反本質主義」，走向了關於藝術品獨特性的「特殊主義」和某種成見（因為它認為只要美學從特殊走向普遍那就是錯誤的道路），那麼，在這個「特殊的反本質主義」（particularist antiessentialism）與克羅齊被詬病的「本質主義分析」之間，就並沒有多大區別存在了。[18]進而可以說，大多數的分析明確地顯示出，無論我們怎樣去否定「真實的本質」（real essences），在關於藝術及其批評的普遍化方面，它總是還存在著某些有效性，甚至在僅聚焦於若干藝術形式和類型而非藝術整體的時候，也是如此。

還有就是，對各門藝術及其批評的仔細研究，雖然得到了分析美學家們的一致贊同，但是，事實證明，恰恰在這一方面公認的學術成績並不顯著。換言之，「分析美學」的更突出的成績，倒出現在它們所睥睨的諸如統一藝術概念的尋求上面。這真的是一種悖論。

再者，如果僅僅運用分析化的手法，這種「規範性」的定義能否把握住本來就難以分析的藝術本身嗎？還是對藝術進行「描述性」定義更加接近藝術的本質？起碼，在「分析美學」前後發展的軌跡裡面，就可以看到一種從「規範性界定」到「描述性界定」的嬗變。

最終，我們可以認定，語言分析的套路，就好像是「得魚忘荃」的路數一樣，儘管人工化地造出了捕魚的合手的工具，但是，造出了「荃」並不等於捕捉到了「魚」本身。藝術之「道」，因為其本身固有的感性特

---

[18]　Richard Shusterman ed., *Analytic Aesthetics*, p.6.

質,的確是「非常道」,亦是難以直接以語言來把握的,關鍵似乎還在於「得意」而「忘言」。

(2)其次,由於「分析美學」將自身定位為「第二級學科」,所以,它具有逃避「藝術評價(evaluating art)」問題的趨向,同時,尖銳批判乃至忽略了對於「經驗」本身的研究,這種澈底脫離了主體的走向「客觀之真」的研究之途,是否就是唯一正確的道路?或者,換一種提問方式,「分析美學」所關注的究竟是通過「語言」求真?還是回到「經驗」來觀照美學自身?

如果按照「分析美學」這種既定的取向走下去,為了分析結果的客觀性,藝術中所獲得的經驗方面就會被嚴重忽視。這是因為,「分析美學」常常想避開直接面對紛繁複雜的經驗世界,對於「藝術評價」這類的問題也儘量逃避,這正是因為這類問題具有強烈的主觀色彩,從而被美學史上的「非分析」傳統弄得相當混亂,「分析美學」恰恰要力求規避這一點(儘管諸如迪基這樣的美學家仍致力於區分「藝術評價」的諸種類型,但是,其內心的訴求確仍具有一種「泛科學化」的取向)。

於是,「分析美學」的困難,就是在於從事一種區分的任務:一邊是「非評價的」、僅僅是「分類意義」上的藝術(這是「分析美學」的典型套路),另一邊則是具有「評價性的」、表示讚語之類的藝術(比如普通人根據對藝術的初步印象所給出的評價)。那麼,就此可以追問,某一關於藝術概念的「描述義」(descriptive sense)與「評價義」(evaluative sense)是可以截然兩分的嗎?如果將這二者相互絕緣開來,這種做法是否具有太多的強行割裂的人工成分在內?事實證明,「分析美學」的主流恰恰割裂了二者,但在現實的審美實踐當中,二者恰恰是難解難分的。

「對藝術及其批評的關注並不意味著,分析美學完全拋棄了諸如界定審美態度和審美經驗的這些更傳統和更一般的美學命題。但是卻傾向於向它們提出挑戰並削弱它們」,[19]比如,早期的比爾茲利試圖以一種「純知覺」的現象方式來說明和限定審美經驗對象,這種具有代表性的審美取向的定義方式逐漸被人們所忽視了,而後來的迪基對審美態度神話的「點破窗櫺紙」,卻得到了許多論者的極力贊同。儘管「早期分析美學」(也是通過「審美維度」、「審美判斷」這些術語)在竭力區分出審美與「非審美」的界限,但是這種努力無疑是並不令人十分滿意的。當許多分析美學家們置疑「審美」理論是20世紀美學的歧途的時候,是否他們自己也走上了另一條歧途呢?

---

[19] Richard Shusterman ed., *Analytic Aesthetics*, p.8.

　　還可以追問，從事藝術活動所獲得的「經驗」被忽略了，這是否已經走向了藝術自身的豐富性的反面？活生生的經驗，與藝術之間本是血脈象連的，「實用主義」美學及其餘脈的理路或許正是為「分析美學」糾偏的新途徑。實際看來，藝術和審美的作用，無非就在於「強化生活」和「闡明經驗」，按照實用主義的早期思路：「經驗，一旦與藝術和智慧分開就會變得雜亂無章。經驗是無一定形式的內容，無一定方向的行動……生活具有一定的形式，就成為藝術；一旦根深蒂固的混亂的文化具有某種一致性，就是一部藝術作品。冠之以常規、技巧和慣例名聲的所有事物，都是聰明才智所起的作用，或許是智慧衰退的遺產。人類企圖駕馭物質世界及其運動，以期建立自己的基地；人類也蓄意左右充滿即興衝動和難以指揮的下意識過程的內心世界，以期構成內在的自我；人類這一領域與藝術領域是完全一致的。折斷一根枝條，建造一所小屋、一幢摩天樓、一座大教堂；用語言進行交際；播種或收割莊稼；撫養和教育兒童；制定法律道德規則；編織衣服或開採礦山──所有這些同樣都是藝術例證，並不亞於雕塑一件浮雕或譜寫一部交響曲。」[20]

　　從這種「實用主義」的經驗觀來看待藝術和審美，正是站在了「分析美學」所遺棄的「空場」上面所做的工作，只不過，隨著「分析美學」在20世紀50年代位居主宰，上面這樣的受到杜威直接影響的美學思想被相對忽視了，而只能位居美學界的邊緣地位，但這種情況到了世紀末卻大為改觀。當然，在實用主義初潮之後的「審美復興」是在分析美學之內與之外同時進行的。

　　（3）再次，「分析美學」將「自然美」（natural beauty）的難題置於了理論盲區之內，由於它只關注於藝術，「以藝術為絕對中心」，從而使得諸如「自然美」這樣的其他可以被「審美化」的文化內容難以被納入到美學視野之內，這不能不說是整個20世紀美學當中的一大遺憾。

　　縱觀上世紀整個歐美的美學，從20世紀之前那種對「美」問題的集中關注轉而到了20世紀初葉的對於藝術的集中關注，特別是在該世紀中葉之後，基本上都轉到以藝術為核心問題的研究裡面。可以說，從世紀中葉開始，「美學開始轉向了藝術，轉向了人的獨創性，（恰如哲學那樣）轉向了人類境況」，但美學的獨特發展還包含了另外的發展理路：

　　　　藝術型的哲學家們應該正視既富於精確性又富於創造性的科學，並有必要運用它的方法來改進自己關於藝術和人的創造性的理論。而

---

[20]　歐文‧埃德曼：《藝術與人》，任和譯，北京：工人出版社1988年版，第2－3頁。

　　那些自封「語言」哲學家們則需要學習歸納科學之外的大量其他領域的知識……人們對社會科學以及社會和政治哲學的日益增長的興趣，也許甚至會促使自然科學的理解，因為自然科學乃是一定時代文化的產物，或者更確切地說，乃是人和社會的創造力的體現。[21]

　　其實，超出「分析美學」所聚焦的藝術之外，還有更廣闊的空間可以開拓，「分析美學」恰恰是制約了這種繼續延伸的美學力量。尤其是在「分析美學」被「定型化」之後，這一美學傳統裡面的學者，大多都致力於「藝術定義」、「藝術再現」、「藝術表現」、「藝術本體論」、「藝術意圖」、「藝術解釋」等等的研究上面，而鮮有新的創意出現。最重要的例證，就是英美國家的美學原理的著作，都表現出驚人結構上的一致性，而且都將「自然美」問題基本排除外在原理之外。

　　在20世紀末期，當代「自然美學」（the aesthetics of nature）和「環境美學」（the environmental aesthetics）的興起，正是要超越以藝術為中心的「分析美學」的主流傳統，其基本取向則是「反分析美學」傳統的。[22]

　　對「自然美」關注的復興，恰恰是對自黑格爾美學以來，忽視自然或者壓制「自然美」的傾向的反動。「分析美學」對這一趨向產生了最重要的推波助瀾的影響，其對藝術的偏好是有目共睹的，對自然的忽略亦也是相當明顯的。隨著對語言的進一步的關注，「分析美學」開始注目於批評、小說、詩、繪畫、音樂等等的語言解析，從而加深了重「藝」輕「自然」的傾向。在「分析美學」思潮的內部，人們就曾注意到了這種忽視帶來的偏頗，而當「自然美學」的旗號被打出之後，追隨者甚眾。此後，「環境美學」也隨之興起，它也是20世紀美學發展的一條嶄新的道路，這就要「拓展到廣闊的環境裡面，這些環境包括：自然環境（the natural environment）、城市環境（the urban environment）和文化環境（the cultural environment）」，[23]從而在一種互動之間，來尋求審美與環境的真正融合。可見，針對「分析美學」的「反作用力」同樣是巨大的，這恰恰是「分析美學」的那種狹隘的理論取向所致。

---

[21] 提吉拉：《當代美學潮流：一些基本課題》，見M・李普曼編：《當代美學》，第57頁。

[22] 參見劉悅笛：《自然美學與環境美學：生髮語境和哲學貢獻》，《世界哲學》2008年第3期；M. 巴德：《自然美學的基本譜系》，劉悅笛譯，《世界哲學》2008年第3期；A. 伯林特（又譯柏林特）：《環境美學的發展及其新近問題》，劉悅笛譯，《世界哲學》2008年第3期。

[23] Arnold Berleant, *Environment and the Arts: perspectives on environmental aesthetics*, London: Ashgate Publishing Company, 2002, p.2. 阿諾德・柏林特：《環境與藝術：環境美學的多維視野》，劉悅笛等譯，重慶：重慶出版社2007年版。

（4）複次，「分析美學」還相對忽視了藝術所承載的「社會語境」的問題，這也是「分析美學」的主要特點同時亦為其重要的缺陷所在。

具體而言，「分析哲學竭力按純粹非評價性的術語來定義藝術」，「假定了不問及社會關係和動機來維護評價的有效性」，從而也就忽視了這個至關重要的問題。「分析美學」甚至錯誤地認定，根本「不用理解（和立足於）充滿爭議的文化領域（the field of culture），也能夠正確地理解藝術」。[24]這一點，是在同布林迪厄的社會學的「語境主義」研究的比照中得出的結論。這位同樣關注美學的社會學家，以一種嶄新的視角，把藝術界視為社會的場域空間：「因而，當場域（field）被這樣構成的時候，很清楚，藝術品的生產『主體』——也就是藝術品價值和意義的生產主體——並不是實際創造其物質對象的生產者，而是一系列的介入這一場域的行動者（agents）。在這些行動者當中，有可以歸類為藝術性的作品（偉大或渺小的、知名或無名的）的生產者，有持各種信念的批評家（他們自己也在這一場域中建設），還有收藏家、中間人、博物館長等等，簡而言之，就是所有與藝術關係密切的人，包括為藝術而生存的人，被迫在不同程度上依賴藝術而生存的人，彼此面對著鬥爭的人（在鬥爭中重要的不僅是要確立世界觀，而且要確立對藝術界的看法），還有通過這些鬥爭參與了藝術家價值和藝術價值的生產的人。」[25]

在這一意義上，從美學視角做社會透視的研究，無疑是對「分析美學」「去社會化」的傾向的反撥。從某種意義上來說，秉承了「社會批判」精神的美學傳統，剛好站到了「分析美學」的方面，特別是「文化研究」美學對於社會結構、性別問題、種族問題、亞文化問題的重視，都在「分析美學」的對立面上做出了自己的貢獻。

（5）最後，整個「分析美學」對於美學問題，其實都採取了一種「普遍的非歷史方法」（general ahistorical approach），從而忽視了「歷史情境」的重要問題。

在一定意義上，儘管「分析美學」對於社會、歷史、語境對於藝術構建的基礎性作用也是明瞭的，但是，為了保持那種「元批評」的理論姿態，卻仍採取了一種「非歷史地」、「非語境的」而完全孤立的研究方法。[26]具體來說，儘管深諳藝術史的沃爾海姆和早期的丹托都強調欣賞的「歷史性」，但是他們仍然都將藝術史看作是遠離或獨立於歷史的社會經濟的要素和衝突的，這可以被稱為是一種「絕緣主義」傾向。

---

[24] Richard Shusterman ed., *Analytic Aesthetics*, p.10.

[25] Richard Shusterman ed., *Analytic Aesthetics*, p.153.

[26] Richard Shusterman, *Surface and Depth*, pp.29-30.

相形之下，「分析美學」卻「力圖將這種『絕緣主義』的歷史視野得以合理化，並使得其自身的非歷史化傾向也得以合理化，這種傾向，就是對嚴格界定和邏輯上純化的特定問題加以逐次分開的處理，並將這種處理當作是達到明晰和焦點的必要手段。」[27]即使「分析美學」採取歷史主義的態度來界定藝術，它所強調的「歷史性」並非是現實的歷史性，而只是一種語言意義上的「抽象的歷史性」。從哲學上來說，這恰恰是由於分析美學家相信哲學問題在某種意義上是「無時間性」的抑或「普遍的」，[28]無關乎歷史和文化的建構的問題，這也顯露出「分析美學」在終極哲學問題上的偏頗。然而，越到了晚期，「分析美學」似乎對於歷史性的問題愈來愈重視起來，就像丹托就是從「歷史的分析哲學」的敘事研究走向了「藝術史敘事」的研究的（晚期的丹托對於藝術史問題本身越來越關注），列文森也提出了「歷史性」的對於藝術的解讀，這種新的趨向，其實是對於分析哲學的「非歷史主義」取向有所糾正的。

綜上所述，「分析美學」之所以在整體上走向衰落的必然原因就在於：

（1）「界定藝術」的努力所面臨的困境
（2）相對忽視「評價」和「經驗」帶來的困境
（3）完全忽視「自然美」所產生的困境
（4）無視「社會語境」而形成的困境
（5）片面採取「非歷史主義」方法造成的困境

所謂「成於斯，敗於斯」，「分析美學」也就成功也就在這幾個方面，也同時失敗於這幾個方面。當然，這亦是分析美學純粹主義「方法論」的勝利之處，同時，也是這種純粹主義「方法論」必定遭遇挫敗的根源所在。

總之，「分析美學」的衰微可謂是一種「歷史的宿命」，從而正在當今形成了一段「宿命的歷史」，它的命運更多地掌握在「後分析美學」的追隨者那裡。

三、分析與大陸美學的融合：以卡維爾為例

眾所周知，分析哲學傳統與大陸哲學傳統，在20世紀形成了某種對立的局面，特別是世紀後半葉這種對立更為凸顯。儘管而今將分析與大陸傳

---

[27] Richard Shusterman ed., *Analytic Aesthetics*, p.11.
[28] Peter Lamarque and Stein H. Olsen eds., *Aesthetics and the Philosophy of Art*, p.2.

統加以溝通，似乎成為了某些先行者所要做的工作，在某種意義上來看，也是未來世界哲學發展的某種趨勢，但是，畢竟能夠勝任這種工作的只是少數，而且還要面臨那些固守邊界的保守論者的置疑。

在哲學的溝通方面，當代德國哲學家卡爾—奧托·阿佩爾（Karl-Otto Apel, 1922 − ）無疑就是這樣的一位先行者，他從20世紀的「語言哲學」的語境裡面重新闡釋康德哲學思想，更為重要的是，他試圖溝通現代哲學解釋學與分析哲學，從而提出另一種「先驗哲學」的構想，特別是在「語言交往共同體」基礎上提出了「先驗解釋學」或「先驗語用學」等新的理念。[29]在他的思想來源裡面，既有海德格爾、伽達默爾這樣的現象學傳統的哲學大師，也有維特根斯坦這樣的分析哲學鼻祖，還有皮爾士這樣的接近分析傳統的實用主義哲學家。無論這種嘗試成功與否，接受者寡眾，他都已經帶頭開始了所謂的「哲學的改造」的事業，這個事業在他看來，並不是囿於某一特定傳統而能完成的，而恰恰是要在大陸傳統與分析傳統之間進行積極的對話，而後方有可能實現新的突破。

那麼，「美學的改造」的事業又該如果進行呢？換言之，「分析美學」與「大陸美學」的融合工作又該如何實施呢？

當然，這項工作也是剛剛起步的，也有一位來自美國的哲學家進行了許多的嘗試，這就是哈佛大學的著名哲學教授斯坦利·卡維爾（Stanley Cavell, 1926 − ）。但是有趣的是，他所做的嘗試卻沒有得到廣泛的認同，儘管哲學界都公認他也是當代一位重要的哲學家，但是他的追隨者非常之少。更主要的原因，在我看來，還在於他要做的「溝通」和「融合」工作往往是兩面不討好的，既沒有引起太多分析傳統陣營的學者注意，也沒有大陸傳統內部的哲學家予以更多關注。

還有一個重要的原因，在於卡維爾的哲學視角往往是「劍走偏鋒」的，也就是往往從邊緣開始思索問題，而後再回到哲學反思的腹地。這具體表現在：

其一，在他的思想來源方面，除了維特根斯坦和海德格爾這樣的思想巨擘之外，主要的來源居然是美國19世紀的思想家愛默生（Ralph Waldo Emerson, 1803 − 1882）和梭羅（Henry David Thoreau, 1817 − 1862）。[30]通過對這兩位文筆優美的作者的思想的闡發，他試圖為「日常語言哲學」與「大陸美學」的融會貫通找到一種的思想基礎。這種基礎看似是在「哲學

---

[29] 參見卡爾—奧托·阿佩爾：《哲學的改造》，孫周興，陸興華譯，上海：上海譯文出版社1997年版。

[30] Stanley Cavell, *Philosophical Passages: Wittgenstein, Emerson, Austin, Derrida*, Oxford: Blackwell Publishers Inc., 1995.

之外」的，其實，他是要回到美國哲學的源頭去找尋，這種思想基礎具有某種「未成形」的價值，這顯然不同於羅蒂直接從成熟的實用主義者那裡得到借鑒。當然，其中還有諸多的仲介環節，比如先將愛默生與尼采的思想、將梭羅與德里達的思想加以「打通」等等。[31]由此可見，卡維爾在哲學運思過程當中的如此恢宏但同時也是邊緣化的哲學視角。

其二，在他關注的美學問題方面，與更多的分析美學家們關注「何為藝術」、「審美的特質」、「藝術本體論」這類的哲學問題不同，他將更多的眼光轉到了具體的藝術門類，特別是電影這個「第七藝術」成為了他美學思維潛力的釋放之處。他既接受了維特根斯坦《哲學研究》對於視覺研究的思想，又接受了海德格爾《存在與時間》關於「煩」的理念，從而建構了一種電影的哲學「本體論」。按照這種哲學化的基本理解，一方面，「電影讓你看到世界的星星點點，你必須用這種或那種方法把它們放進它們的生活中去，正象你有著自己的生活一樣」，另一方面，「一個沒有我而完整地出現在我面前的世界，就是我的不朽性的世界」，此乃電影的重要特性之一。[32]

還是回到美學的哲學基礎之溝通與融合的問題。的確，卡維爾是站在兩種哲學傳統之間的，試圖在分析傳統與大陸傳統之間走中間路線。在分析傳統方面，通過對於維特根斯坦晚期哲學思想的關注，他更強調「我們日常言說」的哲學重要價值，從而在「日常語言哲學」方面頗有建樹，[33]但是同時又接受了許多大陸哲學和美學思想的滋養。

但是，需要尋求的是，這種溝通與融合的基礎究竟是什麼呢？作為一個美國哲學家，卡維爾是站到了「第三者」的位置上從事工作的，這個位置實際上就是實用主義的傳統。所以，他明確將「經驗中的『經驗』概念」（the concept of experience in 'Experience'）作為打通兩種主要哲學傳統或者哲學途徑的「交叉路口」。[34]在這個意義上，關於「經驗」的哲學理念的轉變在於，人們不再去追問「我如何用經驗使自己同世界相關」，而是要去問：「通過我意識到自己的經驗，我如何意識到我與這個世界不相關？」

---

[31] Stanley Cavell, *Philosophical Passages*, pp.42-65, 94-95.

[32] 斯坦利·卡維爾：《看見的世界：關於電影本體論的思考》，齊宇、利芸譯，北京：中國電影出版社1990年版，第170、174－175頁；劉悅笛：《作為「看見世界」與「假扮成真」的電影——再論走向新的「電影本體論」》，《電影藝術》2016年第4期。

[33] Espen Hammer, *Stanley Cavell: Skepticism, Subjectivity, and the Ordinary*, Cambridge: Polity Press, 2002, pp.2-12.

[34] Stanley Cavell, *Philosophical Passages*, pp.96-97.

　　這種問題視閾的轉換，恰恰顯示出實用主義的哲學之源，在卡維爾思想深處所蘊藏的力量，儘管對於如何在美學的本體論層面上溝通分析與大陸傳統，他並沒有給出更多的明示。但是，在「分析美學」之後，特別是在美國的哲學界，實用主義恰恰成為了「發展分析美學」抑或「走出分析美學」的重要思想武器。

四、「回到經驗」‧「回歸生活」‧「回復自然」

　　在本書的最後，「分析美學」的未來何在的問題，便直呈在了我們面前。但是，「分析美學之後」並不等於「分析美學之外」。「分析美學之後」的美學不論如何發展，都不能完全拋棄「分析美學」的歷史遺產，而是要在繼承的基礎上繼續前行。

　　的確，在20世紀末期，對分析美學的挑戰就是多方面的。面對這種挑戰，一些美學家仍留在分析美學的內部進行「應戰」，積極維護「分析美學」的霸主地位；另一些美學家則「走出分析美學」傳統，到其他思想資源裡面尋求援助，再來突破或者拓展「分析美學」。當然，目前來看，取得了一定成果的，反倒不是歐洲大陸的美學理論家們，這是因為，他們與英美分析傳統的理論家們基本仍處於二元對峙的狀態之中，儘管真正意義上的對話已經開始了，[35]但到目前為止，前者對於後者卻並不構成實質性的威脅，可見主流哲學和美學的長期形成的穩固地位。

　　然而，「分析美學」該如何「轉向」的問題，卻被更多的具有開拓意識的美學家們意識到了。從目前的新的美學「生長點」來看，出現了三種嶄新的發展趨勢：

　　第一條新途是「回到經驗」。

　　「分析美學之後」的美學之路該如何走？對於當代美國美學研究者們而言，他們率先關注到了這個問題。他們採取的方式首先就是「返觀自身」，從盎格魯－撒克遜的思想傳統裡面找到另一個屬於美國本土的傳統，亦即「實用主義」傳統。這些新的探索者試圖從「實用主義」當中找到了新的理論啟示，從而發展出另外樣態的新的美學。「復興實用主義」

---

[35] 其實，分析哲學與現象學哲學之間的對流早已展開，邁克爾‧達米特已試圖證明，其實，英美分析哲學（不如稱之為英奧分析哲學）與大陸派哲學恰恰是「同源」的，關鍵在於為何它們後來彼此越走越遠，但無疑二者之間的類似之處（如弗雷格與胡塞爾、胡塞爾與維特根斯坦、海德格爾與維特根斯坦之間的「異中之同」）已經被充分關注到了，Harold A. Durfee ed., *Analytic Philosophy and Phenomenology*, The Hague: Martinus Nijhoff, 1976.

遂而成為了極具誘惑力的口號，當然，這並不是回到皮爾士意義上（與分析哲學暗合）的邏輯哲學，而是回到杜威意義上的原初的「實用主義」。

眾所周知，杜威的「實用主義」的關鍵字無疑就是「經驗」，所以，從「語言」回到「經驗」就成了美學建構的新的通途，當然對於「經驗」後來者賦予了其不同的、更具時代性的理論闡釋。在羅蒂的哲學拓荒的精神感召下，不僅古德曼和馬戈利斯這樣的典型的分析美學家的身上顯示出了「實用主義」的傾向，[36]而且，在「杜威復興」的巨大魅力感召下，舒斯特曼、阿諾德・柏林特（Arnold Berleant, 1932－）等學者都強化了「實用主義美學」的取向，[37]所謂「新實用主義」（neo-pragmatism）的提法在美學界也被接受了下來。[38]想當初，由於杜威的保守的藝術觀點（貶斥先鋒派藝術，在杜威關注美學的年代，美國抽象表現主義藝術開始獲得國際聲譽）和在大學課堂不受歡迎（「分析美學」後來成為主潮而受到美國大學師生的普遍追捧），杜威的美學的閃光點從20世紀中葉開始就被遮蔽了，但而今，杜威的「藝術即經驗」美學已經彰顯出其應有的、嶄新的理論活力。

第二條新路就是「回歸生活」。

回到「生活世界」或「日常生活」來重構美學，當代歐美學者共同意識到了這一點。無論是屬於「現象學傳統」的美學家們，還是屬於「分析傳統」的美學家們都試圖對這個問題給出自己的闡釋，如今回歸生活已然成為全球美學發展的某種共識。從哲學上來說，杜威主導的實用主義傳統和海德格爾領銜的大陸哲學傳統（主要是「現象學」和「解釋學」的傳統），被認為是這種「新美學」的哲學理論根基。[39]

這種新的美學動向，顯然是要對當代生活的歷史性的變化做出理論的解釋。隨著「日常生活審美化」——直接將審美的態度引進現實，大眾的日常生活也被藝術和設計的品質所充滿的——的歷史趨勢的出現，這種的歷史趨勢迅速得到了美學的闡釋，它旋即被德國美學家沃爾夫岡・維爾什（Wolfgang Welsch, 1946－）稱之為當代「審美泛化」（Aesthetization）。[40]在這種新的歷史語境下，日常生活與美學的關聯被逐漸得以恢復。在「分析美學」的內部，一種「日常生活美學」（The Aesthetics of Everyday Life）已成為當代歐美學界最響亮的口號。[41]如果我們再去從「分析美學」內部

---

[36] Joseph Margolis, *Renewing of Pragmatism: American Philosophy at the End of Twentieth Century*, Ithaca: Cornell University Press, 2002.

[37] C. f. Arnold Berleant, *Art and Engagement*, Philadelphia: Temple University Press, 1991.

[38] C. f. Richard Schusterman, *Pragmatist Aesthetics*.

[39] C. f. Jerrold Levinson ed., *The Oxford Handbook of Aesthetics*.

[40] Wolfgang Welsch, *Undoing Aesthetics*, London: Sage Publication Ltd, 1997, ChapterⅠ.

[41] Andrew Light and Jonathan M. Smith eds., *The Aesthetics of Everyday Life*, New York: Columbia

尋找根源的話，可以看到，早在維特根斯坦的獨特的美學創建那裡，就暗藏了「自然而然的日常美學」（Everyday aesthetics of itself）的內在取向，[42] 而且，許多原本屬於分析傳統的新興的美學家和學者們也直接提出了「活生生的生活」的美學問題，「生活美學」已成為新世紀全球最新的美學主潮。[43]

第三條心徑則是「回復自然」。

「自然美學」與「環境美學」，作為最初在「分析美學之外」開始興起的美學新學科，目前得到了「分析美學」內部的許多美學家的關注，並對此做出了非常重要的歷史貢獻。最重要的一位理論的「先行者」，就是當代學者羅奈爾得‧赫伯恩（Ronald W. Hepburn），他的那篇最初被收入《英國分析哲學》（British Analytical Philosophy, 1966）的《當代美學與其對環境美的忽視》一文，[44]最早鼓起了復興自然美學研究的大旗。

在20世紀末葉，這種自然被普遍忽視的情況大為改觀，甚至出現了認定「全部自然皆美」的「肯定美學」（positive aesthetics）的極端走向，這種美學認定「就本質而言，一切自然物在審美上都是有價值的」。[45]從歷史的順序來看，當代學界對於「自然美」的關注也許只是一個起點，隨著歷史的發展，自然問題逐漸被拓展到了環境問題，「環境美學」被愈來愈得到重視，從而將自然美的相關研究納入到自身的體系當中。事實也是如此，「我們的鑒賞超出了質樸的大自然，從而進入到我們更世俗的環境當中」，因而「環境美學才應運而生」。[46]無論怎樣，當代的「自然美學」與「環境美學」，開始超越以藝術為中心的「分析美學」的主流傳統，其基本取向雖然是「反分析美學」傳統的，但是而今在許多「分析美學」文獻選集當中卻更多地被納入到「分析美學」的當代發展範疇之內，這是由於，這種新的美學所使用的理論武器在很大意義上仍可以歸屬於「分析傳統」的。

University Press, 2005.

[42] C. f. John Gibson and Wolfgang Huemer eds., *The Literary Wittgenstein*.

[43] Richard Shusterman, *Performing Live*. 劉悅笛：《生活美學——現代性批判與審美精神重構》；劉悅笛：《生活美學與藝術經驗——審美即生活，藝術即經驗》。Liu Yuedi and Curtis L. Cater eds., *The Aesthetics of Everyday Life: East and West*，Newcastle upon Tyne: Cambridge Scholars Publishing, 2014.

[44] Ronald W. Hepburn, "Contemporary Aesthetics and the Neglect of Natural Beauty", reprinted in *The Aesthetics of Natural Environments*, Allen Carlson and Arnold Berleant eds., Ontario: Broadview Press, 2004.

[45] Allen Carlson, *The Aesthetics of Landscape*, London: Belhaven Press, 1991, chapter 1.

[46] Allen Carlson, *Aesthetics and the Environment: The Appreciation of Nature, Art and Architecture*, London and New York: Routledge, 2002, chapter 6.

　　更有趣的是，無論是「回到經驗」、「回歸生活」還是「回復自然」，以中國為代表的東方美學智慧都可以做出自身的巨大貢獻，因為這三個「分析美學之後」的趨向都可以在本土文化當中找到豐富的礦藏。我們完全可以以本土文化為基礎，發展出自己的「審美經驗理論」、「生活美學思想」和「自然美學思路」，而這種取向才是「通向一種全球觀點的」（toward a global view）。

　　總而言之，「分析美學」的餘暉雖然映射了出來，但是它仍有巨大的潛力尚未完全釋放出來，「狹義的分析美學」的確走到了窮途末路，但是「廣義的分析美學」還需要時日達到其理論的巔峰。而我們在這裡——分析「分析美學」與「分析美學史」的目的，並不完全在於回顧這段歷史的滄桑和變化（當然在站在新世紀前端上可以更全面地俯瞰迄今為止的「分析美學史」），而是指向了「未來的美學」與「美學的未來」的！

附錄一　與亞瑟·丹托對話錄

　　劉悅笛（以下簡稱劉）：亞瑟，非常高興我們能夠進行這樣的學術對話，這也許是來自中國的學者與你做第一次這樣的交流。平等才能對話，對話必要平等，希望我們能夠進行充分的對話和交流。

　　丹托（以下簡稱丹）：好的，謝謝。

一、「分析哲學史」是發現了哲學分析工具的歷史

劉：你是當今世界上著名的分析哲學家，曾任美國哲學協會主席，那我們就從盎格魯－撒克遜的哲學傳統談起，它始終難以在中國本土位居主流。如果從弗雷格（Gottlob Frege）原創性的思想算起，分析哲學已經橫亙並穿越了整個20世紀，迄今仍是英語哲學界佔據主導的哲學主潮。然而，在分析哲學的旗號之下，卻囊括了太過豐富的哲學流派、哲學門類甚至是相衝突的哲學思想，幾乎難以將之統合在一起，甚至有論者認為根本就不存在「作為整體」的分析哲學。你在其中也做出了自己的貢獻，比如在《行動的分析哲學》（*Analytical Philosophy of Action*, 1973）中所做的相關研究，[1]另一位重要哲學家唐納德·大衛森（Donald Davidson）就曾對作為同行者的你的「行動理論」（action theory）有所評價。[2]但是，大衛森認為採取不同描述的行動不能改變其「同一性」，而你卻相反地把將行動從範疇上區分為「基本行動」（basic action）與「進一步行動」（further action），就像這樣如此異質的思想，究竟如何被統一在分析哲學之下呢？

丹：嚴格地說來，分析哲學並不是一種哲學，而是能夠用於解決哲學問題的一套工具。我認為，如果沒有哲學問題，那麼，這些工具便毫無用處。比如在我的《歷史的分析哲學》（*Analytical Philosophy of History*, 1965）一書裡面，[3]我便使用了這種工具去建構歷史語言的顯著而特定的特徵，其結果就是為了去解決歷史知識的某些本質性的問題。

1　Arthur C. Danto, *Analytical Philosophy of Action*, New York: Cambridge University Press, 1973.

2　Donald Davidson, "Danto's Action", in Daniel Herwitz and Michael Kelly (eds.), *Action, Art, History: Engagements with Arthur C. Danto*, New York: Columbia University Press, 2007, pp.6-16.

3　Arthur C. Danto, *Analytical Philosophy of History*, Cambridge: Cambridge University Press,1965.

劉：這就進入到「歷史哲學」的另一個領域了，我們等會兒還要討論。這也是許多學者對你的誤解的原因，他們更多把你看作是「歷史主義者」（historicist），其實你無疑仍是一位「本質主義者」（essentialist）。這從你的《歷史的分析哲學》、《知識的分析哲學》（*Analytical Philosophy of Knowledge*, 1968）[4]和《行動的分析哲學》這三本重要哲學著作當中就可以看到。這種本質主義的思路，從你的歷史、語言和行動哲學研究直到藝術哲學研究都是一道以貫之的，可以說你就是一位使用了分析工具的「本質主義者」嗎？

丹：的確如此。我在藝術哲學上的大部分早期作品就都是本體論的，其所追問的是：什麼是藝術品，亦即去追問一件藝術品與一件日常物之間的差異是什麼？這也就是說，所追問的是，某物成為一件藝術品的必要條件究竟是什麼。如果「x是藝術品」滿足了「x是F」的條件，那麼，F就是一個必要條件。這就是關聯所在。

劉：晚期你轉向了對「可見物」（visible-material）的哲學研究，這是否意味著，你的研究似乎就與普特南（Putnam）、大衛森、庫恩、羅爾斯（Rawls）這些規範的「後分析哲學」（Post-Analytic Philosophy）諸家們漸行漸遠了。[5]好像在共同的哲學道路上，還有納爾遜·古德曼（Nelson Goodman）才與你有共同的取向。視覺化的對應物而非僅僅是訴諸語言的思想和邏輯，也被視為另一種「構建世界」（Worldmaking）的方式，[6]你似乎也有一種在根本上建構「系統唯理論哲學」（systematic rationalist philosophy）的企圖。

丹：我利用分析哲學的工具，那是為了發展出一種哲學。

劉：然而，目前分析哲學卻面臨著能量耗盡的危機，在我看來，這種危機是同來自古希臘羅馬哲學至今健在的「常青哲學」模式之衰微是直接相關的。從「以言逮意」的尋求共相到聚焦「語言」本身的分析，這都與更關注「得意忘言」與「立象盡意」的中國本土傳統形成了對照，後者的「意象思維」也許會如自柏拉圖以來的「隱喻」（metaphor）傳統一樣，給歐美哲學主流帶來某種啟示。「言」、「意」、「象」在無論中西方人們的思維當中都是不可或缺的。我這樣說的更深層的疑問是：你認為分析哲學「終結」了嗎？

---

[4] Arthur C. Danto, *Analytical Philosophy of Knowledge*, London: Cambridge University Press,1968.

[5] John Rajchman and Cornell West (eds.), *Post-Analytic Philosophy*, New York: Columbia University Press, 1985.

[6] Nelson Goodman, *Ways of Worldmaking*, Indianapolis: Hackett Publishing Company, 1978, 1978.

丹：我認為，分析哲學史就是發現哲學分析的工具的歷史。在這個意義上，分析哲學可能並沒有終結。

劉：此話怎講？

丹：那些設計工具的人們——羅素（Russell）、摩爾（G. E. Moore）、維特根斯坦（Wittgenstein）等等，同時也在發展著哲學。於是，羅素在1918年設計出一種形而上學，也就是邏輯原子主義（Logical Atomism）。摩爾努力去解決「善」是如何可定義的問題。但是，他同樣渴望擁有一種倫理哲學——從而去回答何為善的問題。

劉：除了倫理學之外的其他問題呢？

丹：愛的問題、美的問題等等，也是一樣的。

劉：在分析哲學高潮過後，你覺得哲學還存在哪些重要的方向可以走下去？在美國，新實用主義者既可以從老實用主義者如杜威（John Dewey）那裡獲取資源，也有卡維爾（Stanley Cavell）這樣的哲學家直接從美國思想源頭如愛默生（Emerson）和梭羅（Thoreau）那裡汲取養料。你覺得新實用主義可以救治分析哲學的偏頗嗎？它究竟是一個有希望的方向，還是說只是標明瞭一種哲學的美國本土化的取向？

丹：如果理查‧羅蒂（Richard Rorty）是一位新實用主義者，那麼，非常重要的是要意識到：羅蒂相信其實並不存在哲學。無論如何，他的工具，就是要展現出哲學並無用處從而摧毀哲學的工具。他的觀點，就是要去替代對哲學的建構，而我們要儘量去做那些有用的事情——諸如幫助人們獲得自由，使得他們更幸福地生活。

劉：黑格爾在如今英美哲學界從被普遍蔑視又被重新發現，這與你重讀黑格爾是有關的，還有，你早期專論尼采的專著更提升了尼采在英語學界的哲學地位。[7]我覺得，在歐洲哲學史上，起碼存在著三個重要的嬗變環節：柏拉圖（上升式）的「相」論的確立，笛卡爾「我思」的轉向，還有尼采（下降式）的「唯意志」的發見。我們都知道，分析哲學圈是拒絕去閱讀尼采之後的大陸哲學的，對海德格爾（Martin Heidegger）更是唯恐避之不及，當代美國哲學家馬戈利斯（Joseph Margolis）就曾親口對我說海德格爾只算一個聰明人，頗具諷刺意味。

丹：我對尼采感興趣，那是因為，他是一位語言哲學家（a philosopher of language）、邏輯哲學家（a philosopher of logic）和心靈哲學家（a philosopher of mind）。

劉：為什麼這樣說呢？這令人感到十分奇怪，這也許是你的誤讀吧。

7　Arthur C. Danto, *Nietzsche as Philosopher*, New York: Columbia University Press, 1965.

丹：尼采也有一些處理哲學的工具，使用最多的則是心理學的工具。
例如，他努力去展現出哲學是哲學家們為他們自己設計的自傳
（autobiographies）的形式。所以，他就是另一種類型的分析哲學家。

劉：那關於薩特呢，他為何專門研究過這位存在主義者呢？[8]

丹：在薩特那裡則有一種意識哲學（philosophy of consciousness），同樣，
他也擁有一些工具，亦即本體現象學（Ontological Phenomenology）的
工具。所以，他既是存在主義哲學家，也是分析哲學家，因為他構造
出了一些工具。例如，他相信本質並不存在。但是他對於語言卻很少
有興趣。

劉：我還是不明白，為何尼采與薩特都成為了你眼裡的「分析哲學家」？
這恐怕難以服眾，我還是想問：為何你所感興趣的這些哲學家超出分
析傳統的圈外了呢？

丹：作為一位哲學家，尼采卻對於語言非常感興趣，但是他的工具，我已
經說過了，則是屬於心理學的。我對這兩位哲學家都非常讚許，但我
並不是二者當中任何一位的信徒。我只通過他們所寫的書來研究他們
的體系。然而，我決不是一位尼采研究專家或者薩特研究專家。

二、歷史敘事理論是以「敘事句」為核心的分析理論

劉：轉到歷史哲學問題，你在此領域創建頗多並被廣為承認，主要思想
集中在從《歷史的分析哲學》到20年後作為修訂版的《敘述與知識》
（*Narration and Knowledge, 1985*）當中。[9]眾所周知，分析哲學的主流取
向是「非歷史性」的，非分析哲學家對此的批判尤甚，唯獨你走向了
歷史敘事理論的「空場」，那你自認為最大的貢獻在哪裡？

丹：最重要的觀念，當然就是「敘事句」（narrative sentences）的觀念。一
個敘事句所描述的是以晚近的某一事件作為參照的一個事件。

劉：請舉例說明之……

丹：當我說，「彼特拉克（Petrarch）開啟了文藝復興」的時候，他並沒
有通過口頭宣稱或者撰寫一本書來這樣做。或許，這就是第一個文藝
復興事件。但是，文藝復興包含了成千上萬種活動，其中的許多都包
含在彼特拉克具有特定風格的繪畫圖像當中，而非相關的觀點當中。
彼特拉克的任何同時代人也不能這樣做。所以，在同時代人當中，沒

---

8   Arthur C Danto, *Sartre*, London: Fontana Press, 1975.

9   Arthur C. Danto, *Narration and Knowledge*, New York: Columbia University Press, 1985.

有人能夠說：彼特拉克已經開啟了文藝復興，因為他們缺少的就是所說的知識。因而，一個敘事句是根據未來去描述過去的。

劉：但是，這種對「敘事句」的「真值」（truth）的分析，似乎仍是「非歷史性」的，更多是對歷史進行敘事的句子進行「時間性」的抽象解析。可以肯定，目擊者對這種敘事的「真」的確是無知的，但歷史學家認其為「真」的時候，就已經設定了兩個分離的時間點。從未來看過去，這種「以今釋古」與「前不見古人，後不見來者」的中國本土的那種「向後看」的思維方式也是切近的。

丹：舉另外的例子。我們可以說：伊拉斯謨（Erasmus）是歐洲最偉大的前康德倫理哲學家。伊拉茲馬斯的同時代人當中，沒有人能這樣描述他。因為沒有人知道關於康德的知識，康德出生於兩百年之後，沒有人知道康德的倫理哲學的任何知識。因為直到康德成為了一位成熟的哲學家之後，他才寫下關於倫理哲學方面的著述。所以說，一個敘事句是根據未來去描述過去的。

劉：你的這種具有現代色彩的觀點，顯然是將歷史哲學「分析化」了，而卻並未使分析哲學「歷史化」。但你將分析哲學的原則引入到了歷史哲學領域，這本身就是一種傑出的創建。

丹：一旦我發現了「敘事句」，便意識到，歷史並不能成為一門科學，因為科學允許預言的存在。而對於歷史描述（historical description）具有本質性的「敘事句」則是以一種完全非科學的方式指稱未來的。這裡，並不存在允許某些預言存在的規則，這就使得歷史解釋（historical explanations）成為了問題，如果沒有適用的規則的話，就是如此。

劉：這種觀點不禁讓我聯想到了「新歷史主義」（New Historicism），想到了那種「歷史是文本的」與「文本亦是歷史的」之「互文性」的取向，似乎由此看來歷史難以成為嚴格的科學。從如今的眼光看，司馬遷的《史記》其實是比文藝復興時期作品更符合新歷史主義精神的作品。此外，你的這些想法與另一位著名的歷史哲學家海頓・懷特（Hayden White）的「元歷史」（metahistory）觀念存在那些關聯呢？[10]

丹：海頓和我都在上同一所大學，我們的老師也是相同的，但是，我對於他的元歷史卻毫無興趣。這是由於，他並沒有關注到──將歷史作為知識的──那種歷史表徵（historical representation）的問題。「元歷史」的觀念只是關於修辭的，其所關注的只是人們感覺過去所產生的變化而已。

---

[10] Hayden White, *Metahistory: The Historical Imagination in Nineteenth-Century Europe*, Baltimore: The Johns Hopkins University Press, 1973.

劉：照此說來，海頓是「修辭」意義上的歷史哲學，而你則是「敘事」的語言分析上的歷史哲學了。

三、分析美學的發展形成了環環相扣的「三部曲」

劉：談談你從分析哲學到分析美學的重要轉型吧。我在北京大學出版社主編「北京大學美學與藝術叢書」的一個目的，就想推動分析美學在中國的深入研究。[11] 我試圖找到這種從哲學到美學的關聯，起碼有三種：其一是分析的基本方法，你自己也承認所從事研究的結構都很像分析哲學的結構；其二是由行動理論的區分可以推演到美學上的「感覺上不可分原則」；其三則是歷史敘事理論直接為你的「藝術史敘事」理論所借鑒。

丹：我關於「藝術的哲學」（the philosophy of art）的最初的著作是關於本體論的，也就是去尋求某物可以成為藝術品的必要條件。我最初對於美學的關心，實際上就構成了這種訴求的一部分。我得出的結論是，美學並沒有成為「藝術定義」（the definition of art）的一部分，作為一條整體性的規則，當哲學家們思考美學問題的時候，他們所關心的是美。我認為，存在著數不盡的審美特性，但是它們之中沒有一種是具有本質屬性的。

劉：以往美學往往成為哲學的婢女，偉大的美學家首先都是哲學家……

丹：非常重要的是，我覺得要將美學從藝術的哲學當中分離開來。按照這種方式，我才能夠按照科學的哲學（the philosophy of science）的方式來探索藝術的哲學。

劉：但分析美學研究當中那種「唯科學主義」（scientism）的色彩和傾向，似乎仍是那麼重，這也是分析美學的整體宿命，古德曼將審美當作一種認識則走得更遠，其實可以從東方智慧來糾偏，當然這裡沒有孰高孰低的價值判斷問題。很遺憾，你沒有參加這次在土耳其安卡拉舉辦的第十七屆國際美學大會，還有一位美國哲學家湯姆·羅克莫爾（Tom Rockmore）在《評論藝術終結》的主題發言當中，試圖從藝術與知識的關聯來看待藝術終結問題。當你反思「哲學對藝術的剝奪」的時候，如何看待這種關聯呢？

---

11 從分析美學家的著述來看，「北京大學美學與藝術叢書」已出版有門羅·比爾茲利的《西方美學簡史》、納爾遜·古德曼的《藝術的語言》和理查·沃爾海姆的《藝術及其對象》等分析美學的經典文獻。

丹：我並沒有確定我理解了這個問題。或許，你就是在問，藝術與知識究
　　竟是什麼關聯？眾所周知，柏拉圖攻擊藝術的一部分，就是否定藝術
　　家能知道任何東西。我的觀點是認為，就連科學都不是柏拉圖所談論
　　的那種知識。所以，柏拉圖關於知識的觀念一定在某些方面出錯了。

劉：這或許關係到藝術與世界的基本關聯……

丹：但在總體上，我覺得，一件藝術品都在按照一定的方式來呈現世界，
　　也就是說，它呈現了一種意義，這構成了我的藝術定義的一部分。
　　而意義則容許真理價值（truth values）的存在。所以，大概可以這麼
　　說，藝術家所傳遞的是一種知識，或者儘量去傳達之。

劉：我在這次國際美學大會上英文主題發言則是《觀念、身體與自然：藝
　　術終結與中國的日常生活美學》（Concept, Body and Nature: The End of
　　Art versus Chinese Aesthetics of Everyday Life），試圖將藝術終結問題納
　　入到中國本土視野當中來觀照，從儒、道、禪三家思想來審視藝術終
　　結問題。我贊同藝術終結論，並認為觀念、身體與自然恰恰構成了藝
　　術未來的終點，觀念美學、身體美學與自然美學也由此顯現。馬戈利
　　斯與我的答辯的對話當中，還曾提到你在《藝術的終結之後》（After
　　the End of Art, 1997）觀點的微妙變化。[12]

丹：我在1984年發表了《藝術的終結》（The End of Art）一文。[13]直到1995
　　年，也就是我作梅隆講座（Mellon Lectures）的那個時候，我想，我都
　　在不斷地修正自己的觀點。自從梅隆講座在1997年出版了之後，我們
　　已經完成了這種修正。在每一個時期，我對於自己觀點的撰寫，都要
　　增加一些或者改變一些。這是一種仍在「不斷進步的工作」，但基本
　　的卻未變。

劉：在我看來，你的藝術基本觀念從《平凡物的變形》（Transfiguration
　　of Commonplace, 1981）[14]就被奠定了下來。你在其中的「極簡主義」
　　（minimalist）的藝術定義─藝術總與某物「相關」（aboutness）並呈
　　現某種「意義」（meaning）─如果被置於「跨文化」的語境當中，我
　　們就可以理解在非西方文化當中的各種藝術及其與非藝術的界限了。

丹：確實令人奇怪的是，自從《平凡物的變形》出版之後，我關於藝術
　　定義的觀念，基本上沒有什麼改變。藝術被定義為一種意義的呈現

---

[12] Arthur C. Danto, *After the End of Art*.

[13] Arthur C. Danto, "Art After the End of Art", in Arthur C. Danto, *The Philosophical Disenfranchisement of Art*.

[14] Arthur C. Danto, *The Transfiguration of the Commonplace*, Cambridge: Harvard University Press, 1981.

（embodied meaning），無論在何地、無論在何時藝術被創造出來，這對於每件藝術品來說都是真實的。

劉：那你覺得東西方的文化多樣性（diversity）該如何被考慮進去？在芬蘭的拉赫底舉辦的第十三屆國際美學大會上，你在開幕式上的大會發言也曾強調了東方文化和美學的價值，當時日本著名美學家今道有信還曾為此向你深鞠一躬，你還記得嗎？

丹：是的，但如果在東方與西方藝術之間存著何種差異，那麼，這種差異都不能成為藝術本質（art's essence）的組成部分。在西方與東方藝術之間的差異，在此並不適用。起碼，自從1981年以來我所學到的，都不是該理論的組成部分。

劉：我在北京大學出版即將出版的《分析美學史》（The History of Analytic Aesthetics）專論你的章節當中，將1964年的「藝術界」理論看作你的美學起點，[15]1974年的「平凡物變形」說視為「藝術本體論」，[16]從1984年到1997年的「藝術終結」論視為向藝術史哲學的推展，2003年「美的濫用」則回到審美問題並轉向了對美的「背叛」。

丹：《平凡物的變形》，正如我所說的，是關於「本體論」的。這本書是關於「什麼是藝術」的。《藝術的終結之後》是關於「藝術史哲學」的（philosophy of art history）。最後，《美的濫用》（The Abuse of Beauty, 2003）[17]則是直接關於「美學」的。我在這「三部曲」的三個部分當中持續地工作。將它們合在一塊，就是哲學的活生生的篇章。

劉：談到生活，你自己也曾說：「在某種意義上，當（藝術的）故事走向終結時，生活才真正開始」。[18]我個人就主張並贊同「生活美學」，這種美學也是同新實用主義和後現代主義的某些傳統是交相輝映的，而今所謂的「日常生活美學」（The Aesthetics of Everyday Life）思潮在歐美學界也越來越熱。[19]但我更想從本土傳統出發去思考，我們是否能夠重建一種嶄新的「生活美學」（performing live aesthetics）呢？[20]我

---

[15] Arthur C. Danto, "The Artworld", in *The Journal of Philosophy*.

[16] Arthur C.Danto, "The Transfiguration of the Commonplace", in *The Journal of Aesthetics and Art Criticism*, Vol.33, No. 2, 1974.

[17] Arthur C.Danto, *The Abuse of Beauty: Aesthetics and the Concept of Art*, Chicago: Open Court, 2003.

[18] Arthur C. Danto, *After the End of Art*, p.4.

[19] Andrew Light and Jonathan M. Smith (eds.), *The Aesthetics of Everyday Life*, New York: Columbia University Press, 2005; Yuriko Saito, *Everyday Aesthetics*, Oxford: Oxford University Press, 2007.

[20] 劉悅笛：《生活美學——現代性批判與重構審美精神》，合肥：安徽教育出版社2005年版；劉悅笛：《生活美學與藝術經驗——審美即生活，藝術即經驗》，南京：南京出版社2007年版。

在也曾在韓國成均館大學的演講中宣講過中國美學如何由此走向現代的問題。[21]

丹：的確，非西方藝術（Non-Western art）現在是世界藝術的一部分。它可能將會扮演越來越重要的角色。在今天，紐約就非常需要中國藝術。儘管迄今為止中國藝術哲學並沒有產生太多的影響。我們可以始終從觀看一件藝術作品之外得到點什麼。但是，我們卻不能通過看一頁寫成的東西而得到任何東西，除非我們能理解語言。

劉：但是許多「視覺理論」（visual theory）將繪畫就視為一種語言呀，在我所撰的《視覺美學史》當中許多理論家都持類似的觀點。[22]

丹：人們將藝術視為一種「語言」，但是這確實是錯誤的。如果他們是對的，那麼，我們就可以較之理解中國藝術而更多地能理解中國語言。

四、「藝術終結之後」的藝術當代狀態

劉：現在，你在紐約藝術界已成為了著名的藝術批評家，似乎大眾更認同你現在的這個身分，你也是當代藝術發展的積極介入者。那麼，如何從總體上評價當代藝術狀態？因為我記得你在《藝術終結之後的藝術》一文中，曾經總體描述過20世紀末期的藝術，70年代是個沒有單一藝術運動的「迷人的時期」，而80年代「這十年則好似什麼都沒發生」，[23]那麼，後來呢？

丹：在20世紀90年代早期，存在著一個短暫的時期，許多人都感覺，表現主義繪畫（expressionist painting）已經回歸了。但這只持續了幾年時間，在這種藝術之後，至少是在紐約，向多元主義（pluralism）的回歸，已經從20世紀70年代開始就已經站穩了腳跟。這種藝術狀態持續到了21世紀。

劉：這究竟是什麼狀態，如何更明確地做出描述……

丹：不再有任何「藝術運動」，但是，重要的事實是，藝術不再能—按照傳統的藝術理論（traditional theory of art）所解釋的那樣—被生產出來。我感覺，變形（Transfiguration）的定義，恰恰訴諸於藝術已呈現

---

21 劉悅笛：《中國美學與當代文化產業——在韓國成均館大學的演講》，《粵海風》2007年第4期。

22 劉悅笛：《視覺美學史——從前現代、現代到後現代》，濟南：山東文藝出版社2008年版。

23 Arthur C. Danto, "Art After the end of Art", in Arthur C.Danto, *Embodied Meanings: Critical Essays& Aesthetic Meditations*, New York: Farrar Straus Giroux,1994.

的一種意義。但是，呈現的模式確實是一種運動的特徵。對於中國藝
術而言，也是如此。

劉： 你認為，藝術與政治的關聯是怎樣的？特別是在美國9.11事件發生之
後，如何看待兩者之間的關係呢？我知道，你作為策展人，曾經主辦
過一次「9.11之後的藝術」特展，引起了美國國內的普遍關注。

丹： 在美國，當然存在政治化的藝術（political art）。然而，大多數這種
藝術是抗議美國的對外政策的，特別是在伊拉克的政策。有一些藝
術就是對於9.11的直接反應，但是，大多數的藝術表現的只是以一種
哀傷的形式出現的。我曾在2004年策劃了一個9.11藝術展，在紐約的
翠貝卡區的頂點藝術（Apex Art）畫廊展出。那些抗議藝術（protest
art），就本質而言，沒有能讓我激起興趣的，毋寧說，這是將悲劇視
為悲劇而反應的藝術。

劉： 在新世紀來臨的時候，「藝術終結」理論究竟還有多少合法性？我
曾經寫過《藝術的終結之後》的專著，[24]這也是漢語學界第一部關於
藝術終結的書，我也曾用這個題目在北京大山子第三屆國際藝術節
（DIAF）上做過演講。2004年當代美國藝術批評家唐納德・庫斯皮
特（Donald Kuspit）還在出版名為《藝術終結》（*The End of Art*, 2004）
的專著。[25]去年應邀參加在中國美術館中美聯合舉辦的《美國藝術300
年：適應與革新》的開幕式，許多致力於藝術史研究的美國學者參與
其中，與他們的交流中發現，他們似乎對於你這種哲學化的理解並不
怎麼認同，而對庫斯皮特的想法卻更為認同一些。

丹： 藝術的終結，正如我所描述的那樣，只是一種歷史運作的方式。所
以，根本就沒有合法性或者不合法的問題。它只是一種運動，市場膨
脹了，藝術家們以虛構的方式又發現了許多表現意義的方式─但是，
藝術卻完全喪失了方向。

劉： 這是什麼意思呢？請你總結一下，是不是就是你所說的任何可能性在
當今的藝術中都是可能的，正像你自己最喜歡的藝術文集《超越布
樂利盒子：後歷史視野中的視覺藝術》（*Beyond the Brillo Box: The Visual
Arts in Post Historical Perspective*, 1998）當中所呈現的那樣。[26]

丹： 是的。作為藝術的藝術（Art as art）不知走向了何處。

劉： 這便是藝術的終結？！你與德國著名藝術史家漢斯・貝爾廷（Hans
Belting）都聚焦於藝術史的「敘事主體」（subject of narrative）的終

[24] 劉悅笛：《藝術終結之後──藝術綿延的美學之思》。
[25] Donald Kuspit, *The End of Art*, Cambridge: Cambridge University Press, 2004.
[26] Arthur C. Danto, *Beyond the Brillo Box*, 1998.

結，[27]卻從未說過終結就是指藝術死亡。但在你提出「藝術的終結」之後，許多的批評者都對此提出了尖銳批評，這一理論從歐美到東方也進行了長途的「理論旅行」，你如何看待大量對你的指責呢？

丹：沒有！我沒有讀到對我過所幫助的任何批評意見！但是，我的藝術終結觀念的側重點，並不在於批評的形式自身。關於這些批評的陳述已經出現了，但是它們並沒有提出任何東西。我們已經沒法在時間上回到過去的階段了。仍然真實的是，我們不得不置身於我們的時代，無論我們是否愛這個時代。

劉：但是，畢竟這個時代已經發生巨變，無論是我們從當代中國文化的轉變來看，[28]還是從美國文化已經獲得的文化霸權（cultural hegemony）來看，[29]都是如此。

丹：作為一名藝術批評家，我發現，我們所生活的這個時代非常有趣。在今天，我仍沒有要成為一名藝術家，但是，可能成為藝術家，就擁有了一種非常有趣的生活，儘管這種生活並不適合我。但無論怎們說，對於藝術的哲學來說，這是一個好的時代。

劉：最後一個問題，你介意一些學者將你的理論「誤讀」為後現代主義理論嗎？許多理論都將你的「藝術終結論」視為具有法蘭西色彩的「後學」理論，但是你卻仍是一位有些「異類」的分析哲學家。

丹：我並不介意──但是，當他們按照這種方式進行談論的時候，他們並不知道他們在說些什麼？

劉：謝謝你，希望有機會你能到中國來訪問，來親身看一看你所關注的非西方的哲學、文化和藝術狀態。再次感謝！

---

[27] Hans Belting, *Art History After Modernism*, translated by Caroline Saltzwedel and Mitch Cohen, Chicago: University of Chicago Press, 2003.

[28] 王南湜、劉悅笛：《複調文化時代的來臨──市場社會下中國文化的走勢》，石家莊：河北人民出版社2002年版。

[29] 李懷亮、劉悅笛主編：《文化巨無霸──當代美國文化產業研究》，廣州：廣東人民出版社2005年版。

附錄二　與約瑟夫・馬戈利斯對話錄

劉悅笛（以下簡稱為「劉」）：作為當代美國一位重要的哲學家，您的哲學思想似乎是所有變化的，那麼您覺得自己是一位後分析哲學家，新實用主義者還是後分析－實用主義哲學家（post-analytic-pragmatism）呢？

馬戈利斯（以下簡稱為「馬」）：我一直在做哲學研究，而非哪種哲學。目前的所做的工作，主要是關於兩個問題的。首先的工作，就是在力圖詳盡地描述當代歐洲哲學的主要發展所形成的連貫圖景（coherent picture），當然，這種歷史是隸屬於西方哲學史的整體語境的。我特別關注的是當前最美好的哲學前景究竟在哪裡？

劉：您怎麼又轉向歐洲哲學研究了，您近期的幾本著述如《重建用實用主義：20世紀末的美國哲學》（*Reinventing Pragmatism: American Philosophy at the End of the Twentieth Century*, 2002）還在關注美學哲學當中的實用主義復興的總體趨勢的問題呀？

馬：對，但現在已經轉向更大的問題。目前所作的另一個工作則是，試圖在一種嶄新的概念之下，來重新闡釋西方主要哲學研究的總體趨向。這個哲學訴求已經貫穿了我的一生，我始終關注都是自然與文化的關係的問題。

劉：是的，從你早期從事的美學研究當中對於「文化同一性」（cultural identity）的關注開始，您似乎就對於自然與文化之辯尤為關注了，那麼，能用簡單地話來歸納您由此出發看待哲學史的觀點嗎？

馬：概略地說，我的觀點是，我們所見的所有的主要哲學思潮都是有缺陷的，真正有前途的視角，就是從這些哲學思潮的碎片當中的最佳貢獻裡生髮出來的，它們已經在整個20世紀形成了最重要的影響，直至如今也是如此。

劉：您所說的最重要的貢獻主要是分析哲學嗎？

馬：我相信，實用主義才是溝通我所研究的、迥然有別的哲學主題的最佳津梁。

劉：您的確是從分析哲學轉向了新實用主義了，那麼，您又在這種溝通不同哲學傳統之間做出了哪些努力呢？

馬：在2003年，我又在康奈爾大學出版社出版了另一本《揭示唯科學主義：20世紀末的美國哲學》（*The Unraveling of Scientism: American Philosophy at the End of the Twentieth Century*, 2003），與你提到的那本《重

建用實用主義》是姊妹篇。這些著述都試圖跳出英美分析哲學的藩籬，前者對待科學主義進行了深入反思。

劉：那麼，您究竟如何看待兩種衝突呢，一方面是分析傳統與實用傳統之爭，另一方面則是分析傳統與大陸傳統之爭，你似乎要以實用主義為基石來進行調和……

馬：我目前正在撰寫第三卷的草稿，正是關注這一主旨。在西方潮流當中，最具有前景的是，當代實用主義已經同其他傳統之間進行了持續不斷的交流和對話。我希望我這本書能短期內出版。我的朋友已經看到了這本書的初稿，他們認為其中的觀點是非常具有說服力和原創性的。

劉：希望能早日拜讀。這三本書形成了關於當代美國哲學的整體圖景了嗎？

馬：這已經將美國哲學的體系圖景呈現了出來。當然，其重點就在於在各個主要哲學思潮之間，實用主義究竟在其中擔當了什麼樣的角色。另一個重點，在於如果去關注實用主義與作為整體的西方哲學的未來。

劉：還有，您如何看待歷史概念（the concept of history）呢，似乎您的思想與分析哲學的那種「非歷史化」取向之間保持了某種距離，是這樣嗎？

馬：的確，哲學史與歷史概念本身都絕對是我自己作品的核心。舉例來說，我使得任何類型的「基礎主義」（foundationalism）與「認知特權」（cognitive privilege）都變得無法為自我辯護，這就是因為，我相信，對哲學前途的最好發現是有賴於對於歷史的可行性的考慮的。

劉：您對於歷史的相關考慮，是否吸納了其他思想資源，特別是大陸哲學傳統呢？這與您的「文化哲學」之間關聯又是怎樣的呢？

馬：我對於「歷史」與「歷史性」（historicity）的研究，最初就是來自我的文化理論，主要那本充滿了雄心壯志的書《歷史思想，建構世界：新千禧年轉折中的哲學入門》（*Historied Thought, Constructed World: A Philosophical Primer for the Turn of the New Millennium, 1995*），是由加利福尼亞大學出版社1995年出版的。這基本上與我對於從康德到黑格爾這些德國哲學家思想的閱讀是間接相關的。此外，還有從馬克思與直到法蘭克福批判學派（the Frankfurt Critical school）其他德國傳統哲學家的思想，也有一些影響。

劉：這次第17屆國際美學大會上，您作為開幕式上第一個大會發言者，明確提出了反對康德「超驗的轉向」及其所形成一種「普世性」追求，並認定這種普世性抽掉了歷史，從而要最終回到一種「後康德主義」與黑格爾的「歷史主義」那裡。

馬：是的。我曾經在某些細節問題上進行研究，例如美學，今年還將有一

本要出版，[1]但是，在這本書當中，我追尋的卻是普遍的哲學問題，我選擇是主要的歐洲哲學家的形象，特別是康德和黑格爾。

劉：接下來，談談您的美學研究，它與您的歷史觀之間有何關聯呢？您如何看待藝術與「文化統一性」之間的關係呢？這也許是您在分析美學上的最重要的貢獻之一。

馬：我前期所寫的書，幾乎都是訴諸於藝術分析（the analysis of the arts）的理念的，這同時也就是一種科學的分析。

劉：還有您的「藝術本體論」研究，在20世紀後半葉也佔據了非常重要的地位。

馬：但是，我的這些美學著述，如果缺乏對於文化世界的本體論（the ontology of the cultural world）的關注，那是難以以一種和諧的方式進行下去的。這在我的美學和藝術哲學的早期主題那裡持續地存在，這構成了我對於美國的美學和哲學在總體上進行激烈批判的基礎。

劉：這便構成了您的分析美學與哲學思想之間的關聯了，您從分析美學出發深入文化理論，進而由此來縱觀整個當代美國哲學的發展。

馬：我近期出版的著述，包括書和文章，致力於所謂的文化的、歷史的、語言的形而上學與人類個體理論，力求以最本質的方式去「恢復人文科學」（Recovering the Human Sciences）。

劉：「恢復人文科學」是非常有趣的觀念，請具體解釋之。

馬：我主要的觀念，都來源於對於藝術，個體，行動，歷史，傳統，解釋，語言等等諸如此類的研究，還包括了更多的主題，這些研究都已經出版了。

劉：哪些主題呢？

馬：具體包括：變動的首要性；物質自然與人類文化之間的區分；文化世界的獨特的呈現；人類自我或個人作為文化世界當中的一個歷史化的、混合的人造體，是通過變化的歷史而不斷地轉變的；自然科學與人文科學的通過其所依賴的歷史和文化的條件得以統一；當然，更多的統一還在於藝術與科學之間。

劉：您還對於道德哲學問題還如此關注，還出版過9/11之後的道德哲學（moral philosophy）的小冊子。

馬：在倫理問題上，我更為關注的是需求、行動、承諾當中「度」的特殊形式，道德哲學自身是有賴於此的。還有，對次佳倫理（「second-

---

[1]　這本書的書名是*Aesthetics: An Unforgiving Introduction*，筆者已經得到了這本書由馬戈利斯贈送的版權。

best」 moralities）及其其他規範結構的分析。正如我的那本小冊子《9/11之後的道德哲學》（*Moral Philosophy after 9/11, 2004*）所暗示的那樣，它簡潔表達了一種相對主義的嶄新理論。

劉： 回到您的哲學觀念，您覺得您受到了哪些哲學家的深刻影響？換句話說，您覺得您的哲學觀念的基礎是什麼？

馬： 我看我自己受到了黑格爾「歷史感」的深刻的影響，儘管我並沒有直接嫁接黑格爾或者其他任何哲學家的學說。在古典實用主義者那裡，我特別欣賞皮爾士（Charles Sanders Peirce），還有諸如馬克思、維特根斯坦（Wittgenstein）和凱西爾（Cassirer），但並不是以教條主義的方式接受他們的。

劉： 那麼，非西方思想家呢，對您產生了某些影響了嗎？

馬： 在亞洲思想家當中，儘管我並不是相關的學者，但是是我個人被古印度大乘佛教中觀派創始人龍樹所吸引。我也在積極探索東方與西方心靈的會通，盡我所能這樣做。

劉： 作為20世紀後半葉分析美學運動當中最重要的哲學家之一，您認為自己對於分析美學的最重要的貢獻在哪裡呢？

馬： 也許我對於美學的最獨特的貢獻，就在於通過上面提到的形成分叉的所有主題，詳盡表述了藝術品的形而上學，按照這種方式，我能夠發展出一種關於解釋的新概念。

劉： 這種解釋只是適用於藝術嗎？還是適用於整個的文化？

馬： 這種揭示適用於整個人類生活的領域，它說明瞭一種溫和的相對主義（moderate relativism）的適用性，這同一致（coherence）和貫通（consistency）的嚴格概念是相匹配的，甚至與自然科學的理論是相關的，正如我在庫恩（Thomas Kuhn）那裡所讀到的那樣。順便說一句，庫恩也是我敬重的哲學家。

劉： 最後一個問題，您覺得您的學術與生活之間的關係是怎樣的呢？

馬： 我意識到，在我的專業與個人生活之間存在一種的親和力。我已確信，根據我的能力，我並未能超出我所能做的，如果沒有這些靈感，這些都不能進一步發展出來。

附錄三　與柯提斯・卡特對話錄

劉悅笛（以下簡稱「劉」）：卡特教授，非常歡迎您再次來到中國，我想和您就兩個問題進行對話，一個就是被中國學界所普遍忽視、但在英美學界卻仍位居主流的「分析美學」（analytic aesthetics），另一個則是目前從全球範圍到中國本土都愈演愈烈的「藝術終結」（the end of art）理論。今天我們就從第二個問題開始吧，因為這個問題至今在中西學界都還是「焦點」。

卡特（以下簡稱「卡」）：謝謝，好的，我們開始吧。

劉：那我先說。我們都知道，藝術終結問題的重提是從1984年開始的，這與一位著名的分析哲學家、美學家和藝術批評家丹托（Arthur C. Danto）是相關的。有趣的是，他在1984年前後拋出兩篇大作，先發的《哲學對藝術的剝奪》，這個題目一看就不可能引發多大影響，但《藝術的終結》一經拋出就引起軒然大波。直到今天，當「藝術終結」理論旅行到中國的時候，真可謂是姍姍來遲呀！

卡：的確如此，但丹托的理論更多還與黑格爾相關，是通過闡釋黑格爾而得出的結論。

劉：在安卡拉第十七屆國際美學大會上，您也曾說過，其實你才是在美國談論藝術終結的最早的人士，真的是如此嗎？

卡：哦，事情是這樣的。我也曾就此寫過文章，我對於黑格爾藝術終結觀念的興趣，最早開始於20世紀70年代中期。我所寫的一篇文章《藝術之死的再探討：闡釋黑格爾美學》，最早發表在1974年「美國黑格爾學會」的會議上，後來收錄在1981年出版的《黑格爾的藝術與邏輯》一書當中。在當時，「藝術終結」的話題仍被「戲劇性」地被標識為「藝術之死」。

劉：為什麼會這樣呢？在中國的語境下也是如此，大家聽到藝術終結就立即聯想到藝術死亡，或者將這二者完全等同起來，其實黑格爾在《美學演講錄》——中國美學家們更傾向於直接將之直譯為《美學》——當中所使用的德文概念是「der Ausgang」，這個詞非有趣，他的確有「終止」之意，但是又包涵「入口」的意思。

卡：在美國也是如此，對於黑格爾的理解，主要建基在黑格爾的1920年的英譯本的基礎上，譯者是學者奧斯馬通（Osmatson）。直到1975年，由T. M.（諾克斯T. M. Knox）翻譯的黑格爾的《美學演講錄》才解決了這種翻譯的誤解，這居然同我對於黑格爾的解釋是一致的。

劉：這也就是說，藝術終結與藝術死亡根本就是兩碼事了。丹托文章發出之後，引發了巨大的反響，有編者隨後以他的文章為靶子，在1984年編輯了《藝術之死》的文集。更有趣的是，丹托在被誤認為是「藝術死亡論」的代表人物之初，竟然沒有反駁，得到越炒越熱之時，又站出來澄清──我只說過藝術終結卻從未說過藝術死亡呀，這不能不說是「智者的詭計」！

卡：實際上，在美學上最早提出藝術死亡論的，並不是丹托，起碼在你我所共知的克羅奇（Benedetto Croce）還有埃瑞克‧赫勒（Eric Heller）都對此有所探討。這就更需要對於黑格爾的文本進行小心的解讀，我在當時就已經發現，黑格爾並有沒有按照通常理解那樣，將意圖放在藝術的終結上面。

劉：這也就是說，丹托在闡釋黑格爾的時候，也是部分遵循了黑格爾的原意，既然丹托是通過闡發1828年黑格爾的相關理論而提出新問題的。但是，黑格爾時代的藝術語境與丹托的時代卻大相徑庭了，丹托更多是針對當代藝術和文化做出自己獨特的解答，

卡：非常可惜的是，我在當時也我並沒能繼續這個討論。就像丹托那樣，將藝術終結與現代藝術和當代藝術直接聯繫起來。但是，現在看來非常清楚的是，黑格爾的分析，的確開啟了未來的發展之路，而這種發展在後來又是如此的巨大。

劉：這從世界各國的強烈反響那裡可見一斑，今年的第十七屆國際美學會議上包括我在內的學者仍以藝術終結為題做會議發言，我也曾在2005年出版了《藝術終結之後》的專著，我是從闡釋杜尚藝術開始，然後再從黑格爾談到丹托。那麼，您對於黑格爾的終結論有何新的理解呢？

卡：我在70年代對於黑格爾關於藝術終結解釋，首先是從對於黑格爾辯證法出發的。宣稱黑格爾的形而上學辯證法原則必然會產生藝術之死的觀念，藝術之死的觀念顯示出其是建基在對於辯證原則的誤用上面的。如果某人視辯證法為黑格爾理解文化進化的關鍵要素，那麼，這個系統則保留了無終結的變化的可能性。

劉：這的確是一種哲學上的誤用，用我們的話來說，最終是黑格爾的哲學將藝術逼上了終結之路，或者說，這是黑格爾思想體系的推演不得不得出的結論，是他「自己逼自己」得出的結論。

卡：還有更為現實的一點，在藝術終結的主題上面，黑格爾誤解了主體性的浪漫型藝術和感性要素的分解問題，混淆了浪漫型藝術的轉變與所有的藝術的歸於死寂。

劉：這意味著，當黑格爾做出他置身其中的「時代的一般情況是不利於藝

術的」這個判斷的時候，更多是出於對當時浪漫型藝術的基本誤解。我們都知道，喜劇發展到近代浪漫型藝術的頂峰的時候，藝術就按照黑格爾那著名的三段論開始走向終結。

卡： 的確如此，黑格爾認為，藝術是同宗教和哲學是相關的，是心靈的一種活動，其目的是以某種感性形式對於精神的複歸。通過歷史的進化階段，在這個世界上的精神的衰落得以出現。藝術的角色的轉變也是與這歷史變化相匹配的。

劉： 從藝術、宗教到哲學，黑格爾橫向地視哲學為藝術與宗教二者的統一，使作為知識活動的哲學成為藝術和宗教的思維之共同概念，又縱向地人為地安排這三者的環環相扣的發展，藝術和宗教在哲學中才發展為最高形式。

卡： 沒錯，在宗教中占統治地位的是內在的情感，哲學則是更高的理解形式，其顯現了更高精神界的更完全的衰落，這對於黑格邇來說是存在的終極形式。從藝術、宗教到哲學，這三個者精神活動的顯現，它們都隨著文化的進步而轉變，最終指向了精神的更完滿的顯現。

劉： 那麼，如何理解真正歷史的辯證法呢？

卡： 在黑格爾的時代，歷史的辯證發展階段，是這種視哲學為更高的顯現精神的模式。然而，鮮為人知的是，黑格爾的辯證法是可逆的與非線性的，允許藝術取代哲學作為一種更充分的精神顯現。

劉： 但是，而今的美學狀態變化了，20世紀美學的主流則經歷了「語言學轉向」，分析美學佔據了主導，藝術終結問題就是分析美學家提出的，在一定的意義上，它也是一個純粹的分析美學問題。

卡： 當哲學聚焦與語言之迷的時候，它確實以一種分析哲學的形式開始出現，而不去理會人類存在的意義的關鍵要素，這其實是藝術去取得更大重要性的機會，這在20世紀不已經都發生了嗎？

劉： 接著我們來談談您的朋友丹托，其實，分析美學界是集體性拒絕閱讀黑格爾與海德格爾之類的。與當代新實用主義家馬戈利斯（Joseph Margolis）談話當中，他就曾以輕蔑的語氣說海德格爾只能算一個聰明人（smart man），但丹托卻反其道而行之……

卡： 在當代哲學家當中，只有丹托這樣的少數人承認從黑格爾那裡獲得啟示，特別是從《美學演講錄》當中受益匪淺。他所尋求的是藝術史與當代藝術發展之間的關聯。丹托在後來一系列的著述裡面，不斷地回到這個主題，比如在《藝術的狀態》、《顯現的意義》、《藝術終結之後》、《未來的聖母像》、《藝術的哲學剝奪》還有其他地方都是如此。

劉： 你曾說過，許多美學家們對於藝術的感覺是不同的，在一次美國的美學會上主張「藝術慣例論」的分析美學家迪基（George Dickie）就曾對您所聚焦的視頻藝術嗤之以鼻，儘管他的藝術主張是很前衛的。也就是說，真正懂得當代藝術的美學家當中，丹托可能是佼佼者了。

卡： 的確如此，在美國的美學家當中，一部分人是拒絕當代藝術的，而另一部分人則試圖從當代藝術中來發展美學，丹托和我都屬於後者。

劉： 那麼，藝術終結究竟意指何方呢？

卡： 正如我已經所過的，「藝術之死」是來自於對於黑格爾的一種誤解。在丹托的1994年出版的《呈現的意義》當中，其中的《藝術終結之後的藝術》一文就否認了他與「藝術之死」觀念的早期關聯，從而代之以作為哲學問題的藝術終結觀念。這似乎是沒有問題的，丹托的將自身與藝術之死分離開來的努力，與我前面所說的黑格爾沒有提到藝術之死是相互一致的。

劉： 丹托後來出版了《藝術的終結之後》這本書，按照我給他所做訪談中的看法，是關於「藝術史哲學」的，是否他的藝術終結論，既是一種藝術哲學，也是一種藝術史哲學？我在自己的專著中，特意將「藝術終結」與「藝術史終結」區分了開來，後者是德國藝術史家漢斯‧貝爾廷（Hans Belting）提出的，時間也是1984年。

卡： 丹托對於藝術的重要途徑，就在於他關注於藝術史，關注於如何將藝術與非藝術區分開來，如何看待藝術與哲學的關聯。他將藝術史理解為一種敘事，關注於特定時期的藝術發展相關的敘事，關注於摹仿當中的進步進化，或者在藝術圖像當中的世界呈現。

劉： 這在丹托的的得意門生大衛‧卡裡爾（David Carrier）得到了充分的發展，他的《藝術撰寫》、《藝術撰寫中的原則》、《藝術撰寫的藝術》等專著都是聚焦於此的。

卡： 必須看到，藝術史的終結，是同現代藝術一道來臨的。現代藝術被視為一種狀態，其中，藝術成為了面對某一對象的自我意識，該對象處於新的一系列的關係當中，並一部分區分於抽象，這是同摹仿作為先前藝術史的特徵相比照而言的。

劉： 如果從藝術史終結談到藝術史上的個案，就很難逃開杜尚的影響，尤其是他的現成品藝術，對於丹托終結觀念產生另一個重要英雄的則是安迪‧沃霍爾，他在1964年以「布樂利盒子」為主題的展覽，直接啟發了丹托，儘管丹托是在整整20年後提出終結難題的。

卡： 藝術對於藝術史的關鍵性的轉變，來自於對20世紀早期杜尚的現成品的理解，那些人造物品，如雪鏟和小便器等等，適當地被提供出來而

成為藝術。同時，對於20世紀60年代沃霍爾的「布樂利盒子」的理解也的確非常重要，這個對象從知覺上難以同作為人造品的盒子區分開來。這些藝術有助於彌合了藝術與非藝術的邊界，並在藝術史當中被得以新的理解。

劉： 西方學者們提出了所謂的「不確定公理」，也就是說，藝術與非藝術的區分是無法確定的。由此推論，藝術家與非藝術家之間的區別是無法確定的，以前二者的區別在於前者創造藝術而後者不創造藝術，而今創造藝術的人與不創作藝術的人之間並無區別。德國藝術家約瑟夫·博依斯（Joseph Beuysin）就有句名言——「人人都是藝術家」！

卡： 按照丹托的解決方案，了藝術史是作為一種特殊的歷史現象而終結的。他的策略，是部分地來自於1984年的「藝術界的低迷狀態」的觀點，認為藝術史不能再與過去的藝術發展相互協調起來，藝術以激進的多元主義形式出現，從而成為了後歷史藝術（post-historical art）或後現代藝術（post-modern art）。

劉： 我並不同意你的意見，好像丹托只說藝術進入到了後歷史的階段，但從來沒有用後現代的話語來說明藝術。他的藝術終結論被納入到後現代主義當中，更多是後來者的誤解吧，他主要還是一位秉承了盎格魯－撒克遜傳統的分析哲學家，而非法蘭西多元思想的擁護者。

卡： 但無論怎麼說，丹托的思想都並不意味著，藝術將不再被生產出來。

劉： 那麼，藝術就如在黑格爾那裡一樣，將被哲學所取代了？丹托似乎更多是通過對於柏拉圖思想的闡釋來達到這一點的。

卡： 丹托最先提出藝術成為了哲學，當現代藝術成為自我意識並反映了其自我意義的時候，藝術就成為了哲學。但是，他闡明說，這並不意味著，藝術從字面上成為了哲學，而只是通過從摹仿到抽象再到觀念藝術的轉換而完成的，藝術遂而成為了對於自我的理解。

劉： 那麼，如何理解藝術與哲學的關係呢……

卡： 在這種關係上，丹托是始終追隨黑格爾的建議的。例如，在黑格爾發言的歷史時刻，當藝術成為精神的完滿顯露的時候，最好的藝術是作為藝術哲學而被表現出來的。

劉： 我們如今如何來看待丹托藝術終結思想的內在矛盾呢？

卡： 丹托所面對的主要是這樣兩個問題：其一，在一個後歷史時期的激進多元主義時代，如何區分藝術與非藝術。其二，如何使得藝術的哲學理論可以闡明過去、現代和未來的一切藝術。

劉： 這種激進多元主義的描述，的確與丹托對於藝術史不同階段的劃分是相關的。按照他的三分法則，整個人類藝術史從1300年代開始分為三

段，直到1880年是所謂「模仿的時代」，從1880年到1965年則是所謂的「意識形態的時代」，而後則是當代的藝術階段。

卡：的確，為了完成第一個目標，他將歷史設定為特定的階段，在其中，按照摹仿藝術的共同主題去生產的藝術，是不同於20世紀的現代藝術的，更是與當代藝術的多元主義是異質的。在當代藝術當中，似乎任何一種東西，都可以被視為藝術。

劉：按照丹托的觀點，每個時代的藝術史敘事開始後，敘事不僅僅提供了特定藝術史時期的敘事，而且也提供了一種適用於所有來自先前時期之先前藝術品的藝術史敘事。這樣說是什麼意思呢？舉例說明，比如表現主義與形式主義都是這樣的理論，它們都宣稱能夠對所有先前的藝術史時期的作品進行評論並與之相適應。

卡：這就涉及到丹托的第二個目標，丹托似乎公開承認自己是一位本質主義者，他在尋求與黑格爾的普遍精神類似的等價物，尋求歷史改變的基礎，尋找理解無論是處於前歷史的、歷史的還是後歷史的階段的每一藝術情境的鑰匙。這種尋求的部分，使得丹托將一種深度闡釋的理論能夠去宣判——在風格變化的現象之下的藝術製造的不可通約性。

劉：這就涉及到分析美學這五十多年來的爭論——藝術是否可以定義？早期的分析美學更多從解構的角度否認藝術定義的可能性，後來受到晚期維特根斯坦的哲學影響，分析美學家們更多地要給藝術一個相對周延的定義，儘管他們沒有意識到其「語言中心主義」的缺失。

卡：的確如此，丹托認為，藝術的普遍定義是可能的，這種定義與歷史的顛覆並不是對立的，但是，這種定義接受了對於特殊的藝術情境的開放性。這種回答毋寧說來自哲學，而非來自藝術史。

劉：我個人更贊同丹托在1981年《平凡物的變形》一書給藝術所下的定義：藝術總與某物「相關」（aboutness）並呈現某種「意義」（meaning）。最主要的理由在於，這個定義具有普世性，如果將之置於跨文化的語境當中，我們就可以理解在非西方文化當中的各種藝術及其與非藝術的界限了。

卡：從理想的角度看，似乎丹托的目的最好是在於為藝術提供必要和充分的條件，從而能夠確定藝術作品。但很清楚的是，藝術的宣稱並不足以告訴我們，什麼是藝術，什麼又不是藝術？沒有來自藝術史上的先例可以有助於未來藝術的激進的新創造。

劉：最後您再總結幾句……

卡：丹托的貢獻當中那些是有用的呢？他提出了對於我們時代的藝術的豐富和深入的考量，從而使得我們可以去把握這種正在存在的多元主

義。在所有在今天工作的的美學家當中，他能很好地知曉藝術的過去與現在。他作為藝術批評家與哲學家的寫作，對於閱讀和深思今日的任何藝術都是具有啟發性的。

劉：最後請問您是否贊同藝術終結論呢？我個人認為，藝術終結是「將來完成時」的，既然藝術並不是與人相伴而生的東西，那麼，它就有可能不再與人相伴而終結，也就是說，藝術未來終有終結之時。而且從樂觀的角度看，藝術終結之後則是生活的復興，因為藝術已經回歸到我們的生活世界了。

卡：歷史沒有終結，藝術也沒有終結，哲學仍有希望，就像黑格爾與丹托所完成的任務所顯示的那樣，哲學與偉大的心靈一樣的長久。這就是我的觀點。

附錄四　彼得‧拉瑪克等訪京印象

隨著「全球化」時代的來臨，中外美學事業的交流日益頻繁，本土美學建設也逐漸追趕上了國際學術前沿的腳步。在以「美學為文化間架起橋樑」為主題的第17屆國際美學大會召開之前，許多國外的美學家都不約而同地將中國作為學術訪問的目的地，這些學者當中既有中國學者們的「老友」，也有第一次來到中國講學的「新朋」。

2006年12月26日，當代日本美學家、國際美學協會前主席佐佐木建一先生訪問中國社會科學院。作為第一位出任國際美學協會主席的東方學者、今道有信先生教席的繼任者和東京大學美學教授，佐佐木對於東西方美學之間的交流（特別是提升東方美學在國際美學界的地位）起到了至關重要的作用。本次他到中國社科院演講的題目為《城市景觀美的結構》，這不僅延續了他對於當代「環境美學」的持續關注，而且正如他多數的著述一樣亦具有鮮明的「東方色彩」。換句話說，從東方的視野來看待國際美學前沿問題，這恰恰是佐佐木的學術追求。在那次講座上，他從對西方美學的「視覺模式」的批判入手，梳理出「城市景觀美」若干面相，最終認定對這種美的鑒賞具有「全面性」，所謂「城市景觀美就是一種成熟文化的真實符號」。

在答問階段，佐佐木根據對於北京建築的印象，認為中國的建築更多是「磚的結構」，而日本的建築則是「木的結構」。當時筆者與之對話中指出，其實日本這種「木的結構」文化可能更多是來自中國唐代文化的影響，其實中國建築文化才是「木的結構」文化之鼻祖。這次的演講不禁令人回想起八年前，佐佐木第一次來華講學的主題，當時我還是位求學的學子。那次的演講佐佐木從「東西比較美學」的視角，對於日本的園林與歐洲的城市結構進行了細緻的比照，進而上升到審美哲學的角度來結束那次演講，給人以非常深刻的印象。時光荏苒，而今佐佐木建一先生和他的夫人仍然風采依舊，似乎時間沒有在他們的身上留下太多的歲月的痕跡。

冬季過後，更多的國外美學學者紛紛來華訪問。2007年4月17日，應北京第二外國語大學比較文學與跨文化研究所的邀請，國際最權威的美學雜誌之一《英國美學雜誌》主編、英國約克大學教授彼得‧拉瑪克（Peter Lamarque）先生及夫人瑪麗‧拉瑪克（Mary Lamarque）教授來京做短期的學術交流。當日下午，頗具英國紳士風度的拉瑪克以《美學跨文化可能嗎？》（Can Aesthetics be trans-Cultural？）為題，進行了學術講座，由於有

許多第二外國語大學的研究生參加，拉瑪克以非常純正的英文慢速地展開了他的演講。面對跨文化的挑戰，拉瑪克策略性地將美學分為「內部的」（internalist）與「外部的」（externalist）兩種，並進而認定，前者是植根於不同的藝術和文化傳統當中的，後者則在尋求美學的普遍和跨文化的那些方面，以適應當代美學的「文化間性」轉向的歷史大趨。

在面對美學與普遍性之關聯的時候，拉瑪克採取了一種略帶「相對主義」的策略，那就是：不再追問在美學中「什麼是普遍的」，而是探求「何時是普遍的」，這的確為他的理論提供了更大的運行空間。在講座的最後，拉瑪克重點闡發了當代美國哲學家和美學家丹托（Arthur Danto）界定藝術的方式，並將之置於跨文化的視角內來加以看待。在答問階段，參與者就跨文化視野、創造性誤讀、西方美學開端，悲劇形式流變、後現代藝術風格等相關學術問題進行了深入的探討。拉瑪克是一位在國際美學界享有相當的學術威望的英國美學家，他在美學、比較文學以及哲學歷史研究方面都具有很高的造詣。他對中國也非常友好，他的兒子作為志願者正在中國蘇北的一座偏僻的小鎮教授英文。

2007年4月24日下午，斯洛文尼亞美學家、國際美學協會前主席、斯洛文尼亞文理科學院科學研究中心哲學所研究主任，盧布爾亞那大學美學教授阿列西·艾爾雅維奇（Ales Erjavec）先生來中國社科院進行學術訪問，他是經由中國社科院與斯洛文尼亞方面的交流項目來華訪問一段時間的。據我所知，阿列西恐怕是來中國次數最多的國外美學家，他至今仍在負責國際美學協會的大量組織工作，他與高建平先生是很有交情的老朋友。在他的努力和高建平的組織下，2006年在斯洛文尼亞的《哲學通報》雜誌第一期上，刊登了一組介紹中國美學的文章，既包括宗白華和李澤厚先生的經典文本，也包括當前國內學者的研究文章。兩年前年他來中國社科院的演講是以「全球化與美學的關係」作為主題的，這次的演講則更深入了一步。在題為《位置、安置與置換》（Locations, Relocations, and Displacements）的演講面，他通過五個非常有趣的藝術個案，闡釋了在文化互動過程當中「文化誤讀」的不同形式及其重要意義。最終阿列西指出，文化和藝術「安置」與「置換」現象已經成為了全球現象，必須予以關注，特別要從美學的角度做出闡釋和解答。

在答問階段，精力總是那麼充溢的阿列西對於參與者的提問給出了非常精彩的應答。對於「藝術終結」問題如何理解，成為論爭的焦點之一。阿列西更多持一種趨於相對保守的審美觀，他認為杜尚將小便器拿到美術館並將之命名為「噴泉」的時候，恰恰是賦予了該器物以一種「詩意的效果」（poetic effect），所以它才成為藝術。然而，正如筆者與之爭論的，

這種理解似乎沒有抓住杜尚的「反藝術」的「反美學」的基本特質。在演講裡面可以得見，阿列西作為一位來自前社會主義國家的學者，他對於後社會主義、後現代和後殖民的文化狀況是非常關注的，這與他的同胞斯拉沃熱‧齊澤克的思路如出一轍。

4月24日晚上，當我們匆匆趕到北京大學的時候，宴請當代美國學者、新實用主義美學的代表人物理查‧舒斯特曼（Richard Shusterman）先生的晚餐剛接近尾聲。舒斯特曼這次來華主要是受到山東大學文藝美學研究中心的曾繁仁先生的邀請應邀到山大講學的。由於旅途勞頓，舒斯特曼的神情略顯疲憊，他以《通過身體而思》（Thinking Through the Body）為題闡釋了「身體美學」（Somaesthetics）經驗的多樣性，這位秉承美國精神的學者，主要接受了杜威的美學思想，進而將身體美學區分為「分析的（Analytic）身體美學」、「實用的（pragmatic）身體美學」和「實踐的（practical）身體美學」三個方面。

正如整個西方主流的哲學史和美學史拒絕思考「身體」一樣，舒斯特曼的學問在西方學界無疑具有一種「劍走偏鋒」的姿態，但是在中國卻很容易找到知音。其實，在我看來，他的「身體美學」其實與中國儒家那種「身心融合」的追求是非常接近的，不過舒斯特曼在答問階段並沒有凸現出東亞思想對他的太多影響，他更強調在「活生生」的生活中是如何體味出他的美學思想的。而今，舒斯特曼已經離開了「美學重鎮」天普大學而投靠了另一所比較偏僻的東海岸大學，不知這種離開中心的舉動，代表了他的美學觀念更「邊緣化」了，還是意味著其他什麼？

當然，中外美學之間的交流並不是單向的，並不是僅僅是「由外而內」的。近期中國學者也紛紛到國外去傳播中國美學的智慧，高建平在2005年10月到瑞典斯德哥爾摩大學做題為《文化多樣性與中國美學》的演講、王柯平在2006年6月於牛津大學中國學術研究所主辦的「希臘與中國古典哲學」國際學術研討會上做題為《墨子與荀子：非樂與樂論》的主題發言，劉悅笛在2007年2月到韓國成均館大學做題為《中國美學與當代文化產業》的演講，等等。這些都充分說明中國美學在全球化的語境裡面扮演了越來越重要的角色。

引用文獻

1.分析哲學

（1）總論部分

Dagobert D. Runes, *Twentieth Century Philosophy: Living Schools of Thought*, New York:Philosophical Library, Inc., 1943.

Ralph B. Winn, *American Philosophy*, New York: Philosophical Library, 1955.

John Passmore, *A Hundred Years of Philosophy*, London: Gerald Duckworth & Co. Ltd., 1957.

Maxwell John Charlesworth, *Philosophy and Linguistic Analysis*, Pittsburgh: Duquesne University Press, 1959.

Steven David, *Philosophy and Language*, New York: The Boss-Merrill Company, Inc. 1976.

Harold A. Durfee ed., *Analytic Philosophy and Phenomenology*, The Hague: Martinus Nijhoff, 1976.

M. K. Munitz, *Contemporary Analytic Philosophy*, New York: Macmillan Publishing CO. INC, 1981.（M. K. 穆尼茨：《當代分析哲學》，吳牟人、張汝倫、黃勇譯，上海：復旦大學出版社1986年版）

Wang Hao, *Beyond Analytic Philosophy:Doing Justice to What we Know*, Mass: MIT Press, 1986.

Jonathan Cohen, *Dialogue of Reason: An Analysis of Analytical Philosophy*, Oxford: Clarendon, 1989.

Michael Dummett, *Origins of Analytical Philosophy*, London: Gerald Duckworth & co. ltd, 1993.

P. M. S. Hacker, "Analytic philosophy：what, whence, and whither?", in Anat Biletzki and Anat Matar ed., *The Story of Analytic philosophy: Plot and Heroes*, London and New York: Routledge, 1998.

Peter Hylton, "Analysis in analytic philosophy", in Anat Biletzki and Anat Matar ed., *The Story of Analytic philosophy: Plot and Heroes*, London and New York: Routledge, 1998.

Joseph Margolis, *Renewing of Pragmatism: American Philosophy at the End of Twentieth Century*, Ithaca: Cornell University Press, 2002.

Joseph Margolis, *The Unraveling of Scientism: American Philosophy at the End of the Twentieth Century*, Itheca: Cornell University Press, 2003.

A. J. 艾耶爾：《二十世紀哲學》，李步樓、俞宣孟、苑利均等譯，上海：上海譯文出版社1981年版

伯蘭特・羅素：《邏輯原子主義》（1924年）和《邏輯實證主義》（1950年），見伯蘭特・羅素：《邏輯與知識》，北京：商務印書館1996年版

克拉夫特：《維也納學派》，李步樓、陳維杭譯，北京：商務印書館1999年版

魯道夫・哈勒：《新實證主義》，韓林合譯，北京：商務印書館1998年版

A. J.艾耶爾：《哲學中的革命》，李步樓譯，北京：商務印書館1986年版

邁克爾・達米特：《分析哲學的起源》，王路譯，上海：上海譯文出版社2005年版

約翰・塞爾：《當代美國分析哲學》，塗紀亮譯，見陳波主編：《分析哲學——回顧與反思》，成都：四川教育出版社2001年版

尼古拉斯・雷謝爾：《分析哲學的興起與衰落》，張力鋒譯，見陳波主編：《分析哲學——回顧與反思》，成都：四川教育出版社2001年版

湯瑪斯・E. 希爾：《現代知識論》，劉大椿、李德榮、高明光、周曉亮等譯，北京：中國人民大學出版社1989年版

洪謙：《維也納學派哲學》，北京：商務印書館1989年版

塗紀亮：《分析哲學及其在美國的發展》，北京：中國社會科學出版社1987年版

徐友漁、周國平、陳嘉映、尚傑：《語言與哲學——當代英美與德法傳統比較研究》，北京：三聯書店1996年版

陳波主編：《分析哲學——回顧與反思》，成都：四川教育出版社2001年版

江怡主編：《西方哲學史》第八卷（葉秀山、王樹人總主編），南京：江蘇人民出版社2004年版

王路：《走進分析哲學》，北京：三聯書店1999年版

亞瑟・丹托、劉悅笛：《從分析哲學、歷史敘事到分析美學——關於哲學、美學前沿問題的對話》，《學術月刊》2008年第10期

（2）專著部分（限於與分析美學相關）

Bertrand Russell, *The Problems of Philosophy*, Oxford: Oxford University Press, 1998.

Bertrand Russell, "Logic Atomism", in D. Pears, ed., *Russell's Philosophy of Logic Atomism*, London: Fontana Press, 1972.

A. P. Martinich ed., *The Philosophy of Language*, New York: Oxford University Press,

1995. A. P. A. P. 馬蒂尼奇編：《語言哲學》，牟博、楊音萊、韓林合等
　　譯，北京：商務印書館1998年版

塗紀亮主編：《維特根斯坦全集》，第1、11、12卷，石家莊：河北教育
　　出版社2003年版

摩爾：《倫理學原理》，長河譯，北京：商務印書館1983年版

馮‧賴特：《知識之樹》，陳波、胡澤洪、周禎祥譯，北京：三聯書店
　　2003年版

A. J. 艾耶爾：《語言、真理與邏輯》，尹大貽譯，上海：上海譯文出版社
　　1981年版

吉伯特‧賴爾：《心的概念》，劉建榮譯，上海：上海譯文出版社1988
　　年版

奎因：《從邏輯的觀點看》，江天驥、宋文淦、張家龍、陳啟偉譯，上
　　海：上海譯文出版社1987年版

奎因：《語詞與對象》，陳啟偉、朱銳、張學廣譯，見塗紀亮、陳波主
　　編：《奎因著作集》共4卷，北京：中國人民大學出版社2007年版

唐納德‧大衛森：《真理、意義、行動與事件——大衛森哲學文選》，牟
　　博編譯，北京：商務印書館1993年版

彼得‧斯特勞森：《個人：論描述的形而上學》，江怡譯，北京：中國人
　　民大學出版社2004年版

洪謙主編：《邏輯經驗主義》，北京：商務印書館1982年版

塗紀亮主編：《語言哲學名著選輯‧英美部分》，北京：商務印書館1988
　　年版

車銘洲主編：《西方現代語言哲學》，天津：南開大學出版社1989年版

2.分析美學

（1）總論部分

Monroe Beardsley, 'Twentieth Century Aesthetics", in Matthew Lipman, ed.,
　　Contemporary Aesthetics, Boston: Allyn and Bacon , 1973.

"Analytic Aesthetics", edited by Richard Shusterman, in *The Journal of Aesthetics and
　　Art Criticism*, 1987:46 X (Extra).

Richard Shusterman, ed., *Analytic Aesthetics*, New York: Basil Blackwell Ltd, 1989.

"Aesthetics Past and Present: 50th Anniversary Issue", edited by Lydia Goehr, in *The
　　Journal of Aesthetics and Art Criticism*, 1993: 51.2 (Spring).

Noël Carroll (ed.), *Theories of Art*, London: The University of Wisconsin Press, 2000.

Richard Shusterman, *Surface and Depth: Dialectics of Criticism and Culture*, Ithaca and
　　London: Cornell University Press, 2002.

劉悅笛：《分析美學史》，北京：北京大學出版社2009年版

劉悅笛：《當代藝術理論：分析美學導引》，北京：中國社會科學出版社
　　2015年版

劉悅笛：《分析美學》，見金惠敏、趙士林、霍桂桓、劉悅笛等著：《西
　　方美學史》第四卷（汝信總主編），北京：中國社會科學出版社2008
　　年版

劉悅笛：《分析美學在中國》，《中華讀書報》2002年7月3日

劉悅笛：《深描20世紀分析美學的歷史脈絡》，《哲學研究》2007年第4期

劉悅笛：《在「自然主義」與「歷史主義」之間──分析美學之後如何界
　　定藝術》，《哲學動態》2007年第11期

劉悅笛：《分析美學──方法，模式與歷史》，《學術月刊》2008年第2期

劉悅笛：《第17屆國際美學大會側記》，李澤厚名譽主編，滕守堯主編，
　　聶振斌、劉悅笛執行主編：《美學》復刊第2卷（總第9卷），南京：
　　南京出版社2008年版

劉悅笛：《在文化間架橋的當代美學──第17屆國際美學大會綜述》，
　　《哲學動態》2007年10期

P. 米森：《英國美學五十年》，《哲學譯叢》1991年第4期

瓦・阿・古辛娜：《分析美學評析》，李昭時譯，北京：東方出版社1995
　　年版

劉昌元：《西方美學導論》，臺北：聯經出版社事業公司1986年版

（2）文集部分

William Elton ed., *Aesthetics and Language*, New York: Basil Blackwell, 1954.

Morris Weitz ed., *Problems in Aesthetics*, (2nd edition) New York : Macmillan, 1959
　　and 1970. （由早期分析美學家莫里斯・維茨所編輯的這本《藝術中
　　的問題》主要內容包括：（1）什麼是藝術；（2）一些基本概念和
　　問題；（3）藝術；（4）悲劇與體裁問題；（5）對藝術的反應的問
　　題；（6）批評。）

Joseph Margolis ed., *Philosophy Looks at the Arts: Contemporary readings in Aesthetics*,
　　New York：Charles Scribener's Sons, 1962. （這本由約瑟夫・馬戈利斯主
　　編的《從哲學看藝術──當代美學讀本》可能是分析美學界最具有
　　典範意義的的選本了，其主要內容包括：（1）美學；（2）表現；
　　（3）藝術作品；（4）審美特性；（5）藝術家意圖；（6）批評的解

釋；（7）解釋與評價；（8）價值判斷；（9）鑒賞與評價；（10）
虛構；（11）文學的真理；（12）隱喻。）

Monroe C. Beardsley and Herbert M. Schueller eds., *Aesthetic Inquiry: Essays on Art Criticism & the Philosophy of Art*, Belmont, California: Dickenson Publishing Company, 1967.（由著名美學家門羅・比爾茲利和他人合編的這本《審美探索：藝術批評與藝術哲學文集》主要內容包括：（1）藝術與美學；（2）形式與風格；（3）意義與真理；（4）審美經驗；（5）批評判斷。）

George Dickie and Richard Sclafani eds., *Aesthetics: A Critical Anthology*, New York: St. Martin's Press, 1977.（由著名美學家喬治・迪基與他人合編的這本《美學——批判文選》主要內容包括：（1）傳統藝術理論及其這些理論的當代批評；（2）當代藝術理論及其這些理論的當代批評；（3）門類藝術理論，傳統與當代；（4）藝術理論的理論；（5）藝術之死；（6）傳統美學理論及其對這些理論的當代探討；（7）當代美學理論及其對這些理論的當代探討。）

Patricia H. Werhane ed., *Philosophical Issues in Art*, Englewood Cliffs, New Jersey: Prentice Hall, 1984.（這本《藝術中的哲學問題》的主要內容包括：（1）藝術中的再現；（2）啟蒙主義；（3）形式主義；（4）馬克思主義美學；（5）藝術的表現理論；（6）想像的當代理論；（7）表現與象徵主義；（8）藝術作為一種心理現象；（9）歷史的視角；（10）美與美學的當代理論；（11）藝術能被定義嗎？；（12）藝術作品本體論；（13）藝術理論的新途徑。）

John W. Bender & H. Gene Blocker eds., *Contemporary Philosophy of Art: Readings in Analytic Aesthetics*, Englewood Cliffs, New Jersey: Prentice Hall, 1993.（這本《當代藝術哲學：分析美學讀本》主要內容包括：（1）討論焦點；（2）後現代的挑戰；（3）表現性與藝術；（4）藝術的特殊性與理論的普遍性；（5）藝術及其性質；（6）何種物是藝術品；（7）審美經驗與藝術價值；（8）解釋的問題；（9）評價藝術與相對主義之辯；（10）藝術，科學與知識。）

Peter Lamarque & Stein Haugom Olsen, *Aesthetics and Philosophy of Art: The Analytic Tradition (An Anthology)*, Oxford: Blackwell Publishing Ltd, 2004.（由當代英國美學家彼得・拉瑪克與他人主編的《美學與藝術哲學——分析傳統》主要內容包括：（1）確定藝術；（2）藝術本體論；（3）審美性質；（4）意圖與解釋；（5）藝術的價值；（6）虛構性；（7）圖像藝術；（8）文學；（9）音樂；（10）流行藝術；（11）自然美學。）

Jerrold Levinson, ed., *Oxford Handbook of Aesthetics*, Oxford: Oxford University Press, 2003.（這本由當代著名美學家傑羅爾德・列文森主編的《牛津美學手冊》的主要內容包括：（1）哲學美學概觀；（2）現代美學史；（3）審美實在論之一；（4）審美實在論之二；（5）審美經驗；（6）美；（7）自然美學；（8）藝術定義；（9）藝術本體論；（10）藝術中的媒介；（11）藝術中的再現；（12）藝術中的表現；（13）藝術中的風格：（14）藝術中的創造；（15）藝術中的本真性；（16）藝術中的意圖；（17）藝術中的解釋；（18）藝術中的價值；（19）幽默；（20）隱喻；（21）虛構；（22）敘事；（23）悲劇；（24）藝術與情感；（25）藝術與知識；（26）藝術與道德；（27）藝術與政治；（28）音樂；（29）繪畫；（30）文學；（31）建築；（32）雕塑；（33）舞蹈；（34）戲劇；（35）詩歌；（36）攝影；（37）電影；（38）女性主義美學；（39）環境美學；（40）比較美學；（41）美學與進化心理學；（42）美學與認知科學；（43）美學與倫理學；（44）美學與流行藝術；（45）前衛美學；（46）日常美學；（47）美學與後現代主義；（48）美學與文化研究。）

Peter Kivy ed., *The Blackwell Guide to Aesthetics*, Malden, Oxford, and Carlton: Blackwell Publishing Ltd, 2004.（這本布萊克威爾美學指南的主要內容包括：（1）現代美學的起源；（2）界定藝術；（3）藝術與審美；（4）藝術本體論；（5）評價藝術；（6）美學中的解釋；（7）藝術與道德領域；（8）美與批評者的判斷；（9）趣味哲學；（10）藝術中的情感；（11）文學哲學；（12）視覺藝術哲學；（13）電影哲學；（14）音樂的哲學；（15）舞蹈哲學；（16）戲劇的哲學；（17）自然與環境美學；（18）藝術與審美：宗教之維。）

James O. Young eds., *Aesthetics: critical concepts in philosophy*, London: Routledge, 2005.（這本《美學：哲學中關鍵概念》的主要內容包括：（1）現代美學起源；（2）美學史文選；（3）藝術定義；（4）虛構；（5）美學概念與解釋；（6）形而上學與審美價值；（7）藝術本體論；（8）藝術與倫理；（9）藝術與知識；（10）女性主義美學；（11）藝術與情感；（12）藝術與自然界；（13）音樂；（14）圖像與繪畫；（15）電影；（16）攝影；（17）建築；（18）舞蹈。）

Matthew Lipman, ed., *Contemporary Aesthetics*, Boston: Allyn and Bacon , 1973.（這本《當代美學》的主要內容包括（1）什麼是美學；（2）什麼是藝術品；（3）經驗何時具有審美性；（4）藝術是怎樣產生的；（5）有一種審美分析的邏輯嗎；（6）藝術本身可用符號表示嗎。該書中譯

本見M・李普曼編：當代美學，鄧鵬譯，北京：光明日報出版社1986年版）

3.維特根斯坦

（1）原著部分

Ludwig Wittgenstein, *Notebooks 1914-1916*, (2nd edition) edited by G. H. von Wright and G. E. M. Anscombe, Chicago: University of Chicago Press, 1994.

Ludwig Wittgenstein, *Tractatus Logico-Philosophicus*, translated by G. K. Ogden, London:Routledge & Kegan Paul Ltd, 1955.

Ludwig Wittgenstein, *Remarks on Colour*, G.E.M. Anscombe (ed.), L. McAlister and M. Schaettle (trans.), Oxford: Blackwell, 1977.

Ludwig Wittgenstein, *Philosophical Investigations*, translated by G.E.M. Anscombe, The Macmillan Company, 1964.

Ludwig Wittgenstein, *Lectures and Conversations on Aesthetics, Psychology and Religious Belief*, C. Barrett (ed.), Oxford: Blackwell, 1996.

Ludwig Wittgenstein, *Culture and Value*, eds G. H. von Wright, Oxford: Blackwell, 1980.

維特根斯坦：《文化與價值》，黃正東、唐少傑譯，北京：清華大學出版社1987年版

維特根斯坦：《心理學哲學評論》，塗紀亮譯，見塗紀亮主編：維特根斯坦全集，第9卷，石家莊：河北教育出版社2003年版

維特根斯坦：《美學、心理學和宗教信仰的演講與對話集》，劉悅笛譯，北京：中國社會科學出版社2014年版

（2）研究部分

"Wittgenstein's Lectures in 1930-33", in G. E. Moore, Philosophical Papers, London: George Allen & Unwin, 1959.

Jorn K. Bramann, *Wittgenstein's Tractatus and the Modern Arts*, New York: Adler Publishing Company, 1985.

Oswald Hanfling, *Wittgenstein's Later Philosophy*, London: The Macmillan Press, 1989

Malcolm Budd, *Wittgenstein's Philosophy of Psychology*, London and New York: Routledge, 1989.

Ben Tilghman, *Wittgenstein, Ethics and Aesthetics*, Albany: State University of New York Press, 1991.

Joachim Schulte, *Experience and Expression: Wittgenstein's Philosophy of Psychology*, Oxford: Clarendon Press,1993.

G. L. Hagberg, *Meaning and Interpretation: Wittgenstein, Henry James and Literary Knowledge*, Ithaca: Cornell University Press, 1994.

G. L. Hagberg, *Art as Language: Wittgenstein, Meaning, and Aesthetic Theory*, Ithaca and London: Cornell University Press, 1995.

P. M. S. Hacker, *Wittgenstein's Place in Twentieth-Century Analytic Philosophy*, Oxford: Blackwell Publishers, 1996.

Peter B. Lewis ed., *Wittgenstein, Aesthetics and Philosophy*, Aldershot: Ashgate, 2004.

John Gibson and Wolfgang Huemer (eds.), *The Literary Wittgenstein*, London and New York: Routledge, 2004.

諾爾曼・瑪律康姆等：《回憶維特根斯坦》，李步樓、賀紹甲譯，北京：商務印書館1984年版

M. 麥金：《維特根斯坦與〈哲學研究〉》，李國山譯，桂林：廣西師範大學出版社2007年版

威瑟斯布恩：《多維視野中的維特根斯坦》，赫憶春、李雲飛等譯，上海：華東師範大學2005年版

舒光：《維根斯坦哲學》，臺北：水牛出版社1986年版

薛華：《維特根斯坦論審美》，見薛華：《黑格爾與藝術難題》，北京：中國社會科學出版社1986年版

劉福增：《維根斯坦哲學——他的前期哲學的詮釋、批判和深究》，臺北：三民書局1987年版

趙敦華：《維特根斯坦》，臺北：遠流出版社公司1988年版

江怡：《維特根斯坦——一種後哲學文化》，北京：社會科學文獻出版社1996年版

塗紀亮：《維特根斯坦後期思想研究》，南京：江蘇人民出版社2005年版

李國山：《言說與沉默——維特根斯坦〈邏輯哲學論〉中的命題學說》，天津：南開大學出版社2004年版

劉悅笛：《維特根斯坦的分析美學概觀》，《廈門大學學報》2007年第6期

4.門羅・比爾茲利

（1）原著部分

William Wimsatt and Monroe Beardsley, "The Intentional Fallacy", in *Sewanee Review* 54 (1946); Rpt. in *The Verbal Icon: Studies in the Meaning of Poetry*, Lexington:

University of Kentucky Press, 1954. Reprinted in Joseph Margolis ed., *Philosophy Looks at the Arts*, New York:Charles Scribener's Sons, 1962.

William Wimsatt and Monroe Beardsley, "The Affective Fallacy", in *Sewanee Review* 57 (1949); Rpt. in *The Verbal Icon: Studies in the Meaning of Poetry*, Lexington: University of Kentucky Press, 1954

Monroe Beardsley, *Practical Logic*, Englewood Cliffs, New Jersey: Prentice-Hall, 1950.

Monroe Beardsley, *Aesthetics: Problems in the Philosophy of Criticism*, New York: Harcourt, Brace and World, 1958. *Aesthetics: Problems in the Philosophy of Criticism*, 2nd ed. Indianapolis: Hackett Publishing Company, Inc., 1981.

Monroe Beardsley ed., *The European Philosophers from Descartes to Nietzsche*, New York: Modern Library, 1960.

Monroe Beardsley, *Aesthetics from Classical Greece to the Present: a Short History*. New York: Macmillan, 1966.

Monroe Beardsley, *The Possibility of Criticism*. Detroit: Wayne State University Press, 1970.

Monroe Beardsley, *Thinking Straight: Principles of Reasoning for Readers and Writers*, Englewood Cliffs, New Jersey: Prentice-Hall, 1976.

Monroe Beardsley, *Writing with Reason: Logic for Composition*, Englewood Cliffs, New Jersey: Prentice-Hall, 1976.

Monroe Beardsley, "In Defense of Aesthetic Value", in *Proceedings and Addresses of the American Philosophical Association* 52 (August 1979).

Monroe Beardsley, *The Aesthetic Point of View*. Ithaca, New York: Cornell University Press, 1982.

Monroe Beardsley, "An Aesthetic Definition of Art", in Hugh Curtler ed., *What is art?*, New York: Haven Publishing, 1983. Reprinted in Peter Lamarque & Stein Haugom Olsen, *Aesthetics and Philosophy of Art: The Analytic Tradition (An Anthology)*, Oxford: Blackwell Publishing Ltd, 2004.

威廉‧維姆薩特、門羅‧比爾茲利：《意圖謬見》、《感受謬見》，見趙毅衡編選：《「新批評」文集》，北京：中國社會科學出版社1988年版

（2）研究部分

George Dickie, "Beardsley's Phantom Aesthetic Experience", in *The Journal of Philosophy* ,Vol. 62, No. 5 (Mar., 1965).

George Dickie, "Beardsley's Theory of Aesthetic Experience", in *Journal of Aesthetic Education*, Vol. 8, No. 2 (Apr., 1974).

Bruce N. Morton, "Beardsley's Conception of the Aesthetic Object", in The Journal of Aesthetics and Art Criticism, Vol. 32, No. 3 (Spring, 1974).

Harold Osborne, Review: Beardsley's Aesthetics: Recent Work, Reviewed Work(s): *Aesthetics: Problems in the Philosophy of Criticism* by Monroe C. Beardsley; *The Aesthetic Point of View: Selected Essays, Monroe C. Beardsley* by Michael J. Wreen; Donald M. Callen, *Essays on Aesthetics: Perspectives on the Work of Monroe C. Beardsley* by John Fisher, *What Is Art?* by Hugh Curtler, *Journal of Aesthetic Education*, Vol. 20, No. 1 (Spring, 1986).

Jennifer McErlean, "Critical Principles and Emergence in Beardsley's Aesthetic Theory", in *The Journal of Aesthetics and Art Criticism* , Vol. 48, No. 2 (Spring, 1990).

George Dickie; W. Kent Wilson, "The Intentional Fallacy: Defending Beardsley", in *The Journal of Aesthetics and Art Criticism*, Vol. 53, No. 3 (Summer, 1995).

William C. Child, "Monroe Beardsley's Three Criteria for Aesthetic Value: A Neglected Resource in the Evaluation of Recent Music", in *Journal of Aesthetic Education*, Vol. 34, No. 2 (Summer, 2000).

劉悅笛：《作為「元批評」的分析美學──比爾茲利的批評美學研究》，《外國語文》2009年第6期

劉悅笛：《從藝術的「審美定義」到「非審美」的反駁──論分析美學的「比爾茲利-迪基之爭」》，《湖北大學學報》2016年第2期

5.理查‧沃爾海姆

（1）原著部分

Richard Wollheim, "Review of Ludwig Wittgenstein's *Philosophical Investigations*", in *New Statesman and Nation* (July 4, 1953), 46(1165).

Richard Wollheim, *F. H. Bradley*, Harmondsworth: Penguin Books, 1959.

Richard Wollheim, *On Drawing an Object.* Inaugural Lecture, as Grote Professor of Philosophy of Mind and Logic, delivered in December 1964 at the University of London.

Richard Wollheim, "Minimal Art", in *Arts Magazine* (January 1965).

Wollheim, Richard. *Freud*, London: Fontana, 1971.

Richard Wollheim, *Art and its Objects: An Introduction to Aesthetics*, New York: Harper & Row, 1968. Harmondsworth: Penguin Books, 1970. Harper Torch book, 1971.

Richard Wollheim, *The Art Lesson*, London: Byam Shaw School of Drawing and Painting, 1971.

Richard Wollheim, "Reflections on Art and Illusion", in Richard Wollheim, *On Art and the Mind: Essays and Lectures* , Cambridge, MA: Harvard University Press, 1974.

Richard Wollheim ed., *Philosophers on Freud: New Evaluations*, New York & London: Aronson, 1977.

Richard Wollheim, *Art and its Objects: With Six Supplementary Essays*, 2d edition. Cambridge; New York: Cambridge University Press, 1980.

Richard Wollheim, *On Art and the Mind: Essays and Lectures,* London: Allen Lane, 1973. Cambridge, MA: Harvard University Press, 1974. Paperback, 1983.

Richard Wollheim and James Hopkins eds., *Philosophical Essays on Freud*, Cambridge & New York: Cambridge University Press, 1982.

Richard Wollheim, *Painting As an Art,* The A.W. Mellon Lectures in the Fine Arts, 1984, delivered at the National Gallery of Art, Washington, DC. London: Thames and Hudson, 1987 . Bollingen Series. Princeton, NJ: Princeton University Press, 1987.

Richard Wollheim, *The Thread of Life*, Cambridge: Harvard University Press, 1984.

Richard Wollheim, "Imagination and Pictorial Understanding", in *The Aristotelian Society*, Supplementary Volume 60, The Aristotelian Society, 1986.

Richard Wollheim, "What the Spectator Sees", in *Visual Theory: Painting and Interpretation*, Norman Bryson, Michael Ann Holly, and Keith Moxey (eds.), New York: HarperCollins, 1991.

Richard Wollheim, *Mind and its Depths*, Cambridge, MA and London: Harvard University Press, 1993.

Richard Wollheim, "On Pictorial Representation", in *Journal of Aesthetics and Art Criticism*, Vol.56, 1998.

Richard Wollheim, *On the Emotions*, New Haven: Yale University Press, 1999.

Richard Wollheim, "Why is Drawing Interesting ?", in *British Journal of Aesthetics* Vol.45, 2005.

理查・沃爾海姆：《藝術及其對象》，劉悅笛譯，北京大學出版社2012年版

（2）研究部分

Bryan Magee, "Conversation with Richard Wollheim: Philisophy and the Arts", in Bryan Magee, *Modern British Philosophy*, Oxford: Oxford University Press, 1986.

Kendall Walton, *Mimesis as Make-believe*, Cambridge: Harvard University Press, 1990.

Malcolm Budd, Psychoanalysis, Mind and Art: Perspectives on Richard Wollheim, Edited by Jim Hopkins & Anthony Savile, Blackwell, Oxford, 1992.

Robert Hopkins, *Picture, Image, and Experience*, Cambridge: Cambridge University Press, 1998.

Jerrold Levinson, "Wollheim on Pictorial Representation", in *The Journal of Aesthetics and art Criticism*, Vol.56, No.3, (Summer, 1998).

John Dilworth, "Three Depictive Views Defend", in *The British Journal of Aesthetics*, Vol.42, No.3, 2002.

Michael Podro, "On Richard Wollheim", in *British Journal of Aesthetics* Vol.44, 2004.

Bence Nanay, *"Is Twofoldness Necessary for Rrpresentational Seeing?"* , in *British Journal of Aesthetics* Vol.45, 2005.

Jerrold Levinson, "Wollheim on Pictorical Representation", in Jerrold Levinson, *Contemplating Art: Essays in Aesthetics*, Oxford: Clarendon Press, 2006.

6.納爾遜‧古德曼

（1）原著部分

Nelson Goodman, *A Study of Qualities*, Ph.D. diss., Harvard University, 1941; *A Study of Qualities*, New York: Garland publishing, Inc. 1990.

Nelson Goodman, *The Structure of Appearance*, Cambridge, MA: Harvard University Press, 1951.

Nelson Goodman, *Fact, Fiction, and Forecast*, University of London: Athlone Press, 1954; *Fact, Fiction, and Forecast*, Fourth Edition, Cambridge, MA: Harvard University Press, 1983.

Nelson Goodman, *Languages of Art: An Approach to a Theory of Symbols*, Indianapolis: The Bobbs-Merrill Company, 1968; *Languages of Art: An Approach to a Theory of Symbols*, 2nd edition, Indianapolis: Hackett Publishing Company, 1976.

Nelson Goodman, *Problems and Projects*, Indianapolis: The Bobbs-Merrill Company, 1972.

Nelson Goodman, David Perkins, and Howard Gardner, *Basic Abilities Required for Understanding and Creation in the Arts: Final Report*, Cambridge, Mass.: Harvard University, 1972. Graduate School of Education: Project No. 9-0283.

Nelson Goodman, "When is Art?", in *The Arts and Cognition*, Perkins, David, and Barbara Leondar (eds.), Baltimore: Johns Hopkins University Press, 1977.

Nelson Goodman, *Ways of Worldmaking*, Indianapolis: Hackett Publishing Company, 1978.

Nelson Goodman, *Of Mind and Other Matters*, Cambridge, Massachusetts and London: Harvard University Press, 1984.

Nelson Goodman and Catherine Z. Elgin, *Reconceptions in Philosophy and Other Arts and Sciences*, London: Routledge, 1988.

納爾遜・古德曼（原譯為尼爾森・古德曼）：《藝術語言》，褚朔維譯，北京：光明日報出版社1990年版

（2）研究部分

Rudner, Richard, and Israel Scheffler eds., *Logic and Art: Essays in Honor of Nelson Goodman*, Indianapolis: Bobbs-Merrill Company, 1972.

Aesthetics and Worldmaking: An Exchange with Nelson Goodman, in *Journal of Aesthetics and Art Criticism*, Vol. 39 (1981).

Richard Wollheim, "The Core of Aesthetics", in *Journal of Aesthetic Education*, Vol. 25, No. 1, Special Issue: More Ways of Worldmaking (Spring, 1991).

Richard Wollheim, "Are the Criteria of Identity That Hold for a Work of Art in the Different Arts Aestheticlly Relevant ?", in *The Fifth Bristol Philosophy Conference*, July 16-19, 1976.

Monroe Beardsley, "Languages of Art and Art Criticism", in *Erkenntnis*, 1978, 12(1).

Hilary Putnam, "Foreword to the Fourth Edition", Nelson Goodman, *Fact, Fiction, and Forecast*, Fourth Edition, Cambridge, MA: Harvard University Press, 1983.

Catherine Elgin, *Philosophy of Nelson Goodman: Nelson Goodman's New Riddle of Induction*, New York and London: Garland Publishing, 1997.

Catherine Elgin, *Philosophy of Nelson Goodman: Nelson Goodman's Theory of Symbols and Its Applications*, New York and London: Garland Publishing, 1997.

Catherine Elgin, *Philosophy of Nelson Goodman: Nelson Goodman's Philosophy of Art*, New York and London: Garland Publishing, 1997.

Heinz Paetzold, *The Symbolic Language of Culture, Fine arts, and Architecture: Consequences of Cassirer and Goodman: Three Trondheim Lectures*, Trondheim: FF Edition , 1997.

劉悅笛：《試論納爾遜・古德曼的分析美學──以〈藝術的語言〉為考察中心》，《南方叢刊》2007年第4期

7.亞瑟・丹托

（1）原著部分

Arthur C. Danto, "The Artworld", in *The Journal of Philosophy*, Vol. 61, No. 19, (Oct. 15, 1964).

Arthur C. Danto, *Analytical Philosophy of History*, Cambridge: Cambridge University Press, 1965.

Arthur C. Danto, *Analytical Philosophy of Knowledge*, London: Cambridge University Press. 1968.

Arthur C. Danto, *Analytical Philosophy of Action*, New York: Cambridge University Press, 1973.

Arthur C. Danto, "Art Works and Real Things", in *Theoria*, 1973.

Arthur C.Danto, "The Transfiguration of the Commonplace", in *The Journal of Aesthetics and Art Criticism*, 1974,Vol.33, No. 2.

Arthur C. Danto, *The Transfiguration of the Commonplace*, Cambridge: Harvard University Press, 1981.

Arthur C. Danto, *The Philosophical Disenfranchisement of Art*, New York: Columbia University Press, 1986.

Arthur C. Danto, *Encounter & Reflections: Art in the Historical Present*, Berkeley: University of California Press, 1990.

Arthur C.Danto, *Embodied Meanings: Critical Essays& Aesthetic Meditations*, New York: Farrar Straus Giroux,1994.

Arthur C. Danto, *After the End of Art: Contemporary Art and the Pale of History*, Princeton: Princeton University Press, 1997.

Arthur C.Danto, *Beyond the Brillo Box: The Visual Arts in Post Historical Perspective*, Berkeley: University of California Press, 1998.

Arthur C. Danto, "The End of Art: A Philosophical Defense", in *History and Theory* 37(1999).

Arthur C. Danto, "The Abuse of Beauty," *Daedalus* (Fall 2002).

Arthur C. Danto, *The Abuse of Beauty*, Chicago and La Salle: Open Court, 2003.

Arthur C. Danto, *Unnatural Wonders: Essays from the Gap Between Art and Life*, Vancouver: Douglas & McInture Ltd., 2005.

亞瑟・丹托：《藝術終結之後的藝術》，《藝術論壇》（美國）1993年第4期，王春辰譯，譯文參見《世界美術》，2004年第4期。

亞瑟・丹托：《藝術的終結》，歐陽英譯，南京：江蘇人民出版社2001年版

（2）研究部分

John Rajchman and Cornell West (eds.), *Post-Analytic Philosophy*, New York: Columbia University Press, 1985.

Noël Carroll, Review, in *History and Theory,*Vol. 27, No. 3, 1988.

Mark Rollins (ed.), *Danto and his critics*, Oxford: Blackwell Publishing , 1993.

Noël Carroll, "Essence, Expression and History: Arthur Danto's Philosophy of Art", in *Danto and his critics*, ed. Mark Rollins, Oxford: Blackwell Publishing, 1993.

Giovanna Barradorl, *American Philosophers: Conversations with Quine,Davidson, Putnam, Nozick, Danto, Rorty,Cavell, MaclntyIe,and Kuhn*, Chicago: University of Chicago Press, 1994.

*History and Theory,*Vol. 37, No. 4, *Theme Issue 37: Danto and His Critics: Art History, Historiography and After the End of Art* (Dec.1998).

Noël Carroll, "The End of Art?" , in *History and Theory,*Vol. 37, No. 4, *Theme Issue 37: Danto and His Critics: Art History, Historiography and After the End of Art* (Dec.1998).

Robert Kudielka, "According to What: Art and the Philosophy of the End of Art", in *History and Theory,*Vol. 37, No. 4, *Theme Issue 37: Danto and His Critics: Art History, Historiography and After the End of Art* (Dec.1998).

Noël Carroll, "The End of Art? ", in *History and Theory,* Vol. 37, No. 4, *Theme Issue 37: Danto and His Critics: Art History, Historiography and After the End of Art* (Dec.1998).

Stephen Davies, "Non-western Art and Art's Definition", Noël Carroll (ed.), *Theories of Art Today*, London: The University of Wisconsin Press, 2000.

Jane Forsey, "Philosophical Disenfranchisement in Danto's 'The End of Art'", in *The Journal of Aesthetics and Art Criticism*, Vol. 59, No.4. (Fall , 2001).

Sondra Bacharach, "Can Art Really End ?"」, in *The Journal of Aesthetics and Art Criticism*, Vol.60, No.1, (Winter, 2002).

Donald Kuspit, *The End of Art*, Cambridge: Cambridge University Press, 2004.

Daniel Herwitz and Michael Kelly (eds.), *Action, Art, History: Engagements with Arthur C. Danto*, New York: Columbia University Press, 2007.

漢斯・貝爾廷等：《藝術史終結了嗎？——當代西方藝術史哲學文選》，常寧生譯，長沙：湖南美術出版社1999年版

劉悅笛：《病樹前頭萬木春——評「藝術終結論」和「藝術史終結論」》，《美術》2002年第10期

劉悅笛：《哲學如何剝奪藝術？——當代「藝術終結論」的哲學反思》，《哲學研究》2006年第2期

劉悅笛：《藝術終結與現代性終結》，《藝術百家》2007年第4期

劉悅笛：《藝術終結與中國美學》，《中國社會科學院院報》2007年8月21日

劉悅笛：《藝術終結於何處》，《社會科學報》2008年3月12日

劉悅笛：《藝術終結與全球化語境——第17屆國際美學大會隨想》，《美苑》2008年第2期

劉悅笛：《藝術終結：生活美學與文學理論》，《文藝爭鳴》2008年第7期

劉悅笛：《從「藝術界」理論到「藝術終結」觀念——亞瑟・丹托的分析美學概觀》，《天津社會科學》2008年第6期

8.喬治・迪基

（1）原著部分

George Dickie, "The Myth of the Aesthetic Attitude", in *American Philosophical Quarterly*, 1964.

George Dickie, *Aesthetics: An Introduction*, Indianapolis: The Bobbs-Merrill Company, Inc, 1971.

George Dickie, *Art and Aesthetic*, Ithaca and London: Cornell University Press, 1974.

George Dickie, *The Art Circle: A Theory of Art*, New York: Haven Publications, 1984.

George Dickie, *Evaluating Art*, Philadelphia: Temple University Press, 1988.

George Dickie and W. Kent Wilson, "The Intentional Fallacy: Defending Beardsley", in *The Journal of Aesthetics and Art Criticism*, vol. 53 (1995).

George Dickie, *The Century of Taste: The Philosophical Odyssey of Taste in the Eighteenth Century*, New York and Oxford: Oxford University Press, 1996.

George Dickie, *Introduction to Aesthetics: An Analytic Approach*, Oxford: Oxford University Press, 1997.

Grorge Dickie, "Art: Function or Procedure—Nature or Culture?", in *The Journal of Aesthetics and Art Criticism*, Vol. 55, No. 1 (Winter, 1997).

George Dickie, *Art and Value*, New York: Blackwell Publishers, 2001.

George Dickie, "Defining Art :Intension and Extension", in *The Blackwell Guide to Aesthetics*, edted by Peter Kivy, Blackwell Publishing Ltd, 2004.

喬治・迪基：《美學導論：一種分析方法》，劉悅笛、周計武、吳飛譯，北京：北京師範大學出版社2016年版

喬治・迪基：《審美的起源：審美鑒賞和審美態度》，見中國社會科學院哲學所美學室編：美學譯文》（2），北京：中國社會科學出版社1982年版

喬治・迪基：《「藝術慣例論」：早期版本與晚期版本》，劉悅笛譯，《煙臺大學學報》2015年第2期

（2）研究部分

Richard Wollheim, "The Institutional Theory of Art", in Richard Wollheim, *Art and its Objects: With Six Supplementary Essays.* 2d edition. Cambridge; New York: Cambridge University Press, 1980.

Arthur C. Danto, "Aesthetics and Work of Art", in Arthur C. Danto, *The Transfiguration of the Commonplace*, Cambridge: Harvard University Press, 1981.

Richard Wollheim, *Painting As an Art.* Princeton: Princeton University Press, 1987.

Matthew Lipman , *Contemporary Aesthetics*, Boston : Allyn and Bacon, 1973.

Jerome Stolnitz, "On the Origins of 'Aesthtic Disinterestedness'", in *Aesthetics:a critical anthology*, George Dickie and Richard J. Sclafani, New York: ST.Martin's Press, 1977.

Pierre Bourdieu, "The historical genesis of a pure aesthetic", in Richard Shusterman, ed., *Analytic Aesthetics*, New York: Basil Blackwell Ltd, 1989.

Debney Townsend, An Introduction to Aesthetics, Oxford: Blachwell Publishing Ltd, 1997.

Gary Iseminger, "Aesthetic Experience", in Jerrold Levinson, ed., *Oxford Handbook of Aesthetics*, Oxford: Oxford University Press, 2003.

Derek Matravers, "Institutional Definitions and Reasons", in *The British Journal of Aesthetics*, 2007, 47 (3).

劉悅笛：《從解構「審美態度」到建構「藝術慣例論」——喬治・迪基的分析美學概觀》，《意象》第二期，北京大學出版社2008年版

劉悅笛：《當藝術作為「慣例」——分析美學的藝術慣例論》，《大學與美術館》第二期，同濟大學出版社2012年版。

9. 弗蘭克・西伯利

（1）原著部分

Frank N. Sibley, "Aesthetic Concepts", in *The Philosophical Review*, 68 (1959). Reprinted in John W. Bender & H. Gene Blocker eds., *Contemporary Philosophy of Art: Readings in Analytic Aesthetics*, Englewood Cliffs, New Jersey: Prentice Hall, 1993.

Frank. N. Sibley, "Aesthetics and the Looks of Things", in *Journal of Philosophy*, 56 (1959).

Frank. N. Sibley, "Is Art an Open Concept? An Unsettled Question", in *Proceedings of IV th International Congress of Aesthetics*, 1960. Reprinted in *Contemporary Aesthetics*, edited by Matthew Lipman , Boston : Allyn and Bacon , 1973.

Frank. N. Sibley, "Aesthetic Concept: An Rejoinder", in *Philosophical Review*, 72 (1963).

Frank. N. Sibley, "Aesthetic and Nonaesthetic", in *Philosophical Review*, 74 (1965).

Frank. N. Sibley, "About Taste", in *British Journal of Aesthetics*, 6 (1966).

Frank. N. Sibley, "Objectivity and Aesthetics", in *Proceedings of the Aristotelian Society, Supplementary Volume*, 42 (1968).

Frank. N. Sibley, "Particularity, Art and Evaluation", in *Proceedings of the Aristotelian Society, Supplementary Volume*, 48 (1974).

Frank. N. Sibley, "Originality and Value", in *British Journal of Aesthetics*, 25 (1985).

Frank. N. Sibley, *Approach to Aesthetics: Collected Essays*, eds., John Benson, Betty Redfern and Jeremy Roxbee Cox, Oxford: Oxford University Press, 2001.

（2）研究部分

Emily Brady and Jerrold Levinson eds., *Aesthetic Concepts: Essays After Sibley*, Oxford: Clarendon Press, 2001.

Malcolm Budd, *"Sibley's Aesthetics"*, in *The Philosophical Quarterly*, Vol.52, No.207, 2002.

10.斯坦利・卡維爾

（1）原著部分

Stanley Cavell, *Philosophical Passages: Wittgenstein, Emerson, Austin, Derrida*, Oxford: Blackwell Publishers Inc., 1995.

斯坦利・卡維爾：《看見的世界──關於電影本體論的思考》，齊宇、利芸譯，北京：中國電影出版社1990年版

（2）研究部分

Espen Hammer, *Stanley Cavell: Skepticism, Subjectivity, and the Ordinary*, Cambridge: Polity Press, 2002.

劉悅笛：《作為「看見世界」與「假扮成真」的電影──再論走向新的「電影本體論」》，《電影藝術》2016年第4期

11.約瑟夫・馬戈利斯

（1）原著部分

Joseph Margolis, *The Language of Art and Art Criticism: Analytic Questions in Aesthetics*, Detroit: Wayne State University Press, 1965.

Joseph Margolis, *Art and Philosophy*, Atlantic Highlands, New Jersey: Humanities Press, 1980.

Joseph Margolis, *Culture and Cultural Entities: Toward a New Unity of Science*, Dordrecht: D. Reidel Publishing Company, 1984.

Joseph Margolis, *Interpretation Radical but Not Unruly: The New Puzzle of the Arts and History*, Berkeley, Los Angeles, London: University of California Press, 1995.

（2）研究部分

Michael Krausz and Richard Shusterman eds., *Interpretation, Relativism, and the Metaphysics of Culture: Themes in the Philosophy of Joseph Margolis*, New York: Humanity Books, 1999.

12・諾埃爾・卡羅爾

Noël Carroll, *A Philosophy of Mass Art*, Oxford: Clarendon Press, 1998.

Noël Carroll, *Philosophy of Art : A Contemporary Introduction*, London: Routledge, 1999.

Noël Carroll, *Beyond Aesthetics: Philosophical Essays*, Cambridge University Press, 2001.

13.傑羅爾德・列文森

Jerrold Levinson, *The Pleasures of Aesthetics*, Ithaca: Cornell University Press, 1996.

Jerrold Levinson, *Contemplating Art: Essays in Aesthetics*, Oxford: Clarendon Press, 2006.

Jerrold Levinson, "Defining Art Historically", in *The British Journal of Aesthetics*, Vol. 19, No.3 (1979).

Jerrold Levinson, "Refining Art Historically", in *The Journal of Aesthetics and Art Criticism*, Vol. 47, No. 1 (Winter, 1989).

Jerrold Levinson, "Extending Art Historically", in *The Journal of Aesthetics and Art Criticism*, Vol. 51, No. 3, (Summer, 1993).

14.其他分析美學家

Gilbert Ryle, "Feeling", in William Elton ed., *Aesthetics and Language*, New York: Basil Blackwell, 1954.

W. B. Gallie, "The Function of Philosophical Aesthetics", in William Elton ed., *Aesthetics and Language*, New York: Basil Blackwell, 1954.

J. A. Passmore,"The Dreariness of Aesthetics", in William Elton ed., *Aesthetics and Language* ,Oxford: Blackwell, 1954.

Morris Weitz, "The Role of Theory in Aesthetics", in *The Journal of Aesthetics and Art Criticism*, vol.15, no. 1, 1956.

Jerome Stolnitz, *Aesthetics and Philosophy of Art Criticism*, Boston: Houghton Mifflin Company, 1960.

Arnold Isenberg, *Aesthetics and Theory of Criticism: Selected Essays of Arnold Isenberg*, Chicago and London: The University of Chicago Press, 1973.

William E. Kennick, "Does Traditional Aesthetics Rest on a Mistake?", in *Contemporary Aesthetics*, edited by Matthew Lipman , Boston : Allyn and Bacon , 1973.

Ronald W. Hepburn, "Contemporary Aesthetics and the Neglect of Natural Beauty" (1966), reprinted in *The Aesthetics of Natural Environments*, Allen Carlson and Arnold Berleant eds., Ontario: Broadview Press, 2004.

John Hospers, *Understanding the Arts*, Englewood Cliffs: Prentice-Hall, 1982.

Stephen Davies, *Definitions of Art*, Ithaca: Cornell University Press, 1991.

Stephen Davies, "Functional and Procedural Definitions of Art", in James O. Young ed., *Aesthetics: Critical Concepts in Philosophy*, Vol. II , London: Routledge, 2005.

Stephen Davies, "The Cluster Theory of Art", in *The British Journal of Aesthetics*, Vol.44, No.3.

Debney Townsend, An Introduction to Aesthetics, Oxford: Blachwell Publishing Ltd, 1997.

V. C. 奧爾德里奇：《藝術哲學》，程孟輝譯，北京：中國社會科學出版社 1986年版

15.其他著述

Immanuel Kant, *Critique of Judgment*, Indianapolis: Hackett Publishing Company,1987.

Clive Bell, *Art*, London: Chatto & Windus, 1949.

John Dewey, *Art as Experience,* New York : The Berkley Publishing Group , 1934.

T. S. Eliot, "Tradition and Individual Talent," in The Sacred Wood, Essays on Poetry and Criticism,London: Metheun & Co. LTD, 1934.

R. G. Collingwood, *Principles of Art*, Oxford: Oxford University, 1938.

Susanne K. Langer, *Feeling and Form: A Theory of Art*, New York: Charles Scribner's Sons, 1953. Susanne K. Langer, *Problems of Art: Ten Philosophical Lectures*, New York: Charles Scribner's sons, 1957.

T. W. Adorno, *Aesthetic Theory*, London: Routledge & Kengan Paul, 1984.

W. Tatarkiewicz, *History of Aesthetics*. vol. 1, *Ancient Aesthetics*, edited by J. Harrell, The Hague: Polish Scientific Publishers, 1970.

W. Tatarkiewicz, *History of Aesthetics*. vol. 2, *Medieval Aesthetics*, edited by J. Harrell, The Hague: Polish Scientific Publishers, 1970.

W. Tatarkiewicz, *History of Aesthetics*. vol. 3, *Modern Aesthetics*, edited by C. Barrett,The Hague: Polish Scientific Publishers, 1974.

Allen Carlson, *The Aesthetics of Landscape*, London: Belhaven Press, 1991.

Allen Carlson, *Aesthetics and the Environment: The appreciation of Nature, Art and Architecture*, London and New York: Routledge, 2002.

Arnold Berleant, *Environment and the Arts: perspectives on environmental aesthetics*, London: Ashgate Publishing Company, 2002.

Arnold Berleant, *Re-thinking Aesthetics*, Hampshire: Ashgate Publishing limited, 2004.

Michael H. Mitias ed., *Possibility of the Aesthetic Experience*, Dordrecht: Martinus Nijhoff Publishers Press, 1986.

Richard Shusterman, *Performing Live: Aesthetic Alternatives for the Ends of Art*, New York: Cornell University Press, 2000.

Richard Schusterman, *Pragmatist Aesthetics: Living Beauty, Rethinking Art*, New York: Rowman & Littlefield Publishers, 2000.

Wolfgang Welsch, *Undoing Aesthetics,* London: Sage Publication Ltd, 1997.

Andrew Light and Jonathan M. Smith eds., *The Aesthetics of Everyday Life*, New York: Columbia University Press, 2005.

Liu Yuedi and Curtis L. Cater eds., *The Aesthetics of Everyday Life:East and West*, Newcastle upon Tyne: Cambridge Scholars Publishing, 2014.

Mary B. Wiseman and Liu Yuedi eds., *Subversive Strategies in Chinese Contemporary Art*, Leidon and Boston: Brill Academic Press, 2011.

「自然美學與環境美學專題」：劉悅笛：《自然美學與環境美學：生髮語境和哲學貢獻》；M.巴德：《自然美學的基本譜系》，劉悅笛譯；A.伯林特（又譯柏林特）：《環境美學的發展及其新近問題》，劉悅笛譯，《世界哲學》2008年第3期

A.艾爾雅維茨：《美學與作為全球化的美學》，劉悅笛譯，《世界哲學》2006年第6期

歐文‧埃德曼：《藝術與人》，任和譯，北京：工人出版社1988年版

卡爾-奧托‧阿佩爾：《哲學的改造》，孫周興，陸興華譯，上海：上海譯文出版社1997年版

阿諾德・柏林特：《環境與藝術：環境美學的多維視野》，劉悅笛等譯，
　　重慶：重慶出版社2007年版

金岳霖：《論道》，長沙：商務印書館，1940年版

李澤厚：《派克美學思想批判》，《學術研究》1965年第3期。

李澤厚：《美學四講》，北京：三聯書店1989年版。

葉秀山：《葉秀山文集・美學》，重慶：重慶出版社2000年

曹俊峰：《元美學導論》，上海：上海人民出版社2001年版

劉悅笛：《生活美學——現代性批判與重構審美精神》，合肥：安徽教育
　　出版社2005年版

劉悅笛：《藝術終結之後——藝術綿延的美學之思》，南京：南京出版社
　　2006年版

劉悅笛：《生活美學與藝術經驗——審美即生活，藝術即經驗》，南京：
　　南京出版社2007年版

劉悅笛：《視覺美學史——從前現代、現代到後現代》，濟南：山東文藝
　　出版社2008年版

劉悅笛主編：《美學國際：當代國際美學家訪談錄》，北京：中國社會科
　　學出版社2010年版

劉悅笛：《生活中的美學》，北京：清華大學出版社2011年版

劉悅笛、李修建：《當代中國美學研究（1949 - 2009）》，北京：中國社
　　會科學出版社2011年版

李修建、劉悅笛：《當代中國美學學術史》，北京：中國社會科學出版社
　　2013年版

劉悅笛、趙強：《無邊風月：中國古典生活美學》，成都：四川人民出版
　　社2015年版

劉悅笛：《世界又平又美：全球美學地圖》，成都：四川人民出版社2015
　　年版

後記

　　將整個「分析美學史」如此這般地呈現出來，了卻了我的一份心願。

　　願這本小書能為分析美學「在中國」的研究盡一些微薄之力，更希冀「漢語學界」的分析美學研究，能在未來的世界美學格局當中，發出強有力的本土之聲。我深知，這本書本身所能做的的確是微不足道的，但畢竟現代漢語學界對於分析美學的研究已經開始……

　　寫這本書，總有種披荊斬棘開路、攀越崇山峻嶺之感。因為，有許許多多多的未曾踐履的山顛需要逾越（就像深入探索新的思想那樣），有許許多多多的未曾涉足的溝壑需要跨越（就像不斷確定新的譯名那樣）。但每每攀上一座山嶺，卻難有「一覽眾山小」的俯瞰視角，而空留「山外青山樓外樓」的感喟。最常出現的情況是這樣的，某一座山嶺攀到半山腰就無路可覓，只能或原路無功而返（某些書讀後若干年後重讀方才體會），抑或繞道迂回而行（某些思想思索幾個月後方能體悟），甚至停在原地處靜候（某些段落翻譯好幾周後才能繼續）。但登上另一座山嶺，卻往往窺見到前座山嶺的全貌，翻過身來再去攀爬登頂，從而獲得了更多的旅途經驗。

　　這本書就是這樣「翻山越嶺」寫成的。

　　陸遊所謂「功夫在詩外」說得真是絕妙，寫詩不能僅賴於學詩，研究美學亦不能只藉美學，還有哲學、藝術和生活的「功夫」在其外。這本書的寫作過程對我而言無疑是最艱苦的。與寫——關於「生活美學」、「藝術終結」和「視覺美學」的——前幾本書獲得的那種水滿則溢、一氣呵成之的「大快樂」完全不同，寫這本書的體會卻是由寫寫停停、思前想後、不斷攻克難關的之「小快樂」共同組成的，即使完成之後也難以釋放持續緊張的情緒。也許這是由於，「可信者不可愛」，而「可愛者」亦「不可信」？但可以肯定的是，由於「膽」、「才」、「識」、「力」之難以充盈，這本小書一定有諸多的虧缺，敬請諸位方家多多雅正！

　　遺憾的是，在歐美學界，迄今為止還沒有一部「分析美學史」出現，但以問題與範疇為「經緯」的美學文選和百科全書卻如汗牛充棟並彼此嚴重雷同，這同時也與「分析哲學史」被不斷被「重寫」的局面形成了鮮明的對照。這究竟是為什麼呢？或許是由於分析美學的衰落得要比分析哲學要晚一些，還沒有來得及「全盤反思」，也可能是由於分析美學家們只顧大步向前而忽視了「總結歷史」。另一個對照則是東亞的「西方美學史」

研究的繁榮，這或許是更多出於介紹「西學」的需要，所以往往將大陸與分析傳統「混為一談」（並給後者留下的極小的空間），而如此恢弘但卻具有偏好的眼光，是否能帶來「旁觀者清」的優勢？

實際上，英語學界而今（或者說半個多世紀以來）所談論的狹義上的美學——就是「分析美學」，他們要寫的美學史基本上就是《分析美學史》或者主要以「分析美學」為主的美學史，這種美學傳統目前已在德法的美學界攻城掠地。但當下的本土學界對於分析美學的忽視甚至蔑視卻是有目共睹的（與分析美學也絕緣了半個世紀），一種分析美學「沒做出什麼」也不值得研究的傾向仍被廣為接受，許多的師長和朋友都勸我儘快告別分析美學而重歸歐陸傳統。這種局面與近年來中國分析哲學界的繁盛是大相徑庭的，所以美學界的同仁們更該迎頭趕上。

自從1993年的冬末，第一次看到諾爾曼·瑪律康姆（Norman Malcolm）的《回憶維特根斯坦》，我就已經被維特根斯坦的思想與生活的魅力所折服了，從此便對盎格魯－薩克遜的分析傳統充滿了敬畏之情（而今回想起自己醉心於分析美學，可能是兩個原因：一是從小就酷愛藝術，二是保送大學本入的是物理系後才改系修文科）。而我至今還要感謝這本小冊子，並把它當作自己分析哲學的「入門書」，儘管當時許多東西都似懂非懂的，但維特根斯坦的「生活美學」卻始終沒有被淡忘。直到2002年我才發表了關於分析美學的一篇小文章，這或許是真正意義上研究的開始吧。2006年的那本的專著《藝術終結之後：藝術綿延的美學之思》則是我為自己找到的一個進入分析美學的「入口」（這也是漢語學界第一本關於藝術終結的書），當然，對這個問題藝術界給予了更多的關注，而且，這種關注是遠遠高於哲學界和美學界的。

對分析美學的逐步深入的瞭解和研究，解決了長期困擾我一個小的困惑：為何當今世界上最重要的兩份美學期刊（由美國美學協會主辦的）《美學與藝術批評雜誌》（*The Journal of Aesthetics and Art Criticism*）和（由英國美學協會主辦的）《英國美學雜誌》（*The British Journal of Aesthetics*）裡面的文章，顯得離我們所研讀的美學那麼得遙遠？換言之，我們為何「讀不懂」當代英美的美學了？這個問題如果出現在20世紀上半葉或許根本就不存在，朱光潛、宗白華、滕固那一代「與世界同步」的學者在他們創作的旺年，可以毫無障礙地接受當時歐美美學主流的影響。關鍵還是在於上世紀後半葉是否接受了「分析傳統」，對於美學而言，也就是是否能夠走進「語言分析」的問題。

直到而今，在走過半個多世紀的歷程之後，當下歐美學術界更多面臨的是如何「走出語言」的問題，而本土美學界在此意義上卻還從未「走進

語言」，這就更需要吸納分析美學的歷史經驗和教訓，從而認清分析美學身上的「活東西」和「死東西」。

本書的基本安排是這樣的：上編基本上是分析美學「思想史」，以人物的思想為線索，力求將分析美學史上具有里程碑式的思想一一加以深描。下編基本上是分析美學「問題史」，以主題為樞紐，不僅選擇了居於分析美學最核心位置的三個問題，而且試圖通過這些問題的研究，將有特殊貢獻的其他美學們也列入其中。換言之，我力圖在上編當中將第一流的美學家都網羅在內，在下編當中也能使相對次要的美學家忝列其間，這樣分析美學史的整體圖景才能更完整地呈現出來。

而且，這本書不僅關注歷史面貌的呈現，也側重於與分析美學的對話，上編的每個美學家研究章節的最後，「述評」一節重在對於該美學家思想的評判和批駁；下編的每個美學問題研究章節的最後，試圖超越分析美學而提出自己的觀點，其所關注的是「分析美學之後」這些問題該如何重思的問題，並由此尋求新的美學生長點。這便是本書的基本構架，希望讀者們能夠接受這種歷史敘事方式。在撰寫過程當中，我內心一直縈繞著的問題是：究竟該如何評價分析美學？評價的標準到底是什麼？我們如何形成本土化的立場？我總覺得沒有「問題意識」的歷史，往往會成為「死板」的而非「鮮活」的歷史。

這本《英美分析美學史論》，如果沒有下面這些哲學家們、學者們和朋友們的真誠幫助，是不可能以這樣的面貌出現的：

（1）首先要感謝的，就是我的老朋友柯提斯·卡特（Curtis L. Carter）先生，感謝他欣然命筆為一位中國的分析美學研究者作序。其實他本人除了對於分析美學的研究之外，在視覺藝術和舞蹈美學上也頗有建樹，在序言裡面他謙虛地忽略了自己。但這個序言有個問題，就在於它更多關注美國籍的哲學家們了。作為曾任的國際美學協會主席和擔任十年之久的美國美學協會的秘書長，他對於當代國際美學界的狀態了熟於心。在與他當面至少三十多次的面談當中，談論的核心議題就是分析美學的問題，特別是分析美學史該「如何撰寫」的問題。我也曾經將修改中的提綱當面給他，並對哪些美學家入選、哪些是美學家思想的重點、分析美學是否衰落等問題進行過反覆的討論。他也正在擬寫一本以分析美學史為主旋律的美學史，我也鼓勵他能儘早寫出來，奉獻給那些需要它的中外讀者們。我們另一個交流的通途則是視覺藝術，無論在國內外，我們共同參加畫展的時候，那種慢慢遊覽展線時靈犀相通的默契，的確是難得的「文化間性」的共鳴。也感謝他接受成為我主編叢書的顧問並接受我對他的多次訪談。2011年，我還邀請卡特共同主編一本東西方學者參與的美學文集──《生

活美學：東方與西方》，歷時三年編撰而成，2014年由英國的劍橋學者出版社（CSP）正式出版。這本書不僅見證了我們的友誼，該書的基礎是我邀請國際美學家到中國長春開了一次以「生活美學」為主題的國際美學會議，而且它也成為當今全球生活美學的代表著作，已被收入斯坦福哲學百科的「生活美學」與「環境美學」的兩個詞條當中，可見其重要價值。

（2）感謝當代分析哲學家、分析美學家和藝術批評家亞瑟・丹托（Arthur C. Danto）先生欣然接受我的訪談，這或許是中國學者給這位世界級哲學家所作的第一篇學術訪談。作為美國哲學協會的前主席和美國美學協會的前主席，他可能是剛剛逝去的世界上最重要的哲學家和美學家了。他現在居住在紐約，從哥倫比亞大學的教授成為了炙手可熱的藝術批評家，他對於非西方的文化和藝術都具有洞察力，其「藝術界」理論也受到了禪宗思想的影響。當時我和朋友們一直想請他到中國來，並和他溝通了此事，當時不知年歲已高但卻精力無限的他能否最後成行？未來得及邀請，丹托先生就病逝於紐約，2014年我應哥倫比亞大學的邀請，參加了這位哲學家在紐約舉辦的追思會，特此緬懷。

（3）感謝另一位老朋友，在德國工作的海因斯・佩茨沃德（Heinz Paetzold）先生，這位和藹可親的荷蘭人，剛剛從國際美學協會主席任上卸任，他最重要的學術貢獻，在我看來，就是將「美學之父」鮑姆加登的1735年的《關於詩的哲學沉思錄》從拉丁文翻譯成為了德文，現今所用的各種語言當中的美學一語都來自這本書所創的「Aesthetica」一詞，這比公認的美學學科誕生的1840年還要早五年。同時，他對於符號學青睞有加（並由此開拓出「都市美學」研究的方向），並從這個角度對於納爾遜・古德曼（Nelson Goodman）的美學進行了批評，而且得到了納爾遜・古德曼把本人的肯定。感謝他將幾本文集贈送給我，並感謝他能接受邀請擔任我主編「北京大學美學與藝術叢書」的顧問。這位老朋友後來到中國開會，竟病逝在中國徐州，去徐州前我們在北京匆匆見了一面，未曾想竟成永訣！

（4）感謝當代美國新實用主義哲學家、分析美學家馬戈利斯（Joseph Margolis）的指正，在土耳其安卡拉舉辦的第十七屆美學大會期間，我向他求教了許多問題，包括他自己在分析美學當中的歷史定位的問題。當時，他就感慨許多他致力於分析哲學的哲學家們如奎因等等都紛紛去世了，當我追問他是否開始思考死亡的問題並如何評價海德格爾時，他只是說海德格爾是個「聰明人」而已，顯露出分析美學家們對於現象學傳統的普遍態度。感謝他能接受我對他的訪談，並感謝他對我撰寫分析美學史的鼓勵，他對於「當代美國哲學史」轉型的研究在美國是有口皆碑的。必須

指出，實際上馬戈利斯也理應被定位第一流的美學家而列入上編，但是由於某些原因，主要是基本資料掌握的不夠多，暫且將他列排下編，等日後思考成熟之後再來改過。在世界各地的會議，包括在美國費城參加美國美學協會（The American Society For Aesthetics）舉辦的年會的時候，與這位德高望重的老先生後來又多有深入的交流。

（5）感謝當代美學家喬治・迪基（George Dickie）先生對於我提出的問題的解答，本來還應該做一篇關於他美學思想的訪談，可是由於他在重病之中，所以沒有能完成這個計畫，非常的遺憾。如果迪基先生能早日康復，希望能將這個訪談繼續下去，到了美國我也試圖聯繫，但芝加哥大學的回答是迪基退休後過著不與外界交往的日子。

（6）感謝阿諾德・伯林特（Arnold Berleant）先生與我關於分析美學進行的論爭，他基本上是一位分析美學圈外的美學家，也是分析美學的反對者之一，目前主要致力於「環境美學」研究。他覺得除了古德曼和迪基之外，其他的分析美學家並沒有什麼特殊的貢獻，可見他對於分析美學的拒絕態度。還是感謝他接受邀請，成為我們這套叢書的顧問。我的朋友在他美國的家中，曾看到我組織翻譯的由阿諾德・伯林特主編的《環境與藝術》，他將這本文集放到了家裡非常顯眼的位置。世界著名環境倫理學家霍爾姆斯・羅爾斯頓（Holmes Rolston）也索要了該書的中譯本，其中也收錄了他的一篇大作，在中國湖北與美國加州都曾與這位倫理學家有所交往，加州那次我是參加第九屆全球生態文明論壇並主持了其中的一個圓桌會議。

（7）感謝理查・舒斯特曼（Richard Shusterman）發來他的相關專著的電子版給我，這篇文章是他對分析美學的總體性的研究成果。在土耳其，他積極建議我將西伯利（Frank Sibley）的思想列入美學史中，我接受了這一建議，儘管許多美學家對此並不以為然。但是這樣一位儘管只有一本專著的美學家（身後被編輯成冊），其幾篇經典論文的貢獻卻是不能被抹煞的。

（8）感謝美國紐約城市大學的瑪麗・魏斯曼（Mary Wiseman）給我郵寄來兩冊探討專題分析美學的《美學與藝術批評》雜誌，我們在當代藝術與分析美學方面多有交流，感謝他對我文章《大地藝術與道家自然審美》的引用，並與我共同策劃主編一本關於中國美學與藝術的英文專著《當代中國藝術顛覆策略》（Subversive Strategies in Contemporary Chinese Art），我們邀請了中西許多哲學家、美學家和學者對彼此的論文進行評價，我也提議收入丹托先生的一篇論中西藝術的文字，丹托先生欣然應允。這本書已由世界著名的Brill學術出版社出版，足以見證了我們的學術友情，此書也是外文著作裡面關於當代中國藝術的第一本理論著述。

（9）感謝《英國美學雜誌》的主編彼得・拉瑪克（Peter Lamarque）來京所做的演講及其對象關問題的解答，這種交流是非常愉快的。

（10）感謝與負責《美學與藝術批評》雜誌的蘇珊・菲金（Susan Feagin）在國際會議上的相關交流，特別是那次在紐約參加大都會舉辦的「水墨藝術」研討會，我們有了更進一步的交流。

（11）特別要感謝的是當今健在的最重要的分析美學家諾埃爾・卡羅爾（Noël Carroll）。我們之間後來的學術交往，恐怕是最多的。那是由於，從2013年到2014年，我應邀到美國去做富布萊特（Fulbright）訪問學者。本來選定的是哥倫比亞大學，但是後來卡羅爾先生卻邀請我要到紐約城市大學（CUNY）的研究生院，那也就是在帝國大廈旁邊的那所他所在的大學，在那裡與各個專業的教授建立了學術關聯，而且我個人的學術研究也開始轉向。在紐約一年的美好日子當中，從課堂、書店到咖啡廳，我們對當今美學問題的探討可謂最為深入！

（12）感謝與李澤厚先生的交流，在他家裡和電話中海闊天空的「神聊」令人難忘，他的一兩句評析總是很容易將我帶到思想深處，這些談論的話題儘管是廣泛的，但每每最終總是回到哲學的本體論之思。他也鼓勵我將分析美學的研究做完，並說從上世紀50年代他就提到過這種研究的重要意義。順便還要感謝中國社會科學院哲學所的圖書館，因為在那裡我幾乎找到了上世紀後半葉幾乎所有的分析美學經典文獻，這要得益於李澤厚和其他諸位同事的在二十多年間的有眼光的精心選擇。

（13）感謝滕守堯老師一直以來的真誠幫助。感謝我的博士後合作導師葉朗先生的雅正。感謝汝信先生的儒雅風度和博雅學識對我的影響。感謝聶振斌先生、曾繁仁先生、胡經之先生、李醒塵先生這幾位我非常尊重的「忘年交」一直以來的關懷，感謝王確先生的一直以來的大力支持。還要感謝我們美學室的老同事朱狄先生的指正。

（14）感謝謝地坤先生、趙敦華先生的真誠幫助。感謝姚介厚先生、江怡先生的指點，他們對本書的寫作一直非常關心（特別是江怡先生），我從他們那裡得到了許多的鼓勵和教益。還有與塗紀亮先生、趙汀陽先生、李河先生的交流令人難忘。

（15）感謝牟博先生和張祥龍先生的指正，他們將我帶到了「比較哲學」研究的領域，並啟迪我以本土視角來看待自己目前所從事的研究。

（16）感謝在北京大學開設「現代西方美學」選修課的哲學系、中文系和藝術系的本科生和研究生們（還有來自中國人民大學諸校的旁聽生們），我向他們講授了本書的某些內容，他們的回饋使我思考得更多和更遠，特別是那些哲學系的本科生們給我留下的美好的印象。

　　2007年在土耳其安卡拉舉行的「第十七屆國際美學大會」上，我試圖給英美美學家們提出這樣的同一個問題，如果你要撰寫分析美學史，你覺得哪些分析美學家必須被列入呢？

　　馬戈利斯的選擇是：英國是沃爾海姆，美國是比爾茲利、古德曼、丹托和他本人。柯提斯・卡特的選擇是：美國是比爾茲利、古德曼、丹托、卡羅爾（Noël Carroll），英國則是沃爾海姆，或許還有拉瑪克。理查・舒斯特曼的選擇很簡單：西伯利（Frank N. Sibley）、沃爾海姆、比爾茲利和古德曼。蘇珊・菲根與我的選擇是非常近似的，比爾茲利、沃爾海姆、古德曼、丹托。這已充分證明，儘管每個人的選擇都未必相同，但是，居於核心位置的分析美學家們還都是有公論的。所以，我對於自己這本《英美分析美學史論》對於美學家們的選擇還是有一定自信的。

　　總而言之，分析美學在中國的研究才是只是剛剛起步，本書裡面許多論述到的某些人物可能對於美學界乃至哲學界都是全新的，希望更多的學者們關注分析美學，研究分析美學，反思分析美學。希望能有更多關於分析美學的成果出現，並能從本土視野出發與分析美學進行積極的對話。無論如何，不管是要發展分析美學也好，還是超越分析美學也罷，我們都無法擺脫分析美學的影響，因為從國際的大趨勢來看，我們仍處於「後分析美學」（Post-Analytic-Aesthetics）的時代。或許，「穿越」分析美學之後，當代中國美學的研究會面臨另一番「天地」。

　　行文至此，想起了幾日前的小事一件。某日黃昏，當我從「散步」體悟到「散心」之際，偶然抬頭，居然看到的是小胡同口灰暗的「蔡元培故居」。這是他時任北大校長的居所。當時這位北大校長兼美學大家已名聲日隆，「美育代宗教」的學說被廣為傳播。遙想當年，「五四」前夜，這裡曾通宵燈火輝煌、往來川流不息，一場翻天覆地的「新文化運動」就部分醞釀在此。而今，卻只見——簷間蒿草幾株，門前羅雀數隻，不由得心生些許感慨……

　　是為後記。

語言文學類　PG1693　秀威文哲叢書20

英美分析美學史論

作　　者/劉悅笛
叢書主編/韓　晗
責任編輯/杜國維
圖文排版/楊家齊
封面設計/葉力安

發 行 人/宋政坤
法律顧問/毛國樑　律師
出版發行/秀威資訊科技股份有限公司
　　　　114台北市內湖區瑞光路76巷65號1樓
　　　　電話：+886-2-2796-3638　傳真：+886-2-2796-1377
　　　　http://www.showwe.com.tw
劃撥帳號/19563868　戶名：秀威資訊科技股份有限公司
　　　　讀者服務信箱：service@showwe.com.tw
展售門市/國家書店（松江門市）
　　　　104台北市中山區松江路209號1樓
　　　　電話：+886-2-2518-0207　傳真：+886-2-2518-0778
網路訂購/秀威網路書店：http://www.bodbooks.com.tw
　　　　國家網路書店：http://www.govbooks.com.tw

2017年1月　BOD一版
定價：560元
版權所有　翻印必究
本書如有缺頁、破損或裝訂錯誤，請寄回更換

國家圖書館出版品預行編目

英美分析美學史論 / 劉悅笛著. -- 一版. -- 臺北
市 : 秀威資訊科技, 2017.01
　　面 ；　公分. -- (語言文學類 ; PG1693)(秀
威文哲叢書 ; 20)
　ISBN 978-986-326-398-2(平裝)

　1. 美學史　2. 西洋美學　3. 西洋哲學

180.94　　　　　　　　　　105021582

讀者回函卡

感謝您購買本書，為提升服務品質，請填妥以下資料，將讀者回函卡直接寄回或傳真本公司，收到您的寶貴意見後，我們會收藏記錄及檢討，謝謝！如您需要了解本公司最新出版書目、購書優惠或企劃活動，歡迎您上網查詢或下載相關資料：http:// www.showwe.com.tw

您購買的書名：＿＿＿＿＿＿＿＿＿＿＿＿＿＿＿＿＿＿＿＿

出生日期：＿＿＿＿＿年＿＿＿＿＿月＿＿＿＿＿日

學歷：□高中 (含) 以下　　□大專　　□研究所 (含) 以上

職業：□製造業　□金融業　□資訊業　□軍警　□傳播業　□自由業
　　　□服務業　□公務員　□教職　　□學生　□家管　□其它＿＿＿

購書地點：□網路書店　□實體書店　□書展　□郵購　□贈閱　□其他

您從何得知本書的消息？

　　□網路書店　□實體書店　□網路搜尋　□電子報　□書訊　□雜誌

　　□傳播媒體　□親友推薦　□網站推薦　□部落格　□其他＿＿＿＿＿

您對本書的評價：（請填代號　1.非常滿意　2.滿意　3.尚可　4.再改進）

　　封面設計＿＿＿　版面編排＿＿＿　內容＿＿＿　文／譯筆＿＿＿　價格＿＿＿

讀完書後您覺得：

　　□很有收穫　□有收穫　□收穫不多　□沒收穫

對我們的建議：＿＿＿＿＿＿＿＿＿＿＿＿＿＿＿＿＿＿＿＿

＿＿＿＿＿＿＿＿＿＿＿＿＿＿＿＿＿＿＿＿＿＿＿＿＿＿＿＿

＿＿＿＿＿＿＿＿＿＿＿＿＿＿＿＿＿＿＿＿＿＿＿＿＿＿＿＿

＿＿＿＿＿＿＿＿＿＿＿＿＿＿＿＿＿＿＿＿＿＿＿＿＿＿＿＿

11466
台北市內湖區瑞光路 76 巷 65 號 1 樓
秀威資訊科技股份有限公司　　　收
BOD 數位出版事業部

⋯⋯⋯⋯⋯⋯⋯⋯⋯⋯⋯⋯⋯⋯⋯⋯⋯⋯⋯⋯⋯⋯⋯⋯⋯

（請沿線對折寄回，謝謝！）

姓　　名：＿＿＿＿＿＿＿＿　年齡：＿＿＿＿　性別：□女　□男

郵遞區號：□□□□□

地　　址：＿＿＿＿＿＿＿＿＿＿＿＿＿＿＿＿＿＿＿＿＿＿

聯絡電話：(日)＿＿＿＿＿＿＿＿＿＿＿ (夜)＿＿＿＿＿＿＿＿＿＿

E-mail：＿＿＿＿＿＿＿＿＿＿＿＿＿＿＿＿＿＿＿＿＿